YOKSA HAYAT GENÇKEN DAHA MI ZOR?

ABG/172
AB/379
AÇ/223
A/55

YOKSA HAYAT GENÇKEN DAHA MI ZOR?

İpek Ongun

Genel Yayın Yönetmeni: Ilgın Sönmez
Türkçe Düzenleme: dramaRepublic
Yaratıcı Yönetim: photoRepublic
Grafik: Asmin Ayşe Gündoğdu - Murat Yıldırım

1. Basım: Ocak 2013
ISBN: 978 - 605 - 142 - 230 - 5
Sertifika No: 10905

İpek Ongun © 2013

Bu kitabın Türkçe yayın hakları Alfa Basım Yayım Dağıtım Ltd. Şti.'ne aittir. Yayınevinden izin alınmadan kısmen ya da tamamen alıntı yapılamaz, hiçbir şekilde kopya edilemez, çoğaltılamaz ve yayımlanamaz.

ARTEMİS YAYINLARI
Ticarethane Sokak No: 53 Cağaloğlu / İstanbul
Tel: (212) 513 34 20-21 Faks: (212) 512 33 76
e-posta: editor@artemisyayinlari.com
www.artemisyayinlari.com

Baskı ve Cilt: Melisa Matbaacılık
Çiftehavuzlar Yolu Acar Sitesi No: 4 Bayrampaşa / İstanbul
Tel: (212) 674 97 23 Faks: (212) 674 97 29 Sertifika No: 12088

Genel Dağıtım: Alfa Basım Yayım Dağıtım Ltd. Şti.
Tel: (212) 511 53 03 Faks: (212) 519 33 00

Artemis Yayınları, Alfa Yayın Grubu'nun tescilli markasıdır.

YOKSA HAYAT GENÇKEN DAHA MI ZOR?

Öğretmenlerimize...
Bin bir türlü zorluğa karşın,
aklın yolunu,
'düşünebilen' insan olmanın, dolayısıyla bilimin önemini,
sevgi ve saygının değerini,
ve bir de, her türlü sanatsal çalışmanın ve kültürün
yaşamımıza kattığı aydınlığı ve ufku öğreten
öğretmenlerimize;
bir başka deyişle,
"fikri hür, vicdanı hür, irfanı hür nesiller" yetiştirme gayreti
içinde olan Cumhuriyet'in öğretmenlerine,
derin bir sevgi ve sonsuz saygılarımla...

Gönülden Teşekkürler

Artemis grubu...
Tüm kitaplarımı büyük bir yaratıcıkla ve dinamizmle derleyip toparladılar.
Yeni yeni fikirlerle sarıp sarmaladılar.
Dile kolay, tam yirmi beş kitaptı üstünde uğraştıkları...
Ve sonuçta, gerçekten muhteşem bir set koydular ortaya.
Emekleri büyüktür.
Onlara, emeği geçen herkese ama en başta kitapları bunca seven ve destek veren Faruk Bayrak'a, tüm bu dinamizmin lokomotifi Ilgın Sönmez'e, değerli editörler Yeliz Üslü, Alp Özalp ve Alkım Özalp'e, grafik ekibi Asmin Ayşe Gündoğdu, Karen Yardımlı ve Murat Yıldırım'a teşekkürler...

Ve yine teşekkürler
Bu kitap yazılırken pek çok kişiden destek aldım.
Onlara teşekkür borçluyum.
En başta da fikirleri, düşünceleri ve anlattıklarıyla sevgili gençlerimize, özellikle de Amy Başak Kamp, Miray Atakan, Mehmet Bülbül, Pelin Sapmaz, Yunus Emre Bülbül'e ve değerli öğretmenlerimize, İleri Orta Okulu öğretmenleri, Seda Çiçek, Meltem Günay ve Bülent Ferhatoğlu'na, onlarla tanışmamı sağlayan İlçe Eğitim Şube Müdürü Aziz Demir'e, fikirlerinden sıklıkla faydalandığım, Mersin'in kültür ve sanat hayatına büyük katkıları olan değerli insan, Semihi Vural'a, herkese her zaman yardımcı olmaya çalışan, Mersin'in simgesi Lina Nazif'e ve beni kilisesine kabul edip, güzel bir düğün izlememi sağlayan, bilgiler veren Mersin Ortodoks Kilisesi Ruhani Reisi Peder Coşkun Teymur'a sonsuz teşekkürlerimi sunmak isterim.

İhanet

"Hanginize daha kızgınım bilemiyorum," diye yazdı Yağmur. Gözyaşları kirpiklerinin ucunda. "Sen, üç yıllık sevgilime mi; dostum diye bildiğim, tüm sırlarımı paylaştığım en yakın arkadaşıma mı… Göründüğü gibi değil sevgilim, diye başlayan o bildik savunmalardan birini daha dinlemek zorunda kalmak istemediğimden yazıyorum bu mektubu.

Zaten her şey ortada, yani birbirinize yazdığınız ve bilgisayarınızdan silmeye kıyamadığınız mektuplarınızda. O nedenle, yüz yüze gelip konuşmaya gerek görmedim. Aradan çekiliyor, ikinizi birbirinize bırakıyorum."

Yazdıklarını ekranda bir kez daha okuduktan sonra, 'send' tuşuna bastı Yağmur ve gözyaşlarını silerek kalktı bilgisayarın başından.

İyi ki onlardan uzaktayım, diye düşündü. O sırada ev telefonu çaldı. Bu, kesin annemdir, diyerek telefona yöneldi; cep telefonundan aramaya bir türlü alışamıyordu annesi.

"Benim güzel kızım ne yapıyor bakayım Mersin'lerde." Annesinin neşeli sesi yüreğini ısıtıvermişti. "Yerleştin mi evine? Okul nasıl gidiyor? Öğrencilerin haylazlık yapıp seni üzmesinler, yoksa gelir hepsinden hesap sorarım, ona göre…"

Babası paralelden araya girdi, "Bırak kızı nefes alsın yahu. Bu senin annen işte beni de böyle soru bombardımanına tutar."

Babasının sesi, özleminin daha da koyulaşmasına neden oldu. Onu görür gibiydi; üstünde kareli gömleği, ayağında yumuşacık terlikleri… Bilgisayarının hemen yanındaki telefondan konuşurken, koltuğunda bir o yana, bir bu yana hafif hafif dönüşü…

"Sağ olsunlar, Ayşe Teyze'yle Semihi Amca'nın çok yardımları oldu. En başta da daha ben gelmeden Çamlıbel semtinde bu küçük ama sevimli daireyi tutmaları... Gelir gelmez hazır bir eve geçmek bulunmaz bir nimet."

"Evet, gerçekten çok iyi oldu. İşin de rast gitti laf aramızda, kısa sürede senin düşündüğün gibi bir yer bulabildiler. Ayrıca, benim anımsadığım kadarıyla, Çamlıbel de güzel bir semttir."

"Ben çok sevdim, sokaklardaki turunç ağaçlarına bayıldım, bayıldım. O turunç ağaçları, dallarında turunçlarla, öyle hoş duruyor ki... süslü yılbaşı ağaçlarını hatırlatıyor insana.

Fazla eşyam olmadığından taşınmam da kolay oldu. Kilimlerimi serdim, kitaplarımı yerleştirdim, posterlerimi astım; iki saksı da bol yapraklı Benjamin alınca, oldu mu sana mükemmel bir öğretmenevi..."

İkisi de emekli öğretmen olan annesiyle babası bu sözler üstüne uzun uzun güldüler.

"Okul nasıl gidiyor?"

"İyi, iyi," diye yanıtladı babasını Yağmur, "öğrencilerimle anlaşacak gibiyiz. Son dakikada bir sınıf açmak zorunda kalmışlar, o nedenle kalabalık değil. Oldukça ilginç bir sınıf olduğunu da eklemeliyim bu arada."

"Mersin değişik kültürlerin bir arada huzur içinde yaşadığı bir kenttir. Tipik bir liman kenti. En azından bizim zamanımızda öyleydi," dedi babası.

Annesi lafa girdi, "Son yıllarda çok göç aldı. Şimdi de Van'dan gelen depremzedelere kucak açmış durumda. Allah onların da yardımcısı olsun, evsiz barksız kalmak çok acı..."

"Özetle, bir terslik yok," diyerek sorularına devam etti babası.

Yağmur güldü, "Hayır babacığım, yok, her şey yolunda, odanız hazır, ilk fırsatta bekliyorum."

Okul hakkında konuşurlarken bir huzursuzluk duygusu sarmıştı benliğini. Telefonu kapatırken, nedir beni tedirgin eden, diye sordu kendine.

Evet, evet, huzursuzluk nedeni müdür yardımcısıydı. Okulda her tanıştığı idareci ya da öğretmen ona güler yüzle yaklaşmış, yardımcı olmaya çalışmıştı. Müdür Yardımcısı Abdülkadir Bey dışında. Tanıştırıldıklarında, Yağmur'un uzun saçlarını ve kısa eteğini hiç de onaylamayan bakışlarla süzmüş, bir şeyler mırıldanmış, elini bile sıkmamıştı.

Pencereden dışarıya bakarken, bu da dert mi, diye mırıldandı, Yağmur. İhaneti ilk öğrendiğinde donup kalmıştı bilgisayarın başında. Her tarafını ateş basmış, kulakları uğuldamaya başlamıştı. Ardından müthiş bir mide bulantısı.

Yaraya tuz basarcasına tekrar tekrar okumuştu iletileri. İnanılmaz bir şeydi bu.

Tüm sırlarını paylaştığı arkadaşı...

Sevgilisini anlattığı arkadaşı...

Acaba bütün bunları dinlerken içinden gülüyor muydu ona.

Acıyor muydu ona.

Ah Tanrım, ne kadar utanç verici bir durumdu.

Saçlarını yolarcasına çekiştirdi.

Ya sevgilisine ne demeli...

Hangisi daha suçlu.

Can arkadaşı mı, günün birinde onunla evlenebilirim, diye düşündüğü sevgilisi mi...

Acaba aynı gün içinde ikimizle de buluşuyor muydu, gibi bir soru uçup gitti zihninden.

Tabii bir de bunun sonrası vardı.

Kimselere belli etmeme çabası.

Ne kadar zordu Tanrım, ne kadar.

İçi yanarken, hiç kimseyi ama hiç kimseyi görmek istemezken, giyinip kuşanıp gündelik yaşamı sürdürmek...

Bütün bu cehennem içinde tek tutunacak dal, Mersin'e tayininin çıkmış olmasıydı.

Kendini Mersin'e atana kadar da onlarla yüzleşmek istememişti.

Evet, öfkeliydi, hem de çok ama yine de yüzleşecek gücü yoktu henüz.

Yoktu!

Belki ona öyle geliyordu ama tüm çabasına karşın ikisi de bir şeyler sezmiş gibiydiler o süreçte. Yüzüne sorarcasına bakıyor, bugün keyfin yok galiba, gibi sözler ediyorlardı.

O suçlu bakışlar...
Soran bakışlar...
Tarık'ın aşırı ilgisi... onu güldürme çabaları.
İçinden yüzüne tükürmek geliyordu. *Yapabilseydim ne hoş olurdu*, diye düşündü. Ama bunu yapabilecek biri değildi. Zaten oldum olası atak tiplere hayrandı. Şöyle milletin ağzının payını veren tiplerden olabilmek için neler vermezdi. Hele böylesi bir durumda.
Ama değildi işte.
Ancak Mersin'e gelip araya mesafeyi koyduktan sonra az önceki iletiyi gönderebilmişti.
Yavaş yavaş akşam oluyordu. Ayşe Teyze, "Sonbaharda Mersin'in gün batımına doyum olmaz," demişti.
Balkona çıkıp denize doğru baktı. Güneş batıyordu, gerçekten de muhteşem bir manzaraydı. Kıpkızıl güneş öylesine büyük ve öylesine yakın duruyordu ki, elini uzatsan tutabilecekmişsin gibi bir duygu veriyordu insana. Böyle bir gün batımını Yağmur ilk kez yaşıyordu. *Ayşe Teyze haklıymış*, diye düşündü. O kocaman güneş bir süre sonra denize doğru indi, indi ve dağların ardında yitip gitti. Geriye gökyüzünü pembenin çeşitli tonlarına boyayan bir kızıllık kalmıştı. Yağmur büyülenmişçesine seyrediyordu.
Hava kararmıştı ama evde kalmak istemedi. *Şimdi İstanbul'da olsam bir arkadaşımı arar, hadi bir yerde buluşalım, derdim*, diye düşündü.
Sonra – birden, *neden burada da aynı şeyi yapmamayım, Mersin uygar bir kent, hem bir yere ille de biriyle mi gitmek gerek. Akşam yemeğimi pekâlâ da Cafe Betül'de yiyebilirim*, diye düşünürken cep telefonu çaldı.
Arayan Tarık'tı. Şöyle bir bakıp, 'kapat' tuşuna bastı.
Bir iki dakika geçmemişti ki, telefon yine çaldı.
Bu kez arayan Tülay'dı. Onu aldatan, ona ihanet eden can arkadaşı.
Yine 'kapat' tuşuna bastı.
Ve, "Bu gece kesinlikle dışarıda yemeliyim," diye mırıldanarak çantasını kaptığı gibi fırlayıp çıktı.
Cafe Betül, evinin hemen yan tarafındaydı. Turunç ağaçlarının sıralandığı yoldan yürüyerek oraya vardığında, kafe dolmuştu bile.

Küçük, sempatik bir yerdi burası. Kafe çalışanları rahat tavırlı, güler yüzlüydüler. Yeni geldiğini öğrendiklerinde yardımcı olmaya çalışmış, isterse eve servis yapabileceklerini söylemişlerdi.

Nitekim bu kez de Yağmur'u görür görmez, "İyi akşamlar Yağmur Hanım, bu gece biraz kalabalığız. Sizi şu köşeye alsak," diyerek hemen ilgilenmişlerdi.

Yine telefon çaldı, yine Tarık'tı. Bir Tarık arıyordu, bir Tülay. Sonunda telefonu bütün bütün kapattı.

Onca üzüntüsüne karşın bildiğini söyleyip ihaneti yüzlerine çarpmış olmak onu rahatlatmıştı. Artık gizli saklı yoktu.

"Yağmur Hanım... Yağmur Hanım..."

"Efendim..."

"Ne alırdınız diye soruyordum da..."

"Sahi, duymadım, dalıp gitmişim Çağatay."

Çağatay gülümsedi, hâlden anlarcasına. "Bu gece içli köfteyi önerebilirim. Aşçımız çok başarılı."

"Tamam, o zaman," diye güldü Yağmur, "zaten beni de bu içli köfteye sizin o başarılı aşçı alıştırmadı mı..."

"Yanına da bir ayran?"

"Tamam, yanına da bir ayran olsun."

Gülüştüler karşılıklı.

Bu saatte cıvıl cıvıldı Cafe Betül. Az ileride Kültür Merkezi vardı. Eski halkevi binası Mersin halkının da katkısıyla restore edilmiş, ülkenin dördüncü opera-balesini barındırır hâle gelmişti. Bu olay sanat düşkünü Yağmur'u çok heyecanlandırıyordu.

Etrafına bakındı Yağmur. Temsile gitmeden önce uğrayıp bir şeyler atıştıranlar... Küçük kızıyla gelmiş, eşinin onlara katılmasını bekleyen, bu arada kızına boyama yaptıran bir baba... Mersin opera-balesinden genç sanatçılar... Bol kahkahalı sohbetleri... Pencere kenarına çekilmiş, koyu mu koyu bir sohbete dalmış iki genç kadın.

Bakalım Mersin'de beni neler bekliyor, diye düşündü Yağmur.

İki Sıkı Arkadaş

Hazal'la Lila gülüşerek Hazal'ın evinin açıldığı avluya girince, seslerini duyan Leyla Hanım, kapının önüne çıktı.

"Ben de nerede kaldı bunlar, diyordum."

"Hayırdır anne?"

"Kızım hani sabah sana tembih etmiştim ya, Destine Teyzelere bir paket götürecektin. Okuldan çıkar çıkmaz oyalanma, gel demiştim o kadar."

Hazal alnına bir tokat attı, "Hay Allah... Nasıl da unuttum. Ama hiç merak etme, hemen gidiyorum." Sonra arkadaşına döndü, "Lila sen otur, ben hemen gider gelirim."

"Yok, yok! Ben de seninle geleceğim."

"Kızım yorulma sen bunun peşinde."

"Birlikte anlamadan gider geliriz, Leyla Teyze."

"İyi! Haydi öyleyse... Sakın gecikmeyin, çayın yanına sıkma yaptım."

"Yaşasın!" diye bağırdı iki kız aynı anda.

Köy ekmeğiyle sarmalanmış, bol peynirli, bol otlu, soğanlı, domatesli dürüm gibisi var mıydı.

"Ellerini uzat bakayım," dedi Hazal'ın annesi, "hah şöyle, şimdi bu paketi eğip bükmeden götürüp Destine Teyze'nin kendisine teslim edeceksin."

"Tamam anne, merak etme, artık usta oldum bu konularda," dedi arkadaşına göz kırparak.

İki kız avludan çıkıp dar sokakta yürümeye başladılar.

"Destine Teyze'nin torunu kilisede vaftiz edilecekmiş; bu da bebeğin giysisi..."

Hazal'ın annesi nakış işleriyle ünlüydü. Genç kızlara çeyiz gerektiğinde, bir gece kıyafetine nakış istendiğinde hemen akla Leyla Hanım gelirdi.

Evleri, Mersin'in artık tarihi olarak kabul edilen bölgesinde, eski mahalleler diye anılanlardan, Mahmudiye Mahallesi'ndeydi. Hazal büyüdüğü bu mahalleyi çok severdi.

Çok eskilerden kalma, otomobillerin bile geçemeyeceği dar, parke taşı kaplı sokaklara, birkaç evin açıldığı avlulara, bu tür avluların olmazsa olmazı fesleğenlere ve o fesleğenlerin kokusuna bayılırdı. Bir fesleğen saksısının yanından geçerken, dayanamaz, parmaklarını minik yeşil yaprakların arasına sokup hafifçe sallardı bitkiyi, sonra da elindeki kokuyu içine çekerdi.

Bir de yaseminler vardı tabii ki. Onlar da özellikle akşam üstleri büsbütün belirginleşen kokularıyla hem bu avluların hem de dar sokakların en güzel süsüydü.

Çiçeğe meraklı olan komşularının kimi, sokak kapılarının üstünü mavi yasemin sarmaşığıyla, kimi duvar dibini sarı yaseminlerle renklendirmişti. Ama beyaz yaseminlerin, o çok özel kokularıyla herkesin gönlündeki yeri bambaşkaydı.

Aile hayatının özelini korumak için yüksek duvarlarla çevriliydi avlular. İçeri dar bir kapıdan girilirdi; kimi zaman tahta, kimi zaman demir olurdu avlulara açılan dış kapılar. Hazallarınki yeşil, tahta bir kapıydı. Avludaki evlerin sahibi hacca gittikten sonra yeşile boyatmıştı.

"Yeni gelen kız hakkında ne düşünüyorsun?" diye sordu Lila, muzip ışıltılarla yanıp sönen iri mavi gözlerini açarak.

"Henüz konuşma ortamı olmadı ama iyi bir kıza benziyor."

"Bana sanki, ben İstanbul'dan geldim, büyük şehir kızıyım, havalarında gibi geldi."

"Yapma Lila… Bence yeni olduğu ve kimseyi tanımadığı için uzak duruyor. Alışkın olmadığın, kimseleri tanımadığın bir ortamda olmak ne kadar zordur. Hatırlasana, hani ilk yıllarda seninle ayrı şubelere düşünce ne kadar mutsuz olmuştuk."

"Nasıl hatırlamam," dedi Lila, "ama yine de onu gözleyeceğim. Bize hava atmaya kalkarsa, alırım havasını."

Gülüştüler iki kız.
Lila'yla Hazal birinci sınıftan beri arkadaştılar. Aynı sırayı paylaşarak tanışmışlar, sek sek oynarken arkadaşlıklarını ilerletmişler, daha sonraki yıllarda da ders çalışmak, daha da çok oynamak ve rahat çene çalabilmek için birbirlerinin evine gider olmuşlardı. Ve o ilk günden bu yana birbirlerinin en yakın arkadaşı, sırdaşı, can dostuydular.
Oysa ne kadar da zıttılar birbirlerine.
Lila, mavi gözlü, açık sarı kıvırcık saçlı, yerinde duramayan bir kızdı. Hazal'ınsa gözleri elâydı. Açık kumral saçları beline kadar dümdüz inerdi, narin yapılıydı. Onu tarif ederken hep 'saz gibi' deyişi kullanılırdı.
Öğretmenleri bu iki arkadaş için, birbirlerini dengeliyorlar, derlerdi gülümseyerek.
Aileleri bile farklıydı.
Lila yıllar önce Mersin'e gelip yerleşmiş pek çok Levanten ailelerden birinin kızıydı. Hıristiyandı.
Hazal'ınsa dedeleri Türkmen boylarına dayanıyordu. Kim bilir kaç kuşak Mersin'de yaşaya gelmişlerdi. Müslümandı.
Öylesine ayrılmaz ikiliydiler ki, bir ara Lila'nın ailesi Mersin'in yeni gelişen, büyük, modern binaların bulunduğu Pozcu semtine taşınmıştı. Doğal olarak Lila'yı da oradaki bir okula yazdırmak istemişlerdi. Birbirlerinden ayrılmak istemeyen iki kız günlerce ağlamış durmuş, sonunda Lila'nın annesiyle babası onu eski okulunda bırakmak zorunda kalmıştı.
Aralarındaki dayanışma ise büyükleri bile kıskandıracak boyuttaydı. Örneğin, bir ara özel ders almaları gerekmişti. Hazal'ın ailesi o aralar kızlarına özel ders aldıracak durumda değildi. Lila, arkadaşının geri kalmaması için o keskin zekâsıyla hemen bir çözüm yolu buldu. Dersi verecek olan, üniversite son sınıfta bir kız öğrenciydi. Onunla bir pazarlık yaptı. Kendisinin istenen ücreti ödeyeceğini, öte yandan arkadaşının annesinin harika bir terzi olduğunu ve nakış işleri yaptığını anlattı. Derslere Hazal da katılırsa, Hazal'ın annesinin ona muhteşem bir mezuniyet giysisi dikebileceği teklifini getirdi. Genç kız da bu öneriyi kabul etti.

Böylece Lila, arkadaşının da kendisiyle birlikte ders almasını sağlamıştı, hem de onun gururunu incitmeden...
"Ya yeni gelen o Doğulu çocuğa ne dersin?"
"Çoook yakışıklı, derim."
"Hele de gözleri... Yemyeşil, acayip bir yeşil."
"Ya kirpikleri, ne kadar da gür."
"Ama kimseyle konuşmuyor. Öylesine ayakta uyur gibi gelip gidiyor. Bizim Nazire bile konuşturamadı onu."
"Tabii konuşturamaz Lila. Çocuk Van depremzedelerinden. Kim bilir ailesinden kimler öldü ya da yaralandı. Baksana evleri bile kalmadı ki buraya gelip yazlıklara yerleştirildiler. Şimdi bir düşün, sen bu durumda olacaksın ve bizim çılgın Nazire karşına geçip, senin de sohbetine doyum olmuyor, diyecek."
Bu sözler üzerine Lila kendini tutamayıp güldü. "Haklısın, şu bizim Nazire de âlem kız." Sonra durup Hazal'ın yüzüne baktı. "Biliyor musun, bugün Cengiz yine gözünü senden alamıyordu."
"Saçmalama Lila."
"İki gözüm önüme aksın ki öyle."
Hazal, Lila'nın hınzırlıklarına alışıktı ama yine de kendini tutamayıp güldü.
"Sırf beni sinirlendirmek için böyle şeyler söylüyorsun, değil mi?"
"Hayır yaa... Ben hayal görmüyorum ki."
"Ben böyle bir şeyin farkında bile değilim Lila Hanım, bu olsa olsa sizin güçlü düş gücünüzün bir eseri olmalı."
"Görmüyorsun çünkü sen o tarafa döner gibi olunca, hemen başka yöne bakıyor. Yani -özetle-kısaca-bence- bu çocuk sana fena hâlde tutkun. Oh be, söyledim sonunda!"
Hazal yolun ortasında durmuş, kızgın kızgın Lila'ya bakıyordu.
Lila'ysa hiç oralı değildi, "Kızacağını biliyordum. Bildiğim için de bir türlü söyleyemiyordum. Ama artık söyledim. Oh be!"
"Söyledin de boyun uzadı sanki," diye homurdandı Hazal.
"Bak," dedi Lila, "eğer kızmazsan bir şey daha söylemek istiyorum."
"Üff, yaa..."
"Bi' söyleyeyim. Bırak bi' söyleyeyim."

"Aman... iyi. Söyle bakalım."
"Abi, sen niye bu çocuğa karşı bu kadar ön yargılısın?"
"Ben mi ön yargılıyım. Haydaaa... Cengiz umrumda bile değil."
"Bak Hazal, işte tam da şu an, tam benim anlatmak istediğim biçimde tepki veriyorsun. Nedir alıp veremediğin..."
"Allah Allah, yok öyle bir şey. O da sınıfta herhangi biri. Benim için ha var, ha yok."
"Öff, seninle konuşulmaz zaten," dedi Lila ve yürümeye başladı.
Bunun üzerine Hazal, "Sinir oluyorum ona, sinir," dedi bir hırs. "Alaylı bakışları, maço havaları, motosikletli arkadaşları, siyah deri pırtık montu... Sonra bizler sanki küçük çocuklarmışız da, o kendisi pek büyükmüş havalarında bizlerle dalga geçmesi... Hepsi ama hepsi sinirime dokunuyor. Oldu mu, rahatladın mı şimdi."
"Aşk ve nefretin birbirine çok yakın duygular olduğunu duymuştum bir yerlerde," dedikten sonra deli gibi koşmaya başladı Lila. Hazal da peşinden. "Seni bir elime geçirsem, var ya..."
Destine Teyze'nin evine vardıklarında ikisi de soluk soluğaydı. Eski bir Mersin evinde oturuyordu Destine Hanım. Taş binanın girişindeki üç basamaklı merdiveni çıkıp, buzlu camla desteklenmiş ferforje kapının üstündeki el biçimi bronz tokmakla kapıyı çaldı Hazal.
Derken merdivenlerden inen kişinin terlik sesi ulaştı iki kıza.
Şak... şak... şak...
Birbirlerine bakıp sessizce gülüştüler.
Kapı açılmıştı, Destine Hanım karşısında iki arkadaşı görünce pek sevindi.
"Hazalcığım, Lilacığım, ne güzel sizleği göğmek. Hadi geçin içeği..." Destine Hanım, 'r' harfini yutarak konuşurdu.
"Yok Destine Teyze, çok teşekkür ederiz ama emanetinizi verip eve dönsek iyi olur. Ders çalışacağız da..."
"Pekâlâ," diyerek paketi aldı Destine Hanım.
"Annem, bakıp kontrol etsin, dedi. Eksik filan varsa, bu gece tamamlayabilirmiş."
"Ooo, Leyla yapağ da eksik oluğ mu... ama yine de biğ bakayım."

Holdeki yuvarlak masanın üstüne koyduğu paketi, özenle açtı. İçinden beyaz organze kumaştan uzun etekli, köpük gibi bir bebek elbisesi çıkmıştı. Kızlara doğru tuttu. Minik giysinin etek uçlarına ipek iplikle mavi mineler işlenmişti.

"Çok güzel," diye fısıldadı Lila.

"Bakın bu da başlığı," diyerek bu kez yine üzerine mineler işlenmiş başlığı gösterdi Destine Hanım.

"Leyla'nın elleğine sağlık, çok beğendiğimi söyleğsin, emi," diyerek masanın üstünde duran beyaz zarfı Hazal'a uzattı.

Eve vardıklarında annesi çoktan hazırlamıştı ikindi kahvaltısını. Sıcacık sıkmalar ve çay. Kızlar resmen saldırdılar sıkmalara. Lila bir yandan yiyor, bir yandan da, "Leyla Teyze, senin sıkmaların bir başka," diyordu.

"Afiyet, şeker olsun."

"Olsun da..." dedi Hazal üçüncü sıkmayı yerken, "kilo da olsun mu diyelim."

"Aman canım, siz gençsiniz, yakarsınız. Hem her gün yemiyorsunuz ki..."

"Değil mi ama..." Birer tane daha almak için uzandıklarında elleri birbirine çarptı ve anında kahkahalara boğuldular.

"Eee," dedi Leyla Hanım, çayları tazelerken, "yeni öğretmeniniz hayırlı olsun. Nasıl, memnun musunuz?"

"Aaa, nerden biliyorsun anne?"

"Dün Ayten Hanım'a rastladım, malum o Okul Aile Birliği'nde çalışmalar yaptığından, olan bitenden haberi var."

"Evet," dedi Lila, "bu yıl yeni bir Türkçe öğretmenimiz var."

Nasıl, memnun musunuz yeni öğretmeninizden?"

Aynı anda konuşmaya başladılar.

"Fıstık... fıstık."

"Leyla Teyze bir görsen, öyle güzel ki... Uzun sarı saçları var, vücudu da çok hoş."

"Çok da genç, hem de güler yüzlü, bize daha ilk günden arkadaş gibi davrandı. Anne, veli toplantısına mutlaka gelip onu görmelisin."

"Vay, vay, vay. Şimdiye dek hiçbir öğretmeniniz için böyle konuşmamıştınız. Adı neydi?"
"Yağmur."
"Hımmm... Pek de havalıymış."
"Anne yaa..."
"Canım şaka da mı yapmayacağız. Peki, Selim ne diyor? İçinizde en aklı başında olan o da..." derken kızlara takıldığını belirten bir gülücük gelip oturmuştu Leyla Hanım'ın yüzüne.
Nitekim yine aynı anda bağrıştılar.
"Aşk olsun Leyla Teyze."
"Anne!"
Selim ilkokuldan sonra katılmıştı Hazal'la Lila'ya. Okulda üç silahşörler diye anılırlardı. Selim adı gibi sakin ve efendiydi, başarılı bir öğrenciydi. Hem arkadaşları, hem de öğretmenleri tarafından sevilen o ender kişilerdendi. Yakışıklıydı üstelik.
"O da bizimle aynı fikirde bir kere..." dedi Hazal haklı olduklarını kanıtlamak istercesine.
"Sahi Selim nasıl? Uzun zamandır uğramadı bize."
"Sınavlar başlamadı da onun için..."
Hazal'ın bu sözleri üzerine yine kahkahalara boğuldular. Çünkü sınav zamanı zavallı Selim'in en büyük görevi kâh Lila'nın, kâh Hazal'ın evinde onları ders çalıştırmaktı. Çalışma seanslarına bazen başka arkadaşlar da katılınca özel ders saati gibi bir şey oluyordu bu birliktelikler.
"Farkında mısın," dedi Lila, Hazal'a, "öbür şubeden Gülşah bayağı bayağı asılıyor bizim Selim'e..."
"Sahi mi?"
"Tabii ya. Her teneffüste yanına gelip bir şeyler söylemeler, onu bunu sormalar... Aptal aptal sorular bana kalırsa. Sırf dikkatini çekmek için."
"Hadi hadi görümcelik yapmayın," dedi Leyla Hanım.
"Ne görümceliği," dedi Hazal, "biz kaç zamandır Selim'in başını bağlamaya çalışıyoruz ama oralı değil mübarek."
Kıkır kıkır gülüyordu Leyla Hanım.

"Öyle değil mi? Söylesene Lila."
"Doğru valla, Leyla Teyze."
"E, o zaman niye kızıyorsunuz bu Gülşah mı ne, ona? Belki Selim de beğeniyordur onu."
Lila'nın cevap vermesine fırsat bırakmadı Hazal. "Yok, yoook! Ben Gülşah'a razı değilim."
"Nedenmiş?" Leyla Hanım kızlarla çok eğleniyordu.
"Bir kere o oğlumuza lâyık değil."
"Neden lâyık değilmiş, söyle bakalım."
"Çokbilmiş bir kız o," diye atıldı Lila, "bizim Selim saf çocuktur, öyle bilmiş kızın eline düşerse... yandık."
"Çok doğru," diye arkadaşını onayladı Hazal. "Biz ona kendisi gibi saf ve temiz birini düşünüyoruz. Daha doğrusu yaşının kızı olmalı. Gülşah... nasıl anlatsam..."
"Koca bir kadın gibi..." diye Hazal'ın sözlerini tamamladı Lila.
"Evet, evet, koca bir kadın gibi."
"Âlemsiniz çocuklar. Yani şöyle, bizim eskilerin deyişiyle, helal süt emmiş biri olmalı, diyorsunuz," dedi Leyla Hanım gülmekten yaşaran gözlerini silerek, sonra ekledi, "hadi siz dersе, ben de akşamın yemeğini hazırlamaya."
"Daha erken değil mi anne?"
"İlâhi kızım, babanı bilmiyorsun sanki. Acıkınca şekeri düşüyor, şekeri düşünce de ortalığı kasıp kavuruyor."
Leyla Hanım tabakları, çay bardaklarını toplayıp içeri yollanırken, iki arkadaş da kitaplarını açtı, yüzlerinde az önceki eğlenceli konuşmadan arta kalan bir gülümseme...

Senden Adam Olmaz

Cengiz kapının tokmağını yavaşça çevirdikten sonra içeri bir göz atıp hemen odasına geçiyordu ki, babasının sesi gürüldedi.

"Ne o? Ne zamandan beri bu eve selamsız sabahsız giriliyor."

Olduğu yerde kalakalan Cengiz, "Kimse yok sandım," dedi dik dik. Ama babasıyla her karşılaşmasında olduğu gibi kalbi güm güm atmaya başlamıştı bile.

"Hem nerelerdeydin bu saate kadar?"

"İşlerim vardı."

"Oooo, beyimizin işleri varmış. Bakın da hele..."

Tam o sırada annesi mutfaktan seslendi, "Çocuğu rahat bırak. Elini yüzünü yıkasın, sofraya oturacağız."

"İyi, iyi," dedi babası alaylı alaylı, "anasının kuzusu gitsin de elini yüzünü yıkasın. Yıkarken de şu saçlarına bir çekidüzen versin."

"Nesi varmış saçının," diye sordu Hatçe.

"Sosyetiklere özenir gibi taramış. Oysa biz köylü çocuğuyuz oğlum, köylü çocuğu. Saçın da başın da düzgün olacak."

"Yakışır benim kara kaşlı, kara gözlü aslan gibi oğluma."

Cengiz çoktan kendini odasına atmıştı. Anası elindeki tencereyi masanın ortasına koyduktan sonra dönüp fısıldadı kocasına.

"Uğraşma çocukla. İki lokma yiyeceğiz şunun şurasında, onu da zehir etme insana."

Cengiz'in babası Aslanköy'ün sevilen, sayılan kişilerindendi. Namuslu, özü sözü doğru, denirdi onun için. Mersin'e göçtükten sonra bir bankanın güvenlik görevlisi olarak işe başlamıştı. Köyden kente göçmesinin tek nedeniyse çocuklarına daha iyi bir gelecek hazırlamaktı. Çocukları olmasa, onun deyişiyle, 'töbe taş yığını içinde yaşamazdı!'

İş yerinde, kahvede ne kadar efendi bir adamsa, evinde o derece geçimsizdi. Şehirde yaşamanın acısını ailesinden çıkartır bir hâli vardı. En ufak bir hata, daha doğrusu onca hatalı bulunan bir davranış, bağırıp çağırmasına neden oluyordu. Cengiz'in ablası Adana'da okuduğu için daha şanslıydı ama ona da yetişiyordu babaları.

"Hadi oğlum, yemek soğuyor," diye seslendi annesi.

"Siz başlayın, ben aç değilim."

"Aaa, olur mu ama bak o kadar uğraştım, analı kızlı yaptım sana yavrum."

"Şımart, şımart bakalım, nereye varacak bunun sonu."

"Aman sen de..." diye homurdanan Hatçe, oğlunun odasına doğru yöneldi. Kapıyı ardından çekti, yatağa oğlunun yanına oturdu.

"Sen bakma babana, oğlum."

"Ne yapsam kabahat," diyerek öfkesini dışa vurdu Cengiz. "O saatte geldin, bu saatte gittin. Ne bu yaa... Yetti bunca yıl. Çocuk muyum ben."

"Yavrum, o da babadır. Senin iyiliğin için konuşur."

"Olmaz olsun böyle konuşmak yaa..."

"Aaa, o nasıl söz öyle Cengizim. Bak adam sabahlardan akşamlara kadar sizler için çalışıyor. Köyünü neyini sizler daha iyi okullarda okuyasınız, büyük şehir insanı olasınız diye bıraktı geldi. Kolay mı onun için de. Bir yandan iyi yetişin istiyor, bir yandan da seni ayrı ablanı ayrı merak ediyor. Ortalık kötü. Çeşit çeşit insan var. İnsanın aklına neler geliyor neler."

Annesinin yumuşacık sesi, sırtını sıvazlayan eli Cengiz'i sakinleştirir gibi olmuştu.

Hatçe cahil bir kadındı ama değme okumuşlarda olmayan bir yaklaşımı vardı çocuklarına. Onları değil dövmek, bir fiske vurmadan büyütmüştü. Hep tatlılıkla, hep yumuşak bir dille yönlendirmişti doğru bildiği yola. Onun için de hem kızı, hem oğlu annelerinden hiçbir şeylerini saklamaz, yaptıklarını, ettiklerini çekinmeden anlatırlardı. Babalarıyla aralarındaki tek güvenilir köprüydü Hatçe.

"Hem geçen gün de tutturmuş sen derslerine yeterince çalışmıyorsun, diye. Ya, ödevlerimi bitirdim, diyorum. Yok, otur üstünden geç. Yatana kadar üstünden geç, diyor."

"Senin iyiliğin için söylüyor, Cengizim."

"Ama anne ben hiç sınıfta kaldım mı… Tamam, takdir filan alamıyorum ama takıntısız sınıfları geçmedim mi?"

"Geçtin yavrum, hem de bizi hiç üzmeden."

"Üzülmeyen sensin. Babama baksana, ben hiçbir yeri tutturamayacak, aylak gezen biriyim. Ya, millet patır patır sınıfta kalıyor, yine de ailesi destek. Biz çalışıyor, sınıfımızı geçiyoruz, bir aferin yok. Aferini geçtim, bari eleştirip durmasın. Yok, senden adam olmaz. Yok, Cengiz'den hayır gelmez. İnsanda moral bırakmıyor." Soluk soluğa kalmıştı Cengiz.

Durdu, derin bir nefes aldı, "Zaten ilk fırsatta alıp başımı gideceğim bu evden."

Hatçe telaşlanmıştı. "O nasıl söz öyle yavrum. Babanı tanımadın mı, o öyle söyler ama ailesinin üstüne titrer. Bana da ne laflar eder ama bir şey olacak diye de aklı gider. Hem o senin atan. Ataya karşı gelinmez. Ayriyeten, ataya da, sofraya da küsmek olmaz. Hadi gidelim, bak yemek soğuyor."

"Yok anne, ısrar etme."

"Kurban olduğum, hatırım için."

Cengiz başı önünde, susuyor, parmaklarını çekiştirip duruyordu.

"Hadi kuzum benim," diye yalvardı Hatçe, "hatırım için. İşi büyütme gözünü seveyim. Bak çok üzülüyorum, bana da yazık değil mi?"

Derin derin içini çekti Cengiz sonra başını kaldırıp annesine baktı. Yüzünde yaşının çok üstünde bir ifade vardı. Hızlı büyümek zorunda kalmışlığın ifadesi.

"Pekâlâ," diye mırıldandı ve ekledi, "ama sadece senin hatırın için."

"Sağ ol aslan oğlum benim," diyerek Cengiz'in omzunu okşadı Hatçe, gözleri dolu dolu.

Okulda Skandal

"Hadi ama Sumru…"
"Ay tamam anne yaa…"
"Kaç kere söyleyeceğim sana, bana yaa, deme. Hem bırak homurdanmayı da kalkıp hazırlan, neredeyse gelecek servis."
Sumru söylene söylene kalktı, söylene söylene giyinmeye başladı.
Sumru'nun annesi Mersin Üniversitesi'nde görev kabul etmiş, Sumru'nun onca ayak direnmesine karşın gelip Mersin'e yerleşmişlerdi. Annesiyle babası ayrıydı Sumru'nun.
"Okula gitmeden iki lokma bir şeyler ye," diyen annesini, "Hiç kimseyi tanımıyorum, hiç arkadaşım yok. Arkadaşlarımın hepsi İstanbul'da. Ayrıca bu dandik şehri de, dandik okulu da sevmiyorum," diye cevapladı.
Tüm bu yakınmayı duymazlıktan gelerek devam etti annesi. "Öğretmenlerin nasıl, asıl sen onu söyle."
"Nasıl olsun. Hepsi öğretmen gibi öğretmenler işte."
"Ne demek oluyor şimdi bu?"
"Yani derslere giriyor, ders anlatıyor, yapılması gerekenleri yapıyorlar."
"Şu ana kadar olumsuz bir şey söylemediğine göre, durum iyi demektir," dedi Ülker Hanım.
"Yalnız…"
"Evet?"
"Yeni bir Türkçe öğretmeni var. Daha doğrusu diğer öğrencilerin söylediğine göre bir tek o yeniymiş."
"Sonra…"
"Sanırım o da benim gibi gariban."

"Ne demek oluyor şimdi bu?"
"O da buraya düşmüş, yani yeni gelmiş galiba."
"Hımmm... Genç mi?"
Konuşmasının başından beri ilk kez canlandı Sumru. "Bi' saçları var... Bi' bacakları var... Güzel anlayacağın."
"Öğretmen olarak sordum kızım, vücudu, saçı başı beni ilgilendirmez."
"O kadarını henüz bilemiyorum ama tatlı biri gibi..."
"Bak gördün mü," dedi annesi, "bu ilk ve çok önemli işaret. Öğretmeninizi sevmiş gibisin, bir süre sonra yeni arkadaşlar da edineceksin ve aynı İstanbul'daki gibi bir çevren olacak."
Başını geriye atıp ölme eşeğim ölme, dercesine elini salladı Sumru. Tam kapıdan çıkıyordu ki, annesi öyle bir, "Sumru!" dedi ki, olduğu yerde kalakaldı.
"Derhal çıkar o şeyi saçından."
Sumru, antredeki aynaya bir göz attı. Kısacık kesilmiş saçları, iri siyah gözlerini ve yüzünün düzgün hatlarını daha da belirginleştiriyordu.
"Anne bu sadece minicik, lacivert bir tüy. Belli bile değil, kendi saçının bir tutamını laciverte boyamışsın gibi bir şey."
Annesi önce, lahavle der gibi tavana baktı, derin bir nefes aldı, sonra konuştu.
"Kızım! Okula saçında renkli tüylerle gidilmez. Kural budur."
"Bizim okuldakiler bir şey demiyorlardı ama..."
"O, İstanbul'daki okuldu, şimdi burada yeni bir okuldasın. Her tür davranışına dikkat etmek zorundasın. Hey Allahım..." diyerek ellerini havaya kaldırdı annesi bu kez de.
"Babam bir şey demiyordu ama..."
"Babanın ne deyip demediği beni hiç bağlamaz küçük hanım. Anlaşıldı mı? Hem onun beni deli etmek için yapmayacağı yoktur. Ne desem, tersini savunur zaten."
Servis gelmişti. Sumru koşarak aşağıya indi, annesi pencereden bakıyordu. İçinden çığlıklar atıyordu Sumru, "Anne! Çekil o pencerenin önünden! Beni rezil etmek mi istiyorsun?"

Bu dandik şehrin dandik okulunda bir de 'anasının kuzusu' olarak damgalanmak... Dayanılmazdı, dayanılmaz...
Okul başlayalı üç hafta olduğundan servistekilerle artık iyice yakınlaşmış, herkesin adını öğrenmişti. *Aslında buralılar cana yakın insanlar,* diye düşünmekten kendini alamadı. İlk günden onu güler yüzle karşılamış, hemen adını, nereden geldiğini sormuşlar, aralarına alıvermişlerdi.
Ayrıca *ne çok gülüyorlar,* diye düşündü Sumru. Şakalaşıyor, bol bol kahkahalar atıyorlardı. Eh, bu da şikâyet edilecek bir şey değildi. Nitekim, babası da, Mersin'e gideceklerini öğrendiğinde, "Çukurovalılar gülmeyi severler Sumrucuğum," demişti de, Sumru bu sözlere bir anlam verememişti. Ama şimdi – artık biliyordu.
Ama okul – işte o, tek kelimeyle dökülüyordu. Tabii sevgili(!) ve değerli(!) annesinin son dakika kararları nedeniyle kaydını ancak bu okula yaptırabilmişlerdi.
Bu okula, yani bir devlet okuluna...
İstanbul'daki mis gibi özel okuldan sonra Mersin'in devlet okulu, attan inip eşeğe binmekle aynıydı. Ama annesinin söylediğine bakılırsa Mersin'in en başarılı eğitim yuvalarından biriydi bu okul. Ayrıca, devlet okulunda okumanın insana çok şey kazandıracağını anlatmıştı uzun uzun.
Okulun her tarafı griydi, gri... Bahçe duvarları, okul duvarları içiyle dışıyla hep o iç karartan beton grisiydi. Ne bir renk, ne bir neşeli poster, ne dinlendirici bir yeşillik.
Annesi, "Hayatın bu yüzünü de öğrenmen gerek," demişti. "Bu okul kıt olanaklarla ayakta duruyor, hem de başarıyla duruyor. Eleştireceğine saygı duyman gerek, küçük hanım. Hem ileride sana verdiğim bu fırsat için bana teşekkür edeceksin."
Sumru'ysa içinden, *tamam, saygı duyalım da, bunu doğrudan yaşamam şart mı, uzaktan izlesem olmuyor mu,* diye düşünmüştü.
İşte yeni bir gün daha başlıyordu. Sınıftakilerle yavaş yavaş birbirlerine ısınıyor, kibar gülücüklerle idare ediyorlardı. Daha önce birlikte okumuş öğrenciler rahat tavırlarından hemen belli oluyordu.
Hazal'la Lila belli ki çok yakın arkadaştılar. Hazal daha bir içten gülümsüyordu Sumru'ya. Lila'ysa daha baştan savma. En çok yakınlık

duyduğu, deli dolu bir kız izlenimi veren Nazire'ydi. Zaten Nazire'nin de onu sahiplenmiş bir havası vardı. Sınıfları gösteriyor, öğretmenlerin isimlerini öğretiyordu. Özetle, elinden geldiğince Sumru'ya yardımcı olmaya çalışıyordu.

Delikanlılara gelince, Hazal'la Lila'nın yakın arkadaşları Selim, açık tenli, açık kumral saçlı, hoş bir çocuktu. İlginç bir üçlü oluşturuyorlardı. Sonra Cengiz ve arkadaşı Mehmet vardı. *Bunlar da zıt kardeşler gibiler,* diye düşünmekten kendini alamadı Sumru. Cengiz boylu poslu, esmer, yakışıklı bir çocuktu ama sınıfın 'çete' tipiydi, zaten asıl arkadaşları okul dışından motosikletli bir gruptan oluşuyordu. Okuldaki en yakın arkadaşı Mehmet'se sessiz mi sessiz, sakin mi sakin bir çocuktu. Nazire, akraba olduklarını söylemişti Cengiz'le Mehmet'in. Ve Yağmur Öğretmen içeri girdi. *Ne kadar hoş,* diye düşündü Sumru. Havalar hâlâ sıcak gittiği için ince bir bluz ve uzun tiril tiril bir etek giymişti.

"Hocam bugün yine çok hoşsunuz," dedi Nazire.

"Evet… Evet…" sesleri Nazire'yi destekledi.

"Çok teşekkür ederim çocuklar, siz de çok tatlısınız."

Haydi, bu kez alkışlar, ıslıklar yükseldi.

"Bugün serbest okuma saatimizi Mersin Parkı'nda yapalım, diye düşündüm."

Sınıfı bir sessizlik kaplayıvermişti. Anlayamamışlardı; ne diyor bu öğretmen diye birbirlerine baktılar.

"Havalar çok güzel, hatta biraz fazlaca sıcak. O nedenle okuma saatimizi gidip parkta, ağaçların gölgesinde yapsak, diye düşündüm. Müdire Hanım'a söyledim, o da bunda bir sakınca görmedi. Eee, ne dersiniz bu fikrime?"

Herkesten, "Allah deriz," sesleri yükseldi. Çok sevinmişlerdi. Parkta okuma yapmak… Ne harika bir fikirdi.

En ön sırada oturan Ayşim, "Hangi kitabı okuyacağız, hocam…" diye sorarken kapı vuruldu.

"Girin," diye seslendi Yağmur.

Kapı yavaşça açıldı, bir öğrenci, "Hocam sizinle görüşmek isteyen biri var da…" dedi.

Yağmur şaşırmıştı.

"Allah Allah, kim olabilir acaba," diye mırıldandı ve kalkıp kapıya yürüdü.

Kapının dışındaki kişiyi görünce dondu kaldı Yağmur. Tarık'tı bu. Orada durmuş, ona bakıyordu.

Bembeyaz oldu Yağmur'un yüzü. Sanki damarlarındaki kan çekiliyordu, öylesine kötü hissetti kendini.

"Ne arıyorsun sen burada," diye fısıldadı.

Öğrenci tuhaf bir şeyler olduğunu sezinlemiş yavaşça kaybolmuştu.

Sınıfsa kıpır kıpır Yağmur Öğretmen'in dönmesini bekliyordu. İlk kez sınıfça okul dışına çıkacaklar, üstelik parka gideceklerdi. Ne harika fikirdi.

Sonra birden Ayşim sınıfa dönüp, "Çocuklar susun biraz," dedi alçak sesle, "garip şeyler oluyor burada."

"Hayırdır," diye seslendi Cengiz.

"Sus be..." diye azarladı onu Ayşim, "duyacaklar."

Ayşim'le Güher, kapının dibinde dikkat kesilmiş bir vaziyette duruyorlardı. Dışarıyı dinliyorlardı besbelli.

Giderek sınıfın tümü kapının önüne yığıldı. Çıt çıkmıyordu koca sınıftan. Kocaman bir kulak olmuşlardı sanki.

Yağmur Öğretmen'in sesini duydular.

"Ne arıyorsun burada diyorum, bana doğru dürüst bir cevap vermiyorsun."

Cengiz'in kaşları kalktı.

Adamın ne dediği duyulmuyordu.

Yine Yağmur'un sesi...

"Konuşmak istemiyorum! Diyeceklerimi dedim ben..."

Yine sessizlik.

"Hem sen nasıl girdin buraya? Burası benim iş yerim." Derken bir erkek sesi...

"Ne yapmamı bekliyordun. Telefonlarıma cevap vermiyorsun. Kimse nerede oturduğunu söylemiyor. Ben de kalkıp buraya, okula gelmek zorunda kaldım."

"İyi! Geldin işte... Artık gidebilirsin."
Cengiz bu kez keskin bir ıslık çaldı, "Helal olsun bizim Yağmur Öğretmen'e, adamı iyi fırçaladı."
Hazal ters ters baktı ona.
Söylenecek söz müydü bu şimdi.
Cengiz'se alaylı alaylı bakıp özür dilercesine eğildi Hazal'a doğru.
Lila kıkırdayıp duruyordu. "Ay, çok eğlenceli," diye fısıldadı Nazire'ye.
Nazire'yse Sumru'ya, "Yaa kardeş, burası İstanbul'a benzemez, hayat renklidir," diye fısıldadı. Bu kez onlar kıkırdaştılar.
"Bi' dakka, bi' dakka," dedi Cengiz, "orada istenmeyen bir şeyler oluyor gibi."
"Lütfen Yağmur..." Erkek sesi giderek yükseliyordu.
"Bırak elimi..."
Sınıf kapısının camından baktıklarında Yağmur Öğretmen'in elini tutmaya çalışan erkeği gördüler. O ise bir hışım elini çekti.
"Beni dinlemiyorsun," dedi adam ve bu kez Yağmur Öğretmen'i omuzlarından yakaladı. "Beni dinle, diyorum. Lütfen beni dinle," diyerek sarsmaya başlayınca Cengiz, kapıyı itip dışarı çıktı.
"Hop dedik bey amca. Sen önce bir çek ellerini öğretmenimizin üzerinden..."
Selim de hemen Cengiz'in arkasından dışarı çıkıp onun yanında durdu. Sonra Mehmet sonra da diğer erkek öğrenciler.
"Çocuklar... Lütfen..." dedi Yağmur Öğretmen yalvarırcasına, "sınıfa dönün."
"Derdi ne bu adamın hocam?" dedi Cengiz.
"Lütfen çocuklar..." Yağmur Öğretmen ağladı ağlayacak durumdaydı.
"Tamam," dedi Tarık, "tamam. Gidiyorum."
"İkileee..." diye bağırdı Cengiz. Tarık dönüp Cengiz'e baktı, sen de kim oluyorsun, dercesine. Bunun üzerine Cengiz, Tarık'a doğru bir adım attı.
Yağmur Öğretmen hemen Cengiz'in önüne geçti, "Lütfen Cengiz..." dedi, "sınıfa dönün."

"Tamam hocam," dedi Cengiz, "önce bu beyefendiyi yolcu edelim sonra sınıfa gireriz."

"Gerek yok," diye mırıldandı Tarık ve dönüp dış kapıya doğru yürümeye başladı.

Cengiz seslendi arkasından, "Bir daha öğretmenimizi rahatsız edeyim deme yoksa Allah korusun başına fena işler gelebilir." Sonra da iki elini ağzının kenarlarına koyup sesinin dış kapıya varmış olan Tarık'a ulaşması için bağırdı.

"Hem unutma, burası bizim çöplüğümüz."

Bu arada bütün bu sesler nedeniyle yan sınıfların kapıları açılmış, öğrenci ve öğretmenler ne oluyor, diye çıkmış bakıyorlardı.

Yağmur çökmüştü adeta. Çok ama çok üzgündü. Daha okulun ilk günlerinde öğrencilerinin önünde böyle bir rezaletin yaşanması... Ne kötüydü, ne kötü. Kim bilir neler düşüneceklerdi onun hakkında.

Öğrenciler sınıfa döndüler. Kimseden ses çıkmıyordu, onlar da ne yapacaklarını bilemez hâldeydiler. Herkes şaşkındı. Ve yine sınıf kapısı tıklatıldı.

Yine bir öğrenci...

"Hocam, Müdire Hanım sizi çağırıyor."

Evet, diye düşündü Yağmur, bu da rezaletin son perdesi. Anlaşılan olay hemen duyulmuş ve Müdire Hanım'ın anında haberi olmuştu.

"Teşekkür ederim," dedi Yağmur, "hemen geliyorum." Sonra sınıfa döndü, "Çocuklar," dedi, yutkundu, hüzün dolu gözlerle baktı öğrencilerine, "Tamamen özel bir konu nedeniyle dersimizi bölmek zorunda kaldım, sizlerden özür diliyorum."

Öğrenciler bu kez bir başka şaşkınlık içindeydiler. Böylesi bir tavır onlara öyle yabancıydı ki... bir öğretmen, öğrencilerinden özür diliyordu!

"Parka gidecektik ama o da olmayacak çünkü şimdi gidip Müdire Hanım'la görüşmem gerek. Ama sözüm sözdür, haftaya parka gidip okumamızı yapacağız. Bunun için de sizlerden özür diliyorum. Şimdi lütfen sessizce kitaplarınızı açın ve ben gelene kadar okuma yapın."

Yağmur Öğretmen sınıftan çıkar çıkmaz Nazire ayağa fırladı. "Arkadaşlar, farkında mısınız, bizden ne biçim özür dilendi."

Güher ekledi, "Üstelik onun elinde olmayan nedenler vardı ortada."
"Başımıza taş mı yağacak ne," dedi Nazire.
"Çok üzüldüm," dedi Hazal, "zavallı öğretmenimiz, ne hâle geldi. Sabah sınıfa girdiğinde nasıl da pırıl pırıldı, oysa az önce resmen gözlerinin ışıltısı sönmüştü."
Ayşim atıldı, "Şimdi bir de Müdire Hanım'a hesap verecek. Allah yardımcısı olsun."
Lila, Cengiz'e döndü, "Sana da helal olsun arkadaşım. O adamın iyi hakkından geldin."
"Zorbalık yapanlardan nefret ederim," diye mırıldandı Cengiz.
Müdire Hanım'ın kapısını tıklattı Yağmur.
"Gir."
Yağmur, yavaşça kapıyı açıp içeri girdi.
Sevinç Hanım, ahizeyi eline alıp sekreterini aradı, "Kızım, kimseyi bağlama; toplantıda dersin."
Sonra Yağmur'a döndü, "Otur kızım."
Sevinç Hanım yılların eğitimcisiydi. Mersin'in kurucu ailelerindendi ailesi. Hem Mersin'in yerlisi olması, hem de onca yılın eğitimciliği nedeniyle herkes onu sayar, severdi. Taksi durağındaki şoförlerden, iş adamlarına, avukatlardan doktorlara kadar pek çok kişiye emeği geçmişti. Sokakta gören koşup elini öpmeye çalışırdı *hocam,* diyerek.
Yağmur, çalışma masasının karşısındaki koltuğa ilişir gibi oturdu.
"Anlat kızım, neler oldu az önce?"
"Çok... çok üzgünüm efendim," diyerek olayı anlatmaya başladı Yağmur. Bu arada kendisi hiç farkında değildi ama yaşadıklarının stresine yenilmişti sonunda. Gözyaşları dinmek bilmiyordu.
Sevinç Hanım'sa sözünü kesmeden dinliyordu onu. Yağmur sustuğunda, "Eğer sormamda bir mahzur yoksa, o bey senin neyin oluyor kızım," dedi sakin bir sesle.
Bu soru Yağmur'u bir kez daha gözyaşlarına boğdu. Bir yandan da, "Özür dilerim hocam, bu davranışım hiç de profesyonelce bir tavır değil ama gözyaşlarımı tutamıyorum," diyordu.
Gülümsedi Müdire Hanım, "Profesyonellikten önce hepimiz insanız kızım," dedi ve ekledi, "Soruma cevap vermedin."

Bunun üzerine Yağmur her şeyi olduğu gibi, sevgilisini, arkadaşını ve onların ihanetini yakalayışını, Sevinç Hanım'a anlattı.

Ve – garip bir şekilde rahatladığını hissetti. Sevinç Hanım'ın dinleyiş biçimi, görmüş geçirmişliğini belirleyen bakışları ona huzur veriyordu oysa karşısındaki amiriydi. *Ne kadar ilginç*, diye düşünmekten alamadı kendini.

O sırada Sevinç Hanım yine sekreterini aradı, "Kızım bize iki çay söyler misin?"

Yağmur biraz olsun kendini toplamıştı.

"Çok üzgünüm," dedi, "gerçekten çok üzgünüm. Böyle bir olaya sebebiyet verdiğim için nasıl utanç içindeyim, anlatamam."

Sevinç Hanım, Yağmur'a baktı, "Bu çok istemdışı bir olay. Senin suçun yok kızım."

"Okulun daha ilk günlerinde bıraktığım izlenime bakar mısınız. Kim bilir öğretmen arkadaşlar neler düşünecekler, öğrencilerim artık bana saygı duymayacaklar."

Yine gözleri dolmuştu Yağmur'un.

"Senin bu işte bir dahlin olmadığını sen de biliyorsun, ben de. En başta da sen biliyorsun ki bu en önemlisi. Çünkü, insanın en gerçekçi ve en acımasız eleştirmeni kendisidir. Sen işin doğrusunu bildikten sonra gerisi o kadar da önemli değil."

"Ama ya öğrencilerim, onlar ne düşünüyorlardır şimdi benim hakkımda."

Sevinç Hanım öne doğru eğildi, "Sana bir şey söyleyeyim mi," dedi, "eğer ben birazcık olsun öğrencinin psikolojisini biliyorsam, onlar şimdi bu olaya bayıldılar. Ba-yıl-dı-lar! Çok da romantik bulmuşlardır, eminim. Onun için seni bir ikinci 'Çalıkuşu Feride' olayı gibi göreceklerinden eminim. Sevgilisini terk edip Anadolu'ya sığınmış genç ve güzel öğretmen..." dedi ve göz kırptı Yağmur'a. "Hadi iç çayını."

"Teşekkür ederim efendim, ne kadar iyisiniz, bana karşı ne kadar anlayışlısınız."

"Bak kızım Yağmur, ben gerçek bir eğitimciyi gözünden tanırım. Seni ilk geldiğin günden beri izliyorum. Pek çokları gibi saatini doldurur doldurmaz çıkıp gidenlerden değilsin. *Ben – ben ne yapabilirim? Nasıl bir katkıda bulunabilirim*, diye düşünen genç bir öğretmensin. Meselâ, şu parka gidip okuma yapma fikri çok hoşuma gitti. Bizler bunu düşünememiştik. Ama sen… sen düşündün. Ve daha birçok fikir üreteceğini seziyorum. O nedenle, böyle anlamsız bir olayın senin şevkini, heyecanını kırmasına izin veremem. Anlaşıldı mı?.."

Yağmur ne diyeceğini bilemez hâldeydi. Böyle bir tutumla karşı karşıya kalacağını söyleseler hayatta inanmazdı.

"Öte yandan, âdet yerini bulsun diye, daha doğrusu bazı ağızları kapatmak için sana bir kınama yazısı gönderebilirim. Ama benim gerçek fikrimi biliyorsun. Onun için işinin başına hevesle dönmeni ve çocuklarımız için iyi ve güzel işler yapmanı bekliyorum senden."

"Sağ olun hocam. Sizden aldığım bu destek sayesinde şimdi işime bambaşka bir güçle sarılacağım."

"İşte benim duymak istediğim de buydu zaten," dedi Sevinç Hanım ve ayağa kalktı.

Konuşmasının sona erdiği anlamına geliyordu bu. Yağmur hemen ayağa fırladı ve tekrar teşekkür edip odadan çıktı.

Havada Aşk Mı Var Yoksa...

Okul çıkışı Selim, Hazal'a yetişti.
"Seninle biraz test çözsek, ne dersin?"
"Valla çok iyi olur! Aslını istersen ben de şu aralar biraz çalışalım diyecektim, bir yandan da seni sıkıştırmak istemiyordum. Hemen Lila'ya haber vereyim."
"Yok, bence önce biz seninle son bölümlerin üstünden geçelim sonra hep birlikte çalışırız. Sana sormak istediklerim var."
Hazal bir kahkaha attı. "Sen! Bana! Soracaktın! Aman Tanrım neler duyuyorum."
"Kendini o kadar da harcama Hazal, bayağı iyisin sen."
"Sağ ol arkadaşım, moral oldu bu sözler bana."
Okuldan Hazal'ın evine yürürlerdi genelde.
"Ya bir şey diyeceğim Hazal, doğrudan sizin eve gideceğimize, parka gitsek, biraz orada takılsak, belki de orada çalışsak... Ne dersin?"
Hazal şaşırmıştı ama daha önce de parka gidip çalışmışlıkları vardı. "Tamam," dedi, "neden olmasın. Gidelim, yalnız anneme haber vereyim de merak etmesin."
Kısa süre sonra parktaydılar.
"Bizim buraların sonbaharı gibisi yok. Şu havanın güzelliğine baksana," dedi Hazal.
Parkın içinden geçip deniz kenarına ulaştılar. Güneş ışınları suyun üstünde yanıp sönüyor, pırıltılar göz alabildiğine uzayıp gidiyordu.
Başını denize doğru çevirdi Hazal, saçları rüzgârla birlikte dalgalandı. Selim'se ona bakıyordu. Öylesine dalmıştı ki, Hazal yüzünü

çevirdiğinde göz göze geldiler. Selim hemen başka yöne baktı, "Yürüyelim mi biraz?"
"Yürüyelim, şu parkta ne kadar yürüsem doyamam."
İçinde nedensiz bir sevinç vardı Hazal'ın.
Ağaçlıklı bir yolda Selim'le baş başa yürüyor olmak ne hoştu.
Selim'in bakışları yumuşacıktı.
Hazal'a öyle güzel bakıyordu ki...
Hayret, diye düşündü, daha önce hiç fark etmemiştim.
Sessizlik...
Sessizlik içinde yürüyorlardı.
Ama birbirlerinin varlığını güçlü, hem de çok güçlü bir biçimde duyumsuyorlardı.
Dar yola bir dal uzanmıştı; mor bir begonvil dalı. Selim uzanıp dalı çekti, Hazal rahatça geçebilsin, diye. Sonra bir çiçek kopardı.
"Bir dakika," diyerek durdurdu Hazal'ı, incitmekten korkarcasına önce saçını sonra da mor begonvili kulağının arkasına yavaşça yerleştirdi. Geriye çekilip baktı, "Çok yakıştı."
Güldü Hazal, "Teşekkürler..."
Ve yürümeye devam ettiler.
Çocuk parkına geldiklerinde, "Haydi Hazal otur şu salıncağa da sallayayım seni," dedi Selim.
"Delirdin mi... Kazık kadar kıza bak, derler..."
"Ama şu anda kimse yok ki. Haydi..."
Ve Selim onu sallamaya başladı. Hazal da kolan vuruyor, saçları rüzgarda uçuşuyor, kahkahalar atıyordu. Uçurdukça uçuruyordu Selim onu. Bir süre sonra, "Yeter, yeter," diye seslendi Hazal, "durdur şunu da ineyim artık."
Selim salıncağın zincirine asıldı, sonra da düşmesin diye Hazal'ı tuttu. İkisi de nefes nefese kalmışlardı. Bir an birbirlerinin kollarında kaldılar. Sonra ayrıldılar hemen.
Hazal'ın yanakları pembe pembeydi. Selim ona şöyle bir baktı ve "Biliyor musun Hazal sen bu yaz çok değişmişsin," dedi alçak sesle.
"Değişmiş miyim? Daha neler... Tabii, siz beyefendi bütün yaz yoktunuz. Manavgat'larda, yazlıklarda yüzümüzü, gözümüzü unuttunuz."

"Sahi söylüyorum, bir başkalaşmışsın sanki."

"İlâhi," diyerek güldü Hazal, "neyim değişecek ki…" Sonra birden durdu, "Bana bak, ne demek istiyorsun sen, öyle değişmişsin filan diyerek. Yoksa çirkinleşmiş miyim, ha? Söyle…"

Selim gülmeye başladı. Hazal onun kolunu çekiştirdi, "Söylesene… hadi ama…"

Sonunda durdu Selim, "Çok güzelleşmişsin," dedi yavaşça "nasıl anlatsam, o güzel gözlerin daha da bir hülyalı gözler olmuş sanki ve…" Birden söylediklerinden utanmışçasına sustu.

Hazal şaşkındı. Şaşkındı ama bir yandan da Selim'in lafını tamamlamasını bekliyordu, merak içindeydi.

"Ve…" diyerek Selim'i yüreklendirmeye çalıştı.

"Ve ben kendimi o gözlere bakmaktan alıkoyamıyorum."

Hazal'sa nefes almaktan korkarcasına dinliyordu onu. Sonra birden bir kahkaha attı, Selim'in omzuna vurduğu gibi, "Eğlen bakalım eğlen. Neyse, hiç olmazsa ne biçim çirkinleşmişsin demek gafletinde bulunmayarak sıkı bir dayaktan kurtuldun."

Selim de gülmeye başladı. Her zamanki hâllerine dönmek, ikisini de rahatlatmıştı.

"Hadi sana bir uçurtma alayım," dedi Selim.

"Şuna bak, kendini affettirmek istiyor."

"Sana da yaranılmıyor Hazal. Övgüler yağdırıyoruz, gülüyor, dalga geçiyorsun. Uçurtma alalım diyoruz, ona da bir kusur buluyorsun."

"Tamam, tamam, sen bana bir uçurtma al, ben de sana bir pamuklu şeker alayım."

"Anlaştık ortak."

Önce pamuk şeker yediler sonra deniz kenarındaki uçurtmacıdan uçurtma aldılar.

"İyi de bunu uçurmayı bilmem ki…"

"Ben sana öğretirim."

Birlikte ipi yavaş yavaş bırakmaya başlayınca uçurtma nazlı nazlı gökyüzüne doğru yükseldi. Selim, yardımcı olmaya çalışırken, Hazal'ın kâh elini, kâh kolunu tutmak zorunda kalıyordu. Birbirlerine çok yakın duruyorlardı. Hazal ilk kez bu yakınlığın kendisine değişik duygular yaşattığının farkına vardı. Daha önce hiç duyumsamadığı hisler. Şaşkındı. Yoksa az önceki garip şakalardan mı etkilenmişti. Neler oluyordu böyle.

Yok, yok bir şey olduğu yoktu. Her zamanki gibi arkadaşıyla güzel vakit geçiriyordu. Hepsi bu...

"Ohooo, saat altıyı geçiyor, ne ders çalıştık, ne de bir şey," dedi Hazal.

"Bir kez de kendi kafamıza göre takıldık, fena mı?.."

"Haklısın Selim, zaten bütün kış kapanıp çalışacağız. Onun için iyi ettik, parka geldik, havamız değişti ama artık benim eve dönmem gerek."

Gizli bir hüzün içindeydiler. Parkta yaşadıkları her neyse ona sırtlarını dönüp yine o bildik hayata devam etmek...

O büyülü saatlerin bir daha yinelenmeyeceğini bilmek...

Bir hüzün veriyordu.

"Ben seni eve bırakayım."

"Ne gerek var, şuradan bir minibüse atlayıp gideceğim, yarın okulda görüşürüz."

"Yok yok, olmaz," dedi Selim ve birlikte minibüse binip Hazal'ın evinin yakınında indiler.

Hava kararmaya başlamıştı, evin önüne gelince, "İçeri gelsene," dedi Hazal.

"Geç oldu, eve dönsem iyi olur."

Vedalaşırken Hazal'ın elini bırakmak istemezmişçesine daha bir uzun tuttu sanki. Yüzü gölgelerdeydi, gözlerini göremiyordu ama elinin sıcaklığında bunu hissedebiliyordu.

Eve girdiğinde nedense annesiyle karşılaşmak istemedi; doğru odasına geçip "Ben geldim," diye seslendi.

Annesi mutfakta kabak kızartıyordu. "Ablan aradı," diye yanıtladı Hazal'ı. Hazal'ın ablası Konya'da okuyordu.

Yüzüne soğuk su çarptı, yanakları alev alevdi; ellerini yıkayıp biraz daha oyalandıktan sonra kendini hazır hissedebildi.

"Sofrayı kuruyorum," dedi ve hemen sordu, "neler anlatıyor ablam?"

Annesinin aklı az önce konuştuğu ortanca kızındaydı. "Bu yıl dersler daha zor, diyor. Çok çalışmam gerekecek, diyor. Ve bir de, harçlığını arttırabilir miyiz, diye soruyor." Çoban salatası için bir yandan soğanları ince ince doğrarken, bir yandan da kendi kendine konuşur gibi mırıldandı, "Bilmem bunu babana nasıl söyleyeceğiz."

"Önce bir karnını doyururuz, baksana mis gibi kokuyor kabak kızartması. Yemekten sonra da kahvesini yaparız, hem de Tarsusî, veririz eline. Sonra daaa..." dedi Hazal, annesinin beline sarılarak, "Sen o tatlı dilinle babama derdini anlatırsın."

Güldü Leyla Hanım, "Demesi kolay. Eee, siz neler yaptınız bakalım parkta?"

Hazal hemen çekti elini annesinin belinden. "Dolaştık filan, güya ders çalışacaktık ama hava öyle güzeldi ki..."

"Ders mers hak getire," diyerek kızının sözünü tamamladı annesi. Sonra içini çekti, "Gençlik bir daha ele geçmez, onun için gezin ara sıra."

Hazal annesini taklit ederek, "Demesi kolay," dedi. Gülüştüler.

Annesi onların üçlü gezdiklerini varsayarak konuşmuştu ve Hazal yine nedense bu yanlış izlenimi düzeltmemiş, duymazlıktan gelmişti.

Gece yatağında bunları düşündü. Bir filmi izlercesine yaşadığı öğleden sonrayı kare kare gözünün önüne getirdi. Elle tutulur bir şey yoktu ama... Ama sanki... bir şeyler değişmişti. Acaba üç aydır birbirlerini görmemiş olmalarından mı kaynaklanıyordu bu değişim. Bu arada, gerçekten değişik bir durum var mıydı ortada, diye sorguladı kendini Hazal, yoksa bütün bunları ben mi hayal ediyorum.

Yatakta bir o yana bir bu yana döndü durdu, sabaha kadar. Ara sıra dalıyor, daldığında Selim beliriveriyordu zihninde.

Selim'in onu sallaması... salıncaktan inmesine yardım ederkenki yakınlaşmaları...

Bu sahneler gözünün önüne geldikçe kalp atışları hızlanıyordu. Sonra, "O güzel gözlerin daha bir hülyalı gözler olmuş sanki..." deyişi. Ve en sonunda, "Ben kendimi o gözlere bakmaktan alıkoyamıyorum," deyişi.

Neydi bu şimdi?
Hem neden bunca heyecanlanmıştı ki, bu sözleri duyunca.
Ya sonra bu sözlere birlikte gülüşleri?
İşte bu dalga geçmeler, takılmalar onların gerçek hâli değil miydi? Hem Selim şakacının tekiydi.
Evet, evet şaka yapıyordu, gırgırına öyle konuşmuştu Selim.
Öte yandan – Lila'nın gelmesini istememişti. Öne sürdüğü, gerçek bir gerekçe miydi? Of, of, diyerek yastığını yumrukladı Hazal. Uykuya daldığında, daha doğrusu bütün gece çırpınıp durmaktan yorgun düşüp sızdığında, sabah ezanı okunuyordu.

Öğretmenler Odasında Konuşulanlar

Malum olaydan bir hafta sonraydı. Öğretmenler odasında Şevval ve Nazan Öğretmenlerle oturuyordu Yağmur. Yağmur'u üzgün gördükleri için teselli etmeye çalışıyorlardı. Olay o denli dallanıp budaklanmıştı ki artık saklayacak bir şey kalmadığından onlarla rahatça dertleşebiliyordu Yağmur.

"En çok üzüldüğüm Cengiz'in cezalandırılması. Benim yüzümden çocuğun evine mektup gitti. Kim bilir annesiyle babası nasıl kızmışlardır ona."

"Bak Yağmur, ben Cengiz'i severim. Mert, dobra çocuktur ama son zamanlarda pek bir efelenir oldu. Hele de okul dışı arkadaşlarla iyice kabadayı havalarına girdi."

"Ama Şevval, o başka, bu durum başka. Burada çocuk beni korumaya çalışıyordu."

"Haklısın hayatım ama kendinden büyüklere, ikileee... diye bağırdığında, hele de bu Abdülkadir Bey tarafından duyulduğunda – olacağı budur. Hem bence iyi oldu, onun biraz kulağının çekilmesi gerekiyordu."

İçini çekti Yağmur, "Haklıyken haksız oldu çocuk. Hem de benim yüzümden," dedi ve ekledi "zaten annem bile bana karşı."

"Neden?"

"Çocuk gibi davranmışım."

"Nasıl yani?"

"Bırakıp geldim, sonra da bu iş bitti diye mail gönderdim ya. İşte bu davranışı onaylamıyor, çocuk gibi davrandın, diyor."

"Ne yapmanı bekliyormuş?" Bunu soran da Nazan'dı.

"Olayı öğrenir öğrenmez, Tarık'ı karşıma alıp konuşmalıymışım. Önce bir onun anlatacaklarını dinleyip sonra kesin kararımı vermeliymişim. Ve bu kararı alınca da, böyle kaçıp uzaktan mail atarak değil, orada, İstanbul'da, Mersin'e gelmeden, yüz yüze konuşup anlatmalı, soruları yanıtlamalıymışım. Bunları yapsaymışım, okulda da bu rezalet, aynen bu kelimeyle söyledi, yaşanmazmış."

"Yağmurcuğum, madem konu açıldı, Tarık ne oldu? Yani sonradan onunla konuştunuz mu?"

"Konuştum Şevvalciğim," dedi Yağmur öfkeli bir ses tonuyla, "hem de nasıl konuştum."

"Sen mi aradın?"

"Evet! Ben onu aradım ve duygusal hayatımı mahvettiğin yetmiyormuş gibi, iş hayatımı da rezil ettin, dedim."

"O ne dedi peki?"

"İşte özür dilerim, bilmem ne... Ben seninle konuşmak istiyordum da, olmayınca son çare olarak düşündüm de... Ama böyle olaylar olacağını bilseydim, işin bu raddelere geleceğini görebilseydim, asla gelmezdim de..." durdu Yağmur, hırsından nefes nefese kalmıştı. Devam etti, "Ben de ona, artık durumu yeterince anladın umarım, dedim. Ne sesini duymak, ne de yüzünü görmek istiyorum. Tek istediğim hayatımdan çıkıp gitmen, diye bağırdım ve telefonu suratına kapattım."

Sustu Yağmur. Onlar da susuyorlardı. O sırada Turgut Öğretmen girdi içeri.

"Ne o? Arpacı kumruları gibi düşünüyorsunuz hanımlar," dedi her zamanki şakacı tavrıyla. Öğretmenlerden ses çıkmayınca, "Haa, şu mesele," dedi sonra Yağmur'a dönerek, "bak kızım, millet dedikoduya bayılır. Bugün bunu konuşurlar ama merak etme yarın başka bir konu çıkar, seninki unutulur, gider. Sen çalışmana bak. İşine odaklan, iyi ve güzel işler yapmaya gayret et. Her şeye en güzel yanıt budur."

"Hayır, o gün Müdire Hanım'a haber nasıl bu kadar çabuk gitti, hâlâ ona şaşıyorum."

Birbirlerine baktılar sonra Şevval gülmeye başladı.

"Neden gülüyorsun Şevval? Sanırım bir bildiğin var."

Yine birbirlerine baktılar, söylesek mi acaba, dercesine.

"Lütfen... Bilmem gereken bir şey varsa lüften söyleyin. Bu saatten sonra beni hiçbir şey üzemez."

"Bak Yağmurcuğum senin girdiğin sınıfın karşısındaki sınıfta kimler öğretmenlik yapıyor, bir düşün."

Yağmur çeşitli derslere giren öğretmenleri gözünün önüne getirmeye çalışarak alçak sesle saymaya başladı.

Saydı, saydı sonra birden, "Bir dakika," dedi, "bir dakika... Abdülkadir Bey!"

Dönüp Şevval'e baktı, "Beni şikâyet eden Abdülkadir Bey, değil mi? Evet, evet, eminim o. Daha ilk günden benden hoşlanmamıştı zaten."

"Evet, hemen Müdire Hanım'a gitmiş, bir sürü laf etmiş."

"Ne demiş? Ne demiş?"

"Amaan kızım, bırak Allah aşkına, ne demişse demiş," dedi Turgut Öğretmen, "ne dedim ben sana; sen öğretmenliğini yap, gerisini boşver."

"Yok ama hocam, bilmeliyim. Bilmek benim hakkım, öte yandan gidip de Müdire Hanım'a soracak hâlim yok. Ama Abdülkadir Bey'le ilgili olarak da nerede durduğumu görebilmeliyim. Hadi ama lütfen..."

"Söyle de meraktan kurtulsun, Nazan. Ayrıca gerçekten... nerede durduğunu bilsin."

Nazan anlatmaya başladı.

"O sabah ben Müdire Hanım'ın yanındaydım. Abdülkadir Hoca bir hışım içeri girdi. 'Hocam, hocam,' dedi Müdire Hanım'a, 'okulumuz ne hâle geldi...' Ve soluk almadan anlatmaya başladı.

'Öğretmenlerimizin sevgilileri kapılara dayanır oldular. İş bu hâle geldi. Yetmezmiş gibi öğrencilerin önünde âşıklar kavgası yaşandı. Bizim zamanımızda olur muydu böyle olaylar. Öğretmen, öğretmendi. Daha uzaktan gelişinden belli olurdu öğretmen. Şimdikiler de öğretmen ha, güleyim bari. Zıpır kızlar onlar. Ne giyimleri giyim, ne davranışları davranış.

Bu Yağmur Öğretmen için ben en baştan söyledim size. Müdire Hanım, bu bize yaramaz, dedim. Şu giyime, şu saça başa bak. Saygı telkin etmiyor bir kere saygı. Bak, nitekim dediğim çıktı. Tabii öğretmenler böyle olunca öğrenci de ona göre oluyor. Yok efendim neymiş, çocuğa fiske vuramazmışız. Biraz azarlasan çocuğun anası babası kapıya dayanıyor. Ondan sonra gel de disiplin kur bunların üstünde.

Bizim zamanımızda ana babalar, öğretmenin vurduğu yerde, gül biter, derlerdi. Nush ile uslanmayanın hakkı tekdir, tekdir ile uslanmayanın hakkı kötektir, derlerdi. Şimdi nerdeee...' dedi ve ekledi, 'Bana sorarsanız hem Yağmur Öğretmen'in hem de Cengiz'in şiddetle cezalandırılması gerekir. Hem de diğerlerine ibretiâlem olacak şekilde...'"

"Ah, ah," dedi Yağmur, "nelere sebep oldum."

Şevval söze girdi, "Evet belki hoş bir olay değildi ama senin hakkında böyle konuşmaya hakkı yok. Giyimine, saçına başına karışamaz. Hepimiz yönetmeliğe uygun giyiniyoruz ama Abdülkadir Hoca'ya bakarsan, hepimiz açık saçık giyiniyoruz. Makyaj yapıyoruz diye de hep eleştirir bizleri. Benim ifrit olduğum onun bu tutumu. Şimdi senin bu olayında da bir şey yakaladı ya, artık buradan çıkarak kendini her konuda haklı göstermek için kullanıyor da kullanıyor."

Nazan ekledi, "Ona kalsa tüm öğrenciler disipline verilmeli. Güldüler kabahat, koşup oynadılar kabahat. Kızların etek boyu sorun, saçları sorun. Hafta sonu eğlenmeleri bile sorun."

"Hadi, hadi başka şeyler konuşun," dedi Turgut Öğretmen, sonra Yağmur'a döndü, "Nasıl gidiyor dersler?"

"İyi! Öğrencilerim pırıl pırıl. Onlara en son bir kompozisyon ödevi verdim. Konusu *Nasıl Bir Okulda Okumak İsterdiniz*."

Üçü birden kahkahaları patlattılar.

"Tehlikeli konu..."

"Eyvah ki eyvah..."

"Kâğıtları okuduktan sonra ilginç olanları bize anlat, e mi," dedi Turgut Öğretmen.

Ve zil çaldı.

"Haydi bakalım, görev başına," diyerek sınıfların yolunu tuttular.

Çukurovalılık Birazcık Da Kabadayılık Demektir

"Sakın küfretme," dedi Hatçe, kocasına, "doğru konuş çocukla."
"Doğru konuşulacak çocuk mu o. Bak okuldan mektup geldi hanııım, mektup…"
"N'olmuş! Sen çocukken pek mi matahtın."
"Düzgündüm ben. Ana baba sözü dinlerdik biz."
"Kaynanam öyle anlatmıyor ama seni."
"Sen bakma ona. Her şeyden yakınır zaten anam. Yakınmayı marifet bellemiş."
"Demek bu huyunu anandan almışsın."
"Hatçee… Bak zaten sinirim tepemde…"
"İyi, iyi! Sen şimdi bırak onu da ne dediler sana okulda, onu bir anlat hele."
"Bir adam mı ne gelmiş, öğretmeniyle konuşuyormuş. Bizimki adama dayılanmış, adamı kovmuş, buralar bizim çöplüğümüz, diyesiymiş."
Bunları anlatırken hafiften gülümsedi Cengiz'in babası. Eee, Çukurovalılık azıcık da kabadayılık demekti.
"Cengiz neden öyle konuşmuş acaba? Mutlaka bir sebebi olmalı," dedi anası.
"Bilmem gayrı, gelince anlattırır öğreniriz. Ama şurası kesin; hayırlı bir işe bulaşmamış ki, okuldan beni çağırdılar, **oğlunuza mukayyet olun**, dediler."
Kapının açıldığını duyar duymaz Hatçe kaş göz etti kocasına. Cengiz gelmişti. Ayakkabılarını çıkarırken babası seslendi.

"Gel hele, konuşacaklarımız var seninle."
Cengiz, babasının karşısına geçip oturdu.
"Bugün okula gittim, beni çağırmışlar. Bana seni anlattılar, ne diyeceksin buna?"
"Ne dediler ki?"
"Baban yaşında adama küfretmişsin. Onu kovmuşsun. Büyüklerinle böyle mi konuşulur, biz böyle mi öğrettik sana..."
"O adam öğretmenimizi rahatsız ediyordu."
"Yaa..."
"Tabii ya... Bir kere okula gelmiş, oysa gelmemesi gerek. Senin özel olarak konuşacakların varsa başka zaman başka yerde güzel güzel yaparsın bunu.
Hem okula gelmiş, hem öğretmenimiz onunla konuşmak istemiyor ama o ısrar ediyor. Elini tutmaya kalkıyor, öğretmenimiz elini çekiyor. Sonra bütün bunlar yetmezmiş gibi omuzlarından tutup sarsmaya başladı."
Kendini kaptırmış dinleyen Dursun Ağa bu sözleri duyunca, "Vay namussuz, vay arlanmaz, vay utanmaz," diye sıraladı.
Cengiz'in yüzünden belli belirsiz bir gülümseme uçup geçti.
"Ne yapsaydım," diye devam etti, "ellerimi devşirip dursa mıydım."
"He ye..." diye onayladı babası onu.
"Ben de ona öğretmenimizi rahatsız etmemesini, gitmesini söyledim. Bi' de..."
"Eee?"
"Bi' de, öğretmenimizin etrafında fazla dolaşmamasını, buraların bizden sorulduğunu hatırlattım ona."
"İyi demişsin valla, afferin aslan oğlum benim."
Sonra birden aslında oğlunu azarlaması gerektiği geldi aklına. Okuldan o anlama gelen sözler söylemişlerdi.
Genzini temizledi, sesini kalınlaştırdı. "Ama yine de büyüklerine saygılı olmak lazım. Bir baba olarak bunu sana söylemek benim görevim. He mi, çocuğum?"
"Haklısın baba."

Hatçe, oğluna güvenme konusundaki doğruluğu kanıtlandı diye pek mutluydu. Böyle davranmasının bir sebebi olmalı demiş ve işte oğlunun haklılığı ortaya çıkmıştı.

"Haydin sofraya…" dedi keyifli keyifli.

Yemeğin tam ortasında Dursun Ağa, "Yahu bu kızdan hiç ses seda yok," dedi kızları Büşra'yı kastederek.

"Daha geçenlerde aradıydı ya…"

"Son aradığından bu yana neredeyse yıl geçti, yıl. Hiç mi merak etmezsin bu kızı. Kız başına ne eder, ne yapar, kimlerle görüşür. Nasıl gamsız anasın sen."

"Haydaa… Kız son aradığında dediydi ya, şu aralar sınavlarım var, çalışıyorum, diye."

Elini salladı Dursun Ağa, "Geç bunları, geç. Boş laflar bunlar. Sınavı varmış da… Çalışıyormuş da… Bir telefon edecek kadar da mı vakti yok. Ama cep telefonuna, kart parası istemeye vakti var. Ayağına yeni ayakkabı istemeye vakti var. İnsan şu anamı babamı bir arayayım, der. Öldüler mi, kaldılar mı, der. Ne gezer…"

"Baba benim arkadaşlarla buluşmam gerekiyor," dedi Cengiz ayağa kalkarak.

"Git oğlum git."

Cengiz çıktıktan sonra arkasından söylendi. "Sen de git bakalım. Oturayım, anamla babamla iki çift laf edip gönüllerini hoş edeyim yok. Ohoo, herkes kendi keyfinde, kendi âleminde. Biz öyle miydik, saygı sayardık, saygı…"

Mutfakta bulaşıkları yıkayan Hatçe'yse mırıldanıyordu kendi kendine.

"Bi sus be adam, bi sus be…"

Sanat Uzun Hayat Kısa

"İşte bu sözler yazılıydı tahtada.
Öğrencilerin yerlerine oturmalarını bekledi Yağmur.
"Biliyorsunuz geçen gün sizlerden bir konu hakkında yazmanızı istemiştim," dedi ve ekledi, "çok başarılıydınız, kutluyorum hepinizi."
Öğrenciler birbirlerine bakıp biraz da şaşkınca gülümsediler.
"Demek hepimiz iyi not aldık hocam," dedi Suphi.
"Notlardan daha önemli olan, ortaya koyduğunuz fikir ve önerilerdi."
Şaşkın şaşkın dinlemeye devam ettiler.
"Şimdi açıkladığım zaman, ne demek istediğimi daha iyi anlayacaksınız. *Nasıl Bir Okulda Okumak İsterdiniz* konusunda öyle akılcı, öyle doğru isteklerde bulunmuşsunuz ki, etkilenmemek elde değil."
"Neler demişiz acaba," diye dalgasını geçti Cengiz.
"Biriniz, keşke okulumuzun daha yeşil bir alanı olsaydı, ağaçları, çimenleri olsaydı, diye yazıp, görüp de beğendiği bir okul bahçesini anlatmış.
Yine bir başkası, okul hayatımızda müzik yok, renkler yok, demiş. Renksizlikten yakınmış." Durdu Yağmur, gözlerini öğrencilerinin üzerinde gezdirdi ve devam etti.
"Aslında ben size nasıl bir okulda okumak isterdiniz sorusunu sormuştum. Sizlerse daha çok kendi okulunuzla ilgili yanıtlar vermişsiniz. Keşkelerinizi sıralamışsınız adeta. Ama bu benim hoşuma gitti ve daha gerçekçi bir tutum olarak gördüm. Ve bunları yazarken de, altı kalın çizgilerle çizilmemiş olsa da, öneriler de getirmişsiniz. Belki de bunu yaptığınızın farkında bile değilsiniz ama ben sonuçtan memnunum.

Dersler dışında hiçbir etkinlik yok, diye yazmışsınız, spor alanımız yok, demişsiniz. Şimdi bütün bu istek ve özlemlerden ne çıkarmamız gerekiyor, ona bakalım."

Büyük bir merakla dinliyorlardı öğretmenlerini.

"Bu, şu anlama geliyor. Demek ki sizler içinde müzik, drama, dans ve spor barındıran, yeşil ya da renkli bir ortam sunan, okul dışı etkinlikleri de olan bir okulda okumak istiyorsunuz.

Yani – hayatınızda sanat istiyorsunuz!"

"Biz sanat mı istiyoruz hocam?" Cengiz büyük bir içtenlikle soruyordu bu soruyu.

"Evet Cengiz, evet. Bunu tüm yazılanlarda gördüm. Hem de gayet açık bir şekilde. Bakın çocuklar, şöyle bir yanlış algı var.

Sanat çok uludur, ona erişilemez. Onu ancak çok seçkin kişiler yaşayabilir, bizim gibi sıradan insanlar sanattan ne anlar. Öyle değil mi?"

"Aynen," dedi Cengiz, "altına imzamı atarım."

"Altına imzasını atarmış," diye söylendi Hazal, "sevsinler…"

"Oysa," diye devam etti Yağmur, "sanat biz insanların hayatında bir ışıktır, bir renktir, bir ufuktur. Sanat eserleri aracılığıyla başka insanlar, başka kültürler, başka başka düşünceler hakkında fikir sahibi oluruz. Onları merak etmeyi, sorgulamayı, sorgulayarak düşünmeyi, bizden farklı olanlara, farklı düşünce biçimlerine karşı açık fikirli ve hoş görülü olmayı öğreniriz. Sanat bizi bağnaz olmaktan kurtarır. Dar fikirli olmaktan korur. Kendi kafasıyla düşünebilen özgür bir birey olmamıza yardımcı olur.

Ve – bunun için de, az önce dediğim gibi, çok özel, çok üstün kişiler olmamız gerekmez. Şöyle anlatayım, müzik dinliyorsanız, çok da iddialı olmasa da bir müzik aleti çalıyorsanız, kendi öz müziğimizin yanı sıra değişik türde müziklere de açık olup meselâ klasik Türk müziğinin, halk müziğinin yanı sıra caz konserlerine, klasik Batı müziği konserlerine gidiyorsanız, siz müzik sanatının içindesiniz, demektir."

"Demek müzik dinlemeyi sevmek, sanatın içinde olmak, demek," dedi Ayşim.

"Elbette," diyerek anlatmaya devam etti Yağmur. "Okulda bir piyes sahnelenirken, orada görev alırsanız ya da bir piyes izlemeye giderseniz siz sahne sanatının içindesiniz, demektir. Hafta sonlarında resim yaparsanız, ya da bir sergi gezerseniz, fotoğraf çeker ya da bir fotoğraf sergisine giderseniz veya bol bol güzel kitaplar okursanız bu, yaşamınıza resim ve edebiyatı da katıyorsunuz, anlamına gelir."

Tüm bu anlatılanları dinlerken pek dertliydi Sumru, *sanki benim İstanbul'daki okulumu anlatıyor, Yağmur Öğretmen*, diye düşünüyordu.

Yağmur konuşmaya devam etti. "Hayatınızda sanat yoksa sadece ve sadece iki çizgide yaşıyorsunuz demektir. Nasıl mı? Ev-okul, okul-ev. Böyle giderse, yani şu genç yaşlarınızda sanatsal alışkanlıklar edinmezseniz, ileriki yaşamınız da iki sıkıcı çizgide devam edecektir. Bu kez ev-iş, iş-ev şeklinde.

Oysa hayatınızda sanat olursa, yaşamınız çeşitlenerek renklenecektir.

Hafta sonlarınızı, boş saatlerinizi çok daha anlamlı ve keyifli yaşayacaksınız demektir. Bir konser ya da bale gösterisine gider, sergi gezer, spor yaparsanız; bir müzik aleti çalar, resim yapar ya da fotoğraf çekerseniz hayatınız bambaşka bir hâl alacaktır. Bilmem anlatabildim mi?"

"Ama hocam," dedi Ayşim, gözlüğünü itiştirerek, "bütün bunları yapacak vaktimiz yok."

"İnsan bir şeyi isterse, mutlaka vakit bulur. Şöyle ki, programını gözden geçirir, belki bir saat erken kalkar ya da televizyondan, bilgisayardan bir saatliğine vazgeçer ama o yapmayı istediğini pekâlâ yapabilir."

Sınıftan mırıltılar yükseldi.

"Lütfen çocuklar, aranızda tartışmayın. Konuşalım ama teker teker… Şimdi ben çok ciddi bir soru sormak istiyorum."

Susmuş dinliyorlardı.

"Siz! Siz bu yazdıklarınız konusunda ciddi misiniz? Yani, yazdıklarınızın gerçekten hayata geçmesini istiyor musunuz?" Durdu, öğrencilerine baktı sonra yumruğunu havaya kaldırarak, "Ama ger-çek-ten istiyor musunuz?"

Selim gür bir sesle, "İstiyoruz hocam," dedi.

Onu Hazal izledi. "Yazdıklarımızda samimiyiz hocam."

Cengiz, Hazal'a bakarak mırıldandı, "Sanki Selim'in her lafı Allah'ın kelâmı..."
Diğer öğrenciler de, "İstiyoruz hocam!" diye bağrıştılar.
"Çok güzel," dedi Yağmur. Mutluluğu yüzünden okunuyordu.
"Bu, ilk adımdı. Yani önce 'ne' istediğini bilmek. Şimdi ikinci adım, 'nasıl' sorusunu sormak. Madem hayatımıza sanatı katmak istiyoruz, bunu 'nasıl' başaracağız."
Sınıf yeniden sessizliğe bürünmüştü.
"Bakın ne yapacağız. Birlikte düşünüp, fikirler geliştireceğiz. Daha sonra yine böyle bir serbest saatte bir araya gelip, neler yapabileceğimizi konuşacağız. Tamam mı?"
"Tamam hocam," sesleri yükseldi.
"Bir dakika hocam, bir dakika..." Seslenen Cengiz'di.
"Evet Cengiz, bir şey mi soracaktın?"
"Şu tahtaya yazdığınız söz..."
"Sanat uzun, hayat kısa..."
"Evet, işte o. Anlamını açıklamadınız."
"Ay, hayret bir şey yani..." diye fısıldadı Hazal, Lila'ya.
Cengiz onu duymuştu, "Ne var," dedi, "soru soramaz mıyız?
Yağmur hemen atıldı, "Elbette sorarsın Cengiz. Hatta sizler soru sordukça ben mutlu oluyorum çünkü benim görevim sizleri aydınlatmak."
Nasılmış, dercesine bir bakış fırlattı Cengiz, Hazal'a.
"Şimdi şöyle. Olaylar yaşanıyor, bitiyor ve çoğu kez unutuluyor. İnsanlar hayatlarını yaşıyorlar, süreç sona erince ölüp gidiyorlar. Ve bir süre sonra da unutuluyorlar. Oysa sanat eserleri, bir tablo, bir müzik parçası, değerli bir kitap asırlar boyu zevkle izleniyor, dinleniyor, okunuyor. O sanat eserleri insanlara yüzyıllar boyu zevk veriyor, ilham veriyor, hayatlarına renk katıyor. Onları yeni yeni eserler vermeye heveslendiriyor.
Bakın meselâ, yüzyıllar önce yaşamış olan ünlü ressam ve heykeltıraş Leonardo da Vinci ne demiş.
Güzel olan pek çok şey insanın belleğinde yok olabilir ama sanatta asla. Ve, az önce tahtaya yazdığım sözler. O sözler de yüzyıllar önce

yaşamış Hipokrat tarafından söylenmiş. O sözün aslı: *Sanat ne kadar uzun Tanrım, hayatsa ne kadar kısa...* Ve bu sözler o kadar doğru ki, pek çok yerde kullanıla kullanıla kısaltılmış ve 'Sanat Uzun, Hayat Kısa' şeklinde bir özdeyişe dönüşmüş. Elbette her çizilen resim, yazılan her kitap için geçerli değil bu. Yılların içinden süzülerek gelmiş, değeri olan, insanların beğenisini kazanmış olan eserler kalıcı oluyor.

Ama genel anlamda 'sanat' hep kalıcı.

Olaylar, insanlar, devirler, modalar gelip geçiyor ama sanat hep var oluyor, hep isteniyor. İşte o nedenle, 'Sanat Uzun, Hayat Kısa' deniyor. Bilmem, anlatabildim mi?"

"Sağ olun hocam, çok güzel anlattınız."

"Ve işte biraz önce konuştuğumuz gibi, sizin o kompozisyon ödevinde yazdıklarınıza bakarak, hayatınızda sanat istediğiniz sonucuna vardık. Öyle değil mi?"

"Evet hocam," sesleri yükseldi bir kez daha.

"Öyleyse bundan sonra bizim çıkış noktamız 'Sanat Uzun, Hayat Kısa' olacak ve el ele verip bu yönde çalışmalar yapacağız, tamam mı?"

"Tamam hocam!"

"Sesleriniz bayağı gür çıkıyor," dedi Yağmur, "haydi göreyim sizi."

Zil çaldı.

"Öğle yemeği... Afiyet olsun çocuklar."

"Sağ olun hocam."

"Size de afiyet olsun hocam."

Selim, bir yanında Lila, bir yanında Hazal, yemeklerini alıp masaya geçtiler.

"Yağmur Öğretmen bir harika," dedi Lila, hâlâ sınıfta konuşulanların etkisindeydi.

Hazal onu destekledi. "Az önce söyledikleri hepimizi nasıl da heyecanlandırdı."

Nazire, karşılarına geçip otururken, "Biz hayallerimizi anlattık, Yağmur Hoca'ysa ciddi ciddi bu hayalleri gerçekleştirmeye çalışıyor," dedi ve ekledi, "gelsene Sumru, otur yanıma."

"Anlatılanlar hayal değil ki," dedi Sumru, "gerçek."

"Ne demek istiyorsun sen?"
Omzunu silkti Sumru, "Benim İstanbul'daki okulumda bahçemiz yemyeşildi." Sonra başıyla pencereden görünen okul duvarlarını işaret ederek, "Sarmaşıklarla kaplı olduğundan dış duvarlar da yemyeşildi."
Onun bu umursamaz tavrı Lila'nın sinirine dokunmaya başlamıştı.
Devam etti Sumru, "Ayrıca drama, satranç ve fotoğrafçılık kulüplerimiz vardı. Edebiyat Kolu, Kütüphanecilik Kolu da çok etkin çalışmalar yapardı."
"Çok merak ettim," dedi Lila, "acaba Edebiyat Kolunuz ne gibi çalışmalar yapardı?" Sesi alaycıydı.
Sumru gayet ciddi cevapladı onu. "Kitap okuma saatleri vardı. Bir kitap okunur sonra onun hakkında tartışılırdı. İmza ve söyleşi için yazarlar davet edilirdi. Ve bir yazar gelmeden önce gerekli hazırlığı da yine Edebiyat Kolu yapardı. Ayrıca yazı çalışmaları yapılır, yazılan yazılar hep birlikte eleştirilirdi. Onun için bu istekler olmayacak şeyler değil, diyorum. Yapılabilir."
"Özel okul olursa tabii yapılabilir."
Lila'nın Sumru'ya çıkışır gibi konuşması da Nazire'nin sinirine dokunmuştu.
"Elbette özel okulların koşulları farklı; bizim burada da özel okullar çok daha geniş olanaklara sahipler. Ama devlet okuluna gelince iş değişiyor. İmkanlar kısıtlı, onun için de pek çok şey hayal gibi görünüyor. Artık bu kadarını küçük bir çocuk bile bilir," dedi ortaya konuşuyormuş gibi.
Ayağa kalkarlarken kolu Hazal'ın koluna değen Selim hemen toparlandı. Parka gittikleri o günden bu yana çok dikkatliydi. Neler oldu o gün bana diye belki bininci kez düşündü. Neyse ki, Hazal olayı şaka sanmıştı da, durumu kurtarmıştı.
O, benim arkadaşım, diye tekrarladı içinden. Lila nasıl sevdiğim arkadaşımsa, Hazal da öyle.
Lila, "Bugün sizin evde mi çalışıyoruz," diye sordu.
"Evet, annem, hep sen onlara gidiyorsun. Bu kez de bizde çalışın, diye tutturdu."
Lila bir kahkaha attı, "Annen âlem kadın."

Selim, Hazal'a döndü, "Geliyorsun, değil mi Hazal?"

"Tabii," dedi Hazal ona gülümseyerek, "Ayten Teyze kim bilir bizlere ne kekler, ne kurabiyeler hazırlamıştır."

Tam o sırada yemekhanenin kapısına gelen Cengiz işte bu anı gördü. Selim, Hazal'a bir şeyler söylüyor, Hazal gülümseyerek ona bakıyor.

Baktı, baktı sonra dönüp dışarı çıktı. Arkasından gelen Mehmet sordu. "Ne o yemek yemiyor muyuz?"

"Sen yemene bak, benim iştahım yok."

"Allah Allah!"

"Hadi görüşürüz."

Cengiz'in arkasından bakakaldı Mehmet.

Ayten Hanım, tam da Hazal'ın tahmin ettiği gibi sofrayı donatmıştı onlar için. Selim'in annesi de, babası da avukattı. Babası aslen Anamurluydu, annesiyle İstanbul Hukuk Fakültesi'nde tanışmışlardı. Onlarınki yıldırım aşkıydı, mezun olur olmaz evlenip Mersin'e yerleşmişlerdi.

Ayten Hanım bir süre çalıştıktan sonra işi bırakıp kendini iki çocuğu ve kocasına adamıştı. Çay sofraları ünlüydü, yardım derneklerinin de becerikli ve çalışkan üyesiydi.

"Neler yapmışsınız yine Ayten Teyze," dedi Hazal.

"Bugün de elmalı pay yapayım, dedim."

"Şu böreklere bakar mısınız," dedi Lila, "ağzım sulandı."

"Eee, ne yapalım. Kırk yılda bir geliyorsunuz. Darılacağım vallahi..."

"Olur mu hiç," dedi Lila, "zaten bugünlerde pek de bir araya gelemedik. Bundan sonra hızlanacağız."

"Önce bir çay için, karnınızı doyurun, sonra çalışmaya başlarsınız."

Onlar masa başına geçerken Ayten Hanım da çayları koyup gelmişti. Çay bardaklarının yanı sıra, küçük bir cam vazoda kokulu bir beyaz gülle, pembe bir sardunya çiçeği süslüyordu tepsiyi.

"Şu güzelliğe bakar mısınız," dedi Hazal, minik vazoyla çiçekleri işaret ederek. "İşte bu Ayten Teyze farkı..."

"Leyla nasıl, Yolanda nasıl?" diye kızların annelerini sordu Ayten Hanım.

Bu üç kadın, çocuklarının arkadaşlığı sayesinde tanışmışlar ve birbirlerinden hoşlanmışlardı. Pek sık olmasa da bir araya geliyorlardı. Gençler içinse Leyla Teyze'nin sıkmaları, Ayten Teyze'nin pastaları, Yolanda Teyze'nin de Paskalya çöreğiyle, Noel'e özgü meyveli keki gibisi yoktu.

Bir süre sonra oturma odasının önünden geçen Ayten Hanım, test sorularının üstüne eğilmiş üç kafaya biraz da hüzünle karışık bir bakış atıp gülümsedi.

"Onca emek, onca çaba," diye mırıldandı, "umarım her şey gönüllerince olur."

Yasemin Kokulu Sokaklar

Lila'yla Hazal'ı yolcu ettikten sonra pencerenin önünde durmuş arkalarından bakıyordu Selim. Gözden kaybolduklarında hâlâ o boş sokağı izliyordu. Annesi yavaşça gelip yanında durdu. Oğlunu sevecen gözlerle süzdü, Selim öylesine dalmıştı ki, annesinin farkına bile varmadı.

"Bu ne dalgınlık böyle."

Cevap vermedi Selim.

"İkisi de birbirinden tatlı, birbirinden güzel kızlar. Gelinim olmalarına hiç itiraz etmem," derken bir yandan da oğlunu gözlüyordu.

"Saçmalama anne, biz arkadaşız." Sinirlenmişti Selim, "Sizin kuşak da bir erkekle bir kızı yan yana görmeye görsün, hemen yazıyor senaryoyu."

"Bu ne öfke böyle," diye güldü annesi, "sadece şaka yapıyordum oğlum."

Oysa Ayten Hanım oğlundaki değişikliği çoktan fark etmişti. Yazlıktan döndüklerinden bu yana Selim'de bir gerginlik vardı. Sinirliydi.

Kim bilir, diye düşündü Ayten Hanım, *belki de sınav stresidir; bense onun bu gergin ve dalgın hâlinde romantik izler arıyorum. Ve yine belki de haklı Selim, bizim kuşak kesinlikle daha romantik bir kuşaktı.*

Aklına üniversitede Fethi'yle tanıştığı günler geldi. Farkında olmadan yüzüne bir gülümseme oturmuştu. O, bir İstanbul kızıydı, Fethi'yse Anamurlu, köy kökenli bir delikanlı. Nasıl da âşık oluvermişlerdi birbirlerine. Mutfakta bir yandan çay bulaşıklarını yıkıyor, bir yandan da bunları düşünüyordu. Ve o zaman – soran herkese, biz arkadaşız, diyorlardı ancak durum inkâr edilemez hâle gelince, evet, biz birbirimizi seviyoruz diyebilmişlerdi.

Onun için, diye düşündü, *"...biz arkadaşız" açıklamasını,* gençlerin deyişiyle, *yemezler oğlum, yemezler.*

Duyguların en coşkulu olduğu yaşlar bunlar. Şimdi âşık olmayacaklar da ne zaman olacaklar, diye sürüp gitti düşünceleri. Sonra bir soru belirdi zihninde. Acaba hangisi; Lila mı, Hazal mı?

"Anne, çıkıp bir hava alacağım."

"Tamam oğlum."

Kısa süre sonra Hazal'ın sokağındaydı Selim. Hava kararmaya başlamıştı, duvar dipleri daha bir loştu. Görünmemeye çalışarak yürüyordu.

Bir yandan da, ne arıyorum ben burada, deli miyim neyim; şimdi biri görse, ne derim, ne gibi bir bahane uydurabilirim gibi düşünceler çarpışıyordu zihninde.

Yasemin kokuyordu Hazal'ın sokağı. Ah, duvarlar bu denli yüksek olmasa da avluyu görebilseydi. Evinin, odasının hiç olmazsa ışığını seyredebilseydi.

Oğlum, dedi kendi kendine, *sen iyice kafayı sıyırdın. Ne arıyorsun buralarda. Arkadaşlardan biri görse, ne biçim sarakaya alırlar seni ve ondan sonra öldür Allah dillerinden kurtulamazsın.*

Ama yine de Hazal'ın evinin etrafında dolanıp duruyor, yüksek duvarlarda bir açıklık var mı, diye bakıyordu. Neden olmasındı ki? Sonra olduğu yerde durdu, *bir açıklık olsa ne olacak yani,* diye sordu kendi kendine.

Yanıt, *odasının ışığını görebileceğim,* şeklinde geldi.

Peki, göreceksin de ne olacak? Hazal'ın kendisini görsen, haydi neyse. Uzaktan da olsa bir iyi geceler sevgilim, der, evine dönersin ama bu koşullarda...

"Ooo Selim, hayırdır, ne arıyorsun bakayım burada?"

Selim durduğu yerde öyle bir sıçradı ki...

"Hay Allah, korkuttum seni," dedi Hazal'ın babası.

Evet, evet karşısında duran Hazal'ın babası Cemil Bey Amca'dan başkası değildi. *Bendeki şansa bakar mısın, ne diyeceğim şimdi,* diye düşündü Selim. Anında her yerini ter basmıştı.

"Vergi dairesindeki işler bitmiyor oğlum," dedi Cemil Bey, "ben de bu saatlere kadar çalışmak zorunda kalıyorum. Bak, benden sana amca öğüdü, sakın memur olayım deme. Çalışan biz, vergilerini tıkır tıkır ödeyen biz, elimize geçen de bir para olsa..."

Bir yandan yürüyor, bir yandan konuşuyordu Cemil Bey. Selim de çaresiz bir şekilde onu izliyordu.

Avluya ulaştıklarında, "Sen herhalde Hazal'ı göreceksin değil mi?" deyince, Selim de mecburen, "Evet efendim," dedi.

Bu kez Hazal'a ne diyeceğini düşünmeye başladı. Nasıl da sıkıntı içindeydi. Kendine öyle kızıyordu ki... Böyle bir salaklık yapılır mıydı...

"Hazaaal, kızım, bak kim var yanımda."

Babasının sesine koşup gelen Hazal, karşısında Selim'i görünce çok şaşırdı.

"Hayırdır Selim," dedi, Selim ağzının içinde bir şeyler eveleyip gevelerken, birden, "Ah sahi," diye bağırdı. "Bugün sizden ayrılırken, daha doğrusu kitaplarımı toplarken yanlışlıkla senin kitaplarını da almışım. Yarın veririm, diye düşünmüştüm. Onu almaya geldin herhalde."

Selim derin bir nefes aldı. "Evet," dedi, büyük bir mutlulukla, "evet."

"Dikkat etsene kızım, bak çocuk taa nereden kalkıp gelmiş."

"Çok özür dilerim Selim."

"Yok canım, o kadar da önemli değil."

"Önemli olmaz mı oğlum. Dersine çalışacaksın, o kitap gerekli."

Leyla Hanım lafın daha fazla uzamasını istemez gibi, "Selimciğim, hadi gel, bizimle iki lokma bir şeyler atıştır, sonra gidersin," dedi.

"Yok yok, çok teşekkür ederim."

"Aaa, olur mu ama..."

"Gerçekten! Tokum ben," dedi ve kapıya doğru yöneldi Selim.

"Haydi iyi geceler o zaman. Annenle babana da selam söyle."

Hazal, Selim'le kapıya kadar yürüdü. Ve onu yolcu etmeden uzanıp mavi yaseminlerden küçük bir dal koparıp uzattı Selim'e.

"Bu bir özür çiçeğidir. Seni buralara kadar yorduğum için."

Selim dönüp Hazal'ın yüzüne baktı, mavi yasemini alırken, yavaşça elini tuttu. Gitmek istemez bir hâli vardı. Sonra uzanıp Hazal'ı yanağından öptü.

"Haydi iyi geceler. Yarın okulda görüşürüz."

"İyi geceler."

Bu kez Hazal, Selim'in arkasından biraz şaşkın, biraz düşünceli, o kaybolana dek baktı, baktı.

Ben Bu Şehri Sevdim Galiba

Sanat Kulübü'nün bahçesindeki lokalde buluşacaklardı. Yağmur'u, Şevval'le eşi aldılar evinden. Arabadan indiklerinde, Şevval, "Bak çok beğeneceksin Sanat Kulübümüzü," dedi. Biraz yürüdükten sonra parke taşıyla döşenmiş küçük bir sokağa geldiler. Duvarları taşla örülmüş tarihi Mersin evleri insanı alıp eski zamanlara taşıyordu.

Anlatmaya devam etti Şevval, "Şimdi gidip bahçesinde yemek yiyeceğimiz bina, önce askerlik şubesi olarak kullanılmış, sonra yıllar içinde eskimiş, köhnemiş. Sonra, 1989 yılında bir grup idealist, kültür insanı burayı ele alıp restore etmişler ve bir sanat yuvasına dönüştürmüşler. Tabii biz o zamanlar çocuktuk ama anne babalarımız o çabaya tanık olduklarından hep övgüyle söz ederler ve burayı kuruş kuruş para toplayarak, adeta tırnaklarıyla kazıyarak, büyük emeklerle bu hâle getirdiler, diye anlatırlar."

"Ne müthiş bir şey," dedi Yağmur, "daha geçen gün çocuklara sanatın öneminden bahsediyordum."

"Tabii dönemin yöneticilerinin de katkılarını unutmamak gerek. Şu gördüğün iki bina da hem o grubun, hem de o dönemin valilerinin ve diğer yöneticilerinin desteğini alarak restore edildi. Biri resim galerisi, diğeri toplantı ve konser salonu olarak kullanılıyor."

"İnanılmaz bir başarı bu Şevval. Böyle işler yapılıyor ama büyük parasal desteklerle…"

"Yok, yok! Burada başı çeken, tüm yükü taşıyan bir avuç gönüllü insan ve sanata inanmış birkaç yönetici. O nedenle bu sokak da Sanat Sokağı diye anılıyor. Halk taktı bu adı."

"Yeşillikler içinde ne de şirin bir sokak bu," dedi Yağmur, sonra birden, "şu gördüğüm bir heykel mi yoksa? Ya o karşı köşedeki?"

Hava yavaş yavaş kararmaya başlamıştı. Alacakaranlıkta heykeller gerçek insanlar gibi duruyordu.

"Kafanı şişirmek gibi olmasın ama onların da bir öyküsü var."

"Lütfen anlat; yaşadığım kenti tanımak istiyorum."

"Ekim-kasım aylarında çeşitli ülkelerden heykeltıraşlar buraya gelir, bizim heykeltıraşlarla birlikte heykel çalışmaları yaparlar. Eserlerini bitirince de ülkelerine dönerler, o heykellerse burada Heykel Parkı'nda kalır, sergilenir. Bu sokakta gördüklerin de işte böylesi bir çalışmanın ürünü. Belli ki o heykeltıraş her kimse, mekân olarak bu sokağı seçmiş ve eserini buraya bırakmış."

"Ne diyeceğimi bilemiyorum Şevval," diyerek başını salladı Yağmur. "Doğrusu böylesi sanatsal bir ortamla karşılaşacağımı hiç ama hiç düşünmemiştim."

Gülümsedi Şevval, "Hadi gidelim, bizi bekliyorlardır."

Dev kauçuk ağaçları, duvarları sarıp sarmalamış sarmaşıklar...

Ortada minik bir süs havuzu... Fıskiyeli.

Ve ağaçların altında beyaz örtülü masalar... Bayağı da kalabalıktı lokal, *tevekkeli değil*, diye düşündü Yağmur, ben yer ayırtırım, demişti Şevval.

Çatal bıçak seslerine kahkahalar karışıyor, geri planda hafif bir müzik dalgalanıyordu.

İlerideki bir masadan el salladı Nazan.

"İşte oradalar," dedi Şevval.

"Hoş geldiniz hocam," diye karşıladı lokal çalışanı, "Nazan Hocamlar geldi, size köşedeki yuvarlak masayı ayırdım."

"Sağ ol Yılmaz," dedi Şevval ve ekledi. "Bak bu hanım da Yağmur Öğretmen, artık onu da sık sık göreceksin burada."

Masadakiler ayağa kalkmış, onları bekliyorlardı. Nazan eşini tanıştırdı Yağmur'a, "Hakan, eşim. Bu bey de bizim çok sevdiğimiz dostumuz Tayfun, kendisi Mersin Devlet Opera ve Balesi Orkestrası'nda çello çalar."

Gülüştüler bu tarif üzerine...

Tayfun ince uzun boylu genç bir adamdı. Ve muhteşem saçları vardı! Yağmur, gözlerini o saçlara dikip bakmamak için kendini zor tuttu.
"Nasılsın Yağmur?" diye sordu Nazan, "Annenler gittiler mi?"
"Evet."
"E, nasıl buldular şehrimizi?"
"Uzun yıllar önce burada çalışmış olduklarından zaten biliyorlardı Mersin'i. Daha bir büyümüş ve güzelleşmiş buldular."
Şevval hemen bir açıklama yaptı. "Yağmur'un annesi de babası da öğretmen. Şimdiyse emekliler, hayatın tadını çıkarmaya çalışıyorlar anladığım kadar ve buraya Yağmur'u görmeye geldiler."
Nazan, Yağmur'a doğru eğilerek fısıldadı, "Sanırım bu bir moral destek ziyaretiydi."
Güldü Yağmur, "Aynen öyle. Canlarım benim, beni merak etmişler."
"Tarık'tan bir haber var mı?"
"Kalkıp annemlere gitmiş, inanabiliyor musun?"
"Kesin fısıldaşmayı, bakın Yılmaz iki saattir sizi bekliyor."
"Neler var?" diye sordu Nazan.
"Barbun, et tava, tavuk tava, et şiş…"
"Benim siparişim hiç şaşmaz," dedi Şevval'in eşi, "et şiş lütfen."
"Ben de," diye eşine katıldı Şevval. Siparişler verildikten sonra sohbet başlamıştı.
"Eee, Tayfun," dedi Şevval'in eşi Gürkan, "bu mevsim neleri izleyecek, neleri dinleyeceğiz?"
"Sizleri çok yakından ilgilendirecek yepyeni bir bale var."
"Yaa…"
"Bizi mi ilgilendiriyor?"
"Özellikle de bu masada oturan hanımları…"
"Merak ettirme ama… Söyle şunu, neymiş bu özellikle de bizi ilgilendiren bale?"
"Balenin adı *Çalıkuşu* desem…"
"İnanmıyorum!"
"Ne hoş!"
"İlk kez mi sahnelenecekmiş?"
"Evet, siz öğretmenleri çok da haklı olarak yücelten bir eser…"

"Nasıl sevmem şu Tayfun'u nasıl sevmem..." dedi Nazan.
Masadan kahkahalar yükseldi.
Tayfun gülerek devam etti, "İlk kez Mersin'de bir bale olarak sergilenecek."
"Hemen bilet almalıyız."
"Hiç kaçmaz."
"Tamam o zaman. Daha başka neler var Tayfun?"
"Konserler var, her zaman olduğu gibi müzikli çocuk oyunu ve *Çalıkuşu Balesi*'nin yanı sıra iki opera eseri."
Nazan atıldı, "Bak Yağmurcuğum, biz konserlerde ön sıralara oturup Tayfun'u dinlemeye ve izlemeye bayılırız. Ama onunla ilgili bir şikâyetimiz var."
"Yaa, neymiş o?"
"Biz o kadar ona bakarız, o ise bize hiç bakmaz. Bizi hiç görmez."
"İlâhi Nazan, desene bazı öğrencilerin derse kalkanı güldürmeye çalıştıkları gibi..."
"Orada çalarken kıyamet kopsa farkında olmuyorsun, böyle garip bir şey bu," dedi Tayfun.
Sıra tatlıya gelmişti. Nazan inildedi, "Çok kilo aldım şu aralar, dikkat etmek zorundayım ne yazık ki. Siz tatlıyı ısmarlayın, ben bir sade kahveyle idare edeceğim."
"Yağmur'a bizim buraların tatlısını yedirmemiz şart," dedi Şevval ve ekledi, "benim için tatlıların şahıdır o."
Böylece Nazan dışında herkes için birer porsiyon künefe ısmarlandı.
Kısa sürede gelmişti künefeler, sıcak sıcak.
"Hiç künefe yedin mi Yağmur, bu tatlıdan söz edildiğini duydun mu?"
"Hayır Nazancığım, ne duydum, ne de yedim."
"Ooo, demek bu şeref bize ait," dedi Gürkan, gülüştüler.
Ve yine açıklamayı Şevval üstlendi.
"Bu tatlı daha çok bu bölgelerde bilinir, Mersin ve asıl Antakya künefenin yeridir desek yanlış olmaz. Tel kadayıfıyla yapılıyor. Tel kadayıf önce ince kıyılıyor, bol tereyağla kavruluyor, sonra tepsiye döşeni-

yor, ortasına yine buralara özgü taze peynir konuyor, altı üstü kızarana dek pişiriliyor. Tam servisten önce de sıcak şurup dökülüyor üstüne. Kimi künefesini üstü dövülmüş Antep fıstıklı sever, kimi sade." Yağmur bir yandan yiyor, bir yandan da, "Harika! Böyle bir şeyi daha önce hiç yememiştim. Gerçekten tatlıların şahı..." diye söylenip duruyordu.

Masalardakilerse, tatlılarının beğenilmesinden pek bir mutlu olmuşlardı.

Kahvelerini beklerken sohbet iyice koyulaşmış, konu dönüp dolaşıp okula, öğrencilere gelmişti.

"Bizim eşlerimiz durumdan azıcık şikâyetçiler ama elimizde değil, ne zaman bir araya gelsek, işimizi konuşur, fikir alışverişinde bulunuruz."

"Eğitimcilik böyle bir şey olsa gerek," diyerek arkadaşını destekledi Şevval. "Tabii bu her öğretmen için geçerli değil, kimisi saatim dolsun da gideyim, diye bakıyor. Çocuklarla ilgilenmiyor, onlara zaman ayırmıyor. Her meslekte olduğu gibi iyisi de var, kötüsü de..."

Gürkan lafa girdi. "Bence öğretmenler hak ettiklerinin karşılığını almıyorlar, hem de hiç almıyorlar..

Anne babalarımızın döneminde öğretmenler elbette bol para içinde yüzmüyorlardı ama geçim sıkıntısı içinde de değildiler. Bugün, yaşayabilmek, daha da önemlisi kendi çocuğunu okutabilmek için ya özel okulda çalışacak, ya da ikinci bir işi olacak. Nazan ve Şevval gibi devlet okullarında çalışanların eşlerinin geliri olmasa, geçinmeleri çok zor."

"Haklısın. Hem de yerden göğe kadar haklısın ama ben yine de mesleğimi çok seviyorum," dedi Şevval.

Nazan da onu destekledi. "Ayrıca, eğitim çok önemli bir konu. Hatta bence en önemli konu. Onun için bizim gibiler ellerinden geleni yapmaya devam etmeliler, diye düşünüyorum."

Yağmur heyecanlanmıştı. "Aynı annemle babam gibi konuştunuz," dedi ve ekledi. "Demek ki bu mesleğe duyulan aşk, kuşaklar değişse de, olumsuzluklar artarak sürse de aynen devam edebiliyor. Çocukluğumda annemle babama çok imrenirdim. Onlar yararlı işler yapıyor, insanları eğitiyorlar. Bunun karşılığında, yıllar geçse de, öğrencileri onları unutmuyor, sevgileri, saygıları hiç eksilmiyor, diye düşünürdüm. Yılbaşında, bayramlarda, Öğretmenler Günü'nde mutlaka arayanlar olur, kart atarlar, telefon ederler. Yolda karşılaşınca koşup, "Öğretmenim," diye ellerine sarılırlar. Böylesi bir sevginin getirdiği ruhsal doyum hangi meslekte var."

Nazan bir kahkaha attı, "Yine kendimizi bir güzel övdük. Kusura bakmayın beyler."

Yan masada birden kahkahalar yükseldi. Yağmur ister istemez dönüp baktı o tarafa.

Uzunca beyaz saçlı bir bey, yanında cıvıl cıvıl bir kadın bir şeyler anlatıyor, diğerleriyse gülüp duruyorlardı. Masanın bir başında asilzade tavırlı papyonlu bir bey, öbür ucunda kızılımsı sakalları ve salaş giyimiyle sanatçı olduğu her hâlinden belli bir başkası oturuyordu. İkisinin de yanında hoş kadınlar vardı, onlar da bir şeyler anlatıyor, bu eğlenceli sohbet sürüp gidiyordu.

Hakan, Yağmur'a doğru eğildi, "Buraya gelirken Sanat Kulübü'nü, Sanat Sokağı'nı ve diğer iki mekânı anlattık ya sana, işte bütün o işleri kotaran gönüllü grubun önemli bir bölümü şu yan masada oturanlar..."

"Ne diyorsun," diyerek bu kez hayranlıkla göz attı orada oturanlara.

"Bir uygun zamanda tanıştırırız seni," dedi Gürkan.

"Çok sevinirim."

"Eee, Yağmur nasıl gidiyor. Öğrencilerinden memnun musun? Bir yardım gerekirse hiç çekinme, gel bana."

Nazan, rehberlik öğretmeniydi ve gençlerin sorunlarıyla yakından ilgiliydi.

Şöyle bir durdu Yağmur, "Sanırım ara sıra sana danışacağım. Yapmak istediğim öyle çok şey var ki..."

"Biraz anlatır mısın..." dedi Tayfun.

Yağmur şaşırarak baktı ona, ne de olsa eğitimci değildi.

"Önce çocuklara bir kompozisyon ödevi verdim."

"Haa, şu..." dedi Şevval, "nasıl bir okulda okumak istersiniz, başlıklıydı, değil mi?"

"Hayret bir şeysin Şevval, unutmamışsın."
"Kızım biz seni dinliyoruz, değil mi Nazan?"
"Hem de nasıl..."
"Sağ olun," dedikten sonra devam etti Yağmur. "O kompozisyondan çıkarttığım sonuç, çocukların hayatlarında sanat istedikleriydi. Onlar bunun bilincinde değillerdi ama sayıp döktükleri her şey sanatı gösteriyordu. Bunu onlara açıkladım, uzun uzun anlattım ve eğer gerçekten istersek, el ele verirsek, böylesi bir yaşam tarzı yaratabileceğimizi söyledim."
"Çok ilginç."
"Devam et Yağmur."
"Bunun üzerine sınıfça, el ele vererek bir program yaptık."
"İş giderek daha da ilginçleşiyor," dedi Şevval.
"İlk karar, okulu görsel olarak şenlendirmek. Neşeli bir atmosfer yaratmak. Öğrenciler, okul binaları, binaların duvarları ruhumuzu sıkıyor, diyor. Kimisi de yemyeşil bir okul hayal ediyor."
"Ne kadar da haklılar. Biz öğretmenler de her sabah aynı şeyleri düşünmüyor muyuz ama bunu iş edinmek gerek, zaman ayırmak, uğraşmak gerek. Ve tabii para gerek."
Devam etti Yağmur, "Sınıfça çevreyi iyice inceledik. Ağaç dikebileceğimiz, sarmaşık sardırabileceğimiz, bir yer var mı, diye ama ne yazık ki her yer beton. Zaten biliyorsunuz fazla bir alan da yok. Onun üzerine duvarları boyamaya karar verdik."
"Ne! Duvarlar boyanacak mı?"
"Dış duvarlar mı?"
"Evet," diyerek güldü Yağmur, "önce okulu çevreleyen duvarları içten ve dıştan boyayacağız sonrasını da zamanı gelince düşünürüz, dedik."
"Dünya kadar boya gider ona."
"Evet, onu da düşündük. Sokak kermesi yapacağız. Annelerin marifetli elleriyle yaptıkları kekleri, pasta ve sandviçleri, hatta yemekleri satıp boya parasını çıkaracağız."
"Tabii izin de almanız gerek," dedi Nazan.
"Müdire Hanım'la konuşacağım, umarım bir sorun olmaz."

"Sevinç Hanım aydın ve olumlu bir yöneticidir. Bence seni destekleyecektir," dedi Şevval ve sordu. "Peki, duvarlara çizilecek motif ya da konu ya da renkler belirlendi mi?"

"İki temel öneri var. Bir grup, baştan sona yeşil yapraklar, dallar, ağaçlar çizelim, duvarlarımız yeşilmiş izlenimini verelim, diyor. Öteki grupsa, el ele vermiş çocuklar çizelim. Çocuklar her yaşta, her renkte olsun, hatta engellisi bile olsun..."

Nazan, Şevval'e dönerek, "Ne kadar ilginç, değil mi?" dedi.

Hemen sordu Yağmur, "Neden böyle dedin şimdi?"

"Bu istekte Mersin'in özel durumuna bir gönderme var sanki. Yani – çok çeşitlilik.

İlk günden bu yana Mersin'de Hıristiyanlar, Müslümanlar, Museviler bir arada yaşayagelmişler. Levantenler, Araplar, Türkler, Kürtler, Aleviler, Romanlar, Çerkezler, Giritliler... Kendimi bildim bileli aile dostlarımız bu insanlardan oluşur.

Aynı durumu Antakya'da da görebilirsin, o nedenle bu iki kentin halkında doğal bir hoşgörü vardır. Yani öyle, aman bakın ben şununla birlikte yaşıyorum, ne kadar da hoşgörülüyüm, tavrı yoktur. O, sadece öyledir!

Nedenine gelince, çünkü bizler bunun için doğmuşuz, çünkü bizler bunu yaşayarak büyümüşüz, çünkü bizler aynı mezarlıkta yan yana yatagelmişiz."

"Sahi mi Şevval? Üç ayrı dinden insanlar aynı mezarlıkta mı yatıyorlar?"

"Evet Yağmur, bu ben kendimi bildim bileli böyledir. Büyüklerimiz, yaşarken hayatı paylaşıyoruz da ölümde niye ayrılalım, demişler ve böyle bir mezarlık yapmışlar."

"Barış için bundan güzel bir mesaj olamaz. Çok etkilendim, çok..."

"Haklısın, gerçekten etkileyici bir tutumdur. İşte, onun için diyorum ki, acaba bu öneride kentin bu özelliğine bir gönderme mi var? Neyse, sen devam et Yağmurcuğum."

"Bu duvarlar işiyle uğraşırken, bir yandan da onları okul dışına çıkarabilecek projeler üstünde düşünüyorum. Hafta sonları birkaç saatliğine de olsa hem eğitici, hem eğlendirici bir şeyler yapalım, istiyorum.

Meselâ, onları *Çalıkuşu Balesi*'ne götürebilirim," deyince masada bir kahkaha koptu.

"Gerçekten harikasın," dedi Şevval.

"Yaşadıkları yeri gezip öğrenelim. Kenti ve kent civarındaki tarihi yerleri görelim. Sergilere gidelim, diyoruz. Bu kararı da öğrencilerle birlikte aldık ama önce ailelerden izin kâğıdı getirmeleri gerekecek tabii. İşte hepsi bu – şimdilik!"

"Kızım, ne demek hepsi bu. Müthiş işler başarmışsın."

"Öyle deme Nazan, konuştuk, karar verdik. Şimdilik o noktadayız."

"Ne yapacağına karar vermek ve öğrencileri de bu işin içine katmak, yolu yarılamak demektir."

"Umarım bu geçici bir heves değildir," dedi Yağmur.

"Hayır, hayır," dedi Şevval, "hafta sonunda dershane dışında değişik bir şeyler yapmak onların da hoşuna gidecektir."

"Bakalım katılım nasıl olacak, henüz sınıfı tam olarak tanımadım da…"

"Hazal'la Lila senin sınıfta, değil mi?"

"Evet."

"Onlar kesin bu tür etkinliklerin hepsine katılırlar, aileleri de bu işe bayılır. Selim de öyle, pek çok arkadaşları da onları izler. Nazire'nin babası yardımcı bile olur."

"Sahi mi?"

"Evet, o kızıyla çok ilgili bir babadır. Nazire'nin en yakın arkadaşıdır adeta."

Şaşırmıştı Yağmur, "İlginç."

Nazan gülümsedi, "Eee, adam Alevi. Onlar aydın olurlar, kızlarını okutmaya çok önem verirler. Kadınlara değer verirler, en azından benim burada Mersin'de tanıdıklarımın büyük bir çoğunluğu öyle. Onun için diyorum, Nazire her türlü kültürel etkinlik için izin alabilir."

"Van'dan gelen çocuk hiç konuşmuyor, ne yaptımsa açamadım onu."

"Ben de henüz başarılı olamadım," dedi Nazan, "müthiş bir travma yaşamış, besbelli. Çok fazla üstüne gitmeden ama ilgiyi de eksik etmeden çaba göstermeye devam edeceğiz.

Ama bak Cengiz arızadır. İzin alamamak değil, kendisi gelmek istemeyebilir. Bir de Ayşim..."

"O, neden?"

"Ayşim çok hırslı. Her dakika, her saniyeyi ders çalışmaya ayırmış biri. O, bütün bu etkinlikleri zaman kaybı olarak görebilir. Cengiz'se ağır abi ya, karizmayı çizdirmemek açısından, bale, konser gibi yerlerden uzak durmak isteyebilir."

"Biliyor musun Nazan," dedi Şevval, "nedense benim o çocuğa bir sempatim var. Evet asi. Evet, zaman zaman dizginlenmesi gerekiyor ama temelde sağlam karakterli bir çocuk o."

"Ben de aynı fikirdeyim," dedi Yağmur ve ekledi, "biliyor musunuz sanki inandığı bir şey için gözünü kırpmadan kendini ortaya atıyor; şu davranışımın sonunda ne olur, ya da biraz daha diplomatik davransam mı acaba gibi düşünceleri yok. Ve böyle olunca da kurallara çarpıyor ve ceza alıyor. Oysa biraz derinlemesine bakınca, aslında onun haklı olduğunu görüyorsun. Al benim olayımı, orada en iyi niyetle beni koruyordu kendince. Ama ne oldu? Cezalandırıldı. Bilmem anlatabildim mi?.."

Nazan, Yağmur'a hak verircesine başını sallayarak dinliyordu. "Bir dönem ben onun annesiyle konuşmuştum. Orada sorun, baba. Anladığım kadarıyla kötü bir adam değil ama çocuk terbiyesinden anladığı bağırıp çağırarak çocuğun yüreğine korku salmak, katı bir disiplin uygulamak."

"Biraz bizim Abdülkadir Bey kafasında."

"Evet, öyle. Baba böyle olunca da, o çocuk ya eziliyor ya da Cengiz gibi..."

"Asi oluyor," diyerek Nazan'ın sözlerini tamamladı Şevval.

Gürkan, Yağmur'a, "İşte bunlar hep böyle iş konuşurlar, haydi kalkıp deniz kenarında biraz yürüyelim," dedi.

Öyle güzel bir akşamdı ki... Parkın içindeki kafelerin ışıkları göz kırparcasına, burada hayat devam ediyor, sinyalini veriyordu.

Tahta banklara oturmuş, gelip geçenleri seyredenler... Annesinin kucağında uyuyakalmış bir küçük çocuk... Ellerinde dondurmalar, gülüşerek gezinen kızlı erkekli bir grup... Rıhtımda genç bir çift. Genç kız bağdaş kurmuş, delikanlıysa hemen onun ayakucuna uzanmış, derin bir sohbete dalmışlar.

"Ne güzel," dedi Yağmur, "İzmir'in Kordon'unu hatırlatıyor burası."

"Şurada bir yerde oturup bir kahve içmek ister misin Yağmur?"

"Çok teşekkür ederim ama sanırım bu gecelik bu kadar yeter. Ayrıca, çok çok teşekkür ederim, sayenizde harika bir akşam geçirdim."

Yürüye yürüye zaten Çamlıbel'e gelmişlerdi. Bu kez Yağmur onları evine davet etti ama artık herkes için gece sona ermişti.

İçeri girdikten sonra ışıkları açmadı. Perdeyi çekip bir süre sokağı seyretti. Akşamki sohbet nasıl da doyurucuydu.

Ne çok ilki yaşadım bu akşam, diye düşündü.

Sanat Kulübü'nü tanımıştı. Bu, başlı başına bir deneyimdi.

Heykellerden, heykel parkından haberdar olmuştu.

Çalıkuşu romanını bale olarak izleyebilecekti. Bu baleyi ilk görenlerden olacaktı.

Künefe yemişti, künefe... Elinde olmadan gülümsedi kendi hâline. Gerçekten de muhteşem bir tatlıydı.

Mersin'in çok çeşitliliği, hoşgörü kültürü hakkındaki ilk izlenimse başını döndürmüştü. Beklemediği bir şeydi bu.

Bir kez daha sokağa baktı, "Ben bu şehri sevdim galiba," diye mırıldandı.

Böyle Olur Gençlerin Sokak Satışı

Selim, "Anne ben çıkıyorum," diye seslendi.
"Oğlum erken değil mi?"
"Gidip Hazal'ı alacağım," dedi ve hemen ekledi, "Lila'yı ve birkaç başka kişiyi…"
"Herkes belediye binasının orada toplanmayacak mıydı?"
Selim çoktan çıkıp gitmişti.
O cumartesi günü sınıfça alınmış olan bir karar uygulanıyordu. Okulu çevreleyen duvarlar boyanacaktı. İlk adım izin almaktı. Yağmur, Müdire Hanım'a çıkmış, öğrencileriyle birlikte aldıkları kararı açıklamış ve hem bunun için hem de boya masrafını çıkartmak amacıyla yapacakları sokak satışı için izin istemişti.
Tüm anlatılanları dikkatle dinledikten sonra Sevinç Hanım, "Seni de, öğrencilerini de kutluyorum. Ne güzel düşünmüşsünüz," diyerek izin vermekle kalmamış, onları desteklediğini de belirtmişti.
Yağmur, bütün bunları öğrencilerine anlatırken bir çocuk gibi sevinçliydi. Sınıfta da kıyamet kopmuştu zaten. Nasıl da hevesliydiler.
Bundan sonra anneler devreye girmişti. Herkes tek bir yiyecek ya da içecekle kermese katkıda bulunacaktı. Selim'in annesi hemen kolları sıvamış, yiyecekleri satabilecekleri yerin iznini almış, ardından dernek arkadaşlarının yardımını sağlamıştı.
Okulun pek çok yerine sokak satışını duyuran, kendi elleriyle hazırladıkları afişler asılmıştı. Herkes heyecanlıydı. Ve belli bir saatte söylenilen alanda buluşulacaktı.

Selim de bunu biliyordu doğal olarak ama yardımcı olmak bahanesiyle Hazal'ın evine gitmeye kararlıydı. Hiç olmazsa o yolu baş başa yürürüz, diye geçiriyordu içinden.

Nitekim Selim'i karşısında gören Hazal, önce bir şaşırdı ama sonra, "Orada buluşmayacak mıydık," derken sevindiği gözlerinin pırıltısından belli oluyordu.

"Belki yardıma ihtiyacın vardır, diye düşündüm."
"Sağ ol ama bir tek paket var elimde... Annemin sıkmaları..."
"O zaman birlikte yürürüz," dedi Selim, gözleri Hazal'da.
Bir an duraladı Hazal, yüzünden bir gölge geçer gibi oldu.
"Ne var? Ne düşündün?"
"Lila'ya uğrayacaktım da..."
"Tamam! Uğrarız. Birlikte gider uğrarız."

Böylece o güneşli sokakta yan yana yürümeye başladılar. Selim, Hazal'ın elinden paketini almış, taşıyor, oradan buradan konuşuyordu.

Gelip onu evden alması, paketini taşıması, ikide bir "Birlikte yürürüz... birlikte gideriz..." demesinde bir sahiplenme hissediyordu Hazal.

Ve bu da onun hoşuna gidiyordu. Kendi kendine itiraf etmese bile hoşuna gidiyordu. Bu sabah havada ayrı bir güzellik, bir rahatlık vardı sanki. İnsan bazen konuşacak laf bulamaz ya da strese girer ya, oysa bu sabah gülüşerek, konuşarak yürüyorlar, zamanın nasıl geçtiğinin farkına bile varmıyorlardı. Birbirleriyle olmaktan büyük zevk aldıkları açıktı. Bu büyülü zaman dilimi, Lila'yla buluşana dek böylece sürdü.

Satışın yapılacağı alana geldiklerinde, masanın çoktan kurulmuş, üstüne kocaman bir beyaz örtünün serilmiş olduğunu gördüler. Yağmur, gelen yiyecekleri tabaklara yerleştirmekle meşguldü.

"Kolay gelsin hocam."

"Sağ olun çocuklar," dedi Yağmur, alnına düşen saçını elinin tersiyle geriye iterek.

"Neler var neler... Selim, annenin arkadaşlarına da ayrıca teşekkür borçluyuz. Şuraya bakar mısınız, neler göndermişler. Kol böreği, su böreği, biberli ekmek, mercimekli köfte. İçli köfte bile var."

Hazal'la Lila da ellerindeki paketleri açarak işe koyuldular.
"İçecekler bu tarafa..."
"İçecek olarak ne gelmiş hocam?"
"Kutu kutu ayran, birisi de bir kasa kola göndermiş, sağ olsun ama kim henüz bilmiyorum."
"Benim annem gönderdi hocam," dedi Sumru, sonra ekledi, "Onun ne vakti var böyle şeyler yapmaya, ne de niyeti..." deyince hep birlikte gülüştüler.
"Onca yiyeceğin yanında içecek bir şeyler gerek, öyle değil mi ama. Bence annen çok güzel düşünmüş."
Cengiz'i görünce için için sevindi Yağmur, katılacağını hiç sanmıyordu. Ama bu sevincini de belli etmemeye çalıştı, Cengiz'in gelmesi çok doğalmış gibi karşıladı onu.
"Annem bazlama gönderdi hocam," diyerek elindeki paketi uzattı Cengiz.
"Annene teşekkürlerimi ilet lütfen, üstelik bazlama da yoktu masamızda."
Diğer öğrenciler de birer ikişer geliyor, kimi paketini açıp evden getirdiği tabağa yerleştiriyor, kimi hesap işine soyunduğundan, satılacakların fiyatlarını not ediyordu.
Nazire, ablasıyla gelmişti. "Ablam da bize yardımcı olacak hocam," dedi ve ekledi, "Ablam Naz, kuaförde çalışıyor ama bizim için iki saatliğine izin aldı." Pek gururluydu Nazire.
"Gerçekten mi?" dedi Yağmur, genç kızın elini tuttu. "Çok teşekkür ederiz, Naz."
"Güzel şeyler yapıyorsunuz hocam, biz de kendi çapımızda destek olalım istedik. Ayrıca, babam badanacıdır. Duvarları boyayacakmışsınız, bir ihtiyaç olursa memnuniyetle yardımcı olurum, dediğini size iletmemi istedi."
Yağmur Öğretmen, arkadaşlarının Nazire'nin babası hakkında söylediklerini anımsadı. "Babana çok teşekkür ettiğimi söyle, sıkışınca ona başvuracağımızdan emin olabilir."
Öğlen olmuş, cadde iyice kalabalıklaşmıştı ama nedense satışlar yavaş gidiyordu.

"Sanki bizi görmüyorlar," diye söylendi Yağmur, "hey buraya bakın diye seslenesim geliyor."

Cengiz yavaşça Yağmur'a yaklaştı. "Hocam," dedi, "aklıma bir şey geldi ama bilmem olur mu?.."

"Söyle Cengiz."

"Bizim sınıfta Dilaver var ya..."

"Evet. Şu sessiz çocuk, hep arka sırada oturur."

"İşte o! O, hocam çok güzel klarnet çalar."

"Yaa..." Şaşırmıştı Yağmur ama bir yandan da, şimdi ne alâka bu bilgi, dercesine bakıyordu Cengiz'e.

"Acaba diyorum, Dilaver bir koşu eve gidip klarnetini alsa, gelse, burada çalsa... Belki de satışlar artar."

Yağmur önce bir durakladı, hiç ama hiç beklemediği bir öneriydi bu. Sonra, "Neden olmasın," dedi, "müzik, insanları çeker, hem de kermesimiz daha bir renklenmiş olur. Aklınla bin yaşa Cengiz, koş söyle Dilaver'e, kapsın klarnetini gelsin."

Cengiz hemen Dilaver'in yanına gitti, kulağına bir şeyler fısıldadı. Dilaver'in anında ağzı kulaklarına vardı. Başını evet anlamında salladıktan sonra fırladı gitti.

Cengiz yine Yağmur'un yanına geldiğinde öğretmeni, "Sizler de sürprizlerle dolusunuz yani. O sessiz çocuk demek müzik seviyor, üstelik de bir müzik aleti çalmasını biliyor öyle mi?" diye sordu.

Cengiz şöyle bir gülümsedi, "Yalnız hocam, Dilaver öyle sizin düşündüğünüz gibi müzik dersi alarak öğrenmiş değil klarneti."

"Yaa... Peki nasıl öğrenmiş?"

"Kulaktan... Yani o nota filan bilmez."

Yağmur bir kez daha şaşırmıştı. "Demek öylesine, kendi kendine öğrendi."

Yağmur'un hâlâ durumu kavramadığını gören Cengiz, "Hocam Dilaver Roman'dır," diye fısıldadı. Onların tüm ailesi çalgıcı ama Dilaver bir başka. Hem onun idolü, Hüsnü Şenlendirici."

Yağmur'un yüreği hop etti! O, şöyle klasik parçalar, bilemedin hafif müzik beklerken, Roman havaları çıkmıştı karşısına. Bu müzik okul kermesinde çalınacaktı!!!

Birden sırtından aşağı ter boşandı ve anında Abdülkadir Bey tüm haşmetiyle gözünün önünde beliriverdi.

"Cengiz," dedi canhıraş, "bak ne diyeceğim."

"Evet hocam?"

"Ben Roman müziğine karşı değilim, hem de hiç değilim, tam tersine o fıkır fıkır müziğe bayılırım. Ayrıca Hüsnü Şenlendirici'nin de CD'leri var bende, onun müziğini zevkle dinlerim. Ama şimdi biz burada okulla ilgili bir etkinlik yapıyoruz. Her yerde okulun adı yazılı. Ayrıca okulun kuralları ve bazı duyarlılıkları var. Dilaver'in çalacakları buna ters düşmez mi?"

"Siz hiç merak etmeyin hocam, o nerede ne çalınacağını çok iyi bilir."

"İyi ama o da gencecik bir çocuk sonuçta, bu incelikleri bilmeyebilir."

"Hocam o hafta sonlarında bir türkü barda çalıyor."

"Ne?"

"Evet hocam. Hem ailesine destek olmak, hem de okul masrafını karşılamak için çalışıyor. Düğünlerde, bazı toplantılarda ve bir de o türkü barda çalıyor. Yalnız sözünü ettiğim yer düzgün bir mekân, onu belirtmeliyim.

Halk türkülerine meraklı kişiler gidiyor oraya, hatta aralarında öğretmenler de var. Temiz yerlerde çalar Dilaver; onun için diyorum şimdi burada bu koşullara uygun bir şeyler çalacaktır."

Haydi hayırlısı, diye geçirdi içinden Yağmur. Ama huzursuzdu, hem de çok.

Dilaver şimşek gibi gidip gelmişti. Gayet ciddi bir yüz ifadesiyle önce öğretmenini selamladı, sonra altına bir tabure çekip çalmaya başladı.

İlk çaldığı parça *Hatırla Sevgili*'ydi. Herkesin, özellikle de orta yaş kuşağının sevdiği bu parçayı duyan duraklıyor, dinlemeye başlıyordu. Öğrencilerse hemen bu durumdan yararlanıp size ne verebiliriz, ya da okulumuzun etkinliğine destek olur musunuz, diyerek satışları hızlandırmaya çalışıyorlardı.

Öğrencilerin çoğu Dilaver'in Roman olduğunu biliyordu ama klarnetini ilk kez dinliyorlardı. Böylesine güzel çalıyor oluşu, onları şaşırtmıştı. Hayran hayran dinliyorlardı arkadaşlarını.

Sumru, Nazire'ye, "Bu harika bir şey," diye fısıldadı. Nazire de onu Dilaver hakkında bilgilendirince, o da aynı Yağmur gibi büyük bir şaşkınlık yaşadı.

Dilaver, *Hatırla Sevgili*'den sonra *Akasyalar Açarken*, *Yıldızların Altında* gibi sokağın yaş grubuna uygun parçaları peş peşe çalıyordu. Müziği beğenenler taburelere oturup dinlemeye koyulmuşlardı. Satışlar da bayağı hızlanmıştı bu arada. Dilaver'e gelince, bu ilgi, bu beğeni karşısında coştukça coşuyor, çaldıkça çalıyordu.

Yağmur hayretler içindeydi. Okulda, hep en arka sıraya geçip oturan, derslere ilgi duymayan, notları sürekli düşük olan bu sessiz çocuk, elindeki klarnetle devleşmişti. Tüm varlığıyla çalıyordu. Gözlerini kapamış, yüzünde belli belirsiz bir gülümseme...

Bu çocuk müziğe âşık, diye düşündü Yağmur. Sanat sanat diye anlatıyorum ya, işte bu çocuk şu anda onu yapıyor, hem kendini, hem bizi mutlu ediyor. Onun klarnetiyle kermesin tüm havası değişmişti.

Ve birden – gözü karşı kaldırıma ilişti.

Abdülkadir Bey!

Evet, evet, Abdülkadir Bey masallardaki kötü kişi gibi durmuş, yüzünde tüm olayı hiç de onaylamaz bir ifadeyle bakıyordu onlara.

Yağmur, *kim bilir yine neler söyleyecek, nasıl eleştirilerde bulunacak*, diye düşündü. Elleri titremeye başlamıştı.

"Tebrikler hocam," diyen neşeli bir ses, onun bu korku karanlığından çekip çıkardı. Şevval gelmiş, yanında duruyordu. "Bu ne güzel kermes böyle, hem de sazlı sözlü. Dilaver'in de üstüne yoktur hani. Eee, sesin soluğun çıkmıyor, hayırdır?"

Yağmur, başıyla karşı kaldırımı işaret etti. Şevval dönüp baktı.

"Amaan, aldırma Yağmurcuğum," dedi ve ekledi, "satışlar çok iyi gidiyormuş, çocuklar söyledi. Ben de hem kendim hem de Nazan için geldim. Nazan'ın akşama misafiri varmış bana da bir şeyler al, dedi."

Öğrencilerden biri Abdülkadir Bey'i görünce, ona doğru yürüdü. "Hocam, kermesimize buyrun."

Abdülkadir Bey'se eliyle, git, git, işareti yaparak yürüdü gitti.

Bu kez çok kızdı Yağmur. "Şuraya bak, çocuklar okulları için bir şeyler yapmaya çalışıyorlar, destek olmaması bir yana, bir de sinek kovar gibi geri çeviriyor öğrenciyi."
"Dedim ya, üstünde durma böyle şeylerin. Turgut Hoca ne dedi sana; sen işini iyi yapmaya bak, gerisini boşver. Bak, ne güzel bir etkinlik düzenlediniz, şu çocuklardaki hevese bak. Çok uzun zamandır okulumuzda bu tür etkinlikler yapılmıyordu. Senin gelişinle bir şeyler hayat bulmaya başladı."
"Çocuklar istedi de ondan."
"Bak doğruya doğru. Çocuklar hep bir hareket, bir etkinlik yapılsın istiyorlardı ama önlerine düşecek kimse yoktu. Kimi çoluk çocuk sahibi, vakti yok. Kimi bir başka işte de çalışıyor, geçim derdinde, kiminin de aldırdığı yok. Ama bak, sen geldin ve Fareli Köyün Kavalcısı gibi taktın onları peşine."

Bu sözler üzerine iki arkadaş bol bol güldüler, "Hadi ben gidiyorum, tebrikler canım," diyerek Yağmur'u öptü ve paketlerini alıp hızlı adımlarla gözden kayboldu Şevval.

Cengiz'se, *adama bak yaa, kızın dibinden ayrılmıyor,* diye düşünüyordu, Hazal'la Selim'e bakarken.

Selim sağa sola koşturuyor ama dönüp dolaşıp Hazal'ın yanına geliyordu. Hiç fark etmemiş gibi davranmasına karşın, bu gizli ilgi Hazal'ın hoşuna gidiyordu.

Ağzında güzel bir tat vardı sanki. Şeker yemiş gibi... Hem de akide şekeri gibi.

Rüzgâr ılık ılık esiyordu, hayat güzeldi.

Boşalmış kasaları yolun karşı tarafına dizmiş, pikabın gelmesini bekliyordu Selim. Gözleri Hazal'ı aradı. Hazal, küçük bir çocuğa bir sandviç paketliyor, bir yandan da onula konuşuyordu. Sonra, başını kaldırdı. Selim'in bakışları mıknatıs gibi çekmişti onu. Kalabalığın üstünden bakışları kilitlendi. Gülümsediler birbirlerine.

"Ohoo kızım, dalmış gitmişsin."

Lila'nın sesiyle toparlanan Hazal, "Duymadım seni," dedi.

"İki saattir Dilaver'i söylüyorum sana ama, ohoo, bizim kız dalmış başka âlemlere, âşık mısın, nesin?"

"Aman Lila..."
"Ne düşünüyordun öyle, söyle bakalım. Hem yüzünde de pek mutlu bir ifade vardı, anlayalım yani..."
"İlâhi Lila, Dilaver'in müziği etkilemiş olmalı."
"İşte ben de sana onu söylüyorum. Ben onun klarnet çaldığını biliyordum ama hiç dinlememiştim, meğer ne güzel çalıyormuş."
"Ben de aynı şeyleri düşünüyordum. Oysa derslerde ne kadar da geri."
"Üstelik pek kimseyle de konuşmaz. Bir tek Cengiz'le yakınlığı var," dedi Lila.
"Garip bir dostluk."
"Sanırım Cengiz onu koruyor. Dilaver'e sahip çıkar bir hâli var."
"Nereden biliyorsun bütün bunları Lila?"
"Gözlem Hazalcığım, gözlem," dedi Lila, cin cin bakıyordu arkadaşına.
"Valla korkulur senden."
"Bak meselâ, geçenlerde okul kapısında bekleşen birkaç tipsiz gördüm. O kadar ki, dikkatimi çekti, *kim bunlar, ne diye okulun önünde bekliyorlar,* diye düşünürken Dilaver'i gördüm. O da bu adamlara bakıyordu ve sanki olduğu yerde donmuş kalmıştı. Sonra dönüp içeri girdi.
Ben servisi beklediğim için oradaydım. Az sonra baktım Cengiz, 'ağır abi' havalarında geliyor. Karşıda bekleyenler hareketlendiler, Cengiz kapının önüne geldi. Tam o sırada motosikletli bir grup tozu dumana katarak kabadayılarla Cengiz'in etrafında birkaç tur attıktan sonra gelip durdu.
Cengiz, okul kapısından içeri doğru bakıp Dilaver'e, bekle, dercesine bir işaret yaptıktan sonra karşıda bekleyenlere doğru yürüdü."
"Ay Lila, neler olmuş da haberim yok."
"Sorma! Ben de soluksuz izliyordum, ne olacak diye. O motosikletli grup Cengiz'in kankaları, biliyorsun."
"Bilmem mi... Kaç kez birlikte gördüm onları."
"Neyse... Cengiz gitti bunların yanına, bir şeyler anlattı. Ötekilerse dinliyorlardı ve bir süre sonra el sıkıştılar.

Böylece Cengiz dönüp okuldan çıkan Dilaver'in yanına geldi, onu da alıp motorlara atladıkları gibi tozu dumana katarak yok oldular. Ötekiler de onların arkasından dönüp gittiler.
"Daha sonra o tipleri gördün mü?"
"Hayır, bir daha hiç görmedim. Ve bana sorarsan," dedi Lila fısıldayarak, "Cengiz bunlara Dilaver'i rahat bırakın yoksa arkadaşlarım ve ben sizi duman ederiz, dedi, münasip bir dille. Böylece anlaştılar, el sıkıştılar ve herkes kendi yoluna gitti."
"Diyorsun..."
"Dalganı geç bakalım da, sen olsan bu olayı nasıl yorumlardın?"
"Ben olsam, benim biricik arkadaşım Lila'nın komplo teorilerinden biri daha, derdim," dedi Hazal bir kahkaha atarak sonra ciddileşti, "Lila, biliyor musun, sen bu düşüncelerini yazsan ne biçim heyecanlı bir kitap olur. Sahi, hiç yazmayı düşündün mü? Ciddi ciddi kitap yazmaktan söz ediyorum."
Bu kez kahkahalarla gülen Lila'ydı. "Eh, ben komplo teorisyeniysem, sen de iki cümlelik bir anlatımla uçuşa geçen bir hayalperestsin."
Nazire çağırıyordu Lila'yı. Arkadaşı uzaklaşınca derin bir nefes aldı Hazal. *Bak işte,* diye düşündü, *yine dürüst davranmadım can arkadaşıma.*
Öte yandan, söyleyecek ne vardı ortada? Elle tutulur, gözle görülür bir şey var mıydı? Yoktu!
E, öyleyse ne söylemem bekleniyor benden. Belki de kendi kendime gelin güvey oluyorum. Belki de bana öyle geliyor.
Bu düşünceler onu birazcık olsun rahatlatmışken, bu kez bir başka ses konuşuyordu kafasının içinde.
Ama dürüst olmak gerekirse bir şeyler var. Havada uçuşan, hem de hoş bir şeyler var ama sen bunu arkadaşından saklıyorsun.
Neden saklıyorsun?
Neden?
"Hazaaal, Hazal!" Seslenen Yağmur Öğretmen'di.
"Bugün buna bir hâller oldu," dedi, öğretmeninin yanında oturan Lila.
"Her şey toplandı. Sizleri evlerinize ben bırakacağım, haydi atla."

"Ben buradan eve yürüyebilirim hocam."
"Yok, yok. Önce seni, sonra Sumru'yla Lila'yı Pozcu'ya ben bırakacağım. Bu işi arabası olanlar aramızda bölüştük. Hadi, durma, bin."
Oysa Hazal, tüm bu karmaşık düşüncelere karşın eve belki de Selim'le birlikte yürürüz diye geçirmişti yüreğinin derinliklerinden.

Öte yandan böylesi iyi oldu, çok daha iyi oldu diye düşünerek bindi arabaya. Arkadaşlarının ve öğretmeninin yanında karışık ve karanlık duygulardan arınmış, huzurlu bir limana demir atmış gibi hissediyordu kendini.

Ve Böyle Olur Bazılarının Tepkisi

Öğretmenler odasından geliyordu Yağmur. Sabah içeri girdiğinde konuşmalar birden kesilivermişti. Onun hakkında konuştukları o kadar belliydi ki...

Abdülkadir Bey buz gibi gözlerle süzüyordu onu, diğer öğretmenlerinse mahcup bir ifade vardı yüzlerinde. *Artık neler söylediyse, yüzüme bakmaya utanıyor bu öğretmenler,* diye düşündü Yağmur. Orada biraz oyalandıktan sonra çıkıp doğru Nazan'ın ofisine yollandı.

"Senden bir ricam var," dedi içeri girer girmez. "Abdülkadir Bey şu son günlerde kermesle ilgili neler söylüyor, bir öğrenebilir misin?"

"Öğreneyim ve sana anlatayım, öyle mi?"

"Yine benim hakkımda konuşuyor bu adam, Nazan. Anlamıyorum! Ne istiyor benden. Ne yapmışım ben ona?"

"Tamam canım, tamam," diyerek Yağmur'u sakinleştirmeye çalıştı Nazan.

Ağlamaklıydı Yağmur.

"Bilmem gerek; benim için, kermes için neler diyor, bilmem gerek."

Onu güldürmeye çalıştı Nazan, "Şimdi sen benden dedikodu yapmamı mı istiyorsun? Ne ayıp!"

"Hiç şaka havamda değilim Nazan, az önce öğretmenler odasında bana bakışlarını bir görseydin. Sanki düşmanıydım onun, düşmanı. Onun için lütfen... bilmek istiyorum."

Derin bir nefes aldı Nazan, "Pekâlâ madem o kadar istiyorsun. Aslında sorup soruşturmama gerek yok, çoktan kulağıma geldi konuşmaları."

"Neler söylüyormuş?"

"Gülünesi şeyler... Yok, çocukları sokağa dökmüşsün. Yok, uluorta dilencilik yapar gibi yiyecek satıyorlarmış. Yiyeceklere harcanan para doğrudan okula verilebilirmiş pekâlâ. O zaman bu çocuklar da sokaklarda değil, olmaları gereken yerde yani evlerinde oturmuş ders çalışıyor olurlarmış."

"Hey yarabbim," dedi Yağmur, "okul için çalışmak da kabahat. Okullarını güzelleştirmek için uğraşıyorlardı. Hem, öğrenciler neden değişik ortamlarda etkinlik yapmasınlar. Hafta sonu biraz bir değişikliğe hakları yok mu? Nefes almadan ders mi çalışmalılar, bu devirde nasıl bir anlayış bu. Peki, daha başka ne demiş?"

"Tabii ki Dilaver'in klarnetini de diline dolamış."

"Biliyordum," diyerek dizini yumrukladı Yağmur, "Dilaver'e de laf edeceğini biliyordum."

"Orayı Çingene pazarına çevirdiler, hicap duydum, hicap, demiş."

"Hey Allahım," diye gözlerini devirdi Yağmur, "oysa çocuk o kadar da dikkatli seçmişti çalacağı parçaları. Tevekkeli değil, Cengiz bana o nerede ne çalacağını bilir hocam, demişti. Dilaver'in seslendirdiği Türk müziğinin en güzel, en sevilen parçalarıydı. Ve gelip geçen herkes, yaşlısı genci durup dinliyordu. Oturup da dinleyenler bile vardı. Çocuklar ne güzel müzik yaptılar demiyor da..."

"Ama söylediğime söyleyeceğime pişman etme beni. Hem Turgut Hoca çok güzel cevap verdi ona."

"Sahi mi... Ne dedi? Anlatsana."

"*Hocam*, dedi, *aşağılayıcı bir biçimde Çingene diyerek öğrencimize hakaret etmek yakıştı mı size?*"

"Peki, o ne dedi bu laf üstüne?"

"*Soyu sopu belli işte. Ben gördüğümü söylüyorum*, dedi. Bunun üzerine Turgut Hoca, ben de *sessiz sedasız okula gidip gelen efendi ve yetenekli bir genç görüyorum. Anlaşılan çocuk aynı çocuk ama sizinle ben ayrı şeyler görüyoruz*, dedi ve çıkıp gitti."

"Bin yaşa sen Turgut Hoca," diye adeta oturduğu yerden zıpladı Yağmur, keyfi yerine gelmişti.

"Hadi, hadi iç şu adaçayını, bak buz gibi oldu."

"Ay, unutmuşum onu."
"Neyse sen şimdi bırak Abdülkadir Bey'i de son planlarını anlat."
"Aaa, duydun mu?"
"Kızım burada haberler çabuk duyulur."
"Evet," dedi Yağmur, oturduğu koltuğa iyice yerleşerek "önümüzdeki cumartesi gecesi, çocukları *Çalıkuşu Balesi*'ne götürüyorum."
"Harikasın!"
Yağmur öne doğru eğilmiş, hevesle anlatıyordu. "Bu da öğrencilerimizle birlikte aldığımız bir karar doğrultusunda gelişti.

Sloganımız, 'Sanat Uzun Hayat Kısa' ya, işte o kapsamda, okul dışı faaliyetler olarak, Kültür Merkezi'nde sergilenen etkinliklere katılma kararı aldık.

Ve ben bunu geçenlerde yer alan Okul-Aile Birliği toplantısında anlattım. Velilerle başka nedenlerle bir araya geldiğimizde de yine uzun uzun açıkladım."

"Duydum, duydum," diye başını salladı Nazan, "çok da başarılıymışsın."

"Artık başarılı mıydım, değil miydim bilemem ama velilerimize öğrencilerimizin sanatsal faaliyetlere katılmalarının önemini anlatmaya çalıştım. Kentteki olanaklardan yararlanmaları gerektiğini, Mersin'in kültür birikimi olan, sanata, kültüre açık bir kent olduğunu ve çocukların bundan olabildiğince yararlanmaları gerektiğini, bunun için de ben elimden geleni yapacağımı vurguladım."

"Karşı fikirler?"

"Olmaz olur mu… onca ders ve sınav çalışmalarına zor yetiştiklerini ve böylesi etkinliklerin zaman alacağını öne sürdüler.

Ben de akılcı bir çalışma programı yapılırsa, haftada birkaç saatin bu gibi etkinliklere ayrılabileceğini ve bu değişik ortamın onları rahatlatacağından çalışmalarına yararlı olacağını söyledim."

"Başka?"

"Masrafları karşılayabilir miyiz ki, dediler. Ben de, Kültür Merkezi'nde öğrencilerin temsilleri balkondan izleyebileceklerini, bunun da şahıs başına beş lira olduğunu anlattım. Ayrıca, eğer elli ya da daha fazla kişiden bir grup oluşursa bu kez yüzde elli indirim uygulandığını ekledim. Resim ve fotoğraf sergilerini gezmek ise bedava. Ören yerleri de çoğu kez ücretsiz."

"Cevapların hazırmış Yağmur."

"Ama gerçekten de öyle değil mi Nazan? Pek çok sanatsal etkinlik bir sinema biletinden daha ucuz değil mi?..

Ve son olarak velilerimize, çocuklarınız okuyacak, diplomalarını alacaklar, dedim. Ama bir tiyatro eseri görmemiş, bir konsere gitmemiş, bir sergi gezmemiş, bale nedir bilmeyen bir avukat, bir siyasetçi, bir öğretmen, bir doktor olarak hayata atıldıkları takdirde çeşitli ortamlarda eksik kalacak, bunun sıkıntısını çekeceklerdir.

Daha da önemlisi hayatları tekdüze ve sıradan olacaktır. Oysa bu yaşlardan başlayarak hayatlarına sanat katarlarsa anlamlı ve dolu dolu bir yaşamları olacak.

O nedenle bu gibi etkinliklere katılmaları için izin vererek bana yardımcı olmanızı rica ediyorum, dedim."

"Konuşman da pek etkiliymiş doğrusu."

"Sağ ol Nazancığım."

"Demek ilk etkinlik, *Çalıkuşu Balesi*."

"Evet."

"Katılım nasıl?"

"Her zaman olduğu gibi kızlar daha hevesli, erkeklerse…"

Bir kahkaha attı Nazan, "Neden hiç şaşırmadım acaba?"

"Ayrıca sınıfın aşağı yukarı yarısı katılıyor ama ısrarcı olmadım. Gidenler gitmeyenlere anlattıkça bu sayının artacağına inanıyorum."

"Eminim artacaktır."

O sırada zil çaldı.

"Kafanı şişirdim Nazancığım ama seninle konuşmak bana çok iyi geldi."

"Sen de öyle güzel şeyler anlatıyorsun ki, seni her zaman dinleyebilirim."

Gizli İlgiler

Söylenip duruyordu Hazal'ın annesi, "Nereden çıktı şimdi böyle gece gece gezmeler..."
"Anne," dedi Hazal, "Yağmur Öğretmen o gün o kadar anlattı. Bu çocuklar daha başka şeyler de öğrenmeliler, dedi. Baksana, ben Mersin'de doğdum, bu yaşıma geldim, ilk kez baleye gideceğim, ilk kez."
"Bugüne dek gitmedin de kavruk kaldın sanki."
"Üff anne yaa..."
"Zaten arada Selim olmasa zor giderdin sen gecenin bir vakti. Babana kabul ettirene kadar anamdan emdiğim süt burnumdan geldi. Öğretmenleri bunu düzenlemiş dedim de, artık bir şey diyemedi."

Sabırlı olmaya çalışarak, "Anne," dedi Hazal, "bak öğretmenimiz bizlerin güvenliği için okulun servis arabasını ayarladı. Herkesi evinden alıp, evine bırakacaklar. Hem, her hafta değil ki bu, koca senede hepi topu beş-altı etkinlik. O kadar da olsun artık."

"İyi, iyi..." diye kızını susturdu Leyla Hanım ama, "sen eve girene kadar uyku durak yok bana," diye de eklemeyi ihmal etmedi.

Aynada bir kez daha baktı kendine Hazal. Beyaz kotunun üstüne dantelli beyaz bluzunu giymişti. Yağmur Öğretmen, "Tiyatroya, baleye, operaya giderken daha özenli ve temiz giyinmek gerek," demişti.

Acaba küpelerimi taksam mı, diye düşündü. Küçük altın halkaların ucunda sallanan minicik birer inciden oluşuyordu küpeler. Selim'in kendisine baktığını hayal etti ve küpeleri takmaya karar verdi. Sonra başını eğip saçlarını aşağıya doğru savurdu, tekrar geri savurduğunda yanakları pembeleşmiş, saçları daha bir dolgunlaşmıştı. *Keşke, şu anda beni görebilseydi*, gibi bir düşünce geçti zihninden. Ve anında o düşünceyi kovmaya çalıştı.

Az sonra kapı çalındı, gelen Selim'di. İyi ki bu akşam babamın işi uzadı, diye sevindi Hazal, yoksa ondan da bir sürü laf işitecektim. Uyarılar, öğütler de cabası.

Minibüs kapıdaydı. "İyi akşamlar, Leyla Teyze," dedi Selim.

"Sağ ol Selimciğim, bak kızım sana emanet. Sen varsın diye gönderiyorum onu, bilesin."

Güldü Selim, "Hiç merak etme Leyla Teyze," dedi, sonra Hazal'a doğru döndü, "Ben ona gözüm gibi bakarım."

Az sonra minibüsteydiler. Hazal öyle heyecanlıydı ki... İlk kez yanında annesi ve babası olmadan akşam bir yere gidiyordu. Üstüne üstlük Selim vardı yanında.

Sanki sözlüydüler ya da nişanlıydılar da baş başa gezmeye gidiyorlardı. Tatlı bir ürperti sardı vücudunu.

"Üşüdün mü?" diye sordu Selim, "Titredin sanki."

Düşünceleri anlaşılacak diye ödü koptu Hazal'ın.

"Bilmem, belki..." diye bir şeyler geveledi, ağzının içinde.

Selim hemen montunu çıkarıp Hazal'ın omzuna koydu.

"Yok, yok," dedi Hazal, "o kadar da üşümedim."

"Sana iyi bakacağıma dair söz verdim az önce." Montu omuzlarına iyice yerleştirdi. O ellerin sıcaklığını hissetti Hazal, yine ürperdi.

"Hasta olursan, ne derim ben Leyla Teyze'ye."

Minibüsün karanlığında gülümsüyordu Selim, gözleri pırıl pırıl.

Pek çok kez bu kadar yakın, dip dibe oturmuşlukları vardı Selim'le. Peki, bu akşam ne vardı da, o yakınlığı böylesine bir yoğunlukla hissediyordu?

Monta daha bir sıkı sarıldı Hazal, hâlâ Selim'in sıcaklığı vardı giyside. Selim'in kolları arasındaydı sanki. *Bütün bir gece böyle oturabilirim,* diye düşündü. Sonsuza dek...

Sonra... neler düşünüyorum ben, neler oluyor bana, diyerek kendini sarsmak geldi içinden.

O, bir arkadaş, hem de çok sevdiğim bir arkadaş.

Biz bir üçlüyüz. Herkes dostluğumuza, arkadaşlığımıza imreniyor.

Böylesi duygular yakıştı mı şimdi. Ayrıca, Selim anlarsa rezil olurum.

Ama... Acaba?
Üff yaa, yeter, diye düşünerek, bu iç çatışmayı susturdu ve minibüse binmekte olan diğer arkadaşlarına odaklandı.

Yağmur Öğretmen onları Kültür Merkezi'nde bekliyordu. Yanında da muhteşem saçlı bir adam.

Lila, annesi Yolanda Teyze'yle gelmişti. "Biz annemle bu tür etkinlikleri hiç kaçırmayız hocam, ama babam bazen gelir, bazen gelmez."

Sonra gözü Hazal'a takıldı, "Hazal," diye seslendi ve yanında Selim'i görünce, "seni Selim mi aldı?" diye sordu hemen.

"Evet," derken nedense bir huzursuzluk hissetti Hazal.

"Aaa, bak Nazire de gelmiş, onu da babası getirmiş."

Öğrencileri etrafında toplanınca, "Çocuklar," dedi Yağmur Öğretmen, "bu bey orkestrada çello çalıyor, ayrıca bu akşam burada olabilmemiz için bize çok yardımcı oldu. Kendisinin adı Tayfun Ödemişoğlu'dur. İzleyeceğimiz balede, orkestra sahnenin altında çalıyor olacak, onun için Tayfun Bey'i pek görmeyeceksiniz ama daha sonra bir konsere geleceğiz, o zaman orkestra sahnede olacak ve sizler de her tür müzik aletini, bu arada Tayfun Bey'i de görüp, dinleyebileceksiniz."

"Seeliiiim..." Bu ses o güzelim ortamı darmadağın edivermişti. Herkes dönüp baktı, gelen Gülşah'tı. Kıpkırmızı, daracık bir giysi içindeydi, yaşına göre de epeyce ağır makyaj yapmıştı. Kalın tabanlı topuklu pabuçlarının üstünde iki yana yalpalaya yalpalaya Selim'in yanına ulaştı.

"Geç kalacağım diye çok korktum, çok."

Yağmur da şaşırmış görünüyordu, Gülşah öbür şubedendi.

"Hazal," dedi Gülşah, "Selim'le konuşuyorduk da, baleye gideceğinizi öğrenince uçtum uçtum yani. Ben bayılırım baleye, hele bir de arkadaşlarla gidiliyorsa... N'olur dedim Selim'e, o da sağ olsun, beni kırmadı, neden olmasın, gel bizimle, dedi ve işte, şekilde görüldüğü gibi buradayımmm..."

Öyle abartılı bir konuşma biçimi vardı ki herkes durmuş onu seyrediyordu. Yağmur'sa bu duruma sevinmişti. Onun derdi olabildiğince çok sayıda öğrenciyi sanatla buluşturmaktı.

"Çok iyi ettin Gülşahçığım, bir dahaki sefere arkadaşlarını da getir," deyince, Hazal'la Lila birbirlerine bakarak gözlerini devirdiler.

"Ayy, bütün gece bunu mu çekeceğiz?" diye fısıldadı Lila.

"Bu kız tam bir gürültü kirliliği," diye yanıtladı arkadaşını Hazal. Gerçekten de Gülşah, o gürültücü, patırtıcı abartılı varlığıyla tüm alanı kaplayıvermiş, kimseye nefes alacak yer bırakmamıştı.

"Sanırım herkes burada, artık içeri girip oturabiliriz," deyince öğretmenlerinin peşinden merdivenleri çıkıp, balkon bölümüne ulaştılar.

Hazal'ın bütün keyfi kaçmıştı.

Herkes sessizce yerlerine geçiyordu, Gülşah onu bunu iterek Selim'in yanına oturmayı başarmıştı.

"Şuna bak, ne kadar da saygısız."

"Ne saygısızı, arsız, arsız..." dedi Lila ve ekledi, "Güya bu sınıfta bir tek Selim'i tanıyor da, onun için onun yanına oturuyor. Yemezler! Bal gibi asılıyor bizim oğlana."

"Senin oğlan da bu durumdan şikâyetçi gibi gözükmüyor, n'aber."

"Öyle deme ama Hazal, ne yapsaydı yani, kız arsız, gidip çökmüş yanına."

"Hayır efendim, isteyen bal gibi sıyrılır bu durumdan."

Lila dönüp şöyle bir baktı Hazal'a, "Sen kimden yanasın Allah aşkına."

"Kimseden yana değilim ama şu senin Selimciğine toz kondurmaman da sıktı artık. Herkes kusurlu, bir o değil. Hem baksana şunlara... Bal gibi konuşup gülüşmüyorlar mı? Eee, o zaman ne diye Gülşah'a ateş püskürüyorsun. Kızacaksan Selim'e kız."

Lila ellerini havaya kaldırarak, "Ya sabır," dedi.

O sırada ışıklar söndü ve cep telefonlarının kapatılması konusunda bir uyarı anonsu yapıldı. İki arkadaşın tartışması da böylece sona ermek zorunda kaldı.

Çalıkuşu Balesi'nde balerinler klasik Türk müziği eşliğinde dans ediyorlardı. Giysiler, uzun etekleriyle o dönemi yansıtıyordu. Perde açıldığında aile büyükleri köşkün bahçesinde oturmuş sohbet ediyor, bu arada Çalıkuşu Feride'nin yaramazlıklarından şikâyet ediyorlardı.

Çoğu öğrenci Reşat Nuri Güntekin'in bu unutulmaz eserini bildiklerinden dansla sürdürülen öyküyü takip edebiliyordu. Çalıkuşu Feride'nin tam da evlilik arifesinde, sevgilisinin ihanetini öğrenip Anadolu'ya kaçması ve kendini öğretmenliğe adaması öyküsü, izleyenlerde değişik duygulara neden olmuştu.

Konu ister istemez Tarık'ı çağrıştırmıştı Yağmur'a. Öğrencileriyse *acaba öğretmenimiz neler hissediyor bu sahneleri izlerken*, diye düşünüyorlardı.

Hazal'sa Selim'i sahnedeki sevgiliyle özdeşleştirmiş, gözyaşları ateş gibi yanan yanaklarından aşağı süzülüp duruyordu.

"Ne o," dedi Lila, "yoksa sen ağlıyor musun?"

Hiç cevap vermedi Hazal.

"Haklısın," diye fısıldadı Lila, "gerçekten acıklı bir hikâye ama çok da güzel dans ediyorlar, değil mi?"

Başını salladı Hazal, o anda evinde olmak için neler vermezdi. Çok bozulmuştu Selim'e çok.

Bir kere yüz vermese, kız bu kadar rahat olmazdı. Demek ki ahbaplıklarını bayağı ilerletmişlerdi. Baksana, baleye gideceklerini bile Gülşah'a haber vermişti. Nasıl da geçip Selim'in yanına oturmuştu, hem de doğal bir davranışmış gibi.

Ama en çok içini acıtan, Selim'in Gülşah'la güle konuşa sohbetini sürdürmesiydi. *Ben burada acı çekiyorum, o ise o kızla gülüyor, konuşuyor, dönüp bana bakmıyor bile*, diye geçiriyordu içinden.

Sonra – sonra birden çok kızdı kendine! *Kendi kendine gelin güvey olur musun aptal kız, al sana...* diye düşündü. Yok Selim için giyinip süslenmeler, yok baleyi onun yanında izleme hayalleri. Oysa onun sana aldırdığı bile yok. Hem baksana gecenin bir vakti kalkıp buralara tek başına gelebilen, son derece 'modern' takılan bir kız varken, her attığı adım için izin almak zorunda olan biriyle mi uğraşacak. Sen sadece sınıftaki arkadaşlarından birisin. Günün argosunu bile doğru dürüst kullanamıyorsun. Oysa Gülşah öyle mi ya... Öyle laflar ediyor ki, özellikle de oğlanlar basıyorlar kahkahayı ve onu çok 'kafa kız' olarak görüyorlar.

Seninse modan geçmiş kızım, modan.

Işıklar yandı, birinci bölüm sona ermiş, on beş dakika ara verilmişti. Herkes dışarı çıkma telaşındaydı.
Lila sordu, "Çıkmıyor muyuz?"
"Valla sen istersen çık, ben burada oturacağım. Şu kadarcık bir zaman için uğraşamam."
"Nasıl istersen, ben çabucak bir şeyler içip geleceğim," dedikten sonra, ne oldu buna böyle dercesine bir bakış atıp merdivenlere yöneldi Lila.
Kısa süre sonra herkes dönmeye başlamıştı. Selim, peşinde Gülşah yerine geçerken dönüp Hazal'a baktı ama Hazal hemen başka tarafa dönüp onu görmezlikten geldi.
Gülşah'sa, bulunduğu yerden bangır bangır, "Gözlerin kızarmış Hazal," diye seslendi.
Selim hemen dönüp baktı. Hazal'ın içinden bu arsız, gürültücü kızı boğmak geliyordu.
"Yok bir şey."
"Sahiden de gözlerin kızarmış," dedi Selim, "iyi misin sen?"
"Amma uzattınız! Tabii ki iyiyim, gözüme bir şey kaçtı sanırım, ben de farkında olmadan fazla ovuşturdum herhalde," dedi, sonra ekledi, "merak edecek bir şey yok."
"Ay yani..." dedi Gülşah avaz avaz, "yoksa Çalıkuşu için mi ağladı, dedim kendi kendime."
"Hayır canım, ne alâkası var."
"İyi," dedi Gülşah, "yoksa çok abuk bir ağlama olurdu bu. *Alt tarafı bir bale bu, eh, baleye de ağlanmayacağına göre başka bir şeye mi üzüldü,* diye düşündüm de..."
Hazal cevap veremeden ışıklar söndü, ikinci bölüm başladı.
Resmen bana laf çaktı, diye düşündü Hazal. Kıza bak, hem Selim'in yanı başına gidip çökmüş, hem de bana nispet yapıyor.
Ne istiyor ki benden, ben Selim'in kız arkadaşı ya da sevgilisi olurum da benimle uğraşır, diye düşündü. Üstelik doğru dürüst cevap da verememişti. Sinirinden beynine iğneler saplanıyordu sanki.
Gidip o tahammülsüz varlığın üstünde tepinmek geliyordu içinden. Neyse ki, bir süre sonra kendini müziğin ve dansın büyüsüne kaptırdı, sakinleşti.

Ve bale sona erdiğinde herkesle birlikte coşkuyla, hayranlıkla alkışladı, alkışladı.

Balerinler ve baletler ne de güzel veda ediyorlardı. Öne doğru çıkıyor, eğilerek selam veriyorlardı. Sahne dışından, müzik ve dans için emek verenleri sahneye davet ediyor, alkışlarıyla onları da onurlandırıyorlardı. En sonunda orkestra şefi davet edildi sahneye, alkışlar dinmek bilmiyordu.

İki genç kız, balerinlere birer buket çiçek sundu. Balerinler öne çıkarak bu çiçekleri, onları ayakta alkışlayan izleyicilere doğru fırlattılar.

Kapının önünde buluştuklarında hâlâ balenin ve tüm bu güzelliğin etkisi altındaydılar.

"Nasıl buldunuz çocuklar?" diye sordu Yağmur.

"Hocam, size ne kadar teşekkür etsek azdır, ben böyle bir şey izleyebileceğimizi doğrusu hiç düşünmemiştim."

"Harikaydı hocam."

"Yine gelelim hocam."

"Bu benim gördüğüm ilk bale hocam," dedi Ayşim, "süperdi, teşekkürler."

"Yani ders çalışmaktan vakit ayırıp geldiğine pişman değil misin?" diye sordu Sinan.

"Alay etme," diye çıkıştı Ayşim, sonra Yağmur'a dönüp, "iyi ki gelmişim diyorum hocam," dedi ve ekledi, "gerçekten."

"Çok sevindim Ayşimciğim, hepinizin beğendiğine çok sevindim," dedi Yağmur, "evet artık evlere dağılabiliriz. Lila sen annenle geldiğine göre onunla döneceksin."

Sumru, "Hocam beni annem gelip alacak. Tabii işlerine dalıp unutmazsa..." deyince kahkahalar yükseldi.

"Beni de babam alacak," dedi Nazire.

Selim, Hazal'ın yanına geldi, "Bu grubu da ben evlerine bırakacağım, haydi Hazal."

Ama o cırtlak sesin peşlerini hiç mi hiç bırakmaya niyeti yoktu.

"N'olur ben de geleyim."

"İyi de..." dedi Selim, "sen o tarafta oturmuyorsun ki buraya çok yakın senin evin."

"Olsun," diye araya girdi Yağmur, "Gülşah yalnız başına dönmemeli, onu ben bırakırım Selim, sen senin grubu götür."

"Ama hocam, ben onlarla gitmek istiyorum," diye ayak diredi Gülşah. Dudağını sarkıtmış, sevimli küçük kız pozlarına bürünmüştü. Selim de Yağmur da şaşkın bir vaziyette Gülşah'ı dinliyorlardı.

"Selim'le birlikte arkadaşları bırakalım, en sonra da beni evime bırakır Bünyamin Amca. Hem, annemi arar durumu söylerim, merak etmez. N'olur, n'olur... Bu çok eğlenceli."

"Pekâlâ," dedi Yağmur, hâlâ biraz kararsız. Selim ise, "Siz merak etmeyin hocam, ben Bünyamin Amca'ya sıkı sıkı tembih ederim," diyerek bu karmaşaya bir son verdi.

Gülşah minibüse binerken, Hazal, *demek benim için bu akşamın kâbusu devam edecek*, diye düşünüyordu.

Selim, Hazal'ın keyifsizliğini fark etmiş, neler olduğunu anlamaya çalışan gözlerle bakıyordu ona. "Yoksa sıkıldın mı balede?" diye sordu alçak sesle.

"Hayır, tam tersine, bayıldım."

"Biraz keyifsiz gibisin de... canını sıkan bir şey mi var?"

"Canımı sıkan senin bu susmak bilmeyen sevgili can arkadaşın. Hepimizin başı tuttu."

"O benim can arkadaşım değil."

"Öyleyse neden getirip burnumuzun dibine sokuyorsun? Dışarıdan arkadaş getiren var mı senden başka? Bu, bizim sınıfın etkinliği, Yağmur Öğretmen bile şaşırdı, ne diyeceğini bilemedi."

"Ama kızmadı da... Hatta bir dahaki sefere arkadaşlarını da getir, dedi. O, ne kadar çok öğrenci katılırsa, o kadar mutlu oluyor."

Hazal'ın evine gelmişlerdi, Selim onu kapıya kadar götürmek için yanında yürümeye başlamıştı ki, Hazal durdurdu onu.

"Lütfen! Gelmene hiç gerek yok. Zaten kesin annem oturmuş bekliyordur," dedi ve hızlı adımlarla yürüdü, kapıyı arkasından çekip gözden kayboldu.

Selim bakakalmıştı.

Ne oldu şimdi, diye düşündü. Gecenin başında ona tatlı tatlı bakan kıza böyle birdenbire ne olmuştu.

"Gülşah'ı getirdim diye mi bunca kızdı yani?" diye sordu kendi kendine. Ama onu ben çağırmadım ki, kendisi gelmek istedi, ben de peki, dedim. Ne var bunda? Ayrıca Gülşah'ı zaten tüm arkadaşlar tanıyorlar. Sağı solu belli olmayan geveze bir kızdır, kimseye de bir zararı yoktur. *Ama Hazal'ın bu kadar kızacağını bilsem, bir bahane bulup işin içinden sıyrılmaya çalışırdım*, diye düşündü.

"Hadi Selim!" diye bağıran Gülşah'ın sesiyle toparlandı, minibüse atladı.

Gücünün son kırıntısıyla annesine geceyi özetledikten sonra odasına geçti Hazal. Işığı söndürüp kendini olduğu gibi yatağının üstüne attı. Kendini bıraktı, artık ağlıyordu. Hem de hüngür hüngür.

Karmakarışık duygular içindeydi. İçi acıyordu. Selim'in gizli ilgisine nasıl da alışmıştı. Nasıl da hoşuna gidiyordu bu uzaktan bakışmalar, tesadüfmüş gibi yan yana gelmeler.

Elinin eline değmesi... O ilgisi, hep Hazal'ı düşünür, kollar hâli...

Oysa bugünkü olay yüzüne inmiş bir tokattı sanki. Onun peşinde olduğu her hâlinden belli olan bir kızı alıp getirmiş, onunla yan yana oturmuş, konuşmuş, gülmüş, eğlenmişti.

O paçoz kızla gülüşerek güzel vakit geçirmişti! En çok da gücüne giden buydu. Hani, Gülşah'ın yanında sıkılıyor gibi davransa, bu kadar içine oturmayacaktı.

Sonra dönüp yine kızdı kendine. Ortada elle tutulur, gözle görülür bir şey yok. Sen tutup kendi kendine hayaller kurarsan, böyle olur işte.

O gece bunca mutsuz olan sadece Hazal değildi. Selim'in de hiç keyfi yoktu. Sabırla oluşturmaya çalıştığı bir şey, kumdan kale gibi yıkılıp gidivermişti sanki.

Hazal'a karşı duygularının değiştiğini artık kabul ediyordu. Geçen dönem üç arkadaştılar, hem de çok iyi arkadaş. Ama – bu yazdan sonra, ne olduysa ona karşı duyguları değişmişti.

Arkadaşlıklarının bozulmaması için kendi kendiyle epeyce bir süre savaşmıştı. Ama olmuyordu, ona olan duyguları her geçen gün azalacağına artıyordu.

Sonunda, olamaz mı; neden olmasın, demeye başladı. Önce arkadaş, sonra sevgili olan pek çok kişi vardı. Neden biz de onlardan olmayalım.

Öte yandan, bu duygularını Hazal'a açtığı takdirde ya arkadaşlığını da kaybedersem korkusunu yaşıyordu. Öyle ya, ya Hazal aslında ona bu tür bir ilgi beslemiyorsa, ya tepkisi sert olursa... Ve bunun sonucunda da ya arkadaşlığını bütün bütün kaybederse...

İşte tüm bu düşüncelerle boğuşurken pek de bilinçli olmadan, Hazal'a olan ilgisini gizli küçük davranışlarla, sadece onun anlayabileceği biçimde göstermeye çalışıyordu.

Selim'e göre Hazal onun arkadaşça ilgisinden şüphe etmez bir tutum içindeydi. Bazen yüzünde şaşkın bir ifade oluşuyor, gözlerinde sorular beliriyordu. Ama geri çekilmiyor, bu gizli ilgiyi belirleyen davranışları sessizce kabulleniyordu sanki.

O nedenle Selim, Hazal'ı ürkütmeden adım adım ilerlediği duygusu içindeydi.

Bu akşama kadar...

İlk kez bu kadar kızgındı bana, diye düşündü Selim. Sadece Gülşah'ı getirdim, diye olamaz. Başka bir şey olmalı.

Fırlayıp Hazal'ın evine gitmek, onu uyandırıp sarsmak ve *neden, neden böyle davrandın bana*, demek geliyordu içinden.

Hazal, bu gece benim yanımda oturacağına Gülşah'la oturdu, üstelik onunla gülüp eğlendi, diye ağlarken; Selim, *acaba ne oldu, yoksa gizli ilgimi fark edip arkadaşlığı bozuyorum diye bana kızgın mı*, diye düşünüp duruyordu.

Dertler... Dertler...

"Berbat görünüyorsun," dedi Sumru, Nazire'ye.
Gözleri doldu Nazire'nin. Sırasından kalkıp Nazire'nin yanına kaydı Sumru.
"N'oldu Allah aşkına?"
"Hiç," diye gözünün yaşını sildi Nazire, "ailevi bir mesele."
"Hay Allah," diye mırıldandı Sumru, "ailevi meseleleri benden iyi bilen var mıdır acaba."
Bu kez de onun gözleri dolmuştu.
Nazire kendini unutup Sumru'nun elini tuttu. "Bak seni de üzdüm şimdi."
Son ders zili çalıp herkes dışarı koşuşurken Sumru, Nazire'nin yanında yürüyordu.
"Biliyor musun," dedi Nazire, "hiç ama hiç eve gidesim yok."
"Neden?"
"Evimizde curcuna yaşanıyor da ondan."
"İyi, bize gel o zaman. Bizim evde de in cin top oynuyor."
"Sahi mi?"
"Tabii. Annem üniversitede çalışıyor ya, ancak akşam olunca eve gelebiliyor. Şimdi bir de idari görev üstlendi, yüzünü gören cennetlik..."
"Peki, sen ne yapıyorsun?"
Kalabalık aile içinde büyümüş Nazire için boş bir ev inanılır şey değildi.
"Ne yapacağım, oturup ders çalışıyorum. Acıkmışsam bir şeyler atıştırıyorum. En büyük arkadaşım da müzik."
"Yaa..."

"İşte onun için sen bize gelirsen, bu bana da büyük değişiklik olur."

"Tamamdır kanka," dedi Nazire, Sumru'nun sırtına hafiften vurarak.

Sumruların evine girince Nazire bu boş ve sessiz evi, yeni bir yere bırakılmış kedi yavrusu gibi dolaştı, sağa sola baktı, sonra kanepenin üstüne attı kendini. "Garip!" dedi, sonra Sumru'ya gülümseyerek, "Garip ama hoşuma gitti. Bak bizim ev nasıldır."

"Nasıldır?" Çantasını yere bıraktı Sumru ayaklarını altına toplayıp Nazire'nin karşısındaki koltuğa yerleşti. Masal dinlemeye hazırlanan çocuk gibiydi.

"Bir kere kapının dibinde bir sürü terlik ve ayakkabı vardır. Annem titiz ya, kimse bizim eve ayakkabıyla giremez. Sonra – biz beş kardeşiz..."

"Yaa..."

"Evet! Sen tek çocuk musun yoksa?"

"Evet."

"Ohoo, biz beş kardeşiz. İki ablam evli, başka kentlerde yaşıyorlar. Geri kalan üç kardeş evdeyiz. Bir ağabeyim, bir ablam ve ben."

"Sen en küçüklerisin yani."

"Evet, onun için de en şımarıklarıı benim. Yaş farkı olduğu için ağabeylerim de ablam da benimle oyuncakla oynarcasına ilgilenirler. Annem bana, tekne kazıntısı, der."

"O da ne demek?"

"Yani işte, son çocuklara, daha doğrusu anne babanın geç yaşta olan çocuğuna tekne kazıntısı, diyorlar ya..."

Sumru anlamış gibi yaptı ama pek bir şey anlamamıştı aslında.

"Ayrıca," diye devam etti Nazire, "annemin iki kardeşi de bizde kalıyor. Çalıştıkları fabrikanın işleri kötüye gidince, işten çıkarmalar olmuş, bizimkiler de bunların arasında. Şimdi iş arıyorlar, iş bulana kadar bizdeler anlayacağın. O zavallı babam da bütün bu kalabalığa bakacağım diye çalışıp duruyor."

"Ne iş yapıyor baban?"

"Badanacıdır. Ondan iyisi yoktur, bunun için de hiç boş kalmaz. Sıraya girerler ona evlerini boyatmak için. Bir de," dedi Nazire, "çok okur babam."

"Sahi mi?"
"Evet, görsen evde ne kitaplar var, ne kitaplar. O kadar ki, annem, *buna dur demesem evde kitaplardan bize yer kalmayacak*, diye yakınır.."
"Demek senin okuma alışkanlığın babandan kaynaklanıyor."
"Evet, hem sadece kendi okumakla kalmaz, bazı akşamlar bizleri oturtur, o kitaplardan bölümler okur, açıklamalar yapar sonra bize ne düşündüğümüzü sorar."
"Ne harika."
Nazire'nin yüzüne gururlu bir gülümseme yayıldı, "Babam benim en yakın arkadaşımdır. Anneme anlatamadıklarımı ona söylerim ben."
"Ne diyorsun..." Sumru çok şaşırmıştı. "Benim babam da uygar adamdır ama ben yine de her şeyi annemle konuşurum."
"Benim annem otoriterdir, azıcık da serttir." Omuzlarını silkti Nazire. "Belki de beş çocuk büyütürken öyle olmak zorundaydı."
"Nazire, çay mı içersin kola mı?"
"Çay olursa daha makbule geçer ama birlikte yapalım çayı."
İki kız mutfağa girdiler, Sumru çayı koyup dolaptan bisküvileri çıkarırken, Nazire yine etrafı incelemeye koyulmuştu.
"Üff kızım yaa, bu sizin mutfak salon gibiymiş. Bizimki nasıl biliyor musun, dolap kadar bir şey."
"İlâhi Nazire..."
"Şimdi bu mutfakta senin annen kim bilir ne yemekler pişiriyordur."
Bu sözler üzerine Sumru gülmeye başladı.
"Ne gülüyorsun."
"Bizim mutfakta doğru dürüst yemek pişmez ki... Annem eve geç vakit geldiği için ya ızgara köfte, tavuk, salata öyle bir şeyler yeriz, arada bir de pizza ısmarlarız. Eminim senin annen o dolap gibi mutfakta neler neler pişiriyordur."
"Hem de nasıl," dedi Nazire ve başladı saymaya, "Kol böreğini harika yapar, kısırına, içli köftesine, sini köftesine, çiğ köftesine, hele de mercimekli köftesine diyecek yoktur. Parmaklarını yersin, parmaklarını," sonra durdu, "şimdi sen bu yemekleri de bilmezsin. Bak ne diyeceğim, anneme bu yemekleri yaptığında bolca tutmasını söyleyip size de getireceğim."

Sumru ne diyeceğini bilemez hâlde dinliyordu Nazire'yi. Çaylarını alıp salona geçtiklerinde Sumru, "Şu anlattıklarına bakılırsa, çok keyifli bir ailen var, neden bugün eve gitmek istemiyorum, dedin?" diye sordu.

İçini çekti Nazire, "Evet, kalabalık aile çok şenlikli, çok güzel ama bir o kadar da dert var. Al meselâ, işten çıkarılan dayılarım. İki gündür de evde ablam nedeniyle hiç huzur yok." Durdu Nazire, uzun uzun çayını karıştırdı. Sessizlikte çay kaşığının cama vuran sesi yankılanıyordu. "Benim ablam birini seviyor," dedi sonunda. "Hem de kaç yıldır birbirlerini seviyorlar. Ablam haklı olarak ben böyle seninle gezip duramam, ailelerimize söyleyelim, bir söz keselim, diyor. O da ablamı deli gibi seviyor, biliyoruz yani... kaç yıldır ablamdan başkasına dönüp bakmadı."

"İyi ya o zaman."

"İyi değil Sumru, iyi değil. Dün ablamla buluşmuşlar, ablam konuştun mu ailenle, diye sormuş, o da evet, demiş. Peki, ne dediler, deyince, koca adam ağlamaya başlamış.

Meğer ailesi, biz hayatta senin Alevi bir kızla evlenmene razı değiliz, demişler. Bu ısrar edince de, eğer bizi dinlemez, çiğner geçersen ve o kızla evlenirsen, biz de seni yok sayarız, demişler."

"Dur bir dakika," dedi Sumru, "Alevi bir kızla, ne demek? Yani neden istemiyorlar, anlayamadım."

"Kızım sen bu Alevi meselelerini bilmiyor musun?"

Sumru düşündü, kulağına bir şeyler çalınmıştı ama doğru dürüst ne olduğunu bilmiyordu.

"Yooo..."

"Ohoo, sen nerede yaşıyorsun Allah aşkına, ayda mı?"

"Aman Nazire, İstanbul'dan gelmişim. Yok, Lila Levantenmiş, yok Dilaver Romanmış – kafam karışmış zaten. Ne bileyim, biz İstanbul'da kimin ne olduğunu bilmeyiz ki, ayrıca merak da etmeyiz. Ahmet Ahmet'tir, Mehmet de Mehmet, aslından faslından bize ne, diye düşünürüz. En azından benim çevrem böyleydi."

"Burası öyle değil, küçük yer, herkes herkesin ıcığını, cıcığını bilir. Ayrıca her cins insan vardır; Hıristiyan'ı, Müslüman'ı, Alevi'si, Sünni'si, Türk'ü, Kürt'ü, Roman'ı, Arap'ı..."

"İlişkiler nasıl peki?"
"Gayet iyi. Uzun yıllardır birlikte yaşamanın getirdiği bir hoşgörü var burada. Bir de Antakya böyledir, insanları uygardır düşüncelerinde, davranışlarında."
"E öyleyse, niye o adamın ailesi sizler Alevisiniz diye ablanı istemiyorlar?"
"Valla iş evliliklere gelince, o hoşgörü derece derece değişiyor. Kimi aldırmıyor, mutlu olsunlar da soyu sopu önemli değil, diyor. Kimiyse daha tutucu."
"Siz de tutucu bir aileye çattınız yani..."
"Ne yazık ki öyle. Dün ablam eve ağlayarak dönünce, abimle dayılarım sokaklara düşmüşler, nasıl kızımıza hakaret ederler, diye."
"Eyvah!"
"Eyvah ki eyvah! Kavga çıkacak diye annem babama haber göndermiş. Babam üstü başı boya içinde dayılarımın peşine düşmüş, onları azarlayıp başımızı derde mi sokmak istiyorsunuz, demiş.
Annemse tutmuş babama, kardeşlerine bağırdı diye alınmış! Şimdi evde durum şöyle; annem benim kardeşlerim senin kızının şerefini korumak için ortalara düştüler diyerek kardeşlerini savunuyor. Ablam bir yanda, ağlıyor. Abim, ablama söylenip duruyor, bu adamdan ne köy olur ne kasaba diye az söylemedim sana ama dinleyen kim, deyip duruyor. İşte evimizin durumu dünden bu yana aynen böyle."
"Vah Nazirem," diyerek sarıldı arkadaşına Sumru. "Ama bak beterin beteri var derler ya, bizde de öyle bir durum var ki..."
"Nasıl yani?"
"Benim annemle babam ayrı yaşıyorlar."
"Yapma ya..."
"Evet," dedi Sumru. "Aşağı yukarı bir yıldır bu böyle sürüyor. Benim ümidim ikisinin de aklını başına alması ve barışmaları çünkü aslında ikisi de iyi insanlar ama bir araya gelince mutlaka bir arıza çıkıyor. Ve, ben de buna çok çok üzülüyorum. Bir de şu zıtlaşmaları yok mu, beni ne kadar yoruyor ve üzüyor bilemezsin. Ne olurdu bana birbirlerini çekiştirmeseler. Bir de lafa, sen söyle kim haklı, diye başlamıyorlar mı..."

"Hay Allah," dedi Nazire, "senin derdin de bayağı büyükmüş be Sumrucuğum."

"Dün babam aradı, önümüzdeki günlerde Mersin'e gelecekmiş. Annem ve benimle konuşmak istediği bazı şeyler varmış."

Nazire gözlerini kocaman açmış, Sumru'ya bakıyordu. "Acaba ne konuşacak sizinle?"

"Bilmiyorum. Ben merak içindeyim, annem aldırmıyor görünüyor ama eminim o da bu konuyu düşünüp duruyor. Dünden beri çok sinirli ve gergin. O böyle olunca, mutlaka bir derdi vardır."

"Belki de barışmak için geliyordur. Yalnızlık tak etmiştir adamın canına."

İçini çekti Sumru, "Keşke..."

Sumru'ya bakarken düşünüyordu Nazire. Ben de Sumru'yu bir eli yağda bir eli balda, İstanbullu, özel okullarda okumuş uçuk bir kız, şeklinde görüyordum, meğer ne büyük derdi varmış. Tevekkeli değil, annem hep, görünüşe aldanmayın, der.

Nazire'nin aklından bir yandan bu düşünceler geçiyor, bir yandan da konuyu değiştirip daha neşeli bir şeyler konuşmalıyız, diye zihnini zorluyordu.

"Şu duvar boyama işi iyi olacak," dedi ve tam benim babam da destek verecek diye övünecekken dilini ısırıp sustu.

"Evet," dedi Sumru, "Yağmur Öğretmen gerçekten de yenilikçi biri. Duvar işi bir yandan, bizi Kültür Merkezi'ndeki etkinliklere götürmesi öbür yandan."

"Peki, sen sınıfımızı nasıl buluyorsun, arkadaşları yani..."

"Aslını istersen ben sadece sizin gruba yakınım, geri kalanlarla şimdilik bir arkadaşlığım yok," dedi ve ekledi, "Selim, Hazal'ı beğeniyor galiba."

"Yok, yok," diye bir kahkaha attı Nazire, "onlar bizim meşhur üçlümüz. Hazal, Selim ve Lila. Çok iyi arkadaşlar ama sadece arkadaş."

"Sanki Selim hep Hazal'ın yanında gibi geldi ama yanılmış olabilirim. Cengiz'se ilginç biri."

"Evet, o da sınıfımızın *ağır abi*lerinden ama iyi çocuktur aslında."

"Yakışıklı çocuk."

"Bence Selim daha yakışıklı, haa, bir de Van'dan yeni gelen çocuk var ya, o da çok hoş."
"Haklısın, gözleri müthiş. Ama hiç konuşmuyor."
"Evet, hatta duyduğumuza göre rehberlik öğretmeni Nazan Hanım onunla özel olarak ilgileniyormuş. Depremde yaşadıklarıyla bağlantılıymış böyle suskun oluşu."
"Nazire, sana bir şey soracağım ama bana dosdoğru cevap vereceksin."
"Sor bakalım."
"Lila benden neden hoşlanmıyor?"
"Sen öyle mi hissediyorsun?"
"Evet ama nedenini çözebilmiş değilim, yani tartışmadık, ortada bir olay yok."
"Sen ona aldırma, estiriklidir o. Bugün kızar, yarın gelir boynuna sarılır."
"Yok, yok. Geçiştirme lütfen. Sence neden beni dışlıyor, hiç bana bakarak konuşmuyor. Sanki ben yokmuşum gibi davranıyor."
"Sen İstanbul'dan geldin ya..."
"Eee?"
"Bizlere tepeden baktığına inanıyor."
"Haydaa... Peki, nasıl bu kanıya varmış, söyledi mi sana?"
"İlk geldiğin günler, onlar sana yaklaşmışlar ama sen onlara yüz vermemişsin."
"Hiç yok öyle bir şey. Tam tersine hepinizin gözlerinin içine bakıyordum, kim benimle arkadaşlık yapar, diye. Düşünsene, hepiniz birbirinizi tanıyorsunuz, arkadaş grupları oluşmuş. Bir ben sap gibi... Yüz vermemişim, lafa bak."
"Şimdi sen de takma bunu kafana. O ilk günler sen belki de çekindiğinden biraz durgun durmuş olabilirsin. Ayrıca yeni gelene hemen bir cephe alınır ya..."
"Hazal'da da, Selim'de de öyle bir hava yok. Sadece Lila'da var."
"Aman sen de. Boşver onu, o zaman. Tavşan dağa küsmüş, dağın umrunda olmamış. Dedim ya, tuturuktur o ama bakarsın yarın gülücükler içinde geliverir."

"Yani yapabileceğim bir şey yok."
"Yok Sumrucuğum, takma kafana dedim ya." Sonra bir kahkaha attı Nazire, "Azıcık dedikodu da iyi geldi yani."
"Ne demezsin."
"Eh, ben de ufaktan ufaktan gideyim artık."
"Keşke biraz daha kalabilseydin."
"Keşke, ama bizim ev denen tımarhaneye dönmem gerek. Bakalım orada havalar nasıl. Sen de babandan bir haber alırsan, bana söyle, emi. Ben de merak yaptım şimdi."
Güldü Sumru, "Tamam."
"Haydi kanka, iyi bak kendine..."
Şu, iyi bak kendine lafı çok sinirine dokunurdu Sumru'nun ama Nazire'ye de her şey yakışıyordu.
Camdan baktı, Nazire dönmüş el sallıyordu. Yürürken, atkuyruğu biçiminde topladığı saçları bir o yana bir bu yana sallanıyordu.
İçinden bir sesse Nazire'yle çok iyi iki dost olacaklarını söylüyordu.

Yeşiller Allar – Boyanıyor Duvarlar

"Kırmızılar sende…"
"Maviler de bende…"
"Peki, fırçalar nerede arkadaşlar?"
"Hani müzik olacaktı."
"Müzik olmadan ben işe el atmam abi."
Ve birden okul bahçesine dalga dalga yayılan bir Tarkan şarkısı…
"İşte şimdi oldu…"
Kahkahalar…
"Bu, gönüllülük esasına dayalı bir etkinlik ama bakıyorum sınıfımız tam kadro burada," diye seslendi Yağmur, "kutluyorum sizi çocuklar."
Bu sözler üzerine, "En büyük sınıf, bizim sınıf," sesleri tempolu bir biçimde yükseldi.
Yine kahkahalar…
Okul duvarlarını boyama eylemi başlamıştı. Günlerden pazardı. Başlamak için pazar gününü özellikle seçmişlerdi, böylece rahat çalışabileceklerdi.
Nazire'nin babası bir yandan boyaların başına geçmiş, kimini fırçalarıyla, kimini ince tahta bir çubukla karıştırıp boyamaya hazır hâle getiriyor, bir yandan da soru soran herkese babacan bir tavırla cevaplar yetiştiriyordu.
"Müzik kimden?" diye sordu Ayşim.
Yanıt Nazire'den geldi, "Sumru'dan, i-Pod'unu almış gelmiş."
Bu kez, "En büyük Sumru," sesleri yine tempolu tempolu okul bahçesini kapladı.

Vara yoğa gülüyorlardı. Keyifler yerindeydi. Duvarlara çizilecekler konusunda uzun tartışmalar sonucu bir anlaşmaya varılmıştı. Duvarların sokağa bakan yüzü yeşil yaprak ve ağaç figürleriyle donatılacak, böylece yeşil bir görünüm sağlanacaktı. İç kısmınaysa el ele vermiş kız ve erkek figürleri çizilecekti. Ve bu figürler olabildiğince renkli olacaktı. Her renk kullanılacaktı, Mersin kenti halkının çeşitliliğini simgelercesine.

Kırmızılar, maviler, sarılar, yeşiller, lacivertler, morlar, beyazlar kâh giysilerde, kâh saçlarda yer alacaktı. Öğrencilerin kentin hoşgörüye dayanan çeşitlilik fikrinden yola çıkmaları, Yağmur Öğretmen'i derinden etkilemişti. Konunun her gündeme gelişinde, "Harikasınız çocuklar," deyip duruyordu.

Sumru yavaşça Nazire'ye sordu. "Evde durumlar nasıl? Ablan nasıl?"

İçini çekti Nazire, "Nasıl olsun, kabullenmeye çalışıyor, hâlâ ara ara ağlıyor ama en azından babam dayılarımı gidip adamı dövmekten vazgeçirdi. Üstelik anneme de aldırmadan, dağ başında mıyız, diye bir kez daha azarladı onları."

"Bence baban çok doğru düşünüyor, baksana öbür türlü işler nasıl da büyürdü."

"Hem de nasıl," diye Nazire başını iki yana salladı. "Peki senden ne haber, baban aradı mı?"

"Sanırım önümüzdeki hafta buraya gelecekmiş."

"Yaa..." Endişeyle arkadaşını süzdü Nazire, "haydi hayırlısı."

Hazal görünmüyordu ortalarda. Selim, Lila'ya sordu. Lila, "Sabah annesine yardım etmesi gerekiyormuş, işim biter bitmez gelirim, dedi."

O sırada yanlarından geçen Cengiz bu konuşmayı duymuş, yüzüne alaycı bir gülümseme gelip oturmuştu.

Cengiz, Dilaver ve Mehmet boya kutularını taşıyorlardı. Birden Hazal okul kapısında belirdi, nefes nefeseydi. Belli ki koşarak gelmişti.

"Çok mu geciktim?" diye seslendi.

Mehmet, "Geleli bir saat kadar oldu," diye onu yanıtladı.

Hazal ileriye doğru bakıyordu.

Cengiz, "Eğer Selim'i arıyorsan, şu tarafta," dedi.

Hazal bir hışım döndü ona, "Kimseyi aradığım yok benim!"
"Canım niye kızıyorsun bu kadar. Bak o da seni soruyordu az önce." Sesi alaycıydı. Cengiz'in bu imalı konuşmaları Hazal'ı büsbütün sinirlendirdi.
"Ne Selim Selim deyip duruyorsun, bana ne Selim'den."
Cengiz hâlâ çok sakin, gözlerini Hazal'ın yüzünde gezdirdi. "Biliyor musun, sana öfke bile yakışıyor be Hazal."
Hırsından gözleri doldu Hazal'ın, hızla dönüp uzaklaştı onlardan.
"Ne uğraşıyorsun şu kızla," dedi Mehmet.
Hazal'ı gören Selim, hemen ona doğru yöneldi. "Ben de seni soruyordum Lila'ya."
Buz gibi bir sesle, "Evde işim vardı," dedi Hazal ve Selim'i öylece orada bırakıp Lila'nın yanına geçti. Selim'se olduğu yerde kalakalmıştı.
Aradan kaç gün geçmişti, Hazal hâlâ soğuk davranıyordu. Oysa bugün şu duvar boyama işi nedeniyle herkes bayram havası içindeydi. Bu neşeli hava sayesinde aralarındaki buzların eriyeceği umudundaydı.
Lila, Hazal'a bir fırça uzatmış, yan yana boyamaya başlamışlardı.
Lila sordu, "Selim'le atıştınız mı siz?"
"Yoo, o da nereden çıktı."
"Bir tuhaf hava var da aranızda. Böyle soğuk gibisiniz birbirinize."
Omzunu silkti Hazal, "Sana öyle gelmiş. Hem her dakika canım cicim olacak değiliz ya..."
"Bizim boyalar bitiyor arkadaşlar," diye seslendi Lila.
"Hemen getiriyorum," dedi Selim. Tam boya kutusunu yanlarına koyuyordu ki, "Seeeliiim!" diyen bir ses yankılandı okul bahçesinde.
Hazal, "Koş, bak seninki geldi," dedi.
Selim'in yüzü hırsından kıpkırmızı olmuştu. "O, *benimki* değil Hazal," dedi, benimki sözüne vurgu yaparak.
"Niye kızıyorsun canım, baksana sen nerede kız orada. Baleye gidiyoruz, seninki orada, senin dizinin dibinde. Duvarlarımızı boyuyoruz, seninki yine senin yanı başında. Başka ne demeni bekliyorsun."
"O kendisi geliyor, ben ne yapayım."

Aldırmaz pozlarda kaşlarını kaldırdı Hazal, "Valla ben gördüğümü söylüyorum. Hem bana ne, Allah muhabbetinizi artırsın demekten başka elimden bir şey gelmez."

Selim cevap veremeden Gülşah yanlarına ulaşmıştı bile.

"Ayy, çok hoş! Ben de boyayabilirim, değil mi?" Ne kadar da hevesli görünüyordu.

"Kızım," dedi Lila, "senin kendi sınıfının etkinlikleri yok mu? Yanlış anlama ama neden hep bizimkilere takılıyorsun?"

Gülşah'ın alınmaya hiç niyeti yoktu. "Biz hiçbir şey yapmıyoruz ki," dedi yüzünü buruşturarak, "ama sizde hep olay var. Sürekli ilginç şeyler yapıyorsunuz, ben de onun için katılmak istiyorum."

"E, haklı kız," dedi Hazal, "Selim ona her yapacağımızı ballandıra ballandıra anlatırsa, o da imrenir ve gelir. Öyle değil mi Gülşah?"

"Evet, aynen öyle."

Selim kıvranıyordu. "Yaaa, ben hiçbir şeyi ballandıra ballandıra anlatmıyorum!"

"Aaa," dedi Hazal yüzünde masum bir ifade. "Demek tüm etkinliklerimiz Gülşah'a malum oluyor."

Lila ve etraftakiler kahkahalarla gülmeye başladılar. Yağmur Öğretmen'in yanlarına gelişleriyle bu atışma son buldu. Ama Gülşah çoktan eline bir fırça almış, keyifle boyamaya başlamıştı bile.

"Çocuklar sizler için, kendi ellerimle sandviç yaptım."

"Yaşasın!"

"Sandviçler peynirli, sucuklu, domatesli."

"Hocam, müthişsiniz."

"Bütün gece uğraşmış olmalısınız."

"Yardım eden arkadaşlarım vardı, sağ olsunlar," dedi ve ekledi, "hem de kimlerdi biliyor musunuz?"

Öylece baktılar öğretmenlerinin yüzüne.

"Şevval ve Nazan Öğretmenler..."

"İnanmıyorum!"

"Müthiş!"

"Çok güzel ya..."

Onların bu hâline gülüyordu Yağmur, "Hem sandviçleri hazırladık, hem de sizlerin dedikodusunu yaptık. Öyle olunca da zaman nasıl geçti anlamadık. Çok eğlenceliydi doğrusu."

"Aşk olsun hocam, demek dedikodumuzu yaptınız."

"Tabii," dedi Yağmur, "siz bizlerin dedikodusunu yaparken iyi de, biz yapınca neden şaşırıyorsunuz."

Onların şaşkın hâline bakarken ne kadar eğlendiği yüzündeki muzip ifadeden belli oluyordu.

"Üstelik tam beş termos dolusu da limonata hazırladık sizlere. Bu iyiliğimi de unutmayın," dedikten sonra kâğıt bardakları dağıtmaya başladı.

Öğle yemeği okul bahçesindeki bir sıranın üstüne yerleştirilmiş sandviçler ve limonataydı.

"Elinize sağlık hocam, artık yeniden çalışabiliriz," diyerek birer ikişer fırçaları alıp boyamaya devam ettiler.

Öğrenciler için böylesi bir gün, ileride anacakları 'yaşanmış' günlerden bir gündü. Unutamayacakları, belki de çocuklarına anlatacakları bir gün.

Hazal ve Selim içinse başka başka açılardan unutamayacakları gün olmuştu.

Kurallar Da Neymiş

Yağmur Öğretmen'in öğrencileri, ders saatleri dışındaki her dakikayı değerlendirmiş, öğle tatili dememiş, okul sonrası dememiş, diğer öğrencilerin hayret dolu bakışları arasında duvar boyama işini bir hafta içinde tamamlamış, tüm okulun en önemli konusu hâline gelmişlerdi.

Güne başlarken, okula ilk adımı, o beton grisi duvarlardan sonra, dışı yemyeşil sarmaşıklar, içiyse bir renk cümbüşünü andıran çocuk figürleriyle, neşeli bir ilk adıma dönüştürmüşlerdi. Kapıdan giren öğrencinin yüzüne bir gülücük oturtuyordu bu çizimler. Hâlâ gidip önünde duranlar, gülüşerek inceleyenler vardı.

Müdire Hanım bile sınıfa gelmiş, öğrencileri ve Yağmur Öğretmen'i kutlamış, "Hepinizin ellerine sağlık çocuklar," demiş ve eklemişti, "odamdan baktığımda o duvarları ve oradaki neşeyi gördükçe inanın benim bile, şu yaşımda, elime fırçayı alıp bir yerleri boyamak geliyor içimden. Tüm okula çok güzel, çok anlamlı bir armağan verdiniz. İsteyince neler başarılabileceğini gösterdiniz bize. Günlerimize neşe kattınız, sizlere tekrar teşekkür ediyorum."

Öğretmenler odasından gelen dedikodulu haberlere göreyse Abdülkadir Bey beğenmemişti duvarları.

"Neden hiç şaşırmadım acaba," dedi Yağmur bunu duyunca.

Abdülkadir Bey, okulun ciddiyetinin bozulduğunu söyleyerek, uzun uzun eleştirdikten sonra, daha neler göreceğiz bakalım, diyerek içini çekmişti anlatılanlara göre.

"İyi ki, duvar resimlerinde kızlarla erkekler el ele tutuşmuşlar, olur mu bu, dememiş," dedi bir başka öğretmen.

Sumru, teneffüste Nazire'nin yanına gitti. "Kendimi bir tuhaf hissediyorum."

Telaşlandı Nazire, "Seni hemen revire götürelim."
"Yok, yok! O kadar da değil, geçer şimdi."
Bir banka oturdular, "Yoksa evde bir şeyler mi oldu Sumru. Anlat bana."
"Babam geldi."
"Yaa..." *Anlaşılan haberler iyi değil*, diye düşündü Nazire.
"Ve... Hiç de beklediğimiz şeyleri söylemedi."
Nazire hiç sesini çıkarmadan dinliyordu.
"Oysa ben ne hayaller kurmuştum. Babamla annem barışacaklar, babam bizi alıp İstanbul'a götürecek, eski hayatımıza döneceğiz." Şöyle bir durdu, sonra devam etti, "Annem bir şey demiyordu ama o da böyle bir şeylerin gerçekleşmesini umut ediyordu. Oysa..."
Sustu Sumru.
Nazire merak içindeydi, "Oysa ne?"
"Oysa babam," diye hıçkırdı Sumru, "oysa babam bize evleneceğini söylemeye gelmiş."
"Ne?"
Nazire'den öyle bir feryat yükselmişti ki, Sumru, "Yavaş Nazire," diye onu uyarmak zorunda kaldı.
"Çok özür dilerim Sumrucuğum ama öyle şaşırdım ki..."
"Sen bir de beni düşün," dedi ve devam etti.
"Üstelik evleneceği kadın ondan çok genç. Bir de rahat anlatıyordu ki... *Aramızdaki yaş farkının onun için hiç önemi olmadığını söyledi bana*, derken nasıl da övünüyordu. Sanki, bakın gencecik kadın beni çekici buluyor dercesine bir övünme.
Bizim, özellikle de annemin duygularını hiçe sayan bencilce bir tavır içindeydi. Hani, hasta insanın karşısına geçip sağlığım çok iyi, diye böbürlenenler vardır ya, aynen öyle."
Nazire ne diyeceğini bilemedi bu anlatılanlar karşısında.
Zil çaldı. Ayağa kalktı iki arkadaş.
"Boşver," dedi Nazire, "ne hâli varsa görsün. Senin aslan gibi annen var, üstelik annenin bir işi var, para kazanıyor. Demem o ki siz kimseye muhtaç değilsiniz. Bak bu çok önemli. Nice kadın ve çocuk hayırsız adamların elinde neler çekiyor. Neden? Ekonomik özgürlük-

leri yok da ondan. Ama senin annen okumuş, meslek sahibi olmuş, parasını kazanıyor, kendi ayakları üstünde duruyor. Babam bize hep, etrafınıza bakın ve ders alın der. Kendinizi hayata öyle bir hazırlayın ki, hiç kimseye muhtaç olmayın, hele de siz kızlar, der."
Sıralarına oturana kadar Sumru'yu teselli etmek için konuştu da konuştu Nazire. Sumru'ysa başını sallayarak dinliyordu onu.
Ama dersin ortalarına doğru içinin kaymaya başladığını hissetti, *neler oluyor bana böyle,* diye düşündü. Soğuk soğuk terliyor, sanki yer, ayağının altından kayıyordu.
Ve birden... ortalık karardı.
Sumru bayılmıştı!
"Hocam, hocam, arkadaşımız bayıldı!" diye bağırdı Nazire, tarih öğretmenine.
Cengiz hemen fırladı, Sumru'yu kucağına aldığı gibi revire doğru koşmaya başladı, arkasından da Nazire.
Revirde Sumru'yu muayene masasına yatırdılar. Doktor henüz gelmemişti, hemşire ilk önce tansiyonuna baktı.
"Tam da tahmin ettiğim gibi," dedi Cengiz'le Nazire'ye. "Tansiyonu düşmüş, belki de sabah kahvaltı yapmadan çıktı evden. Kızların bu zayıflama merakı öldürecek beni," diye söylendi. Anaç bir kadındı.
"Bir şeye çok üzülünce de tansiyon düşer mi?" diye sordu Nazire.
Hemşire gözlüklerinin üzerinden dikkatle süzdü Nazire'yi, "Evet bu da olabilir."
O sırada Sumru yavaş yavaş kendine gelmeye başlamıştı. Hemşire, Cengiz'e, "Yemekhaneden kap gel bir bol tuzlu ayran, hadi göreyim seni evladım," dedi ve ekledi, "en etkili ilaç budur."
Cengiz, bu kez yemekhaneye doğru bir koşu kopardı. Sumru iyice kendine gelmişti, gözleri Nazire'ye ilişince sessiz gözyaşları inmeye başladı.
"Yapma ama böyle... bak hepimizi ne biçim korkuttun. Cengiz sana ayran getirmeye gitti. Tuzlu ayranı içince bir şeyciğin kalmayacakmış."
"Ne oldu bana?"
"Tansiyonun düşmüş canım benim. Onun için ayran içeceğiz sana."

Cengiz kapıda elinde bir bardak ayran göründü, nefes nefeseydi. Onun bu çabası hemşirenin hoşuna gitmişti.

"Aferin sana, arkadaşına yardım etmek için nasıl da çabalıyorsun," sonra Nazire'ye döndü, "sen de öyle."

Cengiz'in elinden bardağı aldı, "Hadi bakalım şimdi yavaş yavaş iç şunu. Kendini toplayana kadar burada kalırsın, sonra da evine gider bir güzel dinlenirsin."

Bir süre sonra yine baktı Sumru'nun tansiyonuna, "Evet, her şey yolunda ama tekrar ediyorum, evine git ve dinlen bugün. Bir daha da kahvaltı etmeden evden çıkma."

Sumru şaşkın şaşkın baktı Nazire'ye. Nazire'yse, aldırma, dercesine bir işaret yaptı. Hemşire Hanım kahvaltı yapmadığı kanısına varmıştı bir kere, uğraşmanın âlemi yoktu.

Dışarı çıktıklarında Cengiz, "Bence Sumru'yu evine biz götürelim. Şimdi böyle kendi başına... ya yolda yine fenalaşırsa," dedi Nazire'ye bakarak.

Sumru'ysa kendisinden söz edilmiyormuşçasına öylece orada duruyordu. Arkadaşına bir göz atan Nazire, "Onun evinde kimse yoktur şimdi. Annesi geç vakit geliyor. Bence onu bizim eve götürelim, benim odamda yatar, dinlenir. Akşama doğru da ben onu evine götürürüm. Değil mi Sumru?" dedi.

Sumru hiç cevap vermedi, gözleri uzaklara dalmış gitmişti.

Cengiz sordu, "Sahi ne oldu buna böyle?"

"Sonra anlatırım," diye fısıldadı Nazire, "ama önce izin almamız gerek."

"Şimdi izinle uğraşamayız, hem baksana kızın ayakta duracak hâli yok. Sumru'yu ben sizin eve götürür bırakırım, sen de okul çıkışı onu sizin evden alıp kendi evine, annesine teslim edersin."

"Valla bilmem ki..."

Zil çaldı.

"Bak zil çaldı, yemek molası. Şimdi herkes yemekte olacak. Biz birilerini bulacağız da, derdimizi anlatacağız da... O vakte kadar bu kız bir daha bayılır. Onun için haydi sen yemekhaneye git, biz de oyalanmadan yola düşelim. Yalnız anneni ara, durumu bildir."

"Cengiz..."
"Amma uzattın be Nazire..."
Cengiz, Sumru'nun koluna girip çıkış kapısına yöneldi. Kapıda son sınıf öğrencilerinden biri nöbetçiydi.
"Arkadaş fenalaştı, revirden eve götürmemizi söylediler."
"İzin aldınız mı?"
"Aldık."
"Adın?"
"Cengiz Topçular."
"Arkadaşın adı?"
"Sumru Ersavaş."
Ve Cengiz daha fazla soru sorulmasını engellemek için Sumru'yu yarı taşırcasına kapı dışına çıkardı. İki parmağını ağzına koyup keskin bir ıslıkla bir taksi çevirdi, böylece okuldan uzaklaştılar. Cengiz'in yüzünde kapıdakileri atlatmanın keyfi yazılıydı boydan boya.

"İzinlerle uğraşırsak, ohoo, kim bilir ne zaman çıkabilirdik okuldan. O, ona yollar, bu, şuna havale eder. Gidersin, o kişi yerinde yoktur, otur bekle, derler. Oysa bak biz mis gibi çıktık yola."

Sumru rüyada gibiydi. Ona bir göz atan Cengiz, *bunun durumu hiç de iç açıcı değil*, diye düşündü.

Nazire'nin evine ulaştıklarında annesi onları karşıladı, belli ki Nazire'yle konuşmuştu. "Gel yavrum," dedi, "seni Nazire'nin odasına götüreyim." Sonra Cengiz'e döndü, "Sen de geç otur, okula dönmeden bir çay iç bari."

"Yok," dedi Cengiz, "Sağ ol ama okula dönmeyeceğim zaten. Yapacak işlerim var, iyisi mi ben gideyim."

"Peki çocuğum, nasıl istersen."

Cengiz, Sumru'ya baktı, "Hadi Sumru, geçmiş olsun."

Duyulur duyulmaz bir sesle cevap verdi Sumru, "Sağ ol Cengiz."

Cengiz çıkar çıkmaz, Nazire'nin annesi hazırladığı bir tabak meyveyi koydu Sumru'nun önüne. Neredeyse zorla yedirdikten sonra Nazire'nin yatağına uzanmasını sağladı.

Üzerine pikeyi örterken, "Hadi uyumaya çalış evladım," dedi.

Bu sözler Sumru'nun bir kez daha gözlerinden yaşlar boşanmasına neden oldu.

Ama bir şeyin olacağı varsa önüne geçilemiyor. Sumru'nun annesi, tam da olayın yaşandığı saatlerde gidip evde çalışmaya karar verdi.

Sumru'nun bana ihtiyacı olabilir, konuşmak, dertleşmek isteyebilir, onun yanında olmalıyım, diye düşünüyordu. Güçlü olmaya çalışıyorlardı ama ikisi de büyük bir düş kırıklığı yaşamıştı. Sumru'nun bu yaşlarda böyle bir olay yaşaması ne büyük haksızlık, diye geçirdi içinden.

Saatine baktı, servisin çoktan Sumru'yu bırakmış olması gerekirdi. İyi de öyleyse neredeydi bu kız? Cep telefonu da cevap vermiyordu.

Acaba bir arkadaşına mı uğradı, aklına gelen ilk soruydu. Öte yandan, Sumru öylesine uğrayabileceği bir arkadaş edinmemişti ki henüz. Yoksa edinmiş miydi? Edindiyse kimdi o veya onlar?

İsimler?

Telefon numaraları?

Birden kızının yeni hayatı hakkında ne kadar az şey bildiğinin farkına vardı. Yeni işi, ek sorumluluklar ve başarılı olma çabası, geç saatlere kadar çalışmasını gerekli kılıyordu. Bu süreçte kızımı nasıl da ihmal etmişim gibi yakıcı bir düşünce sarstı onu.

Saat beş buçuk olmuştu ve Sumru hâlâ ortada yoktu. Ev ne kadar da sessizdi, dayanılmaz derecede sessiz. İşte Sumru her gün böylesi sessiz bir eve geliyor ve altı buçuk yedilere kadar bu kendi başınalığı yaşıyordu.

Gözleri doldu, yumruğunu ağzına bastırdı. "Bu yaşta bir çocuk için ne büyük haksızlık," diye mırıldandı. İstanbul'da bir arkadaş grubu vardı, anneannesi, dedesi vardı. Kedisi vardı. Burada nesi vardı?

Ne yapacağını bilemez hâlde, telefon defterini karıştırdı. Okul müdiresinin telefon numarasını kaydetmişti. Hemen çevirdi numarayı. Çaldı, çaldı. Bu saatte kim olurdu okulda. Tam kapatacakken, telefon açıldı.

"Müdire Hanım'la görüşmek istiyordum, çok önemli," dedi bir telaş.

"Ben buranın temizlik görevlisiyim," diyerek onu yanıtladı bir erkek sesi. "Müdire Hanım evine gitti ama isterseniz size kendisinin cep telefonunu verebilirim."

"Çok sevinirim, sağ olun, çok teşekkürler..."
Müdire Hanım'ın telefonunu çaldırırken, içinden ne olur aç, ne olur orada ol, diye yalvarıyordu.

Birkaç kez çaldıktan sonra bir ses... "Buyurun, ben Sevinç."

"Ah, Müdire Hanım, rahatsız ediyorum, çok özür dilerim, ben Sumru Ersavaş'ın annesiyim. Eve geldiğimde Sumru yoktu, hâlâ da yok. Tanıdığım, arayabileceğim bir arkadaşı da yok. Ne yapacağımı bilemiyorum, çok çaresizim," sözleri peş peşe döküldü dudaklarından. Koca kadın ağladı, ağlayacak durumdaydı.

Sevinç Hanım'ın sesi ulaştı ona. Güven veren sıcak bir ses.

"Durun bakalım, bu ne telaş böyle. Çocuklar bazen arkadaşlarına takılıp dünyayı unutuyorlar. Ben şimdi okulu arayıp bir soruşturayım, sonra sizi ararım. Siz de sakin olun lütfen."

"Çok teşekkür ederim Sevinç Hanım, çok..."

Müdire Hanım birkaç telefondan sonra Sumru'nun fenalaşarak revire götürüldüğünü, sonra da iki arkadaşı tarafından revirden alındığını ve kapıdan Cengiz Topçular'la birlikte ayrıldığını öğrendi. Ama kim izin vermişti, o belli değildi. Şu anda neredeydi, o da belli değildi.

Yağmur Öğretmen öbür okulda görevliydi bütün gün, dolayısıyla onun bir bilgisi olamazdı. En son Cengiz'in evini aradı Müdire Hanım. Telefona çıkan Hatçe, Cengiz'in daha eve gelmediğini söyledi. Müdire Hanım, bana onun cep telefonunu verir misin deyince Hatçe, "Hayırdır Müdire Hanım," diye sormaktan alamadı kendini.

"Senin oğlan yine bir işler karıştırmış gibi ama önce dur bir konuşayım onunla."

Hatçe kalbi çarparak numarayı verdi.

Sonunda Cengiz'e ulaşmıştı Sevinç Hanım.

"Cengiz, oğlum neredesin sen?"

"Arkadaşlarla Forum'dayım, hocam."

"Peki, Sumru nerede?"

"Şeyy..."

"Çabuk söyle Sumru nerede? Annesi deli olmuş, kızım evde yok, diye. Ve – öğrendiğime göre Sumru'yla sen öğle yemeğinden sonra okuldan çıkıp gitmişsiniz. Kimden izin aldınız, bilen yok. Ayrıca, Sumru'yu revire bir kız, bir erkek arkadaşı getirdi, dediler. O, sen miydin? Çabuk anlat bana her şeyi. Çünkü annesi benden cevap bekliyor. Ah Cengiz ah, hangi taşı kaldırsam altından sen çıkıyorsun oğlum. Bu ne iştir anlamadım."

Cengiz kurtulamayacağını anlayınca, anlatmaya başladı. "Hocam Sumru sınıfta bayıldı, onu revire Nazire'yle birlikte götürdük. Tansiyonu düşmüş, ayran içirdi hemşire hanım, sonra da eve gidip dinlensin, dedi."

"Buraya kadar tamam. Sonra?"

"Sonra..." Nasıl anlatsam diye düşünüyordu Cengiz.

"Evet, dinliyorum Cengiz."

"Sonra Nazire, Sumru'nun annesi çalıştığı için, onların evinde kimse yoktur, bizim eve götürelim, orada dinlensin; ben akşam onu evine götürürüm, dedi. Hocam, Sumru çok kötü durumdaydı. Yalnız bırakmak istemedik."

"Sonra?"

"Sonra..."

İşte en zor bölüme gelmişti Cengiz.

"Sonra ben Nazire'ye, Sumru'yu sizin eve ben götürür bırakırım, dedim."

"Peki, kimden izin aldın ya da kime haber verdin, ben Sumru'yu okul dışına çıkarıyorum, diye."

Ses yok.

"Cengiz!"

"Efendim hocam?"

"Soruma cevap ver çünkü kimsenin haberi yok bu olanlardan ve annesi benden cevap bekliyor."

"Yağmur Öğretmen yoktu, o nedenle ona söyleyemedim, olsaydı mutlaka ona danışırdım."

"Aferin sana! Peki madem o yoktu, sen ne yaptın, kimden izin aldın?"

Yine sessizlik.

"Cengiz! Cevap ver!"

"Hiç kimseden hocam, hiç kimseden izin almadım."

"E, aferin sana! İşte ortalığın karışma nedeni. Alıp Sumru'yu çıkarıyorsun, kimseye haber verilmiyor, kimseden izin alınmıyor. Böyle olunca da annesi sorduğunda ben cevap veremiyorum."

"Hocam hâli çok kötüydü – gerçekten. *Evinde de kimse olmayınca, yalnız kalırsa, yine fenalaşırsa kim ilgilenir,* diye düşündüm. O nedenle Nazire'ye götüreyim, dedim."

"Yavrum, iyi niyetini anlıyorum ve bu yardımcı hâlini çok takdir ediyorum. Ama kuralları hiçe sayıyorsun. Kural tanımıyorsun. Önemsemiyorsun, öyle değil mi. Cevap ver bana."

"Haklısınız hocam," dedi Cengiz fısıldarcasına.

"İşte meselenin düğüm noktası burada," dedi Sevinç Hanım, "kurallara uysan, bir görevli ya da nöbetçi öğretmene, ne bileyim müdür yardımcılarından birine durumu anlatırdın. Onlar da Sumru'nun dosyasından annesinin telefonunu bulup ona ulaşır, kızının durumunu bildirirlerdi. Annesi gelir, kızını kendi elleriyle alıp evine götürürdü. Bilmem anlatabildim mi?

Ama sen, kız kaçırır gibi aldın arkadaşını, kapıya da izin aldık diye doğru olmayan bir beyanda bulundun ve Sumru'yu bir yerlere götürdün. Uzaktan bakınca bu sana güzel görünüyor mu?"

"Görünmüyor hocam."

"Çok haklısın, görünmüyor. Bu da senin kuralları önemsememenden kaynaklanıyor. Seninle okulda görüşeceğiz, yarın odama gel. Ben şimdi Sumru'nun annesini arıyorum."

"Peki hocam. Çok özür dilerim hocam."

Sevinç Hanım başını iki yana sallayarak içini çekti ve Sumru'nun annesinin numarasını çevirdi.

"Ah, Müdire Hanım, az önce Sumru, Nazire'yle geldi. Meğer onlardaymış, tam da bana olan biteni anlatıyorlardı."

"Mesele yok o zaman," dedi Sevinç Hanım, "size demiştim, bazen arkadaşlara takılır, aramayı ihmal edebilirler, diye. İyi akşamlar, o zaman."

"İyi akşamlar, çok sağ olun, sizi de üzdük."
Sesi nasıl da sevinçliydi Sumru'nun annesinin.
Telefonu kapatırken, "Ah bu gençler," diye başını iki yana sallayıp içini çekti Sevinç Hanım.

Seni Seviyorum

"Şurada iki gün başka göreve gittim, neler olmuş neler..."
"Sormayın hocam," diye atıldı Nazire, "en doğrusunu yapalım derken ortalığı karıştırdık. Ve kabak yine Cengiz'in başına patladı."
Bu sözler üzerine gülüştüler öğrenciler.
Sumru, "Anneme Cengiz'in cezalandırıldığını anlattığımda, o kadar üzüldü ki... Hemen kalkıp geldi, Müdire Hanım'la konuştu, Cengiz'in ve tabii Nazire'nin de ne kadar iyi niyetle davrandıklarını açıkladı, cezalandırılmamalarını rica etti," dedikten sonra dönüp Cengiz'e baktı, "Bir kez daha sağ ol arkadaşım."
Şimdi hepsi dönmüş Cengiz'e bakıyorlardı. İlgi odağı olmak hiç de hoşuna gitmemişti Cengiz'in, huzursuzluğu oturduğu yerde kıpraşmasından belli oluyordu.
Yağmur Öğretmen içini çekti. "Biliyorum," dedi üzgün gözlerle Cengiz'e bakarak, "Müdire Hanım beni de çağırdı, bu durumu konuştuk. Cengiz'in iyi niyeti ve yardımseverliği tartışılmaz. Ama – bir yandan da okulun kuralları var. Müdire Hanım bu kuralları uygulamak zorunda, daha da önemlisi Cengiz'in toplum içinde yaşarken bazı kurallara uyması gerektiğini öğrenmesi... İşte o ikinci ihtar yazısını bunları düşünerek kaleme aldı Müdire Hanım."
Çıt çıkmıyordu sınıfta. Cengiz başını önüne eğmiş, parmaklarıyla oynuyordu. Devam etti Yağmur Öğretmen, "Ama biz hepimiz Cengiz'i çok seviyoruz, değil mi çocuklar."
Bu sözler üzerine sınıfta büyük bir gürültü koptu. Yağmur Öğretmen'le aynı fikirdeydiler.

Yağmur, verilen cezanın haklılığını açıklarken, sevgilerini ondan esirgemediklerini vurgulayarak, Cengiz'i dışlamıyor, tam tersine sevgi çemberinin içine çekiyordu.

Lila, teneffüste Cengiz'e, "Sen neymişsin be abi," dedi gülerek, "Nazire anlattı, Sumru'yu kucakladığın gibi onca yolu koşmuşsun."

"Sahi," dedi Hazal, "kolay iş değil, nasıl yapabildin bunu?.."

"Göstermemi ister misin?" diyerek Hazal'a doğru bir adım atmasıyla, "Uzak dur benden!" diye bağırması bir oldu Hazal'ın. "Seninle de konuşulmaz ki..."

Parmağıyla Hazal'ı işaret ederek kocaman bir kahkaha attı Cengiz.

"İnanılmazsın Hazal, nasıl da panikledin."

"Hiç de paniklemedim efendim, sen kendine bak," diye söylenerek uzaklaştı Hazal.

"Ne dedim ben şimdi. Soru sordu, cevapladım." Ama bunu söylerken gözlerinde muzip ışıklar yanıp sönüyordu.

Mehmet başını iki yana salladı, "Uğraşma şu kızla. Onu kızdırıp da ne geçiyor eline..."

Dalgın dalgın Hazal'ın arkasından baktı Cengiz, "Onun o kızgın hâli bile hoşuma gidiyor," dedi yumuşacık bir sesle.

Bu sözler üzerine dönüp Cengiz'e baktı Mehmet. "Hayırdır oğlum, ne iş?"

"İş, miş yok, sen de roman yazma hemen. Öylesine şakalaşıyoruz işte."

Öte yandan Hazal'la birlikte yürürken Lila, "Bak şuraya yazıyorum, bu Cengiz sana fena tutkun," dedi.

Olduğu yerde durdu Hazal. "E, pes yani... Tutkunluk buysa..."

"Ama baksana hep seninle uğraşıyor."

"Ve bu, bana tutkunluk oluyor, öyle mi? Hayret bi' şeysin yani, hayret..."

"Bak istersen Selim'e bir danışalım. O, ne de olsa erkek, erkeklerin hâlinden anlar. Cengiz'in davranışlarının ne anlama geldiğini bize söyler. Görelim, sen mi haklısın, ben mi?"

Çığlık atar gibi, "Hayır!" diye bağırdı Hazal. "Selim'i bu işe karıştırma, hem ona ne..."

"Ona ne olur mu, biz arkadaş değil miyiz?"
"Tamam arkadaşız ama böyle saçma sapan bir konuyu ortaya atmak bile abes. Lütfen Lila, uzatma..."
"Madem öyle istiyorsun." Oyuncağı elinden alınmış çocuk gibi suratını asmıştı Lila.
İşi sağlama almak istiyordu Hazal. "Bak, söz mü?"
"Söz! Söz!"
Selim, o gün okul çıkışı Hazal'a yetişti, kolundan tuttu. "Seninle bir şey konuşmak istiyorum."
"Konuş öyleyse," dedi Hazal, umursamaz bir tavırla.
"Lütfen yapma böyle Hazal."
Tam o sırada Lila yetişti onlara, "Ne fısıldaşıyorsunuz bakalım. Hiç bu arkadaşınızı beklemek yok mu..."
"Lila," dedi Hazal, "annem gecikme, hemen eve gel, gönderilecek paketler var, demişti. Onun için koşuyordum, geç bile kaldım."
"E, bunu söylemek yok mu?.."
"Aklım evde, ne olur kusura bakma canım benim. Hadi yarın görüşürüz çocuklar," dedi ve koşar adımlarla onlardan uzaklaştı.
İçinde bir sıkıntı vardı Hazal'ın. Annesiyle babası akşam oturmasına gittikten sonra duşa girdi. Morali bozuk olduğunda bir duş almak iyi gelirdi çoğu zaman. Islak saçlarını havluya sardı, çalışmak için masanın başına geçti.
Ve cep telefonu... Arayan, Selim'di. Önce yüreği bir hop etti, sonra sakin olmaya çalıştı.
"Efendim Selim."
"Ne yapıyorsun?"
"Annemler komşuya gittiler, ben de ders çalışıyorum."
"Yoklar yani..."
"Evet, yoklar."
"Hazal seninle mutlaka konuşmam gerek, size gelebilir miyim?"
"Gündüzler torbaya mı girdi?"
"Ama gündüz hiç yalnız kalamıyoruz ki, oysa ben seninle baş başa konuşmak istiyorum. Bırak geleyim."

Hazal zor durumda kalmıştı. Aralarındaki bu belirsiz ama garip durum nedeniyle atla, gel, diyemiyordu. Oysa başka zaman olsa hiç düşünmeden, gel konuşalım, derdi.

"Çok vaktini almayacağım ama mutlaka seninle konuşmalıyım."

"Pekâlâ," dedi Hazal, çaresiz. "Ama şimdi o kadar yol geleceksin gece vakti."

"Ben şu anda sizin evin önündeyim."

"Ne!"

"Evet, odanın ışığının yanmasını bekliyordum. Nasıl olsa çalışmak için odasına çekilir, o zaman ararım diyordum."

"İlâhi Selim, pekâlâ geliyorum."

Hazal şaşkındı ama bu tatlı bir şaşkınlıktı. Selim'in buralara kadar sırf onunla konuşmak için gelmiş olması... Işığının yanmasını beklemesi...

Kapıyı açmaya giderken aynaya bir göz attı çabucak, saçlarını düzeltti. Kalbi nasıl da atıyordu.

Kapıyı açıp sessizce içeri aldı Selim'i. Bir an karşılıklı durdular, ikisi de ne yapacağını bilemez hâldeydi. Sessizlik, evde ikisinden başka kimsenin olmadığının altını çizer gibiydi. Öylesine karmaşık duygular içindeydiler ki, konuşamıyor, söyleyecek söz bulamıyorlardı. Sonunda oturdular, karşılıklı.

Selim, "Şeyyy..." deyip duruyordu.

Hazal'sa ona yardımcı olmuyor, sadece bekliyordu.

"Ne olacaksa olsun," dedi Selim birdenbire, bu durumdan bunaldığı açıktı.

"Hazal," dedi, "ben seni seviyorum!" Ardından, kendi kendine mırıldanırcasına, "Oh be, söyledim, rahatladım," diye ekledi.

Hazal donakalmıştı.

Evet, Selim, seninle konuşmak istiyorum dediğinde, bazı tahminlerde bulunmuştu ama doğrusu bu kadarını beklemiyordu.

Yutkundu, boğazı kupkuruydu.

Selim'e gelince, asıl söylemek istediğini söyleyebilmiş olmanın verdiği rahatlıkla başlamıştı anlatmaya. Artık durmamacasına konuşuyordu. Ona bu cesareti biraz da Hazal'ın karşı çıkmayıp suskun kalışı veriyordu.

"Bu yaz dönüşü bana ne oldu bilmiyorum ama artık sana eskiden olduğu gibi sadece arkadaş olarak bakamıyordum. İnan, bizim üçlüyü bozmamak için kendimle çok mücadele ettim. En büyük korkum da bu duygularımı sana açarsam ve eğer sen bana karşı hiçbir şey hissetmiyorsan ya da hissetmeyeceksen, bir de arkadaşlığını kaybetmekti. İşte buna dayanabilir miydim, bilemiyorum. Öte yandan sana olan duygularım her geçen gün artıyordu, seni düşünmeden geçen hiçbir dakikam yoktu. Kırk yıl kalsam böylesi duygular içinde olabileceğime inanmazdım. Bazen, bana ne oldu böyle, diye düşünüyordum, inan. Hatta, hani seninle parka gittiğimiz gün var ya, hatırlıyor musun?"

"Evet," diye başını salladı Hazal.

"İşte o gün az kaldı sana açıklayacaktım ama seni bütün bütün kaybetmek korkusu beni bir kez daha durdurdu ve bir şey söyleyemedim."

Demek o gün hissettiklerimin bir nedeni varmış, diye düşündü Hazal, kendi kendime gelin güvey olmuyormuşum.

Hazal'ın içinde fırtınalar kopuyordu.

Şaşkınlık... Müthiş bir şaşkınlık... Ve tatlı bir ürperti...

Selim'in söylediklerinden duyduğu inanılmaz mutluluk...

Bütün bunlar o kadar beklenmedik ki, hazmetmem gerek, diye düşünüyordu bir yandan da.

Öte yandan...

Onlar bir üçlüydüler.

Bu durumda Lila ne olacaktı.

Üçlü arkadaşlık bozulacaktı.

Selim, Hazal'ın düşüncelerini okumuşçasına, "Biliyorum," dedi, "seni çok şaşırttım."

"Ne diyeceğimi bilemiyorum," dedi Hazal alçak bir sesle.

Uzanıp elini tuttu Hazal'ın, "Bir şey deme. Sadece sana söylediklerimi düşün."

Hazal rüyada gibiydi. "Selim, artık gitsen iyi olur. Annemler neredeyse gelirler," diyebildi zar zor.

"Tamam, gidiyorum," diyerek ayağa kalktı Selim, gözleri Hazal'ın gözlerinde.

Daha pek çok şey anlatmak ister bir hâli vardı. Hazal'dan ayrılmanın zorluğunu yansıtan bakışlarla bakıyordu ona.

Sonunda, "Görüşürüz," diye fısıldadı ve karanlık sokağa daldı.

Hazal, Selim'in arkasından kapıyı kapatıp avluya geçti. Sanki kendisi değil de bir başkası yapıyordu bunları. Eve girerken, *bu ne biçim şey böyle*, diye düşünüyordu. Hani biri seni beğenir, sen de onu beğenirsin sonra bu yavaş yavaş belli olur. Ve o kişi sana açıldığında, çok ama çok, mutlu olursun ve çıkmaya başlarsın. Bu böyle olur. Oysa, Selim'le ben... bizim durumumuz bir garip.

İçinden kendi kendiyle konuşuyordu Hazal. Odasında, masanın başına geçti. Olayları sırasıyla düşünmeye çalıştı. Kafası öyle karışıktı ki.

Her şey o gün parkta başlamıştı. *Bir şeyler hissettim*, diye düşündü, ama kondurmak istemedim. Öte yandan, artık itiraf etmeliyim ki, bu beni heyecanlandırdı. Ve hoşuma gitti! O kadar ki o akşam doğru dürüst uyuyamadım, döndüm durdum yatakta.

Ama içimden bir başka sesse, ya sen aldanıyorsan, bu çocuk yine de arkadaşça davranıyor ama sen başka anlamlar yüklüyorsan bu davranışlara, diyordu.

Bir ileri, bir geri, türü bir ikilemdi benimki.

Ve şimdi Selim, beni sevdiğini söylüyor. Benim de ondan hoşlandığım bir gerçek. O kadar ki, Gülşah'ı kıskandım. Hem de delicesine. Demek kendime itiraf edemesem de, düşündüğümden de fazla duygular var benim içimde de.

Peki, ne olacak şimdi?

Ve asıl sorun...

Lila'ya bu nasıl söylenecek.

Eğer ben arkadaşımı birazcık olsun tanıyorsam Lila bu duruma fena bozulacak ve kendini ihanete uğramış hissedecek.

Lila benim en sevdiğim arkadaşım, o da beni çok seviyor ama Lila çok sahiplenicidir. Arkadaşı için yapmayacağı yoktur ama bunun karşılığında da en ufak hatayı affetmez, asla etmez. Vericidir ama karşılığını da aynen bekler.

Üff, diye oturduğu yerde kıvrandı Hazal, ne karışık bir durum.

Birden annesinin sesine duydu.

"Hazal, yatmadın mı sen hâlâ."

"Ders çalışıyorum anne," diye seslendi ama annesinin kapıyı açıp içeri girmesini engellemedi bu yanıt.

"Nasıl geçti geceniz?"

"İyiydi de... Sakine'nin kızı nişanlısından ayrılıyormuş. Baban da tuttu, bunca zamandır aklı nerdeymiş, demez mi. İki yıldır nişanlıydılar ya... Onu demek istiyor. Bir kızdım ki... Söylenecek laf mı bu. Ben de hemen, nişanlılık dönemi gençler birbirlerini tanısın diye düşünülmüş, dedim babana kaş göz ederek. Demek ki kızımızın bir bildiği var, aferin ona, yol yakınken yapılması gerekeni yapmış, dedim. Kadın zaten üzülüyor, böyle laf edilir mi... Neyse, hadi ben seni lafa tutmayayım ama çok da geç kalma. Uykusuz kalırsan yarın kafan kazan gibi olur."

"Tamam anne."

"Hadi iyi geceler yavrum."

"İyi geceler anne."

Annesi çıktıktan sonra soyunup yattı Hazal. Gözü pencereye tık tık vuran portakal ağacının dallarındaydı.

Ne olacaktı şimdi?

Bir yanı sevinçten zıplıyordu.

Bir kuş gibi hafif, havalarda uçuşuyordu.

Öbür yanıysa kurşun gibi ağırdı.

Suçluymuşçasına onu aşağılara çekiyordu.

Ne biçim şeydi bu.

Keşke danışabileceğim biri olsaydı, diye düşündü.

Karmaşık Duygular

Parkta buluştuklarında Yağmur sordu.
"Neydi sloganımız?"
"Sanat uzun, hayat kısa," diye bağrıştılar bir avaz.
"Aferin çocuklar."
"Hocam bugün ne yapacağımızı hâlâ söylemediniz ama…"
"Sürpriz…"
"Merak ediyoruz hocam…"
"Pekâlâ! Ama sürprizi gerçekleştirebilmemiz için önce balıkçı barınağının oraya gitmemiz gerek."

Yine bir cumartesi sabahıydı. Sonbaharın o ılık, mayhoş güneşiyle harmanlanmış güzel günlerden biriydi. Hem yürüyor, hem konuşuyorlardı.

Temiz havayı içine çekti Yağmur. "Şimdi İstanbul'da yapraklar çoktan sarıya, kızıla dönüşmüştür."

"Hocam özlüyor musunuz İstanbul'u?"

"İnsan uzun yıllar yaşadığı kenti özlemez olur mu ama burada da sizler varsınız, yeni yeni edindiğim arkadaşlar var. Ayrıca Mersin'i de gerçekten sevdim. Yaşanası bir kent."

Yağmur'un hafta sonu okul dışı projelerinden birini daha gerçekleştirmek üzere toplanmışlardı.

"Cumhuriyet Bayramı da yaklaşıyor. Bu yıl okul dışında da bir şeyler yapalım diyorum çocuklar ne dersiniz?"

"Yapalım hocam."

"Ayrıca bizler için bunca önemli bayramlar o öneme yakışır biçimde kutlanmadığında, şahsen ben çok üzülüyorum. Hepsi hepsi üç milli bayram var zaten."

19 Mayıs, bir milletin dirilişinin ilk adımı.
23 Nisan, Meclis kurularak halkın iradesine saygı, hukuka saygı.
Ve 29 Ekim, Cumhuriyet'in kuruluşu, demokrasiye ilk adım.
Bizler uluslararası alanda millet olarak 'adam gibi adam' muamelesi görüyorsak işte bu üç büyük, üç dev adıma borçluyuz."
Dikkatle dinliyorlardı öğretmenlerini.
"Konu açılmışken sizlerden bir ricam var. Milli bayramlarımızda lütfen büyüklerinizi uyarın ve bayrak asın. Bayrağınız yoksa alın, varsa da mutlaka asın.
Ben, bizler için bunca önem taşıyan bu üç günde evlerimizin, balkonlarımızın, sokaklarımızın al bayrağımızla gelincik tarlasına dönüştüğünü görmek istemişimdir hep. Tamam mı, anlaştık mı?"
"Anlaştık hocam."
"Biz zaten hep bayrak asarız hocam."
"Biz de…"
"Harikasınız," dedi Yağmur ve ekledi, "duyduğuma göre Sanat Sokağı'nda kutlamalar yapılacakmış. Her taraf fenerlerle, bayraklarla süslenecekmiş, müzik varmış, şarkılar söylenip şiirler okunacakmış. Operadan sanatçılar da katkıda bulunacaklarmış. Ve bu, bütün gün ve gece sürecekmiş. Her isteyen katılabilirmiş."
"Ben de duydum bu etkinliği hocam," dedi Sinan. "Hatta ünlü bir pop sanatçısıyla anlaşmışlar bile."
"Ooo, desene bizim kafaya göre de müzik olacak," dedi Müfit.
"Olacak tabii, olduğumuz yerde hem dinleyeceğiz, hem dans edeceğiz.
"Bak şunlara," dedi Yağmur, "benim bilmediklerimi biliyorlarmış meğer," sonra ekledi, "bir de… Sanat Kulübü'nün bir dergisi var. Onlara bir öneride bulundum, tam olarak söz vermediler ama umutluyum."
"Nasıl bir öneri bu?"
Öğrencilerini şaşırtmaya bayılıyordu Yağmur. "Haklısınız, bilmece gibi konuştum."
"Hocam," dedi Ayşim, "zaten yüzünüzde o gülümseme belirince ben hemen anlıyorum. Kesin yeni bir fikir, yeni bir öneri gelecek şimdi, diye bekliyorum resmen."

"Ayşim, senin gözünden de hiçbir şey kaçmıyor."
Arkalardan biri seslendi, "İdeal öğrenci o, ideal."
"Neyse... Sanat Kulübü'nden arkadaşlarla konuşurken, öğrencilerimin arasında bayağı güzel şiir ve yazı yazanlar var. Derginizde, gençlere bir sayfa ayırabilirseniz, size yazı verebiliriz, dedim."
"Ne harika olurdu," dedi Sumru, birden pek heyecanlanmıştı.
"Bizde öyle güzel yazı yazan mı var?"
"Bence var," diye öğrencisini cevapladı Yağmur. "Nasıl bir okul istiyorum konulu kompozisyonlarınızı hatırlayın. O yazılar beni gerçekten etkilemişti. Ne doğru, ne akılcı gözlemler, yerinde öneriler vardı. Ve bakın o yazılar bizi bugün bu etkinliklere getirdi. O nedenle, aramızdaki yeteneklere bir fırsat oluşsun, yetenekler ortaya çıksın istiyorum."

Mehmet, "Hocam bence Cengiz istese ne biçim şiir yazar," deyince bütün grup kahkahalara boğuldu. Cengiz ve şiir o kadar zıt kutuplardı ki, Yağmur bile kendini tutamayıp gülenlere katıldı.

"Hem de romantik aşk şiirleri," diye ekledi Sinan.
Kahkahalar daha da yükseldi.
Cengiz, "Kesin tantanayı," diyor, Nazire gülmekten yaşaran gözlerini silip duruyordu.

Cengiz'in bütün bu kahkaha tufanı içinde ciddi duruşu kahkahaların artarak sürmesine neden oluyordu.

"İlâhi çocuklar, gülmek bulaşıcıdır derler, beni de güldürdünüz," dedi Yağmur, sonra Cengiz'e döndü, "ben senin yerinde olsam şunlara inat oturur öyle bir şey yazardım ki... Hepsini şaşırtacak bir şey."

Cengiz ciddiyetini koruyarak başını salladı, "Onlarla daha sonra hesaplaşacağım ben hocam."

Belli etmemeye çalışıyordu ama onun da eğlendiği gerçeği, dudağının kenarında beliren kıvrımda gizliydi.

Sözlerine devam etti Yağmur, "Teklifim ilgilerini çekmiş olmalı ki, bunu yönetim kuruluyla bir konuşalım, dediler. Ben de fırsatı kaçırır mıyım; meselâ 'Gençlerin Penceresinden' başlıklı bir köşe olabilir, dedim. Başlığı da beğendiler ve bu onları bayağı heveslendirdi. Şimdi önümüzdeki günlerde bir duyuru yapıp sıcağı sıcağına bu işi bağlamayı düşünüyorum."

"Ne duyurusu olacak bu hocam?"

"Yazmanızı isteyeceğim konuyu pazartesi günü sınıfta açıklayacağım. Siz yazdıktan sonra da bir eleme yapacağım. Bunu derginin editörüne yollayacağım. Yönetim kurulundan olumlu karar çıkarsa, yazı hazır olsun istiyorum. Karar olumlu çıktığındaysa her ay olmasa da ara ara öğrencilerimin yazıları saygın bir dergide yayınlanmış olacak."

"Oley!"

"Müthiş bir şey bu."

Yazılarının *Sanat Kulübü* dergisi gibi yirmi yılı başarıyla devirmiş ciddi bir dergide çıkma olasılığı onları heyecanlandırmıştı.

"Peki hocam, kompozisyon konusu ne olacak? Pazartesi gününe kadar bekleyemeyiz, değil mi arkadaşlar."

Bu öneri büyük destek alınca Yağmur, "Şöyle düşündüm," dedi, "bakalım sizler ne diyeceksiniz bu fikre. Bazen kararlı bir kişi yaşadığı toplumda fark yaratabilir. Hem de büyük bir fark. Şimdi ben sizlerden bu tip kişileri araştırmanızı ve bizlere tanıtmanızı isteyeceğim."

İlgiyle dinliyorlardı. Yağmur Öğretmen yine yeni bir pencere açmıştı öğrencilerine. "Ve bu araştırmayı yapar ve kaleme alırken de konu üstünde düşünmenizi bekliyorum sizden," dedi ve gülümseyerek ekledi, "laf aramızda, benim için asıl önemli olan da budur."

Balıkçı barınağına varmışlardı.

O da ne?

Parkın içinde birtakım adamlar, ağaçların altında kocaman taşları yontuyor, onlara şekil vermeye çalışıyorlardı. Kulaklarında o gürültüden korunmak için kulaklıklar, kiminin başında eski bir şapka, kimininkinde toz içinde kalmış bir bere ve gözlerinde kocaman koruyucu gözlükler...

"Neler oluyor burada?"

"Ya... küçük hanımlar ve küçük beyler," dedi Yağmur. "Burada oturuyorsunuz ve heykel sempozyumundan haberdar değilsiniz."

Ne sempozyumu, ne heykeli dercesine birbirlerine bakıyordu gençler.

Açıklamasını sürdürdü Yağmur, "2002 yılından bu yana yapılıyormuş heykel sempozyumu."

"Sorması ayıp hocam, sempozyum ne demek?" diye sordu Dilaver.

"Hiç de ayıp değil. Bir konuda, o konuyla ilgili kişilerin bir araya gelip çalışmalar yapmasına sempozyum, deniyor. Her yıl yabancı ülkelerden heykeltıraşlar geliyor, bizimkilerle birlikte burada çalışıyor, birbirlerinin çalışmalarından bir şeyler öğreniyorlar. İşte, meselâ buradaki etkinliğe de *Taş Heykel Sempozyumu* deniyor. Çalışmaları sona erince eserlerini Mersin'de bırakıp ülkelerine dönüyorlar. Burada kaldıkları sürede de ülkeyi ve ülke insanını tanımış oluyorlar. Ne hoş, değil mi," diyerek içini çekti Yağmur, "ah, keşke benim de böyle bir yeteneğim olsaydı."

Onun bu içten yakınması güldürdü öğrencilerini, "Ama siz de çok yetenekli bir öğretmensiniz."

"Sağ olun çocuklar," dedikten sonra, "ha, unutmadan, bu sempozyumun Mersin Belediyesi'nin desteğiyle, Mersin Üniversitesi Güzel Sanatlar Fakültesi, Heykel Bölümü gerçekleştiriyormuş."

Bir yandan çalışanları izlerken, bir yandan da Yağmur'u dinliyorlardı.

"Bakın, bu heykellerle ilgili anlatılan bir öykü var, beni çok etkilemişti, anlatmamı ister misiniz?"

"Anlatın hocam," dedi Nazire. Sumru da durmuş, Yağmur'un konuşmasını bekliyordu.

"Bunu bana buralı arkadaşlarım anlattı. Yine böyle bir heykel çalışması sırasında, sanırım o çalışma Sanat Sokağı'ndaymış, kâğıt mendil satan bir çocuk oradan geçiyormuş, heykeltıraşı görünce gelmiş, *abi sen ne yapıyorsun*, diye sormuş. O da, *bu taşı yontup heykel yapacağım*, demiş. Çocuğun ilgisini çekmiş anlaşılan. *Abi, burada durup seni izleyebilir miyim?* diye sormuş bu kez.

Tabii, demiş heykeltıraş, *memnun bile olurum.*

Çocuk seyretmiş, seyretmiş. Ertesi gün yine gelmiş, yine izlemiş. Bu birkaç gün böyle sürmüş, sonunda çocuk, *abi ben de senin gibi heykel yapmak istiyorum*, demiş.

Bunun üzerine heykeltıraş, çocuğu alıp atölyesine götürmüş ve arkadaşlarının da el vermesiyle çocuğu eğitmeye başlamışlar. Yıllar geçmiş, çocuk büyümüş ama sevdasından vazgeçmemiş. Ve – heykeltıraş olmuş. Şimdilerde yeni eserler yaratmakla meşgulmüş."

Yağmur sustu, öğrencilerine baktı, bu öyküden onlar da etkilenmişlerdi.

"İşte burada çok açık bir biçimde görüyoruz ki, görmeden, izlemeden, araştırmadan yeteneklerimizin nerede yattığını bilemeyiz. Mendil satan o çocuk, o gün oradan geçip heykeltıraşın çalışmasını görmese ve daha da önemlisi merak edip izlemese ve denemese, yetenekli bir heykeltıraş ortaya çıkamayacaktı.

İşte onun için sizlere gözlerinizi, kulaklarınızı açık tutun diyorum. Özellikle de sanata açık olun. Resim sergilerine gidin, konserlere, edebiyat söyleşilerine gidin. Varsa yeteneğiniz keşfedin, yoksa da öğrenin, tanışın o konuyla ve hayatınıza renk katmasını sağlayın."

Durdu Yağmur, sonra gülümsedi öğrencilerine, "Evet, bu kadar konuşma yeter. Artık serbestsiniz, pazartesi günü görüşürüz."

Arkasını döndü, saçlarını ve uzun eteğini savurarak uzaklaştı.

"Hadi, Forum'a gidelim," dedi Lila. Ayşim, "Benim çalışmam gerek," deyince, Nazire, "Ya, bir gün de çalışma be kardeşim, bir gün de çalışma," dedi.

"Ama..."

"Bak, bu gece çalışırsın. Yarın var, yarın çalışırsın. Kırk yılda bir böyle bir araya gelebiliyoruz zaten."

"Ama yarın özel dersim var."

"İyi! Git, çalış! Biz de günümüzü gün edeceğiz."

Zavallı Ayşim, bocalıyordu. Sonunda, "Tamam," dedi, "ben de geliyorum."

Hemen, "En büyük Ayşim," diye tezahürat yapıldı.

Mehmet'le Dilaver de Forum'a gitmek istiyorlardı, bu kez de Cengiz isteksizdi. "Niye arıza çıkarıyorsun oğlum," dedi Mehmet.

"Ben böyle sürü sepet gezmeyi sevmem yaa."

Nazire duymuştu bu sözleri, "Ne dedin, ne dedin? Sürü sepet mi? Yani biz miyiz sürü sepet?"

Ellerini beline koymuş, Cengiz'in karşısına dikilmişti.

Cengiz güldü, "Korkulur senden bacım, ne haddimize."

"Niye öyle dedin?"

"Yani, ben böyle kalabalık gezmeyi pek sevmem de..."

"Ama bugün geleceksin! Az önce dedim ya, kırk yılda bir böylesine bir araya gelebiliyoruz zaten. Değil mi ama Sumru?"

Arkadaşını kırmak istemeyen Sumru, "Hadi ama Cengiz, sensiz tadı olmaz," diyerek Nazire'ye destek verdi.

"Tamam, tamam," diyerek Dilaver ve Mehmet'le birlikte yürümeye başladı Cengiz. Lila, Selim ve Hazal'sa durmuş onları bekliyorlardı.

Geçen bir minibüse doluştular ve gülüşe şakalaşa Forum'a ulaştılar. İçinden cadde geçen bu büyük alışveriş merkezi gençlerin özellikle hafta sonu gitmeyi sevdikleri bir yerdi. Sinemaları, kafe, restoranları, çeşitli mağazaları ve oyun alanlarıyla cıvıl cıvıl bir yerdi Forum.

"Önce bir şeyler yiyelim çocuklar," dedi Lila, "karnım zil çalıyor."

Bir grup, sağlıklı beslenme kurallarını boşverip hamburgercinin önünde sıralandılar. Hamburger, kızarmış patates ve koladan güzel ne olabilirdi.

Lila, "Ben bir tavuklu salata yiyeceğim," dedi. Hazal'la Sumru, "Ben de," dediler aynı anda. Nazire, Cengiz, Dilaver ve Mehmet'le birlikte dürümü yeğlemişti.

Cengiz, Mehmet'e doğru eğildi, "Şuna bak kızın dibinden ayrılıyor mu hiç."

Mehmet güldü, "Âlemsin, kaç kez söyleyeceğim sana, onlar arkadaş. Hep böyle üçü bir arada gezerler."

"Üçü bir aradalar ama sen onun Hazal'a bakışının farkında değilsin. Lila'ya hiç de öyle bakmıyor."

"Bak kardeşim, ben bu işlerden o kadar da anlamam; hem söyle bakalım, nasıl bakıyormuş Hazal'a."

Bir ara durdu Cengiz, söylemek istediklerini nasıl toparlayacağını düşünür gibiydi. "Böyle... nasıl anlatsam. Hazal'a bakarken sanki dalıp gidiyor. Hani gözün dalar ya, öyle bir şey..."

"Peki," dedi Dilaver, "lafınızı bölmek gibi olmasın ama sen bunu nasıl fark ettin?"

Dilaver'i Mehmet yanıtladı, "Oğlum, inkâr ediyor ama Hazal'a asıl bu yangın."

"Yok ya, yok böyle bir şey dedim sana."

"Nasıl yok ya, sabah akşam sinir oluyorsun Selim'e. Yok kıza şöyle bakıyor, yok hep yanında deyip duruyorsun." Dilaver'e doğru eğildi, "Bana sorarsan arkadaşımız resmen tutkun Hazal'a, bunu bilir, bunu söylerim amma... bu arada da kızı kendinden soğutmak için elinden geleni yapıyor, o da başka."

Dilaver'se şaşkın şaşkın bu tartışmayı dinliyor, bir Mehmet'e bir Cengiz'e bakıyordu.

"Nereden çıkarıyorsun bunları," diye çıkıştı arkadaşına Cengiz.

"O zaman niye ilgileniyorsun bu kadar. Sana ne!"

Sustu Mehmet. Cengiz de susmuştu.

Bir süre sonra yine Mehmet konuştu, "Bak kanka, kabul et, sen bu kızla fena hâlde ilgileniyorsun. O zaman durumu inkâr edeceğine önce bir kendin kabullen. Değil mi ama Dilaver? Söyle Allah aşkına..."

Dilaver, Mehmet'i onaylarcasına başını sallamakla yetindi. Ne diyeceğini bilemiyordu ki.

"Sonra da ona iyi davran, güzel davran. Böyle ikide bir dalına basma, onunla ters ters konuşma. Hem kızlar duyarlı davranışlardan hoşlanırlar, oğlum."

"O bana bakmaz bile..." Bunu söylerken Cengiz öyle çaresiz görünüyordu ki...

"Hoppalaaa... Bunu da nerden çıkardın şimdi. Sınıfın en yakışıklısı sen değil misin?"

Dilaver işte bu noktada canlandı ve hararetle destekledi Mehmet'i. "Boylu boslusun, kara yağız, mert bir delikanlısın."

Bu övgüleri, "Gidin işinize," diyerek karşıladı Cengiz. Bir yandan da gülüyordu.

"Hem," diye devam etti Mehmet, "belki de en ideal öğrenci değilsin ama özü sözü doğru dürüst çocuksun. Bunu da herkes böyle biliyor okulda. Anlayacağın karizma yerinde."

Cengiz, ilerdeki masada oturan Hazal'a baktı. Selim bir şeyler anlatıyor, Hazal'sa onu öyle bir dinliyordu ki...

"Neyse," dedi, "kapatalım bu konuyu. Ben sıkıldım, ufaktan gidiyorum ama siz kalın ki ortalık dalgalanmasın yine. Haydi iyi eğlenceler..."

Yavaşça masaların arasından ilerleyerek dışarı süzüldü Cengiz. O gittikten sonra Dilaver'le Mehmet birbirlerine baktılar.

"Sence Hazal'la Selim'in arasında gerçekten bir şey var mıdır acaba?" Dilaver gözlerini iri iri açmış Mehmet'e bakıyordu. "Ne bileyim, hiç dikkat etmedim ki..."

Güldü Mehmet, "Zaten senin için varsa klarnet, yoksa klarnet."

Daha, klarnetin lafı edilir edilmez, kocaman bir gülümseme yayıldı Dilaver'in yüzüne. Siyah gözleri pırıl pırıldı, "Abi be, ondan güzel ne var."

"Hâlâ düğünlerde filan çalıyor musun?"

"Tabii... Ekmek teknem öyle yerler benim."

"Ama derslerin hiç iyi değil. Yağmur Öğretmen geçen gün seni yanına çağırmış, uyarıyordu, duydum."

"Evet," derken üzgün bir ifade belirdi Dilaver'in yüzünde. "*Böyle giderse sınıfta kalacaksın*, dedi bana. Öbür öğretmenler de aynı fikirdeymiş."

"Neden çalışmıyorsun oğlum, bak biz de bayılmıyoruz derslere ama çalışmazsan da diplomanı alamazsın. Cengiz'in bile notları iyi. Yani, hiç birimiz öyle Ayşim'ler gibi, Selim'ler gibi takdir, teşekkür almıyoruz ama aslanlar gibi sınıfımızı geçiyoruz. Sen de gayret et biraz."

"Çok sıkılıyorum, çok."

"Ama klarnet olunca..." Mehmet'in bu sözlerini hemen tamamladı Dilaver, "Sabahtan akşama, akşamdan sabaha kadar çalsam yetmez."

"Hayret bir şeysin," diye başını iki yana salladı Mehmet. Sonra durdu, "Ya Dilaver, geçenlerde ne oldu? Cengiz'e ne zaman sorduysam hep geçiştirdi. Hani birileri gelmiş, seni okul kapısında bekliyorlardı ya..."

"Ha, o mu," dedi Dilaver, yüzü asılmıştı, "belâ adamlardı onlar, belâ."

"Peki, ne istiyorlardı senden?"

"Ben düğünlerde, ayrıca başka yerlerde de çalışıyorum ya, bunların bir yeri varmış. Adı *türkü bar* ama her türlü pis işin döndüğü bir yer. Aslında ben türkü barlarda da çalışıyorum ama temiz yerlerde. Gerçek türkü meraklılarının geldiği yerler onlar. Hep aileler gelir, düzeyli yani. Zaten öyle olmasa babam izin vermez. İşte bu adamlar beni duymuşlar, ille de bizde çalacaksın, dediler. Ben de onlara okula gittiğimi, öyle her gece çalamayacağımı söyleyerek atlatmaya çalıştım. Ama adamlar peşimi bırakmadılar, bir süre sonra da yolumu kesmeye, tehdit etmeye başladılar."

"Deme yahu..."

"Sorma, öyle kötü günler geçirdim ki. Babama da söylemedim biliyorum o beni korumak için bunların karşısına çıkacak, oysa adamlar fena hem de çok fena, ne yapacakları belli olmaz.

İşte gene bir gün yolumu kesmişlerdi, ille de geleceksin, diye, Cengiz ona şahit oldu. *Neler oluyor*, dedi, ben de anlattım. *Peki, bunlar ne zaman yine gelecekler,* diye sordu, ben de yarın olmazsa, öbürsü gün gelirler, dedim, peşimdeydiler.

Nitekim, iki gün sonra bunlar yine kapının önüne dikildiler, işte senin gördüğün gün o gündü.

Ben adamları kapıda görünce Cengiz hemen arkadaşlarını aradı, aralarında bayağı bir konuştular, sonra Cengiz bana, *biz biraz burada oyalanalım, yirmi dakika sonra çıkarız,* dedi. Başka da bir şey söylemedi. Vakit gelince, *sen burada bekle*, dedi bana ve dışarı çıktı, ben de içerden onları izliyordum.

Cengiz, adamların yanına gitti, onlarla konuşmaya başladı. Bir süre sonra motosikletli arkadaşları sökün ettiler, Cengiz'le adamların etrafında daireler çizerek dönüyorlardı. Görecektin Mehmet, tozu dumana kattılar. Belki yirmi, belki yirmi beş motosiklet vardı. Dönüp duruyorlardı.

Sonra Cengiz'in adamlarla el sıkıştığını gördüm. Ve adamlar gittiler. Bir daha da bana ilişmediler."

"Vay be... bakar mısın şu bizim Cengiz'e. Peki, ne dedi de bunlar ellerini çektiler senden?"

"Üstelik de öyle sakin konuşuyordu ki... Uzaktan seyrederken, zannedersin ki, yolda karşılaşmış, sohbet ediyorlar."

"Ne demiş, Dilaver?"

"Demiş ki, *bakın bu çocuk bizim arkadaşımız, o bir öğrenci ama ailesine destek olmak için, ayrıca okul masraflarını çıkarmak için arada* sırada ailesinin de onayladığı yerlerde çalıyor. İşte durum bu. Böyle garibant bir çocuğun üstüne gitmek sizlere yakışmaz. Ama siz yine de ısrar ederseniz, o zaman biz de arkadaşlarımızla gelir, sizin orayı darmadağın ederiz. Camlarınızı taşlarız, gürültü çıkarırız, gelen müşterileri huzursuz ederiz anlayacağınız. Bunu yapmak bizim için çok kolay çünkü kaybedecek bir şeyimiz yok,* demiş. Adamlar zaten etraflarında dönüp duran motosikletlerden şaşkın bir hâldelermiş; biz onun bu durumunu bilmiyorduk gibi laflar edip beni bir daha aramayacaklarını söylemişler. Cengiz de gayet sakin, *sağ olun,* demiş, el sıkışmışlar. Böylece olay kapandı, ben de bir rahat nefes aldım."

Mehmet çok etkilenmişti, "Aşk olsun Cengiz'e, bak o kadar da ısrar ettim, hiç anlatmadı bunları."

Bir süre konuşmadılar, ikisi de kendi düşüncelerine dalmışlardı.

"Diyorum ki," diye lafa girdi Mehmet. "Bu Cengiz'in gerçi adı çıkmış ama bakıyorum da hep yardımcı. Başı sıkışana koşuyor. Acaba biz de ona yardım edemez miyiz?"

"Ne gibi?" dedi Dilaver hemen.

"Şimdi, bence o Hazal'a tutkun ama bunu belli etmeyi kendine yediremiyor. Acaba biz bu konuda bir şeyler yapamaz mıyız?"

"Nasıl?"

"Ne bileyim, düşünüyorum işte. Gidip kıza söylesek meselâ. Desek ki Cengiz seni seviyor."

"Ya bizi terslerse," dedi Dilaver hemen, "daha kötüsü ya alay ederse... ya arkadaşlarına söylerse... rezil olur Cengiz, rezil."

"Doğrusun valla." Cengiz'in alay konusu olması düşüncesi bile Mehmet'in içini titretmeye yetmişti.

"Terk eder buraları, resmen terk eder. Peki, daha başka yolla yapamaz mıyız bunu?"

Karşılıklı düşünüyorlardı.

Onlar düşünürlerken Lila, Selim'e hesap soruyordu. "Nasıl oldu da bugünkü etkinliğimize yakın dostunuz Gülşah Hanımefendi katılmadı Selim Bey?"

Gülşah konusu açıldı diye Selim huzursuz olmuştu, Hazal'a doğru kaçamak bir bakış attı. "O benim yakın dostum değil."

Nitekim Gülşah'ın anılmasıyla Hazal'ın yüzünün asılması bir olmuştu.
"Neden o zaman teneffüslerde hep onunlasın?"
"İnsaf Lila! Seni duyan da tüm vaktimi Gülşah'la geçiriyorum zanneder. Arada sırada yanıma gelip konuşuyor, ne yapayım, kovayım mı yani..."
"Aaa," lafa girdi Nazire, "amma da gittin çocuğun üstüne. Sizler gibi görümcesi olan yandı."
"Ne hâli varsa görsün ama Selim'i esir aldığı yetmiyormuş gibi bir de bize takılmaya başladı. Mecbur muyum ben onunla her yere gitmeye." İri mavi gözleri çakmak çakmaktı Lila'nın.
"Yani," dedi Nazire, "arkadaşlığınızı bilmesem, şu hâline bakıp bu Lila, Selim'in kız arkadaşı, onun için kıskançlık yapıyor, diyeceğim."
"Nazire! Sen de çok oluyorsun artık, hiç de kıskançlık yaptığım yok ama o kızın pişkin tavırlarla her şeye maydanoz olmasına sinir oluyoruz, öyle değil mi Hazal. Konuşsana sen de."
Hazal zor durumdaydı.
"Evet yani..." diye kekeledi, "bizim sınıfın etkinlikleri bizim sınıftakilerle olmalı. Ayrıca, ne soruyor, ne bir şey, hemen dalıyor olaya..."
"Ooo," dedi Nazire bu kez, "dikkat dikkat, iki numaralı görümce aldı sazı eline. Ama bu görümce biraz daha yumuşak tonlamalarla konuşuyor. Birincisi gibi vahşi ve yahşi değil," deyince masada kahkahalar yükseldi.
"Güzel bir film varmış çocuklar," dedi Sumru, "gidelim mi?"
"Gidelim," dedi Sinan.
"Filmin adını bile sormadın?"
"Arkadaşlarla olduktan sonra, ne önemi var."
"İşte budur," dedi Nazire ayağa kalkarak, "seni tebrik ediyorum sevgili arkadaşım Sinan. Arkadaşlarla bir arada olmak... Önemli olan da bu."
"Valla kusura bakmayın arkadaşlar," dedi Ayşim, "hepinizi çok seviyorum ama benim artık eve gitmem gerek."
"Bir başka deyişle," dedi Nazire, "artık bu konuda benimle tartışmayın, diyorsun."

"Aynen öyle." Çoktan ayağa kalkmış eşyalarını topluyordu Ayşim.

"Tamam canım," dedi Nazire, "bu kadar zaman bizimle kaldın ya, helâl olsun sana."

Dilaver'le Mehmet'e de aynı sorular soruldu ama yanıtlar olumsuzdu.

Selim'in gözü Hazal'daydı, sanki sen gidersen, ben de giderim, der gibiydi. Öte yandan Lila, Selim'e çok yakın oturuyordu. O da Selim'e bakıyordu, ne diyecek diye.

Daha fazla bu ortamda kalamayacağım, diye düşündü Hazal. İçini sıkıntılar basmıştı.

"Arkadaşlar, benim de eve dönmem gerek."

"Ohoo, mızıkçılık eden edene," diye söylendi Nazire.

"Ama Hazal daha geçen gün o filmden söz ediyorduk, gidelim diyorduk."

"Lilacığım, babam evde. Yağmur Öğretmen'le yaptığımız programı ve eve döneceğim saati söyledim, bekler şimdi."

"Telefon et, arkadaşlarla biraz daha kalacağız, de. Hadi Hazal ama…"

"Yalnız değilsin ki Lila. Bak Nazire'yle Sumru var, Sinan'la Selim var."

Selim'se gözleriyle yalvarıyordu sanki. "Bir denesen…" dedi.

"İnanın kalabilmeyi çok isterdim ama gerçekten, babam yüzünü gördüğümüz yok, diye sitem ediyor. *Hafta içi okuldasın, hafta sonu da dersler, kurslar, arkadaşlar… Peki, bize ne zaman vakit ayıracaksın*, diyor. Ben de, öğretmenimizle programımız biter bitmez gelirim, dedim. Çok bile kaldım. Onun için siz güzelce sinemaya gidin, pazartesi günü de bana anlatırsınız."

Ve koşar adımlarla uzaklaştı oradan.

Son kez el sallamak için geriye baktığında gördüğü, Lila'nın Selim'in elini tutmuş, ona gülerek bir şeyler anlattığı andı. Selim azıcık şaşkın duruyordu, Lila'ysa açık sarı kıvırcık saçlarıyla, yukarıdan vuran ışığın altında, altın saçlı bir peri kızı gibiydi. Öylesine güzeldi.

"Aman Tanrım," diye mırıldandı Hazal kendi kendine, "yoksa can arkadaşımı da mı kıskanmaya başladım."

Bir İlişki Sona Ererken

Yağmur ayaklarını uzatmış, kahvesini yanına almış, dergileri karıştırıyordu. Cep telefonu çalınca uzanıp bakmasıyla irkilmesi bir oldu. Arayan Tarık'tı.

Bunca ay sonra...

Açıp açmamak arasında gidip geldi. Telefon ısrarla çalıyordu. Sonunda açtı.

"Yağmur..."

"Efendim." Birden bir gevşeme, bir rahatlama duygusu sarıp sarmalayıverdi Yağmur'u. Tarık'ın sesi kalbini çarptırmıyordu artık. Sakindi, çok sakin.

"Evet Tarık, dinliyorum seni."

"Bunu duyduğuma çok sevindim Yağmur çünkü seninle konuşmak istiyorum."

"Konuşacak bir şeyimiz kaldığını sanmıyorum."

"Lütfen, rica ederim, söylemek istediklerim var. Bu konu öfkeyle, küslükle halledilecek bir mesele değil. Onca yıllık bir geçmiş duruyor aramızda. En azından bunun hatrına oturup enine boyuna konuşup bir sonuca varmamız gerek. İki olgun, uygar insan gibi."

Şuna bak, diye içinden geçirdi Yağmur, bana ders veriyor, olgun ve uygar davran, diyor. Sonra, ne olacaksa olsun, dercesine içini çekti ve, "Peki," dedi, "ne zaman buluşuyoruz?"

"Ben şu anda Mersin'deyim."

Adamdaki özgüvene bak, sormadan kalkıp gelmiş bile, diye düşündü Yağmur ve bu kez sinirlenmeye başladığını hissetti.

"Hilton'da kalıyorum. Mümkünse yani sana uygunsa bu akşam buluşabilir miyiz, diyecektim."

Tabii, diye düşündü Yağmur, işlerin vardır senin, bu da bir iş. Bir an evvel halledip dönmen gerek.

"Tamam," dedi, "ben gelir seni saat yedi buçukta otelden alırım."

"Otelde yeriz, diye düşünmüştüm, Mersin Hilton'u çok beğendim. Hoş, daha önce de burada kalmıştım."

İşte bunu hiç söylemeyecektin, diye geçirdi içinden Yağmur. Hatırlatılmaması gereken bir gelişti o.

"Evet, Hilton çok hoş bir yerdir ama rahat konuşabileceğimiz yine hoş bir başka yere götüreceğim seni."

"Bakıyorum, buralı olmuşsun."

"Hem de nasıl!"

"Tamam o zaman seni yedi buçukta otelde bekleyeceğim."

Yağmur, ne yapacağı konusunda uzun uzun düşünüp kendiyle hesaplaşmasını bir sonuca bağladığından, rahattı. Ne diyeceğim, öyle mi yapsam, şöyle mi yapsam, sonra pişman mı olurum acaba, gibi soruları çoktan geride bırakmıştı.

Acele etmeden hazırlandı. Havalar hâlâ güzeldi, yine o uçuşan eteklerinden birini seçti, koyu mor tişörtünün üstüne kısa kot ceketini giydi, yakasına mor çiçeği iliştirdi, halka küpelerini taktı.

Tam yedi otuzda Hilton'un önündeydi, Tarık da çıkmış onu bekliyordu. Takım elbise giymiş, kravat takmıştı. Sanki Mersin'de rahat bir yere değil de, Nişantaşı'nda resmi bir yemeğe gidiyordu.

Ön kapıyı açtı Yağmur, Tarık hemen geçip yanına oturdu. Yeni tıraş olmuştu, losyon kokuyordu.

"Merhaba Yağmur."

"Merhaba! Nasılsın?"

"İyiyim, çok şükür, ya sen?"

"Ben de öyle..."

"Nereye gidiyoruz?"

"Gattini adında benim sevdiğim bir yer var; orada hem yemekler lezzetlidir, hem de rahatça konuşabiliriz."

Öyle rahat bir diyalog içindeydiler ki, uzaktan bakan, genç bir çift ya da iyi iki arkadaş zannedebilirdi onları.

"Eee, nasıl, Mersin'e alışabildin mi?"

"Alışmama hiç gerek kalmadı ki…"
"Nasıl yani?"
"Burası çok hoş bir şehir, insanları harika. Ne de olsa Akdeniz… İklimi gibi, insanları da güzel. Uygarlar, sanatseverler, sıcakkanlılar, beni hemen aralarına alıverdiler meselâ. Öğrencilerimse çok şeker çocuklar, onlara yenilikler sunma peşindeyim. Onlar da buna açıklar. Daha ne isteyebilirim ki."
"Anlaşılan çok memnunsun hayatından."
Yağmur öyle bir, "Çoook…" dedi ki, Tarık dönüp baktı, ciddi mi, şaka mı yapıyor, diye. Yağmur'un ciddi olduğunu kavrayınca, sustu.

Yağmur, içinden, vah vah küçük şehirde yaşıyor, ne yazık, muhabbeti yapmak istiyordu ama durum hiç de öyle değil, hiç de öyle değil, diye geçirdi.

Bu sırada restoranın önüne gelmişlerdi.

Arabayı park etti Yağmur. Bahçe içinde bir restorandı. Yemyeşil bahçeyi saksılar dolusu çiçekler renklendiriyordu. Bir köşede çeşitli dergiler sıralanmıştı okumak isteyenlere, ahşap masaların üstündeyse kalın beyaz mumlar kuytuları aydınlatıyordu.

Gattini'nin sahipleri karşıladı onları. Tarık'ı, "İstanbul'dan arkadaşım," diyerek tanıttı ve ekledi. "O da benim buradaki ilk günlerim gibi sizin bu güzel yerinize hayran kaldı ve azıcık da şaşırdı."

Gülümsemekle yetindi karı koca.

Yemekler ısmarlandı. Bu arada Tarık, Yağmur'u süzüyordu. Daha da bir güzelleşmişti sanki.

"Seni bu tür giysiler içinde görmeye alışık değilim."
"Nasıl yani? Biraz salaş mı buldun?"
"Kötü anlamda değil elbette ama… yadırgadım biraz."

İster yadırga ister yadırgama, kimin umrunda, dememek için kendini zor tuttu Yağmur.

"Burada hayat, artık havasından mı, suyundan mı, tatil gibi. Hava mis, insanlar canayakın, tempo düşük, koşuşturma yok. Küçük keyifleri yaşayabilmek için zaman var, üstelik. E, bu durumda kalkıp da Nişantaşı dudulları gibi siyahlar içinde gezecek hâlim yok herhalde."

Bu sözler koyu renk kostümü içindeki Tarık'ı rahatsız etmişti.

Devam etti Yağmur, "Şuraya baksana, her taraf çiçek, her taraf renk. Zakkumlar, begonviller, turunç ve nar ağaçları. Hepsi renk... Doğa coşmuş! Sen de havaya giriyorsun hâliyle."

Kahvelerini beklerken Tarık konuşmaya başladı, zorlandığı açıktı.

"Bak Yağmur, sana çok önemli bir şey söylemek istiyorum."

"Dinliyorum."

"Benim Tülay'la hiçbir ilgim kalmadı, yani bitti o ilişki."

Dinlemeye devam etti Yağmur.

"Peki, bir şey demeyecek misin?"

"Ne dememi bekliyordun. Yaşasın, filan mı?"

"Hayır, yani şöyle. O, bir hataydı, hem de çok büyük bir hata. Bunu kabul ediyorum ama bitti. Nasıl böyle bir ilişkiye girdim, hâlâ çözemiyorum. Artık yenilik miydi, değişik bir heyecan mıydı, bilemiyorum."

Yağmur, sus, diye bağırıyordu içinden, sus çünkü konuştukça batıyorsun. Yenilikmiş, değişik bir heyecanmış... Bunları duyan hangi kadın seni bağışlar?

Devam ediyordu Tarık.

"Ama ben seni seviyorum Yağmur. Hep seni sevdim. Tam üç yıllık bir ilişkiyi bir hata uğruna, hem de o hatanın bedeli büyük üzüntülerle ödenmişse, silip atamazsın. Seni anlıyorum, bana öfkelisin. Bu bile senin de bana hâlâ bazı duygular taşıdığını gösteriyor. Yazık etme bize. Bir inat uğruna aşkımızı yok etme.

Bak geçen geldiğimde nasıl çılgınca davrandım. Seni kaybettim diye aklımı kaçırıyordum az kaldı. Yoksa öyle davranacak adam mıyım ben?"

Hiç ses çıkarmadan dinlemeye devam ediyordu Yağmur. *Ne tuhaf,* diye düşündü, bir zamanlar onca sevdiğim, sonra da uğruna onca gözyaşı döktüğüm adamın şu sözleri hiçbir şey ifade etmiyor şimdi. Nasıl kopmuşum ki, hiç etkilenmiyorum.

Durdu Tarık, sonra, "Şaşırdığının farkındayım," diyerek devam etti, "hemen cevap ver demiyorum, istersen bir süre düşün ama lütfen seni ne kadar sevdiğimi unutmayarak düşün."

Yağmur, Tarık'la göz göze gelmemek için başını kaldırıp ona bakmıyordu.

Tarık sustu. Karşılıklı sessizlik içinde oturdular bir süre.
Sonra Tarık elini cebine daldırdı ve avcunun içinde tuttuğu bir şeyi çıkarıp Yağmur'a uzattı.
Bu, bir kutuydu.
Bir mücevher kutusu.
"Lütfen açar mısın Yağmur?"
Yağmur hâlâ başını kaldırmıyordu. Bunun üzerine kutuyu kendi açtı Tarık. Siyah kadife muhafazanın içindeki tektaş yüzük pırıl pırıl parlıyordu.
"Benimle evlenir misin Yağmur?"
Bir zamanlar bu cümleyi duymak için neler vermezdi Yağmur. Oysa şimdi...
Kendini, yüreğini, ruhunu bir kez daha yokladı.
Hayır, hayır, hiçbir şey kalmamıştı.
Kim bilir, diye düşündü, belki de hiçbir zaman gerçekten sevmedim onu.
Sadece sevdiğimi zannettim.
Yoksa kopabilir miydim?
Ya da, öyle çok sevdim ve öyle çok kırıldım ki, hiçbir şey kalmadı içimde.
"Her neyse," diye mırıldandı ve kutuyu Tarık'a doğru iterek, "Mutluluğu bulmanı diliyorum Tarık. Bu, benimle olmayacak ama eminim ikimiz de bir gün mutluluğu bulacağız."
"Ama..."
"Israr etme Tarık, bu ikimizi de üzmekten başka işe yaramaz. Şu ayrı olduğumuz dönemde çok düşündüm, kafamın içinde pek çok konuyu ölçüp biçtim ve nasıl bir sonuca vardım, biliyor musun? Biz aslında birbirimizle uyumlu değiliz. İkimiz de iyi insanlarız, en azından kötü değiliz. Onun için sana şu an evet, desem bile, daha sonra başka sorunlar çıkabilir. Çıkacaktır da... O nedenle, birbirimize mutluluklar dileyelim ve herkes kendi yoluna gitsin."
"Son sözün bu mu?"
"Evet Tarık, kesinlikle bu."
"Pekâlâ," dedi Tarık içini çekerek, kutuyu alıp cebine koydu.

Dönüş yolu sessizlik içinde geçti.

Otelin önünde durunca, Tarık arabadan indi ve Yağmur'a doğru eğilerek, "O zaman iyi şanslar sana," dedi.

"Sana da..."

Eve döndüğünde yavaş yavaş soyundu Yağmur, bir adaçayı yaptı, CD çalarının düğmesine dokundu. Kerem Görsev müziği ruhunu okşarcasına yayıldı evin her köşesine.

Kanepeye uzandı, sehpanın üzerinde bıraktığı dergiyi alıp bıraktığı yerden sayfaları çevirmeye devam etti.

Cengiz'in Başı Dertten Kurtulmuyor

"Cumhuriyet Bayramı'nı ne güzel kutladık, değil mi çocuklar?"

Sinan atıldı, "Hocam biz geceki fener alayına ailece katıldık."

"Biz de," dedi Hazal, "hatta tüm mahalle katıldı."

"Bizim evin önünden de marşlar söyleyerek geçtiler, bizler de balkonlardan bayraklarımızı sallayarak onları selamladık," diye heyecanla anlattı Sumru.

"Çok güzeldi, çok."

Önce şöyle bir düşündü Yağmur, sonra konuşmaya başladı. "Bakın çocuklar, modalar gelip geçer. Gün olur böylesi kutlamalarla dalga geçilir. İşte bu, o günün modasıdır. Gün olur, ne kadar da sıkıcı, her yıl aynı şey, denir. Bu da başka bir dönemin modasıdır. Ve asıl bunlar gelip geçicidir.

Oysa değişmeyen – vefalı insan olabilmenin yüceliğidir. Vefa duygusunu yitirmemek, nankör olmamaktır. İşte, onun modası hiç geçmez. Şöyle düşünün, siz çalışıp iyi bir not aldığınızda ya da evde bazı işlere yardım ettiğinizde, en azından bir aferin ya da eline sağlık yavrum, sözlerini duymak istemez misiniz?

İşte bu teşekkür, kadir bilmektir, vefadır. Dedelerimiz bizler için öldüler çocuklar, öldüler. Binler, on binler, yüz binler hâlinde öldüler. Neden? Biz bugün rahat yaşayabilelim, diye.

Devrimleri, onca zorluklara karşın, gerçekleştirdiler. Neden? Uygar bir ülke olabilelim, daha güzel yaşayabilelim, diye.

Bunun karşılığında yılda bir kez doğru dürüst anılmayı, bir teşekkürü hak etmiyorlar mı?

Gelişmiş ülkelere baktığımızda hepsinin böylesi anma günlerini en güzel, en görkemli biçimde kutlayarak ülkeye emek vermişleri onurlandırdıklarını görüyoruz. Bu, o ülke halkına saygınlık kazandırır. Bunun modası yoktur, evrensel bir kuraldır bu.
Ulusal günleri kutlamanın ve bayrak asmanın gerçek anlamı da budur. Bu bir teşekkürdür, bir vefa gösterisidir, bir gönül borcudur."
Çıt çıkmıyordu sınıfta.
"Evet, haydi bakalım açın kitaplarınızı da derse başlayalım."

Okul çıkışı, "Haydi arkadaşlar eyvallah, yarın görüşürüz," dedi Cengiz ve koşar adımlarla uzaklaştı.
Geçen bir minibüse atlayıp çarşıya ulaştı. Arka sokaklara daldı, hızlı hızlı yürüyordu. Sonunda bir tamirhanenin önünde durdu. İçeride iki otomobil vardı, ustalar çalışıyorlardı. Biri bir arabanın altındaydı, sadece bacakları görünüyordu. Öbür ustaysa, diğerinin motoruyla uğraşıyordu. Ustalara yaklaştı Cengiz, dikkatlerini çekmek için öksürdü.
"Birini mi aramıştın, delikanlı?"
"Evet, Salih Usta'yı…"
"Ne yapacaksın Salih Usta'yı?"
Bu soru arabanın altındaki adamdan gelmişti.
"Konuşacaktım."
"Ne konuşacaktın?"
Yüzünü görmediği biriyle konuşmak meğer ne zormuş, diye düşündü, Cengiz. Bacaklara bakarak cevap verdi.
"Şeyy… Onunla konuşmam gerek."
"Peki, kim yolladı seni buraya?"
"Emrah! Emrah benim arkadaşım olur, o gidip Salih Usta'yı bulmamı söyledi."
"Şu bizim Emrah mı?" derken adam arabanın altından çıktı ve uzat elini dercesine bir hareket yaptı.
Cengiz hemen elini uzatıp adamın elini tuttu, ayağa kalkmasına yardımcı oldu. Şimdi karşı karşıyaydılar.
Kır saçlı, kır bıyıklı orta yaşlı bir adamdı Salih Usta. Sevecen bakışları vardı.

"Buralarda bir zamanlar çalışmış olan Emrah mı?" diye sorusunu yineledi.

"Evet, uzun seneler sizin yanınızda çalışmış."

"Ooo," diye güldü Salih Usta öteki adama bakarak, "sizli bizli konuştuğuna göre, öğrencisin sen."

"Evet, lise 1 öğrencisiyim."

"Güzel," dedi, bu arada eski bir bez parçasına elini siliyordu.

"Ve benimle konuşmak istiyorsun."

"Evet."

"Pekâlâ, gel bakalım o zaman. Önce şu ellerimi bir yıkayayım, sen de geç şuraya otur," diyerek tabureyi gösterdi.

Cengiz hemen gidip oturdu. Ustaysa ellerini iyice bir yıkadıktan sonra gelip Cengiz'in karşısına geçti. "Anlat bakalım delikanlı."

Cengiz terlemeye başladığını hissetti. "Ben çalışmak istiyorum." Heyecandan sesi fazla yüksek çıkmıştı.

"Aferin sana," dedi Salih Usta küçücük bir çocuğu dinler gibi.

"Usta ben çok ciddiyim. Çalışmak istiyorum."

"Peki, okul ne olacak?"

"Okula da devam edeceğim."

"Yaa… yani okulu bırakmaya niyetin yok."

"Hayır. Derslere bayıldığımdan değil ama hayatta başarılı olmak için diploma da lazım."

"Aferin delikanlı." Bu kez o hafif alay yoktu Salih Usta'nın sesinde. "Kafan çalışıyor senin. Demek hayatta başarılı olmak istiyorsun."

"Evet," dedi Cengiz, "kararlıyım, başarılı olacağım."

İki usta bakıştılar sonra Salih Usta tulumunun cebinden bir sigara paketi çıkardı, Cengiz'e doğru uzattı.

"Sigara içmem ben usta."

"Bir aferin daha aldın benden delikanlı. Seni sınıyordum. Eee, devam et bakalım, çalışmak istiyorsun. İyi, güzel de nerede, nasıl?"

"Burada."

Bir kahkaha attı Salih Usta, "Oğlum burası tamirhane, burada sadece işi bilen ustalara yer var. Sen motordan anlar mısın meselâ…"

Cengiz, heyecanla öne doğru eğildi, "Usta ben arabalara, hele de motosikletlere tutkunum. Hayatta en sevdiğim konu motosikletler ve arabalar. Böyle bir yerde çalışmak benim için en büyük mutluluk. İşte onun için Emrah, seni ancak Salih Usta paklar, git, konuş onunla, dedi."

Gevrek gevrek güldü Salih Usta, "Duyuyor musun Tacettin, bunlar aralarında konuşup kararları almışlar. Bize de laf bırakmamışlar."

"Estağfurullah usta, ne demek," dedi Cengiz, "yani ben tam olarak anlatamadım kendimi. Bana izin ver ben burada çırak olarak çalışayım, maaş da istemiyorum, sadece öğrenmek istiyorum usta, öğrenmek. Bana motoru öğret, arabanın parçalarını öğreneyim, her türlü girdisini çıktısını bileyim. Tek kuruş istemiyorum," dedi ve ekledi, "şimdilik..."

İki adam yeniden gülüştü.

"Yamansın delikanlı," dedi Salih Usta.

Sonra sustu, düşünüyordu.

Başını kaldırıp arkadaşına baktı, "Ne dersin Tacettin?"

"Fena çocuğa benzemiyor."

Cengiz orada yokmuşçasına konuşuyorlardı aralarında.

"Bir deneyelim bakalım."

Cengiz'in yüreği hop etti sevinçten, dönüp Salih Usta'ya baktı, o ne diyecek diye.

"Pekâlâ."

"Sağ ol ustam, sağ ol Tacettin Ustam," diye ellerine sarılacak oldu ama Salih Usta, "Dur, dur," dedi, "öyle hemen tamir işine giremezsin. Önce bir süre gelip gideceksin. Yerleri süpürecek, sileceksin. Çay kahve yapıp çöpleri dökeceksin. Önce bir buraya alış, sonrasını da sonra düşünürüz. Tamam mı?"

"Tamam ustam, sağ olun. Hemen başlayayım mı?"

"Yok oğlum, sen şimdi evine git, yarın başlarsın. Hem sen ne zamanlar gelebileceksin?"

"Okuldan sonra gelir, akşama kadar çalışırım. Cumartesi pazar günleri de, tatillerde de çalışırım."

"İyi, peki. Haydi görüşürüz."

"Görüşürüz ustalarım," dedi Cengiz ve sevinçle fırladı gitti.
İki usta Cengiz'in arkasından bakarken Salih Usta, "Pek hevesli ama bakalım arkası gelecek mi?" dedi.
"Bana gelecek gibi görünüyor. Ne istediğini biliyor bir kere yani hani o, ne olsa yaparım, diyenlerden değil. Bu çocuğa bir el verelim, derim."
"Verelim bakalım."

Cengiz eve vardığında hava iyice kararmıştı.
"Yine nerelerde sürtüyordun, bu saatlere kadar," diye karşıladı babası. "Cevap ver."
"İşim vardı."
"Ne işi olurmuş bu yaşta çocuğun. O hayta arkadaşlarınlaydın, değil mi?"
"Arkadaşlarıma hayta deme, baba. Onlar iyi çocuklar."
"Belli oluyor! Altlarında motosikletler, orada burada dolaşan işsiz güçsüz takımı."
Hatçe girdi araya. "Dur hele bir soluklansın çocuk. Hadi oğlum git elini yüzünü yıka, yemeğe oturacağız."
Babası hâlâ söyleniyordu.
"Oh, ne âlâ dünya. Git, gez, dolaş. Ders mers hak getire. Bak Hatçe, dediydi dersin, sen bu oğlanı böyle şımarttıkça bu adam olmayacak. Hiçbir baltaya sap olmayacak."
"Ne yapmamı istiyorsun baba?"
"Adam ol, dersini çalış, dersini..."
"Ben derslerime çalışıyorum."
"Çalışıyorsun da ben niye göremiyorum."
"Önce sınıfta dersi dinliyorum, sonra da verilen ödevleri yapıyorum. Sen göremiyorsan ben ne yapayım."
"Onu bunu bilmem. Senin şöyle oturup ders çalıştığını ben görmedim, ya dışarıdasın ya odanda uyuyorsun."
"Hiç sınıfta kaldım mı? Ha, baba, söyle, ben hiç sınıfta kaldım mı?"
Sesi çıkmadı babasının.

Devam etti Cengiz, "Daha ne... Derslerime çalışıp ödevimi yapmasam bana geçer not verirler mi hiç? Sınıfımı geçiyorum, önemli olan da bu değil mi?"

"Hayır efendim, değil. Hem artık gece bu saatlerde eve gelmek yok. Okuldan eve, evden okula."

"İşte onu yapamam."

"Ne demek yapamam," diye üstüne yürüdü Cengiz'in. "Nasıl karşı gelirsin bana? Sokaklarda sürtmek bu kadar mı önemli?"

"Evet, önemli," diye bağırdı Cengiz, "hem de çok önemli! Çünkü ben boş gezmiyorum, kendime iş arıyordum ve buldum. Artık her gün okul çıkışı işe gideceğim, cumartesi pazarları da çalışacağım."

"Ne işiymiş bu?"

"Bir tamirhanede çalışacağım."

"Kaç para verecekler?"

"Para önemli değil, önce öğreneceğim. Para sonra da gelir."

"İzin vermiyorum."

"Neden baba, neden?"

"Onun bunun yanında çıraklık edeceğine otur adam gibi dersine çalış. Aç mısın, açık mısın? Sana git çalış, eve para getir, diyen mi var?" Karısına döndü, "Ben anlamıyorum bu çocuğu. Bir de oğlunu çırak vermiş diye, beni elaleme rezil edecek."

Hatçe ne diyeceğini bilemez hâlde ellerini ovuşturarak bir kocasına, bir oğluna bakıyordu.

"Baba, çalışmak ayıp mı?"

"Oğlum beni deli etme. Çalışmak tabii ayıp değil ama önce bir okulunu bitir. Ben niye gece gündüz çalışıyorum, sizleri okutmak için. Yediğin önünde yemediğin arkanda. Sense tutmuş çıraklık yapacağım diye ayak diriyorsun. Bu ne akıldır yarabbim."

"Bak baba, bir dinle. Sana bir türlü derdimi anlatamıyorum. Ben okul bitene kadar beklemek istemiyorum, o arada bir meslek sahibi olmak istiyorum.

Okul bitiyor, şu saatte. Sonra? Sonra boşum. Yaz aylarında, tatillerde de boşum. Sokaklarda gezeceğime bir meslek öğreneyim, diyorum. Araba tamiri, motosiklet tamiri öğreneyim, iyi bir usta olayım, diyorum. İyi ustalar güzel kazanıyorlar, belki ileride kendi tamirhanemi açarım, diye düşünüyorum."

"Hayal! Hayaller içindesin," dedi babası eliyle havada daireler çizerek, "peki, okul ne olacak?"

"Okulu bitireceğim, diplomamı alacağım."

"Kullanmadıktan sonra neye yaradı o diploma."

"Kullanmayacağımı kim söyledi. Ne yapacağımı da zamanı gelince düşünürüm ama o vakte kadar bu işle uğraşmak istiyorum. Boş oturmayı sevmiyorum baba, çalışmayı seviyorum."

"İzin yok, dedim. Ya, benim sözümü dinler doğru dürüst okuluna gider, derslerine çalışırsın ya da çeker gidersin bu evden."

"İyi o zaman," dedi Cengiz ve odasına yöneldi.

"Be adam, sen ne diyorsun," diye bağırdı Hatçe, "özbeöz oğlunu evden mi kovuyorsun?"

"Yetti senin oğlun…"

"Ne demek şimdi, *senin* oğlun… Babamın evinden mi getirdim bu çocukları."

Cengiz birkaç parça eşyasını çantasına doldurup çıktı odasından.

"Nereye," diye gürledi babası.

"Daha demin, çek git demedin mi, çekip gidiyorum işte," dedi ve kapıyı vurup çıktı.

Karanlık sokaklara daldı Cengiz. Yürüdü, yürüdü, yürüdü. Gözyaşları durmamacasına akıyordu, oysa o bunun farkında bile değildi. Öylesine kırgın, öylesine kızgın, öylesine öfkeliydi ki…

Sonunda parka ulaştı. Kuytu bir köşede, bir bank buldu kendine. Çantasını başının altına koydu, yastık niyetine. Kollarını göğsünün üstünde sıkı sıkıya kavuşturup tahta bankın üstünde uyumaya çalıştı.

Zar zor dalabildi. Uyandığında her tarafı tutulmuştu. Sabah güneşi park duvarlarını aydınlatıyordu. Kalkıp duvarın dibine durdu, güneşte ısınmaya çalıştı.

Yürüyerek çarşıya gitti. Bir simit, bir sıcak çay toplanmasına yardımcı oldu.

Okula gidince doğru tuvaletlere yollandı; yüzüne soğuk su çarptı, saçını taradı, üstüne başına çekidüzen verip sınıfa girdi.

Kimse bir şey fark etmemişti. Bir tek Mehmet, "Sen iyi misin?" diye sordu.

"İyiyim, neden sordun?"

"Yüzün solgun da..."

"Gece iyi uyuyamadım, ondandır."

Okul çıkışı tamirhanenin yolunu tuttu. İki usta onu karşılarında görünce, "Hoş gelmişsin delikanlı," dediler. Sonra Salih Usta, "yahu, biz seni kabullendik ama adını sormamışız, şu işe bak," dedi.

"Adım Cengiz. Cengiz Topçular."

"Pekâlâ Cengiz, haydi bakalım öyleyse, iş başına. Önce şu berhaneyi bir güzel süpür, sonra da çöpleri dök."

"Tamam usta," dedi Cengiz ve eline süpürgeyi aldığı gibi başladı süpürmeye.

"Haa, bir de baban biliyor değil mi burada çalıştığını?"

"Biliyor, biliyor," dedi Cengiz, "sorun yok."

Monika'nın Atölyesi

"Bugün sizleri bir fotoğraf sergisine götüreceğim çocuklar. Hadi binin bakalım servis arabalarına."

"Ooo, bugün lüks durumlardayız."

"Yağmur yağıyor da ondan. Yoksa sizi yine bir cumartesi yürüyüşü bekliyordu."

Yağmur Öğretmen'in bu okul dışı etkinliklerini hevesle bekler olmuşlardı. Her sefer yeni bir deneyim, yeni bir konu, yeni bir ortamla tanışıyorlardı.

Yolda, anlatmaya başladı Yağmur.

"Fotoğraf çok sevilen, saygın bir sanat dalı olarak kabul görüyor. Bizim de ünü ülke sınırlarımızı aşmış fotoğraf sanatçılarımız var, onların başında Ara Güler geliyor. Ara Güler adını duydunuz mu çocuklar?"

Sumru, "Annem onun fotoğraflarına bayılır, bizim evde Ara Güler kitapları baş köşededir," diye atıldı.

"Kitap da mı yazıyor?" diye sordu Hazal.

"Hayır, yazmıyor da, onun fotoğraflarını bir kitapta topluyorlar. Fotoğraflardan oluşmuş bir kitap diyebiliriz," diye yaptı açıklamasını ve ekledi. "Aslında ben de bayılıyorum o siyah beyaz fotoğraflara. O tipler, o sokaklar…"

"Görseydik şunları yaa…" dedi Lila.

"Sahi Sumru, anneden izin alıp o kitapları okula getirebilir misin? Sınıfta arkadaşların bakarlar ve hemen aynı gün sana iade ederiz."

"Tabii hocam, memnuniyetle. Annemin de bir şey diyeceğini hiç sanmam."

"Dediğim gibi Ara Güler dışında pek çok ünlü fotoğrafçımız var. Bu konuyu Google'a girip araştırabilir, fotoğraflarına bir göz atabilirsiniz. Mersin'de de yine başarılı çalışmalar yapan bir fotoğraf kulübü ve fotoğrafçılar var. Ayrıca, meraklısına kurslar da var, sanırım üçer aylık kurslar bunlar. İlk aşamada temel bilgiler veriliyormuş, daha sonra da fotoğraf gezileri yapıyorlar."

İlgilerini çekmeyi başarmıştı Yağmur. "Kaç kişinin fotoğraf makinesi var?"

Kalkan ellere şöyle bir baktı Yağmur, "Hiç fena değil," dedi, "sekiz on kişide fotoğraf makinesi var, anlaşılan."

"Hocam, aslında hepimizde var sayılır," dedi Cengiz, "cep telefonlarıyla istediğimiz yeri ya da kişiyi çekebiliyoruz."

"Aynı şey değil akıllım," dedi hemen Ayşim.

"Evet," dedi Yağmur, "aynı şey değil Cengiz. Gerçi son model telefonların kameraları da oldukça gelişti ama yine de fotoğrafı bir sanat eserine dönüştürmek için başka şeyler de gerekiyor. Peki, bir soru daha. Fotoğraf makinesi olanlar, bunları kullanıyorlar mı?"

Önce bir sessizlik sonra Lila konuştu. "Dedem, bir doğum günümde bana fotoğraf makinesi armağan etmişti ve bol bol fotoğraf çek Lila, fotoğraf, döneminin en sahici tanığıdır, demişti. Kendisi çok meraklıdır da..."

"Deden ne güzel ifade etmiş fotoğrafı. Peki, sen fotoğraf çekiyor musun?"

"Ne yazık ki, hayır hocam. Bir iki çektim, sonra makineyi bir kenara koyup unuttum."

"Bana da hediye gelmişti," dedi Selim, Sinan lafını kesti Selim'in, "Sünnetinde mi?" Kıpkırmızı oldu Selim. Kıkırdaşmalar...

"Ne gülüyorsunuz arkadaşlar, şurada el kaldıran erkek arkadaşların hepsine kesin sünnet armağanı olarak gelmiştir," dedi Sinan gülerek ve ekledi, "Kol saati, fotoğraf makinesi ve çeyrek altın."

"Tamam Sinan," dedi Yağmur, "bu aydınlatıcı bilgiler için çok teşekkürler. Peki Selim, sen makineni kullanıyor musun?"

"Hayır hocam."

"Şöyle bir düşün bakalım, gözlerini kapa ve söyle. Fotoğraf çekecek olsan en çok neyin fotoğrafını çekmek isterdin?"

Selim gözlerini kapadı, bir an durdu, sonra, "Hazal'ın fotoğrafını çekmek isterdim," dedi.

Arkadaşlarından bir uğultu hâlinde sesler yükselince, bir kez daha kıpkırmızı oldu, "Yani arkadaşlarımın, Lila'nın, Nazire'nin, Mehmet'in..."

Yağmur yardımına koştu öğrencisinin, ciddi bir yüz ifadesiyle, "Anladığım kadarıyla sen portre çalışmak istiyorsun."

Onun bu tavrı kıkırdamaları kesmişti ama Lila'nın Selim'e bakışı hiç de bağışlayıcı değildi.

"Evet hocam, sanırım öyle."

"Neyse, işte geldik çocuklar. Sergi salonuna sessizce geçelim."

Öğrenciler birer ikişer salona girdiler. Salonun yüksek duvarlarını dev boyutlarda siyah beyaz portreler kaplamıştı. Fotoğrafların altında açıklamalar yazılıydı.

Yağmur, öğrencilerini etrafına topladı. "Daha sonra broşür alıp okursunuz ama önce ben size özet bilgi vereyim.

Bu sergi, altı fotoğraf sanatçısının eserlerinden oluşuyor. Kimi daha deneyimli, daha profesyonel, kimi yeni yetişen bir yetenek ama hepsi fotoğrafçılığa gönül vermiş kişiler.

Sergi, Mersin'de yaşayan sekiz kadını ve çalışmalarını onurlandırıyor. Çoğu sanatçı veya sanatsever kimliğiyle öne çıkıyor.

Serginin adıysa, *Mersin Farkında*. Bir başka deyişle, bizler siz sekiz kadının, topluma kattıklarınızın farkındayız, anlamında çok duyarlı bir çıkış noktası var. Hani, geçen gün *vefa* konusunu ele almıştık ya, o çizgide bir sanatsal çalışma bu."

Lila, Hazal'ın elinden tutup çekti, "Bak Lina Teyze bu. Onun da fotoğrafını çekip koymuşlar."

"Nasıl koymazlar, herkese koşar, herkese yardımcıdır."

Nazire'yse gidip bir başka fotoğrafın önünde durmuş, "Çocuklar, çocuklar bakın bu fotoğrafa," diye fısıldıyordu. "Biz bu hanımı heykel parkında görmemiş miydik? Hani boynunda kırmızı bir eşarpla dolaşıyor, çalışanlarla sohbet ediyordu."

"Evet," dedi Sumru, "ben de hatırlıyorum."

Yağmur yavaşça onlara doğru eğildi, "O hanım üniversitenin Heykel Bölümü başkanı."

"Yaa..."
Hazal, "Ay, inanmıyorum," diyerek eliyle ağzını kapattı, sesi duyulmasın diye. "Ben bu yazarın tüm kitaplarını okudum, hem de kaç kez."
Bu kez kitaplarını okudukları yazarın siyah beyaz portresi ve çalışma masasını gösteren fotoğrafın önünde fısıldaşıyorlardı. Çok heyecanlanmışlardı, çok.
"Bir gün toplanıp evine ziyarete gidelim," dedi Hazal.
"İyi de, o her zaman burada değil ki."
"Canım telefon eder, randevu alırız."
"İşte bu, olur."
Ve sırayla kendini müziğe adamış bir müzik öğretmeninin, ören yerinde çalışma yapan bir arkeoloğun, sanat için gönüllü çalışmayı bir yaşam biçimine dönüştürmüş kişinin, çok önemli bir sosyal sorumluluk projesini hayata geçiren bir başka kadının ve sokak çocuklarıyla kurduğu koro ve müzik aracılığıyla onların hayatlarında fark yaratan kişinin fotoğraflarına baktılar, aralarında fısıldaştılar. Dönüp sergiyi bir kez daha gezdiler ve ancak ondan sonra dışarı çıkabildiler.
Yağmur için için seviniyordu. Sergi gezisi başarılı olmuştu, gençler sıkılmamış, tam tersine fotoğraf sanatına ilgi duymaya başlamışlardı. *Şimdi bunu pekiştirmek gerek,* diye düşündü.
Dışarı çıktıklarında onları bir başka sürpriz bekliyordu. Yağmur durmuş, güneş açmıştı. Binadan çıkıp iki yanı ağaçlı yoldan dış kapıya doğru yürüdüler. Yaprakların üstünde yağmur damlacıkları titreşiyor, damlacıklara değen ışığın yarattığı renkli oyunlar, minik şimşek çakmalarını andırıyordu.
"Şimdiii," dedi Yağmur Öğretmen, "sizleri buradan başka bir yere götüreceğim," ve ekledi, "bu sergiyi tamamlayacak bir yere..."
Nazire, yolda Sumru'ya doğru eğildi, "Sumru, senden bir şey isteyeceğim ama yapmak istemezsen de kabulümdür."
Merak etmişti Sumru, "Nedir, söyle."
Nazire iyice sokuldu Sumru'ya, "Yağmur Öğretmen'den ayrıldıktan sonra seninle birlikte bir yere gidip birisine bir şey vereceğiz."
"Anladımsa ne olayım. Şunu açık açık söylesen."

"Şimdi olmaz. Sonra anlatırım."

Servis arabası eski bir Mersin evinin önünde durdu. 'Atölye Monika' yazıyordu girişte. Bahçe içinde, geniş teraslı bir evdi burası. Uzaktan gitar sesi geliyordu.

Genç bir kadın belirdi terasta, "Hoş geldin Yağmur, demek sonunda getirdin öğrencilerini. Ne kadar mutlu oldum anlatamam."

"Çocuklar, size sevgili dostum Monika'yı tanıtayım," dedi Yağmur. "Kendisi fotoğraf ustasıdır. Zaten içeride galeri var, orada onun bazı fotoğraflarını görebileceksiniz. Gezip, görüp fikir edinebilirsiniz."

Uzun boylu, iri siyah gözlü bir esmer güzeliydi Monika. "Çocuklara limonata hazırladım," dedi kocaman bir sürahiyi işaret ederek.

"Zahmet etmişsin."

"Zaten az sonra arkadaşlar da gelecek. Biri çoktan geldi, arka bahçede gitar çalışıyor."

"Ne güzel," dedi Nazire.

Bunun üzerine Monika, "Sizler de ne zaman isterseniz bize katılabilirsiniz. Biz burada sadece fotoğraf konuşmuyoruz. Sohbet ediyoruz, müzik dinliyoruz. Şiirler okunuyor. Bazen bir kitabı okuyup üstünde tartışıyoruz. Bazen de biri bir fikir atıyor ortaya, onunla ilgili tartışıyoruz.

O nedenle siz gençler buraya gelebilir, ister fotoğraf hakkında bilgi edinebilir, ister değişik konularda görüşlerinizi paylaşabilirsiniz."

Sumru, içeride gördüğü gramofonu ve eski dikiş makinesini işaret ederek, "Antika seviyorsunuz herhalde, benim annem de çok meraklıdır," dedi.

"Babam terziydi," dedi Monika, dalgalı siyah saçlarını geriye atarak. "Dolayısıyla o eski dikiş makinesini görünce dayanamayıp aldım, benim için bir simge o. Ayrıca eski evleri, objeleri seviyorum. Yaşanmışlığın göstergesi onlar ve bizlerle bizden öncekiler arasında bir bağ oluşturduklarına inanıyorum."

Terastaki rahat koltuklar, rüzgâr gülleri, saksılarda çiçekler ve umulmadık yerlere yerleştirilmiş ilginç aksesuarlar atölyeye öylesine sıcak, öylesine kucaklayıcı bir hava vermişti ki...

Elinde gitarıyla genç bir adam belirdi ve "Selam gençler," dedi, "gitar çalmayı yeni yeni öğreniyorum da." Ve hemen açıklamasını yaptı.

"Çocukluğumdan beri hep gitar çalmak istemişimdir. Ama annemle babam derslerime engel olur, diye olaya sıcak bakmadılar. Sonuçta büyüdüm, okudum ve bankacı oldum. Sonra bir gün dedim ki, seneler geçiyor hem artık izin isteyecek yaşı da geçtim. Eee, o zaman ne duruyorsun, gider ders alır, gitar çalmayı öğrenirsin."

Öyle de tatlı anlatıyordu ki bunları. "Onun için siz siz olun, bir şeyi çok istiyorsanız, hele de bu, sanatla ilgiliyse ertelemeyin. Sakın ertelemeyin. Şurada bir iki tıngırdatıyorum ve bundan inanılmaz bir zevk alıyorum. Bana büyük bir keyif veriyor."

"Abi, bana da çok keyif veriyor," dedi Dilaver. Bu sözleri öyle içten gelerek söylemişti ki...

Adam dönüp Dilaver'e baktı, "Sen de mi bir müzik aleti çalıyorsun?"

"Evet," dedi Dilaver gururla, "ben klarnet çalıyorum."

"Deme yahu..."

"Tabii."

"Seni kutlarım," derken hâlâ şaşkındı adam.

Devam etti Dilaver, "Gerçi ben ders filan almadım, nota da bilmem ama çok seviyorum klarneti. Zaten bizim oralarda doğar doğmaz klarnetti, darbukaydı... hep bunlarla büyürsün."

Grubun büyük bir bölümü galeriyi gezmiş, fotoğrafları incelemişti.

"Ne kadar değişik fotoğraflar çekmişsiniz," dedi Hazal, "hele de şu eski evdeki gelinle damat fotoğrafları."

"Onları eski bir Gaziantep evinde çekmiştim."

"Fotoğraftaki gelin ne kadar da sana benziyor Hazal," dedi Selim.

Hazal, Selim'i duymazlıktan gelerek sordu, "Demek fotoğraf çekmek için başka kentlere de gidiyorsunuz."

"Evet, fotoğraf turlarımız var. İsteyen katılabiliyor."

Yağmur, "Duydunuz mu çocuklar. İsteyene kurs var; kendini geliştirmeyi düşünene foto gezileri var. Bir düşünün derim. O fotoğraf makinelerini, örümceklenmiş köşelerinden çıkarıp kullanın, derim. Ve..." dedi, durup öğrencilerini süzerek, "neden yıl sonunda bizim sınıfımızın bir fotoğraf sergisi oluşmasın!"

"Ay, muhteşem bir fikir bu."
"Valla, neden olmasın."
"Ben varım," dedi Lila.
"Ben de sergide klarnet çalarım," dedi Dilaver.
"Ooo, o zamana kadar epeyce ilerletmiş olacağımdan ben de gitarımı alır gelirim."
Kahkahalar peş peşe patlıyordu.
Saatine baktı Yağmur, "Her şey için çok teşekkürler Monika, artık bize müsaade."
Onları kapıya kadar yolcu etti Monika.
Lila, Hazal'ın kulağına doğru eğildi. "Selim de seninle bozdu bugün."
"Ne oldu ki?"
"Yok, ben Hazal'ın fotoğrafını çekmek istiyorum…"
"Canım çocuk arkadaşlarımın portrelerini çekmek istiyorum, dedi aslında. Hepimizin adını saydı."
"Yok, fotoğraftaki gelin ne kadar da Hazal'a benziyormuş."
"İlâhi Lila… Oysa ben hiç de benzetmedim o gelini kendime."
"Her yerde seni görüyordu bugün."
Omzunu silkti Hazal.
"Evet çocuklar, sizleri istediğiniz yerlere bırakabilirim. Bugünlük bu kadar."
"Hocam biraz daha kalsaydınız."
"Sağ olun ama daha fazla vaktinizi almak istemiyorum. Dersleriniz var, kiminizin kursu var. Sizleri bırakıp ben de eve döneceğim zaten."

Böylece öğrencilerin kimini çarşıya, kimini evine bıraktıktan sonra, başını cama dayadı ve daldı gitti Yağmur.

Son dedikoduları düşünüyordu.

"Çocukları sokağa döküyor, orada burada dolaşıyorlar. Bunun adı da eğitim ha, güleyim bari," diyormuş Yağmur'un kâbusu Abdülkadir Bey.

"Hafta sonu çocuğun yetiştiremediği dersleri hazırlama zamanıdır ama bu hanım, ne yapıyor, çocukları gereksiz şeylerle oyalıyor. Heykellere bakacaklarmış… Bakacaksın da, ne olacak. Taş yığını… Sonra bale... Var mı bizim kültürümüzde bale? Hepsi özenti, hepsi eğreti. Ya, neydi o duvar boyamalar. O saçmalık. Her sabah o abuk sabuk resimleri görmüyor muyum, nevrim dönüyor. Göz veremi derler ya, aynen öyle. Ama Müdire Hanım da çok gevşek. Yüz veriyor bu kadına. Ben müdür olsam mum ederim herkesi mum. Böyle kadınları da öğretmen diye değil işe almak, kapının önünden bile geçirmem," diyormuş da diyormuş.

Yağmur aldırmamaya çalışıyordu, belli etmemeye gayret ediyordu ama üzülüyordu, zaman zaman da morali bozuluyordu. Şurada işimi yapmaya çalışıyorum, çocuklara nasıl daha iyi şeyler, yenilikler sunabilirim diye kafa patlatıyorum, adam neler söylüyor. Hem niye uğraşıyor benimle bu kadar, diye soruyordu kendine ve – bir cevap bulamıyordu.

"Geldik abla." Ramiz gülümsüyordu hâlden anlarcasına.

"Dalmışım Ramiz."

"Eee, kolay mı zamanın gençleriyle uğraşmak ama Allah'ı var, hepsi seni çok seviyor."

"Sahi mi?"

"Sahi tabii. Servisten al haberi... Her şey burada konuşulur."

Birden içi ısındı Yağmur'un. Az önce üzerine çöken ağırlık kalkıvermişti sanki.

"Sağ ol Ramiz, beni mutlu ettin."

"Ne demek abla..."

"Hadi görüşürüz."

Önemli olan öğrencilerim, diye düşündü Yağmur. Onlar beni seviyor, bana güveniyorlarsa işimi iyi yapıyorum demektir. E, Müdire Hanım da yaptıklarımı beğeniyor, sezinlediğim kadar. Öğretmen arkadaşlarla aram iyi. Daha ne isterim, diyerek kendini teselli etti. Eve girdiğinde antredeki aynaya baktı, sonra, "O adamı da kafana takma, bırak konuşsun," dedi yüksek sesle.

Sonra da güldü kendine.

Gizli Görev

Çarşıya geldiklerinde servisten birlikte inmişlerdi Nazire'yle Sumru.

"Gel," dedi Nazire, Sumru'nun elinden tutarak, "şurada bir yere oturalım da, biraz konuşalım."

Merakla arkadaşına bakıyordu Sumru.

"Bak az önce söylediklerimin tekrarı olacak ama senden bir iyilik istiyorum ama yapmak istemezsen de hiç alınmam, mecbur değilsin yani."

"Tamam, anladım da. Benden ne istediğini söylemiyorsun bir türlü."

"Offf," diye homurdandı Nazire, "ablam Naz var ya..."

"Evet."

"İşte o, Caner'le, yani sevgilisiyle yeniden görüşmeye başladı."

"Deme!"

"Sus, bağırma öyle," diye elini sıktı Sumru'nun.

"Gizli görüşüyorlar, kimse ama hiç kimse bilmemeli."

"Tamam, tamam! Ama çok şaşırdım be Nazire, hani o kadar ortalık karıştı, millet birbirine girdi, bu iş de bitti, diye biliyorum ben."

"Öyleydi, hâlâ da öyle zaten. Ama bir gün sokakta yürürken ablamın karşısına çıkıyor bu Caner ve işte ben senden başkasını sevemem, ben sana aşığım, şöyle de böyle de, derken bizimki de âşık ya... Bunlar gizli gizli buluşmaya başlıyorlar."

"Vaaay..."

"Ama çok seyrek. Onun için arada mektuplaşıyorlar. Öyle e-posta aracılığıyla da değil çünkü Naz, ağabeyim bilgisayarını kontrol edebilir, diye korkuyor. Durum böyle olunca, bana da posta güvercinliği görevi düştü."

"Peki, benim ne yapmam gerekiyor?"

"Şimdi Caner'in baharatçı dükkânı var, o da şehrin göbeğinde, sebze halinin orada. Beni orada gören, kesin ailemden birine hemen söyler. Kalabalık aileyiz, ne de güzel, dedik ya, işte bu da güzel olmayan yanlarından biri. Her yerde tanıdığımız var, annemin arkadaşları ayrı, babamın esnaf arkadaşları ayrı, abimin, ablamınkiler, dayımınkiler, say say bitmez.

Onun için beni oralarda gören oldu mu bizimkilerin anında haberi olur. Ama bunu gel de ablama anlat. Evde ağlayıp duruyor. N'olursun Nazire bir çare bul, mektubumu Caner'e ilet, belki onun da bana bir diyeceği vardır, bir şeyler karalamıştır, al gel, diyerek günlerdir başımın etini yiyor."

"Daha önce haberleşiyorlar, demiştin, nasıl yapıyorlardı, yine öyle yapsalar ya..."

"Bir seferinde, ablamın çalıştığı kuaförideki kız, bir başka sefer de Caner Abi'nin bulduğu bir çocuk getirip götürmüş. Ama onlardan da her sefer her sefer istenemiyor, ayrıca da güvenemiyorlar. Sonuçta kabak benim başıma patladı."

"Niye telefonla konuşmuyorlar?"

"O, ayrı bir problem, onu hiç sorma, olmuyor işte."

"Peki, benim görevim ne olacak?"

Aslında böylesi bir aşk hikâyesinde rol almak heyecanlandırmıştı Sumru'yu. Çok ama çok romantikti doğrusu. Tıpkı eski zamanlar gibi...

"Şimdi biz seninle sebze halinin oraya gideceğiz. Sen Caner Abi'nin dükkânına girip, 100 gram zahter istiyorum, diyeceksin. Parola bu."

"Zahter ne?"

"Ohoo kızım, sen de hiçbir şey bilmiyorsun. Baharatların şahıdır zahter. Zeytinyağına koyar, sonra ekmeği banarak yersin. Ayrıca, salataya ve başka bir dolu yemeğe konur, çay gibi sıcak olarak da içilir. Kekiğe benzer yabani bir bitkidir. Şifalıdır. Neyse şimdi bırakalım yemek dersini de... sen, zahter istiyorum, deyince Caner Abi sana bir paket verecek. İçinden zahterin yanı sıra, onun mektubu olacak. Sen de paketi alıp çıkacaksın."

"Kolaymış! Yaparım!"

Sırtına vurdu Sumru'nun, "Aslansın, sana güvenebileceğimi biliyordum zaten."

Devam etti Nazire, "Beni de oralarda görürlerse diyeceğim ki, bir arkadaşım İstanbul'dan geldi, hiçbir yeri bilmiyor," durdu Sumru'ya baktı, "E, bu da yalan değil yani."

"Değil."

"Eve baharat lazımmış, bana sordu, bende onu sebze halinin oraya, baharatçıya götürdüm. Nasıl? İyi fikir değil mi?"

"Bence de çok iyi fikir."

"Valla düşündüm, düşündüm ancak böyle bir çıkış yolu buldum. İşte senin duruma katkın böyle olacak, ben de o paketi senden alıp ablama götüreceğim."

"Tamam."

"Ama tekrar ediyorum, eğer istemezsen, ısrar da etmem, sana gönül de koymam."

"Hayır Nazire, kolaymış. Hem de sevgililere yardım etmiş olacağız."

"Sağ ol kardeşim, bu iyiliğini hiç unutmayacağım," dedi Nazire.

Sumru'ysa bir dost edinmenin sevincini yaşıyordu. Hemen sordu, "Evet, ne yapıyoruz şimdi?"

"Şimdi, seninle sebze haline yürüyoruz kanka."

Sumru gerçekten de bu bölgeye daha önce gelmemişti. Sebze haline giden cadde cıvıl cıvıldı. Her türlü dükkân yan yana sıralanmıştı.

Tatlıcılar, cezeryeciler, çamaşır satan dükkânlar, yufkacılar, bakkallar, manavlar... Kiminin önünde askıda tişörtler dalgalanıyordu, kiminin önünde hevenk hevenk kurutulmuş patlıcan, biberler... yan yana dizilmiş, ağzı açık çuvallardaysa, kurutulmuş çeşit çeşit şifalı otlar... Ve bütün bunların üstünde dalgalanan baharatla karışık hafif bir pastırma kokusu...

Ve nasıl bir kalabalık. Girenler, çıkanlar.

Sumru nereye bakacağını şaşırmıştı. "Burası ne kadar kalabalık."

"Nasıl olmasın ki... Şehrin asıl halkı buradan alışveriş yapar. Burada hem malın en iyisi, hem her çeşidi, hem de en ucuzunu bulursun."

Caddeyi boydan boya yürüdükten sonra Nazire, "Şimdi sağa sapacağız, o sokak bizi sebze haline ya da öbür adıyla küçük sebze haline götürecek."

"Bir de büyük hal mi var?"

"Asıl hal şehir dışındadır ve çok büyüktür. Oraya büyük çapta sebze ve meyve gelir ve tüccarlara veya manavlara toptan satış yapılır. Burası çok eskiden hal görevi görmüş ve sonra daha büyüğü yapılınca ismi *küçük sebze hali* olmuş. Ama şimdi her tür meyve sebzenin perakende olarak bol miktarda satıldığı bir yer."

Sokağa saptılar.

"Ay, ne güzelmiş," dedi Sumru. Hayran hayran bakıyordu, sergilenen meyvelere, sebzelere. "Tam bir renk cümbüşü," dedikten sonra Nazire'nin kolunu çekiştirdi. "Hani bugün bol bol fotoğraf konuştuk ya, işte bence asıl fotoğraf çekilecek yer burası. Şu renklere bak."

"Sumru! Biz buraya sebzelere övgüler yağdırmaya gelmedik. Bir an evvel şu işi bitirip çıkalım buradan."

"Ay, tamam Nazire, kusura bakma."

Biraz daha gittiler, sonra Nazire başıyla ilerideki bir dükkânı işaret etti.

"İşte orası Caner Abi'nin baharatçı dükkânı. Hoş, başka şeyler de satıyor ya… Ben buralarda oyalanacağım, sen oraya gidip içeri gireceksin. Ve uzun boylu, sarışın bir genç adamı bulup, iki kez ben 100 gram zahter istiyorum, diyeceksin. Sakın başkasından isteme yoksa elinde sadece zahterle dönersin. Tamam mı, anlaştık mı?"

"Tamam."

İlk başta bu durumu eğlenceli bulan Sumru, şimdi heyecanlanmaya başlamıştı. Dükkâna doğru yürüdü.

Hay Allah, yan yana iki dükkândı bunlar. İkisi de öyle birbirine benziyordu ki… Uzaktan şöyle bir bakmış, tamam demişti Nazire'ye ama şimdi…

Önüne gelince…

O muydu, bu muydu?

Durdu, baktı, baktı.

Sonra dönüp Nazire'nin dolaştığı yerlere doğru baktı. Nazire durmuş, ona bakıyordu, eliyle, ne oldu, dercesine bir hareket yaptı.

Sumru seslenemeyeceğine göre, gidip ilk dükkânın önünde durdu ve Nazire'ye baktı.

Nazire, bu kez hadi, girsene gibi bir hareket yapınca, *tamamdır, doğru dükkân* diye düşünüyordu ki kalın bir sesin, "Bir şey mi arıyordunuz küçük hanım," demesiyle yerinden sıçraması bir oldu.

"Ay, ödüm koptu!"

"Özür dilerim, sizi korkutmak istemezdim ama bakınıyordunuz da, *yardımcı olabilir miyim acaba*, diye düşündüm."

Adam şişman, kısa boyluydu. Güleç yüzlüydü. *Naz'ın sevgilisi kesinlikle bu değil*, diye düşündü ve içeri girdi Sumru. Adam da peşinden.

"Ne istiyordunuz, yardımcı olayım."

Heyecan bir yandan, aradığı kişiyi henüz bulamamış olmanın gerginliği öbür yandan...

Dükkânın içi de bayağı loştu. Özellikle de aydınlıktan içeri girince, insan bir süre pek çok şeyi algılayamıyordu.

Hele de böyle, dibinde, ne istiyordunuz, diye sorup duran biri varsa...

Gözleri içerinin loşluğuna alışınca telaşla etrafına bakındı.

Adamsa yanından ayrılmıyor, bu kez de, "Ne arıyorsunuz, bana söyleyin, ben burada çalışıyorum, yardımcı olayım," diyordu.

Hey Allahım, yardımın batsın, beni rahat bırak adam, diye bağırmak geliyordu Sumru'nun içinden.

Öte yandan, bu dükkânda öyle uzun boylu, sarışın biri yoktu. Yok-tu!

Eee, n'olacak şimdi, diye düşündü. İstanbul'da olsam, kardeşim sizin burada şöyle şöyle bir adam çalışıyor mu, diye gayet rahat sorar, cevabımı da alırdım.

Ama burada – işte burada, hele de bu koşullar altında soramazdı. *Ne yapsam*, diye düşünürken, raflara bakıyormuş gibi yapıyor, yanındakiyse durmadan konuşuyordu. Dükkânın iyice ilerisinde kalın bir perde vardı. Belki de o perdenin arkasında oturuyor, dinleniyor filandı bu Caner.

Ama kalkıp Bay Geveze'ye, şu perdeyi kaldırıver, arkasında kim var, bir görelim de diyemezdi. Bari Nazire'nin yanına gideyim, diyerek kapıya yöneldi.

Bay Geveze, "A, gidiyor musun," diye pek üzüldü.
"Bir düşüneyim de yine gelirim," dedi Sumru, adam da bu lafa pek şaşmış olmalı ki, "İlâhi küçük hanım, alacağın elmas değil, pırlanta değil ki uzun boylu düşünesin. Altı üstü birkaç yüz gramlık baharat," dedi.
Sumru dükkândan çıkar çıkmaz, doğru Nazire'nin dolaştığı açıklığa koştu.
"N'oldu Sumru?"
"Yok! Senin Caner Abi yok, sadece çok konuşan bir adam var orada. Sinir etti beni; aslını istersen, o da bana sinir oldu, iki saat dükkânda kalıp bir şey almadan çıktım diye."
Nazire dayanamayıp güldü, "Cezmi Abi olmalı," sonra, "hay Allah, o kadar da buralara geldik. Bir işi çıkmış olmalı."
"Dur, bu arada ben bir evi arayayım," dedi Sumru; dinledi dinledi sonra, "İyi, annem daha eve gelmemiş," dedi.
"Annen cumartesi günleri de mi çalışıyor?"
"İdari görev ya, bazı işlerin olabildiğince çabuk düzene girmesi gerekiyormuş, gece gündüz çalışıyorlar. Yarın da çalışacak sanırım."
"Ah! İşte!" diye bağırdı Nazire, "Caner Abi geliyor."
"Hani, hani? Göster bana."
Nazire uzun boylu bir adamı işaret etti. Sumru da görmüştü onu, "Hımmm... bayağı da yakışıklıymış, tevekkeli değil ablan ona yangın."
"Sumru koş," dedi Nazire, "hazır onu görmüşken koş, yakala ve zahterini iste."
"Tamam," dedi Sumru, bu kez Caner'in geldiği tarafa doğru yöneldi. Gerçi Nazire, koş, demişti ama koşarsa dikkat çekeceğini düşünerek, hızlı adımlarla genç adama yetişmeye çalıştı.
Nitekim dükkâna neredeyse aynı anda ulaştılar. Sumru öyle bir geliyordu ki, genç adam biraz da hayretle baktı ona.
Sumru hemen, "Ben yüz gram zahter istiyorum," dedi.
"Efendim?"
Bu kez adamın gözlerine gözlerini dikerek tane tane, "Ben yüz gram zahter istiyorum. Ben yüz gram zahter istiyorum," dedi. Kalbi de bir çarpıyordu ki...

Genç adam işte o zaman toparlandı ve "Hemen getiriyorum," diyerek Sumru'nun az önce baktığı perdenin arkasında kayboldu. Kısa sürede elinde paketle belirmişti, Sumru'ya uzattı.

"Çok teşekkür ederim, borcum nedir?"

"Rica ederim, bu bizim ikramımız," dedi genç adam gülümseyerek.

Ay, gülümsemesi de ayrı bir hoş, diye geçirdi içinden Sumru.

Sumru kapıya yönelirken, Nazire'nin Cezmi Abisi de içeriden çıktı. Sumru'yu görmüştü.

"Bir şey aldı mı bu?"

"Evet, yüz gram zahter istiyormuş."

"Hey Allahım, ne tipler var," diye iki elini iki yana açarak, gözlerini devirdi. "Az önce girdi bu kız, iki saat bakındı, bakındı sonra ne dese beğenirsin. Ben bir gidip düşüneyim! Bak hele bak, bir duyan da mücevher bakıyor sanır. Demek düşündü düşündü, sonra gelip yüz gram zahter aldı. Hey Allahım, neler var bu dünyada..."

Sumru koşarak Nazire'nin yanına ulaşmıştı bile. Paketi uzatarak, "Buyrun efendim," dedi. Pek gururluydu.

Nazire paketi alıp içine baktı, evet, küçük zahter paketinin yanında kalın bir zarf duruyordu orada.

"Tamamdır kanka," dedi ve karşılıklı, çak bir tane, yaptılar. Sonra sarıldı Sumru'ya, "Çok teşekkür ederim, bu iyiliğini unutmayacağım."

"Ne zaman istersen, memnuniyetle yardımcı olurum. Nasıl olsa artık dükkânın yerini öğrendim."

"Vay Sumru vay," dedi Nazire, "sağ olasın."

"Haydi okulda görüşürüz."

"Görüşürüz.

Eve vardığında Sumru pek mutluydu. Artık onun da sırlar paylaştığı sıkı bir dostu vardı.

Ah Gençlik! Ah Aşk!

Dar sokakta dalgın dalgın yürüyordu Hazal. Duvardan sokağa doğru uzanmış sarmaşık dalından bir yaprak koparttı. Yaprağı çevirerek yürümeye devam etti, eve varmasına az kalmıştı.

"Hazal!"

Olduğu yerde kaldı, sesin geldiği yöne döndüğünde Selim'i gördü. Hazal'ın evini çevreleyen duvara yaslanmıştı, belli ki onu bekliyordu. Nitekim, "Yolunu gözlüyordum," diyerek yanına geldi. "Biraz yürüyelim mi?"

Bir sevinç dalgası sardı benliğini Hazal'ın. Anlatılamaz bir mutluluk duygusu.

"Eve gidecektim de..." Ne aptalca bir laftı bu. Ama bir şeyler söylemesi gerekiyordu, aklına da başka hiçbir şey gelmemişti işte.

"Biraz sonra gitsen olmaz mı?" dedi Selim sonra uzanıp çenesinden tuttu, "Lütfen yüzüme bakar mısın?"

"N'apıyorsun Selim, komşular görecek."

Bu sözleri söylerken kendini geriye atmıştı Hazal.

"Tamam, tamam," dedi Selim, "panik yapma. Senden bütün istediğim biraz birlikte yürümek. Konuşacaklarımız var. Eve yarım saat geç gitsen, bir şey demezler."

"Peki," dedi Hazal, kucağında taşıdığı kitaplara daha bir sıkı sarılarak.

Bir süre sessizlik içinde yürüdüler. "Söze nasıl başlayacağımı bilemiyorum," dedi Selim. "Çok garip bir durum bu bizimki. Sana geçen gün söylediklerimi hatırlıyorsun, değil mi?"

Başını salladı Hazal.

"Yani ben anlayamıyorum, nedir bizim durumumuz. Hiç aklımdan çıkmıyorsun, hep seni düşünüyorum. Geçen gün de ne laflar ettim öyle ama elimde değil. Demek ki hep seni düşünüyorum."

Bu sözler Hazal'ın yüreğinde havai fişekler gibi patlıyordu.

"Ve sanırım," dedi yumuşacık bir sesle, "sen de beni." Durdu, gözlerinin içine baktı Hazal'ın. "En azından beğeniyorsun. Öyle değil mi?"

Yine başını salladı Hazal. Allahım nedir benim bu tutukluğum, diye yakındı içinden, niye doğru sözcükleri bulup doğru şeyleri söyleyemiyorum.

Onu beğendiğimi, hem de çok beğendiğimi, onu her gördüğümde yüreğimin hop ettiğini söyleyemiyorum.

Öte yandan Gülşah gibi kızlar, değil onları beğenenleri yanıtlamak, kendi beğenilerini gidip o kişiye açık açık söyleyebiliyorlardı.

Ama yapamıyordu, duygularını açığa vuramıyordu işte. Lila bile onun bu mahcup hâliyle hep dalga geçer, "Kızım bu gidişle biz seni evlendiremeyeceğiz," derdi hep.

Yutkundu, boğazı kurumuştu.

"İki genç insanın birbirinden hoşlanmasından daha doğal ne olabilir, sen böyle düşünmüyor musun?"

Yine yutkundu, "Evet," dedi, sesi kurbağa sesi gibi çıkmıştı. Boğazına takılıp o sesin çıkmasına neden olan her neyse, onu gidermek için öksürdü. "Evet, bence de çok doğal," dedi ama aynı anda da, al bakalım, bir başka geri zekâ örneği laf, diye düşünmekten alamadı kendini.

"O zaman," dedi Selim, "nedir bizim sorunumuz. Tamam, annenle babanın bilmesini istememeni anlıyorum. Ama okuldakiler, arkadaşlarımız… Onların bilmesinde ne sakınca var?"

Hazal susuyordu çünkü verecek cevabı yoktu. Sınıfta, başka sınıflarda birbirini beğenenler vardı, çıkanlar vardı. Birlikte sinemaya, bir kafeye, doğum günü partilerine gidiyorlardı. Kimse de olaya kötü bakmıyor, eleştirmiyordu. Öğretmenler, özellikle de genç öğretmenler, parkta el ele gezen gençlerle karşılaştıklarında ya görmezlikten geliyor ya da gülümseyip geçiyorlardı. Hatta hatta rehberlik öğretmenleriyle, böylesi konuları paylaşan pek çok öğrenci vardı. Rehber öğretmenler öğrencilerle konuşuyor, onlara her şeyin eğrisini doğrusunu anlatıyorlardı.

Yani, öyle eskiden olduğu gibi baskı yoktu, gerçi babası bu çizginin çoook dışındaydı. Babası kendi gençlik dönemine takılıp kalmıştı. Kızının birisiyle gezmesine asla razı olmazdı. Aslında, pek çok arkadaşının babası bu çizgideydi. Anneleriyle iyi kötü konuşabiliyorlardı ama babalarıyla böyle bir şey düşünülemezdi bile. Bir tek Nazire vardı, "...ben her şeyimi babamla konuşurum," diyen.

Durum bu, aşırı baskı yok ve pek çok genç beğendiği kişiyle gezip tozuyor. *Demek ki*, diye düşündü Hazal, sorun koşullarda değil, bende...

"Daldın gittin yine Hazal."

"Ne diyeceğimi bilemiyorum ki," diye adeta hıçkırdı Hazal, öylesine üzgündü.

İçindeki çekişmeyi Selim'e anlatamazdı. Anlamazdı ki... Bazen kendisi bile kendini anlayamadıktan sonra Selim'in anlamasını nasıl bekleyebilirdi.

"Nedir sorun?" Selim endişeyle bakıyordu Hazal'ın yüzüne. Onu anlamaya, ona yardımcı olmaya çalışır hâli vardı.

"Bilemiyorum," diye yineledi Hazal, didikleyip durduğu yaprağı yere attı.

"Belki de benden hoşlanmıyorsun ama bunu söyleyemiyorsun."

"Hayır!" diye feryat etti Hazal.

Rahatlamıştı Selim, "Öyleyse hoşlanıyorsun," dedi gülümseyerek.

"Evet," diye mırıldandı Hazal ama bu 'evet'i Selim'in yüzüne değil, yere bakarak söylemişti.

"O zaman... o zaman sorun ne?"

"Ne bileyim Selim..." diye başladı konuşmaya. "Lila'yla arkadaşlığımız bozulacak diye korkuyorum. Biz ikimiz takılacağız, o yalnız kalacak. Oysa yıllardır beraberdik."

"Lila'dan ayrılmayacağız ki, arkadaşlık devam edecek ama seninle benim daha özel bir ilişkimiz olacak. Eminim buna en çok sevinen Lila olacaktır. O bizim delifişek arkadaşımız."

Lila'yı ne kadar da az tanıyor, diye geçirdi içinden Hazal. Evet, Lila delifişekti ya da Nazire'nin deyişiyle estirikliydi ama bir yandan da çok kırılgan, çok alıngandı.

Rahat bir tip gibi görünürdü ama yanlış olduğunu düşündüğü bir durumda da hiç de bağışlayıcı olmayan bir tavır takınırdı. Dostluğuna sonuna kadar güvenebilirdin, öylesine mertti ama o dostluk konusunda en ufak hatayı kabullenmeyen bir yanı vardı. İşte onca arkadaşlıklarına rağmen Selim, düz erkek mantığıyla Lila'nın onlara gösterdiği kadarından yola çıkıyor ve onu öylece değerlendiriyordu. Oysa Lila'nın ruhunun derinliklerini bilen Hazal, çok daha başka düşünüyordu.

"Acele etmeyelim," dedi Hazal, "Lila'yı kırmadan bunu nasıl söyleyebileceğimizi iyice düşünüp tasarlamalıyız."

"Âlemsin Hazal," dedi Selim gülerek, "Lila küçücük bir çocuk mu? Nedir yani? Arkadaş, biz çıkıyoruz, diyeceğiz, hepsi bu. Gör bak, o da nasıl sevinecek bu işe. Sen de bunca ve de boşuna üzüldüğünle kalacaksın."

Sonra elini tuttu Hazal'ın, "Bak ne diyeceğim. Bu konu seni bu kadar üzüyorsa, onunla ben konuşurum, olur biter."

"Sakın ha..." diye feryat etti Hazal. "Sakın, sakın! Böyle bir şey yapayım deme Selim. Ben onu birazcık tanıyorsam, bunu benden duymak isteyecektir. Ne de olsa, biz çocukluk arkadaşıyız."

"Peki, sen düşünüp taşınıp çözüm ararken biz seninle görüşmeyecek miyiz?"

"Görüşeceğiz tabii."

Uzanıp Hazal'ı omuzlarından tuttu Selim, ona doğru eğilerek alçak sesle, "Baş başa diyorum Hazal, baş başa..."

Durdu, düşündü Hazal. Sonra dertliymişçesine içini çekerek "Kimse bilmezse, görüşebiliriz," dedi.

Selim dayanamamış, gülmeye başlamıştı. "Gerçekten inanılmazsın Hazal," dedi sonra gülmeyi kesip "seni böylesi rahat ettirecekse, pekâlâ," diye ekledi sonra Hazal'ı taklit ederek, "kimse görmeden görüşeceğiz o zaman," diye fısıldadı. Ama bütün bunları söylerken Hazal'a öyle bir bakışı vardı ki...

Öylesine sevecen, öylesine hayran ve de öylesine âşık...
Parkı geçip, deniz kenarına varmışlardı. Alçak duvarın üstüne çıkıp oturdular. Dalgalara bakarak kimi zaman güldüler, kimi zaman konuştular. Bir arada olmaktan öylesine mutluydular ki...
Uzaktan onlara bakan biri, yükselen dalgalara aldırmaksızın birbirine dalmış bu iki genç için, ah gençlik, ah aşk, derdi kesin.

Cengiz'in İlk Kazancı

Okul çıkışı Mehmet, Cengiz'i bir kenara çekti.

"Bana bak, annene yalan söylemekten bıktım. Niye konuşmuyorsun kadıncağızla? Kaç gündür gelip seni görmek için okul kapısının dışında bekliyor."

"Biliyorum," dedi Cengiz, "onu üzmek istemiyorum ama şimdi konuşsam, eve dön diyecek oysa benim o eve dönmeye hiç niyetim yok."

"Bir de ben bir şeyi anlamıyorum. Annen gelince kayboluveriyorsun. Yanımdasın sonra bir bakıyorum yoksun. Nereye gidiyorsun, nasıl yapıyorsun, anlayan beri gelsin."

Acı acı güldü Cengiz, "Üst kattan bakıyorum. Annemi görünce vınnn okulun arka kapısından çıkıp gidiyorum."

"İyi de orası kilitli, hem de kapıya vurulmuş kocaman asma kilitle..."

"O kilit bozuk, biraz oynayınca açılıyor. Çıktıktan sonra, elimi sokup yine eski yerine takıyorum. Oradan giren çıkan olmadığı için de kimse duruma uyanmıyor."

"Peki Cengiz, bu durum daha ne kadar devam edecek?"

"Arkadaşlarım benden bıkana kadar..."

"Hiçbirimiz senden bıkmayız da, annen çok üzülüyor. Habire, iyi mi, hasta filan değil ya, diye soruyor. Ben de çok iyi teyzeciğim, hiç merak etme, yakında eve dönecek, deyip duruyorum. Ha, bir de sana para yolladı, al," diyerek bir zarf uzattı arkadaşına.

"Öff yaa..." Gözleri dolmuştu Cengiz'in.

"Üzüleceğine uzatma bu işi," dedi Mehmet, sonra da gülerek ekledi, "babanın da sana mesajı varmış."

"Yok ya, neymiş o mesaj?"

"Baban diyormuş ki, gelsin elimi öpsün, onu bağışlayayım."
Başını iki yana salladı Cengiz, "Âlem adam, hiç anlaşamıyoruz onunla. Düşün Mehmet, ben boş vakitlerimde bir şeyler yapayım, çalışayım, bir şeyler öğreneyim, diyorum. Bunu asla kabul etmiyor, kötü bir şey yapıyormuşum gibi bağırıp çağırıyor. Neyse, haydi ben gidiyorum, yarın görüşürüz."

Kısa süre sonra tamirhanedeydi Cengiz.

"Eee, bugün neler öğrendin bakalım okulda," diye sordu Tacettin Usta. Cengiz'le şakalaşmayı pek seviyordu. Cengiz hemen işe koyuldu. Bir yandan da ustasına laf yetiştiriyordu.

"Okulda da bana Tacettin Usta bugün sana neler öğretti, diye soruyorlar."

Bir kahkaha attı usta, "Seni gidi laf ebesi."

"Usta, biliyor musun, Adana'da bir adam varmış, eski arabaları toplayıp tamir ediyormuş. Eski dedimse bayağı eski, antika yani. Her şeyi de kendi elleriyle yapıyormuş. Eski otomobil delisi anlayacağın. Hatta o arabalardan birini bir dizide kullanmışlar."

"Biliyorum," diye başını salladı Tacettin Usta.

Cengiz elindeki işi bırakıp baktı. "Acaba bir gidip baksak mı o arabalara?"

"Adam araba delisiymiş diyorsun ama senin de ondan aşağı kalır yanın yok, hadi bakayım işine bak sen."

O gün ayrılırken Salih Usta yanına çağırdı Cengiz'i. "Gel hele, diyeceklerim var sana," sonra bir zarf uzattı. "Al, bu da senin on beş günlük emeğinin karşılığı..."

"Ustam ben para istemiyorum, biliyorsun. Öğrenmek için buradayım."

"Yok yoook," dedi usta, "sen her gün dediğin saatte geldin, söylenen her işi yaptın. O zarftaki çok bir para değil ama en azından emeğinin ufak bir karşılığı. Şimdi..." bir an durdu sonra devam etti, "biz Tacettin'le konuştuk, seni artık tamir işlerine sokacağız."

Cengiz öyle bir sevindi ki... "Sağ olun ustalarım, sağ olun... yani şimdi ben de araba tamiri öğreneceğim, öyle mi?"

"Doğrudur," diye başını salladı Salih Usta.

Cengiz havalara sıçradı. "Allah!"
Onun bu sevinci karşısında iki adam birbirlerine bakarak gülümsediler.
"İşi seven başka oluyor," dedi Salih Usta, arkadaşına.
"Doğrudur," dedi bu kez Tacettin Usta.
"Çok teşekkür ederim! Sağ olun ustalarım! Allahım! İnanamıyorum! En sevdiğim şey motosikletlerle, arabalarla uğraşmak. Ve şimdi ben bu işi öğreneceğim."
"Hadi hayırlı uğurlu olsun."
Cengiz tamirhaneden çıktığında yerde mi yürüyordu, gökte mi, farkında değildi. O kadar sevinçliydi ki... bunu mutlaka kutlaması gerekiyordu. Hemen Dilaver'i aradı.
"Bu akşam ne yapıyorsun koçum?"
"Hayırdır, sesin pek bir keyifli geliyor."
"Buluşunca anlatırım."
"Ben bu gece çalışıyorum."
"Yaa... Nerde?"
"Erdemli'de, her zaman çaldığım türkü barda, istersen gel. Orada konuşuruz."
"Tamam," dedi Cengiz, "bir Mehmet'i arayayım, uygunsa onu da alır gelirim."
Ardından Mehmet'i aradı, Mehmet de merak etmişti Cengiz'in anlatacaklarını. Böylece saatini kararlaştırdılar.
"Bu gece bendensiniz," dedi telefonu kapatırken.
"Hayırdır, dedik oğlum."
"Ben de buluşunca anlatırım, dedim ya..."
Sonra zarfı açtı. İçinde gıcır gıcır bir yüz liralık duruyordu.
"İlk kazancım," diye mırıldandı Cengiz, "bununla artık iyi bir ziyafet çekeriz kendimize."
Nasıl da mutluydu.
Tam o sıralarda Hazal da odasında, aynanın karşısına geçmiş, prova yapıyordu. "Bak Lilacığım, sana çok sevineceğin bir şey söyleyeceğim..."
Üff, ne sevinmesi yaa... Evlilik haberi mi bu?

Yeniden denedi.

"Lilacığım, canım benim, çok şaşıracaksın ama Selim'le biz..."

Elbette şaşıracak! Laf mı şimdi bu?..

Ayağını hırsla yere vurdu; olmuyor olmuyordu. Bir kez daha denedi.

"Bak Lila, Selim'le birbirimizden hoşlanıyoruz. Bunu yeni fark ettik ve sen en can dostumuz olduğundan ilk sana söylemeye karar verdik."

Sahi acaba nasıl tepki verecekti bu duruma?

Sonra birden sinirlendi.

"Ne bu ya... Ben onun esiri miyim, kimi seversem severim. Benden önce o birini sevse ve bunu bana söylese bozulmazdım, valla bozulmazdım. Nedir benim bu çektiğim kaç gündür. Söylerim, bozulursa bozulur. Hem eğer gerçek dostsa bozulmaz, tam tersine sevinir," diye söylendi aynanın karşısında.

"Hazal," diye seslendi annesi, "bi' şey mi dedin?"

"Hayır anne hayır, yüksek sesle ders çalışıyordum da..."

"Evet, evet, yarın okulda ilk iş söyleyeceğim, n'olacaksa olsun," diye mırıldandı kendi kendine.

Ve telefon çaldı.

Cep telefonunu alıp baktığında olduğu yerde donakaldı. Lila yazıyordu ekranda. Yakalanmış gibi hissetti kendini.

Sanki ayna karşısındaki provaları görmüş, söylediklerini duymuş da arıyormuş gibi...

Açıp açmamakta tereddüt etti.

Oysa ısrarla çalıyordu telefon.

Sonunda açtı.

"Neredesin kızım, iki saattir çaldırıyorum."

"Ne bağırıyorsun, banyodaydım, ancak yetiştim," dedi ama kendisini yalan söylemek durumunda bıraktığı için de dönüp Lila'ya kızdı için için.

İşte herkesten çok sevdiği arkadaşının bu hâlleri sinir ediyordu onu ama bir tatsızlık olmasın diye hep alttan alıyordu. Alttan aldıkça da içerliyordu Lila'ya.

"Hazalım, çok özür dilerim, canım arkadaşım, n'olur kusuruma bakma. Sinirlerim çok bozuk. Az önce tüm dengemi altüst eden şeyler öğrendim. Sonra da bambaşka bir nedenle annemle atıştık."

İşte bu sözler Hazal'ın tüm öfkesini silip süpürmüştü.

"Yolanda Teyze'yle mi?"

"Başka annem var mı canikom?"

Güldü Hazal, "Yani senin annen dünya tatlısıdır da, nasıl olur da tartışırsınız, demek istedim."

"Yolanda Teyzen, seni görünce şeker gibi oluyor, canım."

"Doğru," dedi Hazal, "sever beni o."

"Beni de Leyla Teyze sever, n'aber..."

"Haklısın, seni gerçekten çok sever annem, benim delifişek kızım, benim altın saçlı kızım, der senin için."

Lila bu sözler üzerine sakinleşmişti.

"Ne oldu?" diye sordu Hazal.

"Bizim apartmanda bir kız var, arada sırada onunla buluşur, çene çalarız. Apartman arkadaşı anlayacağın. Bugün bir doğum günü partisinden söz etti. Arkadaşının doğum günüymüş, *biz onunla aynı okulda değiliz ama sanırım o sizin okulda,* dedi. Ben de adını sordum, *Gülşah,* demez mi. Eğer aynı Gülşah'tan söz ediyorsak, hiç sevmem o kızı, dedim. Tarif edince sözünü ettiğinin bizim Gülşah olduğu ortaya çıktı. Bu habire, *ama o çok tatlı bir kız, niye öyle söylüyorsun,* deyip duruyor. Ondan sonra da öyle bir şey söyledi ki, işte o zaman fıttırıyorum sandım."

"Ne dedi?"

"Tabii o bunu çok eğlenceli bulmuş, gülerek anlatıyor. Dedi ki, *sizin okulda Selim diye bir çocuk varmış. Onu çok beğeniyormuş ve ne yapıp edip onu tavlayacağım,* diyormuş. Bakar mısın?.."

Hazal hiç ses çıkarmadan dinliyordu.

"Şu sözlere bakar mısın? Veee doğum günü partisine Selim'i de davet etmiş. Kızdaki arsızlık ne boyutlarda, anla."

"Peki, Selim daveti kabul etmiş mi?"

"Benim arkadaş o kadarını bilmiyor. *Doğum gününe davet etmiş,* dedi, o kadar."

"Aman canım," dedi Hazal, "ne hâlleri varsa görsünler. Sen ne diye sinirini bozuyorsun."

"Yarın okulda Selim'i bulup bu duyduklarımı aynen söyleyeceğim."

"Yapma Lila. Hem bize ne..."

"Olur mu, o bizim arkadaşımız. Kız seni tavlayacağını açık açık söylüyormuş, diyeceğim." Durdu, sonra, "Hazalcığım, annem çağırıyor, yarın okulda görüşürüz."

"Tamam canım, iyi geceler."

Telefonu kapattıktan sonra gidip pencereyi açtı. Serin hava iyi gelmişti, başını kaldırdığında pırıl pırıl bir hilal ona bakıyordu. Hemen bir dilek tutmak için davrandı. Ama her şey öylesine karmaşıktı ki, ne dileyeceğini bilemedi.

Düşündü, düşündü sonra, "Her şey yoluna girsin, lütfen her şey yoluna girsin," diye mırıldandı.

Antakya Gezisi

Otobüsün en önünde oturan Yağmur, arkaya doğru dönüp seslendi.

"Çocuklar Antakya hakkında okuyup bilgilendiniz mi?"

Ses çıkmayınca, "Ama olmaz ki," dedi Yağmur, "bir yere gitmeden önce ilgileneceksiniz, bilgileneceksiniz. Bir şeyler bulup okuyacaksınız ki, oraya gittiğinizde etrafınıza boş boş bakakalmayın. Tarihi hakkında, o yörenin özellikleri hakkında bir şeyler öğrenmiş olmak, o geziye hazırlıklı olmak demektir. Neyse, o zaman sizlere özet bilgi vereyim. Bu iyiliğimi de unutmayın," dedi ve anlatmaya başladı.

"Kent, M.Ö. 4. yüzyılda, Büyük İskender'in ölümünden sonra imparatorluğun topraklarını bölüşen dört komutandan Selencos Nicator tarafından kuruldu. Bakın ne kadar eski bir tarihte kurulmuş Antakya. Milattan önce dördüncü yüzyıl...

Antik Çağ'da Antioch adıyla anılan kent, İpek Yolu üstünde olması nedeniyle hızla gelişip önemli bir ticaret merkezi oluyor. Milattan önce ikinci yüzyıla gelindiğinde, içinde çeşitli etnik grupları barındıran beş yüz bin nüfuslu bir metropol haline dönüşüyor.

Romalılar dönemindeyse Roma ve İskenderiye'nin yanı sıra Antakya, imparatorluğun en önemli üç kentinden biri. Geceleri gündüz gibi aydınlık ve pırıl pırıl olan Antioch, dönemin en popüler kentlerinden. Ama Konstantinopolis'in yükselişi bu kentin giderek sönmesine neden oluyor. Buna Haçlı istilası da eklenince kent adeta çöküyor. Osmanlılar bu toprakları ele geçirdiklerinde Antioch tarihten silinmiş durumda.

Yirminci yüzyıla geldiğimizde Antioch artık küçük bir köy görünümünde. I. Dünya Savaşı'ndan sonra Fransızlar burayı işgal ediyor

ve modern bir kente dönüştürüyorlar. Fransız işgali 1938 yılında sona erince de Hatay Devleti kuruluyor. Sonra da halk oylamasıyla 1939 yılında Türkiye Cumhuriyeti topraklarına dahil oluyor. Benden bu kadar, gerisini öğrenmek de size kalmış artık."
"Teşekkürler hocam."
"Sağ olun hocam."
Bağlar, bahçeler arasında uzayıp giden yollar ne kadar da düzgündü. Birden aklı Cengiz'e takıldı Yağmur'un. Bu geziyi duyurduğunda hiç ilgilenmemişti. Ve bunun doğal sonucu olarak şu anda da otobüste yoktu.

Gerçi Ayşim, Lila ve daha başka öğrenciler de katılamamıştı ama onları anlayabiliyordu, geçerli nedenleri vardı. Ayşim uzun bir hafta sonu gezisine zaman ayıramayacağını, özel ders programı olduğunu, ayrıca satranç turnuvasına hazırlanması gerektiğini anlatmıştı.

Zavallı Lila'nınsa içi gidiyordu bu gezi için. "Üstelik orada arkadaşlarım da var hocam," diyerek neredeyse ağlamaklı olmuştu. Ama ailede düğün vardı, çok yakın bir akrabasıydı evlenen ve Yolanda Hanım kesinlikle hayır demişti bir kere.

Ama Cengiz...
Cengiz, "Ben gelemeyeceğim hocam," diye kestirip atmıştı.
"Bu harika bir fırsat Cengiz," diye ikna etmeye çalışmıştı öğrencisini.
"Otel parası ödemeyeceğiz. Orada çok sevilen, sayılan bir eğitimci bizi davet etti ve bütün bunları o ayarladı. Öğretmenevi'nde kalacağız; tadilat varmış o nedenle konuk kabul etmiyorlarmış ama sözünü ettiğim eğitimci sayesinde bizler bitmiş olan bölümde kalabileceğiz."
"Konu parasal değil," demişti Cengiz, yüzünde ciddi bir ifade.
"Nedir peki?"
Huzursuzluğunu belli edercesine gözlerini kaçırmıştı Cengiz.
"Lütfen konuş Cengiz. Ben senin öğretmeninim, bir sorun varsa çekinmeden bana söyleyebilirsin."
Önce, "Sorun yok hocam," deyip, sonra bir an düşünüp, "bir işe girdim, çalışıyorum da..." demişti.
"Yaa, demek öyle. Peki, nasıl bir iş bu?"

İşte bu sorudan sonra Cengiz'in yüzü nasıl da aydınlanmış, nasıl bir hevesle anlatmaya başlamıştı tamirhaneyi, ustalarını, motorları, arabaları...

Hızını alamamış, hayallerini, onun deyişiyle dört dörtlük bir usta olmayı, hatta bir gün büyük bir tamirhane sahibi olma rüyasını bile anlatmıştı.

Yağmur, onun sözünü kesmeden dinlerken Cengiz'le ilgili bazı gözlemlerinde ne kadar haklı olduğunu görüyordu.

Son zamanlardaki yüzünün solgunluğu... Yorgun hâli... Hafta sonu etkinliklerine katılamaması...

Demek çalışıyormuş, diye düşündü, hem de yorucu bir tempoda.

Öylesine sorarmışçasına, "Nerede bu senin tamirhane," dedi.

Cengiz kaptırmış anlatırken, çabucak bu soruyu cevapladı ve sözlerine devam etti. Yağmur'sa, hemen not almıştı zihninde.

"Hadi Nazire, hadi," sesleri yükseldi.

"Hocam Nazire çok güzel türkü söyler."

"Sahi mi? E, hadi o zaman."

Nazire başladı söylemeye. Sesi gerçekten de çok güzeldi, türkülere yakışan yanık bir sesti onunki.

"Nazire, n'olur *Mihriban*'ı söyle."

"*Emmioğlu* Nazire, hadi önce *Emmioğlu*'nu söyle."

Ve böylece Nazire peş peşe bu güzelim türküleri söyledi.

Ne çok yetenek var elinden tutulacak, diye düşündü Yağmur. Aklına Dilaver geldi; o da müthiş bir yetenekti ama dersleri berbattı. Bu gidişle sınıfta kalacaktı.

Bir şeyler yapmalıyım.

Çareler bulmalıyım.

Yağmur bu düşünceler içindeyken Selim'le Hazal yan yana oturmuş, Nazire'yi dinliyorlardı. Sabahleyin otogarda Hazal, Nazire ve Sumru yol çantalarını bagaja verirken yetişmişti Selim.

"Saatim durmuş," demişti nefes nefese.

Ve otobüse binerken ustaca bir manevrayla Hazal'ın yanına oturuvermişti. Nazire'yle Sumru'ysa ilerleyerek onların önündeki koltuklara geçmişlerdi.

"Bütün bu yol sensiz çekilmezdi."
"Yavaş konuş!"
"Tamam, tamam! Senin yanında olayım da yavaş da konuşurum, sen istersen görünmez adam da olurum," demişti Selim.
Kendini tutamayıp güldü Hazal.
Çok mutluydu.
Yola çıktıkları gün cumaydı, pazar akşamı döneceklerdi. Demek ki tam üç gün birlikte olacaklardı.
Selim'le üç gün...
Dönüp Selim'e baktı, o da Hazal'a bakıyordu.
Gülümsedi.
Bu gülümseme duygularını öylesine açık eden bir gülümsemeydi ki...
Selim, uzanıp elini tuttu Hazal'ın.
Hazal ilk kez karşı çıkmadı, bıraktı eli Selim'in avcunda kalsın.
Sumru, Nazire'ye sordu. "Sizin evde durumlar nasıl?"
"Valla hiç de iç açıcı değil."
"Neden?"
"Araya iki ailenin de sevdiği, saydığı kişiler girdi. Çünkü Caner Abi, *ben bu kızdan vazgeçmem*, demiş."
"Helâl olsun Caner Abi'ye."
Sumru'nun bu tepkisine şöyle bir gülümseyip dizine vurdu Nazire, "Sağ ol kanka," dedi ve devam etti. "İşte o araya girenler Naz'la da konuşmuşlar. Ablam da, ben ölürüm de Caner'den başkasına varmam, demiş. Durum böyle olunca, onlar iki ailenin arasını yapmaya çalışıyorlar. Ama işin en garip tarafı..."
Durdu Nazire, başını iki yana salladı.
"Nedir tuhaf tarafı?" Merak içindeydi Sumru.
"Onlar biraz yumuşadı, derken, bu sefer bizim taraf uyumsuzluk yapıyor."
"Ne diyorsun! Ama senin baban çok mantıklı, çok akıllı bir adam."
"Babamdan söz eden kim."
"Peki, öyleyse kim yapıyor bunu?"
"Annem."

"Ne!"
"Evet, annem. Sağ olsun, onun da damarı tutmaya görsün... Şimdi de o, evladımı oğullarına layık görmeyenlere verilecek kızım yok benim, diyor da başka bir şey demiyor. Tabii bu durumda ablam ağlıyor da ağlıyor. Araya girenler anneme yapma etme, diyorlar ama o nuh diyor, peygamber demiyor."
"Hay Allah! Kırk yıl düşünsem bunların olabileceğini yani annenin karşı çıkacağını düşünemezdim."
Bir süre ikisi de konuşmadı. Düşüncelere dalmış gibiydiler.
Sonra Nazire, "Ama biliyor musun annem bana ne dedi," diyerek anlatmaya başladı. Sanki, konuşup içini dökme ihtiyacındaydı. "Benim inat yaptığımı düşünüyorlar, oysa ben biliyorum; bizim Naz'ı sırf Caner istiyor diye alırlarsa, daha sonra kızımı ezer bunlar. Düşünsene, Aleviyiz diye istemiyorlar bizi. Kafa bu kafa olunca mecbur olup aldığı geline neler etmezler ki... En hafifinden üzerler onu, kırarlar.
Baban bunları anlamıyor, düşünmüyor. O, kızla oğlan karar verip evlenirlerse, bu gemiyi birlikte pekâlâ da yürütürler diye düşünüyor. Ama aileler de var. Ağaç kovuğundan çıkmadı ki bu iki genç insan. Onlar giderek Caner'i etkileyecekler ve bir süre sonra huzursuzluklar başlayacak. Kızımı ezecekler, diyor ve o da başlıyor ağlamaya."
"Hay Allah Nazireciğim, ne diyeceğimi bilemedim."
"Ya ben... ya ben..." dedi Nazire gözleri dolu dolu.
Uzanıp arkadaşının elini tuttu Sumru, "Bak eminim bu günler geçecek. Onlar bir araya gelecek, çok mutlu olacaklar, biz de bütün bu üzüntüler boşunaymış, diyeceğiz."
"Umarım," diye içini çekti Nazire.
Grup çok neşeliydi. Yol boyunca oyunlar oynandı, hep bir ağızdan şarkılar söylendi, bol bol abur cubur yendi. Herkes bir şeyler getirmişti; fındık, fıstık, gofret, şeker...
Sonunda Antakya'ya vardılar, otobüsten iner inmez doğru Öğretmenevi'ne... Ve gıcır gıcır, yeni badana yapılmış odalara yerleştiler.
Öğretmenevi'nde onları, Antakya'ya davet eden Mehmet Hoca'yla eşi Nebihe Hanım karşılamıştı.

Yağmur, "Hocam bizlere böyle bir imkân sağladığınız için çok teşekkür ederiz," dedi.

Mehmet Hoca'nın eşi atıldı, "Mehmet bu bölge öğrencilerinin, yaşadıkları yerleri tanımalarının çok önemli olduğunu düşünür. O nedenle Çukurova'da yaşayan gençler, Mersin'i, Antakya'yı, Tarsus'u, Adana'yı, İskenderun'u ve diğer ilçeleri tanımalılar, gidip görmeliler. Yaşadıkları yöreyi bilmeliler, der hep."

"Ne kadar haklı, ben de tamamen aynı kanıdayım. Yaşadığımız yeri bilmeliyiz."

Mehmet Hoca söze girdi, "Ben de size böylesi bir etkinliği gerçekleştirdiğiniz için teşekkür ediyorum."

O sırada iki genç kadın hızlı adımlarla yanlarına ulaştı.

"Sizlere Esra ve Dilay Hanımları tanıtayım," dedi Mehmet Hoca, "onlar kentimizin en eski, en köklü kitabevinin sahipleridir ve bu tür etkinliklerde, sağ olsunlar, hep bizlere destek olurlar."

"Ne demek hocam," dedi hemen Esra Hanım.

"Ayrıca," dedi Mehmet Hoca, Yağmur'a gülümseyerek, "Esra benim öğrencimdi bir zamanlar. Şimdi de en büyük destekçim."

"Ne güzel," dedi Yağmur. "Öğretmenliğin en hoş yanı da bu zaten. Verilen emeklerin unutulmaması. Şu veya bu şekilde bunların bir geri dönüşümünün olması."

Akşam yemeği için restore edilmiş, eski bir Antakya evindeydiler. Sanki restorana değil de, bir eve konuk gidilmiş hissi veren bir yerdi. Salona yerleştirilmiş masalar, kar beyazı örtüler, eski dönemlerde misafir odalarında kullanılan iskemleler, koltuklar…"

Nitekim, "Aaa, tıpkı anneannemin misafir odası gibi…" dedi Sumru, koltuklara okşarcasına dokunarak.

Duvarlardaysa, yağlıboya portreler vardı. Kim bilir hangi ailenin büyükleriydi onlar.

Ve hafif bir müzik… geri planda.

Klasik Türk müziğinden örnekler…

"Ay, anneannemle dedem de hep klasik Türk müziği dinlerler. O eski şarkıları…"

"Eh, anneannenlerin evine gelmiş kadar oldun Sumrucuğum."

"Aynen öyle hocam."

Oturur oturmaz servis başladı. Çeşitli otlardan yapılmış salatalar, humus, kısır, babagannuşla sofra donatıldı.

Esra Hanım, "E, hani zahterli zeytinli salata?" diye sorunca, Nazire'yle Sumru gülmeye başladılar.

"Ne oldu çocuklar?"

Hemen toparlanan Nazire, "Hocam, Sumru zahterin ne olduğunu bilmiyordu da, o aklımıza geldi," diyerek vaziyeti kurtardı.

Esra Hanım konuşmaya başladı. Cıvıl cıvıl bir kadındı, ne de güzel takıları vardı.

"Bu gece ve yarın gece sizlere Antakya yemekleri tattıracağız. Yarın sabahsa ilk yapacağımız dünyaca ünlü Büyük Mozaik Müzesi'ne gitmek olacak. Kentin merkezini yürüyerek tanımanızı istiyorum, oradan bizim kitabevine uğrar, biraz dinlenir, bu arada isterseniz kitaplara da bakabilirsiniz. Ama çarşıda size mutlaka bir künefe yedireceğiz, bakalım Mersin'dekileri mi daha çok beğeneceksiniz, Antakya'dakini mi?"

"Oooo," diye bağrıştılar künefe lafını duyunca.

"Öğleden sonra da ilk kiliselerden biri olan Sen Piyer Kilisesi'ne gideceğiz. Akşam Saklı Ev'de yemek yiyeceğiz, pazar günüyse Harbiye diye anılan bir semtimiz var. Yeşillikler içinde şelalelerin gürül gürül aktığı, ızgara tavuğun en lezzetlisinin yendiği kır lokantaları ve çeşit çeşit el dokuması ipek kumaşların, eşarp ve örtülerin satıldığı ünlü mağazaların bulunduğu bir bölge."

"Harika bir program," dedi Yağmur, "çok ama çok teşekkürler."

"Ne demek," diye gülümsedi Dilay Hanım. Gülümsemenin çok yakıştığı güzel insanlardandı Dilay Hanım.

"İyi ki gelmişiz hocam," dedi Sinan. Müfit de onu destekledi. "Antakya'yı hep merak ederdim, üstelik de bize bu kadar yakın ama hep nasıl olsa gideriz, diyerek onca yıl gelmemiştik. Bu gezi çok iyi oldu."

"Böyle düşündüğünüze çok sevindim çocuklar. Bu bizim ilk kültür gezimiz. Umarım daha bunun gibi pek çok kültür gezisi gerçekleştirebiliriz."

"Hocam," dedi Nazire, "Tarsus'ta da ilginç yerler var. Yedi Uyuyanlar Mağarası, Kleopatra Kapısı, Antik Yol, Sen Paul Kuyusu..."

"Tamam o zaman, bir sonraki kültür gezimiz Tarsus'a olsun."

"Olsun!" sesleri yükseldi. Diğer masalardan dönüp dönüp bakıyorlardı bu neşeli öğrenci grubuna.

Yemekten sonra Antakya sokaklarını dolaştılar. Köprüyü, altından akan suları izlediler.

"Ne de güzel akıyor."

Esra Hanım, "Şimdi böyle güzel güzel akıyor ama bir de taştı mı işte o zaman çok kötü," diyerek yaşadıkları sel felaketini anlattı.

Öğretmenevi'ne dönerken, Hazal, "Bu dar sokaklara doyamadım," diye mırıldandı.

Selim güldü, "Sen Mersin'in de eski sokaklarını seversin."

"Hem de nasıl," dedi Hazal, "o daracık, parke taşıyla kaplı sokaklara bayılıyorum. Onlarda beni çağıran bir şey var sanki. Burada da ne çok daracık sokaklar avlulu evler varmış meğer. Keşke Öğretmenevi'ne bu kadar çabuk dönmeseydik, biraz daha bu sokaklarda dolaşsaydık."

"Gece vakti mi?"

"Gündüz görmek güzel ama geceleri bu sokaklar daha bir derinlikli, daha bir gizemli oluyor sanki. Hem çiçekler de kokularını geceleri daha bir yoğun salıyorlar. İşte o zaman gerçekten de yasemin kokulu sokaklara dönüşüyor bu daracık yollar."

"Keşke seni gezdirebilseydim," dedi Selim.

"Keşke..."

Öğretmenevi'nin önünde, Mehmet Hoca'yla eşine, Esra ve Dilay Hanımlara, yarın görüşmek üzere, sesleri arasında veda edip odalara dağıldılar.

Ayrılırken Selim, Hazal'a doğru eğildi ve "Kulağın kapıda olsun," diye fısıldadı.

Şaşırdı Hazal, *bu da ne demek oluyor şimdi*, diye düşündü.

Sumru, Nazire ve Hazal aynı odada kalacaklardı. İki odadan oluşan bir süitti burası.

"Çocuklar," dedi Sumru, "farkındaysanız bize bir süit vermişler." Otellerde çok önemli insanlar kalır süitlerde ve bunun için de bir avuç dolusu para ödenir."

"Vaaayy..." dedi Nazire, "şu işe bak."

"Onun için tadını çıkaralım, derim."

"Nasıl tadını çıkaracağız ki?"

"Bak bu odada iki yatak var, öbür odadaysa iki kişilik tek yatak. Normal koşullarda, bizim gibi üç kişi için, iki yatak bir de çekyat olurdu. Üç kişi sıkış tıkış kalırdı."

"Doğru ya..."

Hazal, "Çocuklar siz ikiniz iki yataklı odada yatın, ben de tek yataklıda kalayım," dedi.

"Şuna bak, tek başına kalmak istiyor."

"Nazire, siz iki yakın arkadaşsınız diye öyle düşündüm."

"Tabii canım, şaka yapıyorum."

Soyunup yattılar, karanlıkta biraz sohbet ettiler. Giderek günün yorgunluğu ağır bastı ve kısa sürede uyuyakaldılar.

Hazal da uyumuştu ama zihninin gerisinde Selim'in sözleri dönüp duruyordu. "Kulağın kapıda olsun."

Nitekim bir süre sonra uykusundan rüya mı değil mi belli olmayan tık tıklarla uyandı.

Hayır, rüya değildi.

Evet, kapı tıklanıyordu.

Yattığı yerden bir kez daha dinledi.

Tık-tık, tık-tık-tık.

İşaret verir gibi.

Kalkıp, ses çıkmasın diye yalın ayak kapıya yöneldi. Yavaşça, çok yavaşça kapıyı aralayıp dışarı baktı.

Selim kapının dışında duruyordu.

"Hadi gel," diye fısıldadı, "seninle sokakları dolaşalım."

"Deli misin sen?"

"Sen öyle demedin mi? İstemedin mi?"

"Canım, istemek başka, gece yarısı böyle gizli gizli sokaklara düşmek başka."

"Geceliğin de pek güzelmiş."

Kıs kıs gülüyordu Selim. Hazal'ın eli hemen çıplak boynuna gitti, "Ayıp, ayıp."

Selim, kolundan tuttuğu gibi kapının dışına çekti Hazal'ı.

"Bak lafı uzattıkça insanları uyandıracaksın. Hemen geçir üstüne bir şeyler, çıkıp dolaşalım sonra yine gelir yavaşça içeri gireriz. Hem baş başa gezmiş oluruz, hem de kimse görmez bizi, yani," dedi Selim, yüzünde muzip bir ifade, "hem senin istediğin olur, hem benim."

"Peki, nasıl çıkacağız dışarı? Kapıda görevli var."

"Merak etme, ben araştırdım. Buralarda tadilat yapılıyor ya, aşağı salonun kapısı kilitli değil, bahçeye açılıyor. Salondan çıkıp yine oradan içeri gireceğiz."

"İyi de ben sonra odaya nasıl gireceğim?"

"Kapının arasına ufacık bir şey sıkıştırırız, kapalı gibi durur ama itince açılır. Hadi ama Hazal ya... Sen istiyorsun diye o kadar uğraştım."

"Peki, peki..." dedi Hazal ama içi hiç de rahat değildi.

İçeri girip yıldırım hızıyla geceliğini çıkardı, kotunu ve tişörtünü üstüne geçirip kapıya çıktı.

Selim önce kapı aralığına büktüğü kâğıt parçasını sıkıştırdı sonra Hazal'ı elinden tuttu ve o önde, Hazal arkada merdivenlerden indiler, salonu geçip bahçeye çıktılar, oradan da sokaklara...

Bir süre hızlı hızlı yürüdükten sonra yavaşladılar.

"Artık korkacak bir şey yok," dedi Selim, Hazal'a bakarak. Rahat rahat gezebiliriz."

"Kaybolmayız, değil mi?"

"Geçtiğimiz yerlere dikkat edersek kaybolmayız."

Gecenin serin havasını içine çekti Hazal, "Ne güzel, ne sessiz," diye mırıldandı. Durdu, gözlerini kapadı, sokağın sessizliğini dinliyordu sanki.

Selim bir an ona baktı sonra yavaşça eğilip Hazal'ı dudaklarından öptü.

Hazal hiçbir şey demeden öylece duruyordu, belli ki konuşamayacak kadar şaşırmıştı.

Selim, "Seni öyle seviyorum ki," diye fısıldadı ve bir kez daha öptü Hazal'ı.

Sonra elini uzattı, Hazal bu eli tuttu ve birlikte yürümeye devam ettiler.

Parke taşıyla örülmüş dar sokaklar, evleri bu dar sokakların üstünden birbirine bağlayan köprüler...

Açık köprücükler, kapalı olanlar. Kalın duvarlarla çevrili avlular... Yürüdüler, yürüdüler, yürüdüler...

Köprünün bulunduğu yere geldiklerinde bir kenara oturup Asi Nehri'nin karanlık sularını seyrettiler.

"Biliyor musun Selim," dedi Hazal, "benim için bu gece unutulmaz... Ömrüm boyunca hatırlayacağım."

"Benim içinse, senden bu sözleri duymak unutulmaz. Aylardır sana açılabilmek için neler çektim."

Birbirlerine olan duygularından emin olunca, daha rahat konuşuyorlardı.

"Parka gittiğimiz o gün," dedi Selim.

"Evet..."

"Bir şeyler sezinledin mi?"

"Evet, sanki bir şeyler değişmişti ama emin olamıyordum. *Ya bana öyle geliyorsa*, diye düşünüyordum. Ne de olsa elle tutulur bir şey yoktu ortada."

"Ahhh," diye dizine vurdu Selim, "demek sana o zaman açılsaydım birbirimizi daha önce bulmuş olacaktık. Aslını istersen, ben de senden çekiniyordum. Ya terslerse, ya kızıp arkadaşlığımızı bitirirse diyordum. Seni bütün bütün kaybetmek fikri dayanılmazdı benim için. Peki Hazal, senin duyguların ne zaman değişmeye başladı benim için?"

Hazal duraklayınca ısrar etti Selim, "N'olur anlat. Bak ben sana her şeyi açık açık söylüyorum."

Hazal gecenin karanlığına sığınarak konuşmaya başladı.

"Senin o gizli ilgini davranışlarında görüp hissettikçe, benim de duygularım değişmeye başladı. Giderek seni sadece arkadaşım gibi görmemeye başladım. Olur mu, dedim, doğru olmaz, dedim. Kendi kendine gelin güvey olma, dedim ama elimde değildi," dedi alçak sesle, "seni her gördüğümde giderek yoğunlaşan duygular içindeydim."

"Yani sen de beni seviyorsun?" Öyle bir sevinç içindeydi ki Selim.

"Üfff Selim, ne çok soru soruyorsun."

"Ama ben sana âşık olduğumu açık açık söyledim. Sen de söyle n'olur..."

"Selim yaa..."

"Utanacak ne var bunda Hazal. Hadi ama."

Hazal fırlayıp ayağa kalktı, "Bak çok geç oldu."

Selim'in yerinden kıpırdamadığını görünce, "Anlayacağını anladın sen, bir de bana söyletemezsin. Hadi kalk gidiyoruz, vakit gece yarısını geçmiş bile. Aman Tanrım, ne çılgınlıklar yaptırıyorsun bana."

Selim'in yüzüne keyifli bir gülümseme yayılmıştı.

"Haklısın, anlayacağımı anladım ben," dedi sonra kollarını iki yana açarak, "şükürler olsun sana Allahım!" diye bağırdı avaz avaz.

"Sussana, insanları uyandıracaksın."

Ve yine el ele, yarı koşarak, yarı yürüyerek geldikleri yollardan geri döndüler.

Bahçeyi gürültü yapmamaya özen göstererek yavaş adımlarla geçip salonun kapısına ulaştılar. Selim dikkatle tokmağı çevirdi, ince bir gıcırtı gecenin sessizliğinde siren sesi gibi öttü.

Oldukları yerde donup kalmışlardı. Nefes almaya korkarcasına durup etrafı dinlediler. Kapı gıcırtısını duyan olmuş muydu acaba?

Yok! Çıt yoktu!

Bu kez sessiz adımlarla salonu geçip merdivenlere ulaştılar. Ve nihayet Hazal'ın kapısının önündeydiler.

Hazal'ın kalbi nasıl da atıyordu.

Yavaşça kapıyı itti, oda karanlık ve sessizdi. Dönüp Selim'e baktı, "Sabah görüşürüz," diye fısıldayıp yavaşça kapıyı kapattı.

Parmaklarının ucunda odanın ortasına kadar geldi, kulağı yan odadaydı.

Sessizlik! İkisi de uyuyordu anlaşılan.

Şükürler olsun, dedi için için ve hemen soyunup yatağına süzüldü.

Gözlerini tavana dikti.

Hiç uykusu yoktu.
Öpüşmüştü!
İlk kez!
Daha doğrusu Selim onu öpmüştü.
Hazal öpüşmesini bilmiyordu ki...
Sanırım Selim de bilmiyor, diye düşündü.
Gülmek geldi içinden.
Dudakları bir kelebeğin kanatları gibi konmuştu Hazal'ın dudaklarına.
Hepsi bu...
İnanılır gibi değil, diye düşündü.
Nasıl böyle bir şeye izin verdim?
Nasıl oldu bu?
Öte yandan, öyle de doğaldı ki her şey. Ortam, gece, sessizlik, Selim'in duyguları ve kendi duyguları...
O öpücük tüm bunların doğal toplamı değil miydi?
İçini yine bir sevinç dalgası sardı.
Selim onu seviyordu, hem de çok.
Ben de onu seviyorum, diye düşündü.
Bunu, onun gibi açık açık söyleyemedim ama o anladı.
O anladı diye de çok ama çok mutluyum.
Duygularımı belli edemiyordum ve bu beni mutsuz ediyordu.
Gülşah gibi kızlara imreniyorum, onlar gibi olmak için neler vermezdim.
Selim'e duygularımı açıklayabilmeyi nasıl da istiyordum ama... yapamıyordum.
Beceremiyordum işte.
Ama bugün...
Ona olan duygularım anlaşıldı.
Artık o biliyor.
Nasıl da rahatlamıştı Hazal.
Mutlu bir iç çekişle uykunun derin kuyularına yuvarlanıp gitti.

Geceler

"Mozaik Müzesi'nde büyük panonun önünde durmuş, hayran hayran seyrediyorlardı.
"Şu balıklara bakar mısınız, ne kadar da canlı..."
"Ya denizler tanrısı Oceanus... Yüz hatlarına bak. Öylesine canlı ki konuştu, konuşacak."
"Bu pano neredeymiş, biliyor musunuz hocam?"
"Bunu bilmiyorum ama Zeugma'dan çıkartılanın bir villanın havuz tabanından olduğu söylenmişti bana."
"Yaa..."
"O dönemin estetik anlayışına bakın. Havuzun tabanını deniz canlıları figürleriyle süslemişler. Bu mozaikler M.S. 2. ve 5. yüzyıllar arası Roma döneminden kalma. Yüzyıllar geçmiş ve bunlar güzelliklerinden hiçbir şey kaybetmeden zamanımıza ulaşmış.
Ne demiştik, hatırlayın. Sanat uzun, hayat kısa. İşte karşınızda kanıtı..."
Mozaiklere, Yağmur'un bu sözleriyle bakarken, 'Sanat Uzun Hayat Kısa' deyişi onlar için artık çok daha somut bir anlama bürünmüştü.
"Bir konuya daha dikkatinizi çekmek istiyorum," dedi Yağmur. "Antakya Mozaik Müzesi, Tunus'taki müzeden sonra dünyanın en büyük ikinci mozaik müzesidir. Ama ne yazık ki pek çok eser, pek çok pano çeşitli dönemlerde yurt dışına kaçırılmış. Antakya mozaiklerini, Fransa'dan Honolulu'ya uzanan çizgide bulabilirsiniz."
"Ne yazık," dedi birisi.
"Evet, gerçekten çok yazık. Ama artık devlet, yurt dışına kaçırılmış tarihi eserlerimizi geri almak için girişimlerde bulunuyor ve bu çaba sonucu pek çok eser müzelerimizdeki yerlerini aldı."

Mozaik Müzesi'nden çıktıktan sonra biraz çarşı bölgesinde dolaştılar sonra da Barutçu Kitapevi'ne yollandılar.

Esra Hanım onları o neşeli gülüşüyle karşıladı. Baba yadigârı bir kitabeviydi burası. Ve üç kız kardeş, Esra, Dilay ve Berfu babalarının vefatından sonra bu işi devam ettirmeye karar vermişlerdi, bayrağı teslim alırcasına. Tüm güçlüklere karşın Barutçu Kitapevi yaşatılacaktı. Ve bunu başarmışlardı. Dimdik ayaktaydı kitabevi.

Zengin kitap ve kırtasiye çeşitlerine daldılar, çoğunlukla da Antakya ile ilgili kitaplar aldılar.

"Dönüş yolunda okursunuz bari," diye öğrencilerine laf attı Yağmur.

"Aşk olsun hocam, nasıl da iğneliyorsunuz bizi."

"Tabii iğnelerim, o kitaplar biz buraya gelmeden okunmalıydı."

Mehmet konuştu o sakin hâliyle, "Geç olsun da güç olmasın hocam."

Herkes güldü bu lafa ama en çok Esra Hanım'ın hoşuna gitmişti. "Helal olsun sana," deyip duruyordu. Kasada oturan eşiyse Esra Hanım'ın bu hâline kıs kıs gülüyordu.

Öğlen olmuştu. Bu kez Dilay Hanım, onları alıp bir künefeciye götürdü, "Çarşının en iyisidir," diyerek.

Künefeciye öyle bir daldılar ki, Antakya'nın geleneksel deyişiyle, "Hoş gelmişsiniz, hoş gelmişsiniz," diyerek onları karşılayan dükkân sahibi, bir yandan da gülüyordu.

Delikanlıları, onların deyişiyle, bir porsiyon kesmedi, birer tane daha yediler ve Antakya künefesinin *muhteşem* olduğu konusunda herkes birleşti.

Öğleden sonra, Habib-i Neccar Dağı yamacındaki büyük bir kayanın içinde oluşmuş ya da oyularak oluşturulmuş bir mağaranın önündeydiler.

Yağmur, elindeki broşüre bakarak anlatıyordu.

"Milattan sonra 1. yüzyılın ilk yarısında Hazreti İsa'nın havarilerinden Pavlos ve Yuhanna buraya geliyorlar ve Hıristiyanlık dinini ilk kez burada anlatıyorlar. Dolayısıyla bu mağaranın içindeki kilisenin ilk kiliselerden biri olduğuna inanılıyor. Dönemin yöneticileri bu iki havariyi yakalayıp hapse attırıyor ama onları Sen Pier kurtarıyor. Böylece bu mağaradaki kiliseye onun adı veriliyor.

Bu arada havarilere yardım ettiği için başı kesilen Habib-i Neccar için de bir kilise yapılıyor sonra bu kilise camiye dönüştürülüyor. Camide Pavlos ve Yuhanna'nın yatırları var. Ve şunu eklemeden geçemeyeceğim, bu havariler İslam dininde Hazreti Yunus ve Yahya Peygamber olarak anılırlar. Ne ilginç değil mi..."

Civarda dolaştılar, bir yandan da bol bol fotoğraf çekiyorlardı.

"Bakın bu konuda sizlere aferin diyeceğim. Antakya gezimiz için fotoğraf makinelerinizi getirmişsiniz ve bunları kullanıyorsunuz."

"Yıl sonunda sergimiz olacak, değil mi hocam?"

"Yeterince fotoğraf birikirse, neden olmasın," dedi ve ekledi, "evet çocuklar, artık Öğretmenevi'ne dönüyoruz. Biraz dinlenelim, sonra akşam yemeği için Saklı Ev'e gideceğiz."

"Hocam, ne kadar ilginç bir isim bu."

Nazire atıldı, "Orası aslında gerçekten eski bir evdir. Restore edildikten sonra restoran olarak kullanılıyor. Öyle güzel ki..."

Bazıları biraz daha dolaşmak için kaldı, bazılarıysa odalarına çıktı.

Hazal, Nazire ve Sumru'ysa biraz dinlenmek için odalarına çekilmeyi yeğleyenlerdendiler. Gezi üç kızı birbirlerine büsbütün yakınlaştırmıştı. Peş peşe duşlarını alıp giyindiler.

Nazire saçlarını kuruturken, "Söylesene Sumru, senin beğendiğin biri var mı? Bizim sınıftan meselâ..." diye sordu.

Öylesine, orta yere güm diye düşen bir soruydu ki, Nazire de dahil, kahkahalara boğuldular.

"Şuna bak," dedi Sumru, "niye Hazal'a sormuyorsun da bana soruyorsun?"

"Hazal'ın da benim de öyle birisi yok. Bunu da biliyoruz, öyle değil mi Hazal?"

"Evet, evet," dedi Hazal hemen.

"Ammaaa," diye devam etti Nazire, "senin var mı yok mu bilmiyoruz. Hoş bu konuyu niye bugüne dek merak etmedik o da ayrı."

"Peki, bugün bu merak niye?"

Omzunu silkti Nazire, "Canım şurada oturmuş vakit geçiriyoruz. Bu arada da hoş bir şeyler konuşalım, dedim."

Güldü Sumru, "Ve benim aşk hayatım hoş bir şeyler oluyor, öyle mi?"

"İşte onu da sen bize söyleyeceksin. Hoş musun, boş musun? Kalbin dolu mu, boş mu?"

Nasıl da gülüyorlardı.

"İlâhi Nazire," dedi Hazal, "nereden gelir böyle şeyler aklına..."

"Ama öyle değil mi? En çekici, en ilginç konu aşk değil mi?"

"Doğru," dedi Sumru, "ama niye özellikle de beni merak ettin, anlayamadım."

"Ama güzel kardeşim sen bir İstanbul kızısın, kim bilir ne maceralar yaşadın."

Sumru öyle bir gülüyordu ki, gözlerinden yaşlar geliyordu. "Seni düş kırıklığına uğratacağım ama anlatmaya değecek bir şey yaşamadım ben."

"Peki ya şimdi?"

Sesi çıkmadı Sumru'nun.

Bunun üzerine bir şeyler yakalamış olmanın mutluluğuyla, üstüne atladığı gibi yatağa devirdi Sumru'yu.

"Duraladın, valla duraladın. Yoksa bizim sınıftan biri mi bu? Söyle..."

Cevap alamayınca, gıdıklamaya başladı. Sumru bir yandan kahkahalarla gülüyor bir yandan da, "Yardım et, Hazal!" diye bağırıyordu.

"Anlat da seni bırakayım."

"Tamam, tamam."

Nazire, Sumru'yu bıraktı. Zavallının saçı başı dağılmıştı. Hepsi yatağın üstündeydi. Nazire'yle Hazal, gözlerini dikmiş, Sumru'nun anlatmasını bekliyorlardı.

"Beğendiğim biri var."

"Oley!"

"Ama..."

"Aması ne?"

"O beni tanımıyor bile."

"Yaa..."
"Nasıl şey bu?"
"Bu," dedi Sumru, "platonik bir aşk."
"Ne dedin, ne dedin? Kızım şunun Türkçesini söyle de anlayalım."
"Tek taraflı bir aşk. Uzaktan aşk. Yani bir başka deyişle, ulaşılamayan aşk."
Durdu, durdu sonra konuştu Nazire, "İmkânsız aşk, desene sen şuna. O isimde bir dizi de vardı galiba."
"Evet," dedi Sumru, "aynen öyle. Yani, imkânsız aşk. Ben ona hayranım, gece gündüz onu düşünüyorum. O ise benim varlığımdan bile haberdar değil."
"Vay Sumru vay! Peki, neden bizim haberimiz olmadı bu durumlardan?"
"Sen de bir hoşsun yani Nazire, şimdi ısrar ettiniz de onun için anlattım. Durduk yerde, ey ahali ben Cem'i seviyorum, dememi mi bekliyordun?"
"Adı Cem mi?"
"Evet Hazalcığım, öyle pek yakışıklı değil ama hoş bir tip, bana sorarsan," dedi ve derin derin içini çekti.
Bir an sessiz kaldılar.
"Madem seni tanımıyor, neden kendini tanıtmıyorsun?"
"Nasıl yani?"
"Ne bileyim, çık karşısına, kendini göster, havalı, hoş kızsın sen."
"Hiç yapamam öyle şeyler."
"Hani sen büyük şehir kızıydın."
"Ne alâkası var Nazire, o başka, insanın huyu başka."
Sumru'yu yürekten destekledi Hazal, "Çok haklısın."
"O zaman biz devreye girelim koçum. Hazal'la birlikte bir iş çevirelim, onun seni tanımasını sağlayalım."
"Yok, yok. Böylesi daha bana göre."
"Seni uzaktan sevmek, aşkların en güzeli," diye şarkıyı mırıldandı Nazire.
"Evet, aynen benim durumum."
"Peki, kimdir bu delikanlı, kimlerdendir?"

"Bizim apartmanda oturuyor."

"Nazire'yle Hazal aynı anda, öyle bir, "Yaa..." dediler ki Sumru yine gülmeye başladı.

"Çok yakınındaymış be kanka. Hani elini uzatsan tutacaksın."

"Ama benden bayağı büyük. O bakımdan da şansım yok. Bana bakmaz bile."

"Kaç yaşında?"

"Üniversite son sınıfta..."

"Ohooo... Bayağı yaşlıymış. Desene sen olgun erkeklerden hoşlanıyorsun."

Hadi yine başladılar gülmeye.

"Madem aynı apartmanda oturuyorsunuz, hiç mi karşılaşmıyorsunuz?"

"Karşılaşıyoruz tabii."

"Eee?"

"Geçip gidiyor, yüzüme baksa da beni görmüyor bile. Hem onun kendi arkadaşları var, o grupta da fıstık gibi güzel kızlar var."

Bu sözler öyle bir hüzünle söylenmişti ki, Nazire'yle Hazal gülemediler.

"Sen de güzelsin," dedi Hazal, "ama şu anlattıklarına bakılırsa, o seni küçük yani çocuk yaşta gördüğünden dikkat etmiyordur. Sana o gözle baksa, eminim her şey daha başka olur."

"Bence öyle oturup duracağına harekete geçmek gerek. Bir şeyler yapmak gerek."

"Yapıyorum."

"Yaa, ne yapıyorsun?"

"Onun için şiirler yazıyorum, öyküler yazıyorum ve tüm bu yazdıklarımın kahramanı hep o, hep Cem. Ve garip şekilde bu beni teselli ediyor. Onun için yazdıkça, onun hakkında yazdıkça mutlu oluyorum."

Şiiri seven Hazal, Sumru'yu anlayabiliyordu da, Nazire ise deli mi bu, dercesine bakıyordu.

"Yazmak istiyorsan yaz da ben daha şöyle elle tutulur bir şeyler yapmayı düşünmüştüm. Neyse, kızlar, o zaman hepimiz bu durum için düşünelim ve iyi bir fikir yakalayınca da harekete geçelim."

Kapı vuruldu.
"Haydi çocuklar, gidiyoruz."
"Geliyoruz hocam."

Saklı Ev'e hepsi bayılmıştı.
Antakya'nın köklü ailelerinden birine aitmiş bu güzel ev. Zamanla el değiştirmiş ve en sonunda bu eve ve anılara bağlı biri burayı özenle elden geçirip restoran olarak işletmeye başlamış. İki katlı, bol odalı bu evin belki de en güzel yanı avlusuydu.
Ağaçları ve çiçekleriyle, onu kucaklarcasına çevreleyen evin en ferah kısmıydı. Avludaki ağaçların altına yerleştirilmiş masalara geçtiler. Sahibi hemen geldi, onlarla ilgilendi, Saklı Ev'i anlattı. Evin tarihçesi hakkında yazdığı kitaptan söz etti. Bu arada masalarda yine o lezzetli ve ilginç Antakya mezeleri, salataları, yemekleri sergileniyordu.
"Sakın ben onu yemem, bunu yemem yapmayın çocuklar," dedi Yağmur. "Gezilerin en güzel yanlarından biri de yöresel tatlardır. Ayrıca gittiğiniz yerin müziğini dinlemeli, sokaklarını dolaşmalısınız."
Bu sözler üzerine, aynı anda, Hazal'la Selim birbirlerine baktılar.
"Ve yemeklerini tatmalısınız. Bakın meselâ ben Mersin'e gelene kadar ne içli köfte, ne de künefe yemiştim. Oysa ne büyük kayıp, değil mi?"
"Hem de nasıl," dediler hep bir ağızdan.
Güldü Yağmur, "İşte sizin için de aynı durum geçerli. O nedenle önünüze gelen her şeyden hiç olmazsa iki çatal alıp tatmalısınız, derim."
"Hocam," dedi Nazire, "aslında bu bölge yemekleri birbirine benzer."
"Benzer de," dedi Sinan, "meselâ ben hiç zahterli zeytin salatası yememiştim."
Esra Hanım atıldı, "Siz hiç bici bici yediniz mi?"
Birkaç kişi, evet, birkaç kişi de, hayır, diye cevapladı.
"Bici bici bizim buraların tatlısıdır. O zaman yemekten sonra tatmaya ne dersiniz?"
Cevap, alkışlar biçiminde geldi.

Yağmur, öğrencilerinin neşesini, şamatasını gördükçe mutlu oluyordu.

Akşam yemeğine Esra Hanım'la, Dilay Hanım'ın eşleri de katılmışlardı. Dilay Hanım'ın eşini birileri sürekli arayıp rahat bırakmadılar. İş telefonlarıydı bunlar, nitekim bir süre sonra özür dileyip ayrılmak zorunda kaldı.

Sumru, Nazire'ye, "Esra Hanım'ın eşine bak, bizim geyik muhabbetimizle pek eğlenir bir hâli var," dedi.

"Evet, özellikle de Esra Hanım heyecanlı heyecanlı bir şeyler anlatırken eşine bir bakışı var ki…"

"Çok hoş yaa…"

Hava o kadar güzeldi ki, hiç üşümeden keyifle yemekler yendi, sohbetler edildi; çok eğlenildi özetle. Sonunda Saklı Ev'in sahibine bu güzel ağırlama için teşekkür edildi ve Öğretmenevi'nin yolu tutuldu.

Selim yine bir ara Hazal'a, "Kulağın kapıda olsun," diye fısıldadı ve Hazal'ın itiraz etmesine fırsat tanımadan ordan uzaklaştı. Hazal'sa kızmıştı Selim'e. *Dün gece büyük bir risk aldık, yakalanabilirdik*, diye düşündü.

Yakalanabilirdik ve rezil olurduk.

Re-zil!

Hazır yakalanmamışken, ne diye ikinci kez böyle bir işe kalkışalım. Deli mi bu…

Odalarında yatmaya hazırlanırlarken Nazire, "Yani beni çok şaşırttın be kanka," diye Sumru'ya takıldı.

"Dönüp dolaşıp aynı konuya geldik yine."

"Tabii ya. Ben de bu kız büyük şehir kızı, üstelik saçında da lacivert tüyle okula gelme yürekliliği gösteriyor…"

"Ne…" diye Nazire'nin lafını kesti Hazal sonra Sumru'ya döndü. "Sahi sen okula saçında lacivert tüyle mi geldin?"

Kıkırdadı Sumru, "Evet, ben o tüyü çok seviyorum. Annemse saçımda görünce kriz geçiriyor ve hele de o ilk günlerde hep çıkarttırıyordu. Yani okulda böyle şeyler yapmamalısın, diyordu. Bense evde çıkarıp okula gelince takıyordum, kimse de farkına varmadı. Cingöz Nazire dışında tabii…"

"Sahiden," dedi Hazal, "ben hiç fark etmedim."
"Çoğu kişi fark etmedi. Zaten öyle kocaman bir tüy değil ki, ufak bir şey ama ben seviyorum işte."
"Evet, ne diyordum, kim bilir bu büyük şehir kızında ne uçuk maceralar vardır, biz taşralılara neler neler anlatabilir, diye hayal ediyordum. Oysa, ohoo, anlata anlata imkânsız aşk öyküsü koydu önümüze. Allah'tan reva mı bu..."
"Kader utansın Nazireciğim," dedi Sumru onun bu kabadayı hâllerini taklit ederek.
"Neyse... yarın Harbiye'ye gidiyoruz," dedi Nazire, "bak, orayı da çok beğeneceksiniz, ağaçlar, şelaleler... Çok hoş bir yer."
"Sonra da dönüş," dedi Sumru.
Bu dönüş lafı hiçbirinin hoşuna gitmemişti.
Sumru, *ne güzel şu iki gün boyunca annemle babamı unutmuştum. Şimdi kim bilir hangi sorunlar çıkacak karşıma,* diye düşünüyordu.
Nazire'yse evdeki huzursuz ortamı anımsayıverdi, dönüş sözcüğüyle birlikte. Acaba annesi hâlâ inat ediyor muydu? Yoksa annesi haklı mıydı? Ablasına gizli gizli yardım ederken, iyi mi yapıyordu, kötü mü?
Hazal'a gelince, *artık Lila'ya her şeyi anlatmalıyım,* diye düşünüyordu. Selim'le özellikle dün gece konuştuklarımızdan sonra durumu can arkadaşıma anlatmazsam, bu büyük bir hata olur. Benim için bunca önemli olan bir konu ve olayı ondan saklamış durumuna düşerim ki, bunun affedilir yanı olmaz. Arkadaşlığımıza ihanet olur bu.
Öte yandan içinde müthiş bir sıkıntı vardı.
Sevinemiyordu.
Oysa, Selim'le birbirlerine duygularını açıklamışlardı. Ve dün gece bu nedenle nasıl da mutluydu.
Ama konu gelip Lila'ya açma noktasına gelince...
İçini daraltan taş gibi bir ağırlık, yüreğini avcunun içine almış sıkıyor da sıkıyordu.
Niye böyle hissediyorum ben, diye sorguladı kendini.
Herhalde bugüne dek hissettiklerimi, şüphelerimi, içine düştüğüm ikilemi Lila'yla paylaşmadım, diye vicdan azabı çekiyorum, diye yanıtladı kendini.

Bir süre sonra üç kız da uyumuştu.
Hazal'ınki kararlı bir uykuydu.
Selim kapıyı tıklatsa da, kalkıp kapıyı açmayacak, bir kez daha o heyecan ve korkuyu yaşamayacaktı.
Nitekim – bir süre sonra...
Tık-tık, tık-tık-tık.
Aldırmadı.
Yine aynı ses.
Tık-tık, tık-tık-tık.
Bu kez daha ısrarlı, daha belirgindi.
Uyandırmak istercesine...
Ve tekrar...
Tık-tık, tık-tık-tık.
Anlaşılan vazgeçmeyecek, diye düşündü Hazal, üstelik böyle tıklamaya devam ederse, kızları da uyandıracak.
Yavaşça kalkıp hızlı ama sessiz adımlarla kapıya ulaştı.
Kapıyı araladığında, Selim'le burun buruna geldi.
"Selim! Deli misin sen! İnsanları uyandıracaksın," diye fısıldadı.
"Ne yapayım, bir türlü kapıyı açmadın," dedi ve ekledi, "hadi geçir üstüne bir şeyler de gidelim."
"Ben gelmiyorum Selim."
"Ama neden?"
"Nedeni var mı, bir yakalanırsak nasıl açıklarız bu durumu. Dün gece bile büyük çılgınlıktı."
"Yapma ama Hazal. Dün akşam, bu geceyi hiç unutmayacağım, diyen sen değil miydin? Bu geceyse son gecemiz; böyle bir fırsat bir daha asla ele geçmez. Hem seni Harbiye'ye götüreceğim."
"Hey yarabbim! Oraya yarın gideceğiz ya..."
"Ama gecesi başka güzelmiş. Hadi Hazal, n'olursun. Bak, bir düşün... Bu gece son gecemiz. Lütfen..."
"Yakalanırsak..."
"Yakalanmayacağız. Herkes uyuyor. Açık kapıdan çıkıp gideceğiz, sonra da geri geleceğiz. Ne kadar kolay olduğunu dün gece gördün."
"Olmaz, diyorum."

"Öyleyse, ben de burada yere oturuyorum ve hiçbir yere gitmiyorum. Sabah uyananlar da beni burada bulsunlar, hiç umrumda değil."
"Hay Allahım..."
"Bak çok ciddiyim," dedi Selim ve yere, kapının önüne bağdaş kurup oturdu. Öyle de kararlı görünüyordu ki...
Sonunda baktı olacak gibi değil, "Pekâlâ," dedi Hazal ve yine çabucak üstünü değiştirip Selim'le el ele binadan çıkıp uzaklaştılar.
"Harbiye'ye nasıl gitmeyi düşünüyorsun?"
"Bir taksiye atlar gideriz."
"Selim, seninki artık gerçekten delilik. Bir kere orası bilmediğimiz bir yer. Bu saatte nasıldır, onu da bilmiyoruz, hem ben taksiyle filan hiçbir yere gitmem."
"Pekâlâ, o zaman yine sokakları dolaşalım."
"Tamam."
Konuşa konuşa epeyce bir yürüdükten sonra kır kahvesine benzeyen bir yere geldiler. Kapalıydı ama masa ve sandalyeler dışarıda duruyordu.
"Biraz burada oturalım mı?"
"Oturalım."
Hoş bir yerdi, bahçe içinde.
Selim kolunu Hazal'ın omzuna atıp onu kendine doğru çekti. Hazal'sa başını Selim'in omzuna dayadı.
Kentin ışıklarını seyrettiler. Bir süre sonra Hazal'ın saçlarını okşamaya başladı Selim, "İyi ki bu Antakya gezisi oldu," dedi kendi kendine konuşurcasına.
Selim'le böylesine bir yakınlaşma Hazal'ı çok heyecanlandırmıştı.
Selim bu arada Hazal'ı şakağından öptü. "Ne kadar güzelsin," diye fısıldadı, "seni öyle seviyorum ki..."
Bu kez dudağının kenarından öperek devam etti, "Seni kaç kez kollarımda hayal ettim bilemezsin."
Hazal'ınsa kendi kalp atışları sanki beyninde ötüyordu; bu öpücüklere karşı çıkmıyor, tam tersine, öp beni dercesine gözlerini kapamış, kendini Selim'in kollarına bırakmıştı.
Selim, uzun bir ayrılıktan sonra buluşanlara özgü bir duygu içindeydi, yüzünden, saçlarından öpüp duruyordu Hazal'ı.

Sonra durdu, Hazal'ın yüzünü iki eli arasına aldı ve eğilip dudaklarından öptü. Hazal'sa bu tür bir heyecanı ilk kez yaşıyordu.
Bilmediği duygulardı bunlar.
Daha önce hiç hissetmediği...
Çok zevkli ama karanlık bir yanı da olan duygular.
Sonunda, istemeye istemeye olsa da, kendini geri çekti.
Selim'se çok mutluydu.
Bu öpücükler ve Hazal'ın kabullenmesi aşklarının altına atılmış bir imzaydı.
"Artık durumu bütün dünyaya ilan edebiliriz. Oh be!" diye haykırdı.
Telaşlandı Hazal, "Dur, öyle acele etme Selim."
"Ama insaf Hazal! Saklamaya devam mı edeceğiz yani?"
"Çok kısa bir süre daha... Lütfen... Çok kısa..." dedi ve ekledi, "Vakti gelince ben sana söyleyeceğim."
"Abi, bende de ne şans varmış," dedi Selim ama sonra, "Pekâlâ," dedi, "bunca zaman bekledim, bir süre daha beklerim ama... unutma, çok kısa, dedin."
"Merak etme, çok kısa," dedi Hazal da Selim'e bakarak.
Birbirlerine öylesine tutkunlardı ki, konuşurken bile gözleri birbirine kilitleniyor ve kendilerini bu bakışlardan alamıyorlardı.
"Saat kaç olmuş biliyor musun Selim."
"Hiç umrumda değil."
"Sabahın ikisi... Haydi kalk, hemen gidiyoruz."
"Güneşin doğuşunu seyretsek seninle."
"Selim!"
"Tamam, tamam."
Böylece yine aynı yollardan döndüler, bahçeyi, salonu geçip odanın önüne geldiler.
"Vedalaşma vakti," dedi Selim.
Ürperdi birden Hazal, "Neden öyle söylüyorsun?"
"Çünkü sevgilim, sen karar verene kadar birbirimizden uzak kalacağız, kimseye belli etmemek için..."
Kapıyı araladı Hazal sonra dönüp Selim'e baktı, "Sabaha görüşürüz," diye fısıldadı.

"Bir veda öpücüğü vermeden mi?.." dedi Selim. Onu belinden tutup kendine çekti, bağrına basmak istercesine kollarının arasına aldı Hazal'ı, sımsıkı...

Ve... derin bir hasreti giderircesine öptü.

Sonra da hızlı adımlarla karanlık koridora daldı.

Hazal'sa tüm bu duyguların, bu yepyeni duyguların, bir yanıyla insanı uçuran, bir yanıyla uçurumdan aşağı yuvarlanıyormuşçasına heyecanlandıran duyguların sersemliği içinde yavaşça kapıyı kapatıp içeri girdi.

Girmesiyle yüreğinin ağzına gelmesi bir oldu.

Orada koltukta biri oturuyordu.

Olduğu yerde donmuş kalmıştı Hazal.

Bir adım bile atamıyordu.

Koltuktaki kişi kıpırdadı ve "Hazal," diye fısıldadı.

"Sumru! Sumru, sen misin?"

"Evet."

Hazal içinden, ah Tanrım, olamaz, diye çığlıklar atıyordu.

İşte korktuğu başına gelmişti.

Yakalanmıştı!

Sumru ayağa kalktı, Hazal'ın çok şaşırdığını ve korktuğunu anlamıştı.

"Bak," dedi, "ben, sen iyi misin, diye bekledim."

"Sumru..."

"Açıklama yapmana hiç gerek yok Hazal. Sadece gece uyandım, uyku tutturamadım, kalktım ve o zaman senin yatağının boş olduğunu gördüm.

Kimseye haber vermedim, Nazire'yi de uyandırmadım ama seni merak ettiğim için oturup bekleyeyim, dedim. Eğer bir iki saat daha ortada görünmeseydin, o zaman Yağmur Öğretmen'e haber verecektim. Ama işte geldin ve sen iyisin değil mi?"

"Evet," dedi Hazal, "ben iyiyim, çok özür dilerim Sumru."

"Özür dileyecek bir şey yok Hazal, hadi artık yatalım. Ayrıca merak etme, bu gece seninle benim aramda kalacak."

"Sana açıklayabilirim."

"Şimdi yatıp uyuyalım, daha sonra konuşuruz. O da eğer sen istersen..."
"Çok teşekkür ederim Sumru, çok."

Dönüş

Ertesi sabah grup, Antakya'nın Harbiye semtindeydi. Tam dolaşmaya başlamışlardı ki, Sinan atıldı, "Burası arkadaşlar, şelaleleri, havuzları ve ulu ağaçlarıyla Roma döneminin en popüler yazlık yeriymiş. Ve Defne (Daphne) olarak anılırmış. O dönemin ileri gelenleriyle zenginleri burada mozaiklerle bezeli muhteşem villalar ve havuzlar yaptırmışlar. Bu mozaiklerin bir bölümünü müzede gördük. Böylece Daphne en ünlü sayfiyelerden biri hâline gelmiş. Bugün de Harbiye olarak anılan bu bölge, hem yöre halkının hem de turistlerin uğrak yeri olmuştur."

"Vay Sinan vay, sen neymişsin be abi..."

"Gizli çalışkan eşittir Sinan."

Her kafadan bir ses çıkıyordu.

Oysa Yağmur, "İşte budur çocuklar, kültür gezisi böyle olmalı..." dedi ve ekledi, "Seni kutluyor, arkadaşlarına örnek olmanı diliyorum Sinancığım."

"Üff, başımıza taşlar yağıyor hocam."

"Hocam, yine lafı dokundurdunuz yani..."

Yağmur, yüzünde muzip bir gülümseme, "Ne dedim ki ben şimdi," diye yanıtladı öğrencilerini.

Her biri bir yere dağılmıştı; kimi fotoğraf çekiyor, kimi yürüyor, kimi de el dokuması ipek eşarplara, masa örtülerine bakıyordu hayran hayran.

Hazal için sabah kahvaltısında Sumru'yla karşılıklı oturmak ölüm gibi bir şeydi ama Sumru o kadar doğal, o kadar neşeli ve konuşkandı ki, bir süre sonra o da rahatlamaya başladı.

Sanki bir gece öncesi hiç yaşanmamıştı.

Öğle yemeğinde bir kır lokantasında tavuk kavurma yendi.

"Ne kadar da lezzetli," dedi Yağmur.

Nazire, "Hocam Harbiye'nin tavuk yemekleri meşhurdur," diye hemen bir açıklamada bulundu.

Yağmur, bir süre sonra öğrencilerine seslendi, "Çocuklar ben de burada biraz daha kalalım isterdim ama dostlarımız bize saat üçte başlayacak bir konser için yer ayırtmışlar. Dolayısıyla toparlanmamız gerek."

"Ne konseri bu hocam?"

"Söylememiş miydim? Şansımıza bugün Antakya Medeniyetler Korosu'nun konseri varmış. Dostlarımızın, bizim bu konseri kaçırmamıza gönülleri razı olmamış. Sonuç: Konsere gidiyoruz."

Sumru, "Antakya Medeniyetler Korosu mu? İnanmıyorum! Yani şimdi biz onları dinlemeye mi gideceğiz? Ah, yaşasın! Yaşasın!" diye haykırdı. Nazire şaşkın şaşkın bakıyordu Sumru'ya.

"Nazire, biz İstanbul'da onların konserine bilet bulamamıştık da, öyle üzülmüştük ki... Şu işe bak, meğer onları burada dinleyecekmişiz."

"Aslını istersen biz de onları ilk kez dinleyeceğiz, değil mi Hazal."

"Evet," dedi Hazal, "Mersin'e gelmişlerdi, şimdi nedenini hatırlamıyorum ama gidememiştik."

"Sınavımız vardı kızım, sınavımız."

"Evet, evet. Oturup çalışmamız gerekiyordu."

Sinan, "Nedir bu grubun özelliği? Yani, pek heyecanlandınız da... merak ettim," dedi.

"Koro üç semavi dine mensup üyelerden oluşuyor Sinancığım," diye açıklamasını yaptı Yağmur. "Korodaki kişiler çeşitli iş kollarında çalışan, meslekleri olan ve bu koroya gönüllü katılan kişiler. Değişik dillerde şarkılar söylüyorlar, bazen bunlar din içerikli şarkılar da olabiliyor ama asıl güzelliği üç dinin şarkı ve müziğinin bir arada icra edilmesi."

"Ve çocuklar," diye ilave etti Yağmur, "bakın bu çok önemli. Bu yıl Antakya Medeniyetler Korosu, Nobel Barış Ödülü'ne aday gösterildi. Ödülü alabilirlerse elbette muhteşem olur ama aday olabilmeleri bile büyük başarı. Ayrıca yurt dışında da konserler veriyorlar."

Böylece bir süre sonra konser salonundaydılar. Öyle bir kalabalık vardı ki yerlerine zor geçtiler.

Ama sonra konser başladı. Derin bir sessizlik içinde insanın ruhuna seslenen, birbirinden güzel ilahiler ve şarkılar dinlediler.

Dışarı çıktıklarında, "İzlenimlerinizi duymak istiyorum," dedi Yağmur.

"İnsanın içine işleyen bir müzikti hocam."

"Onları dinlerken hep barışın güzelliklerini düşündüm ben."

"Pop dışında bir konseri sıkılmadan dinleyebileceğimi söyleselerdi gülerdim, oysa bitince üzüldüm," dedi Müfit ve ekledi, "iyi ki gelmişiz hocam."

Bu sözleri duyan Yağmur, "İşte ben sizleri bunun için çok seviyorum," dedi, "nasıl da işin özünü yakalıyorsunuz."

"E, hocam," dedi Sinan, "ne de olsa sanat uzun hayat kısa."

Bu sözlere hep birlikte güldüler.

Tekrar konuştu Yağmur, "Şaka maka gerçekten önemli bir dinletideydik. Ve sizler bundan zevk aldınız, oysa daha önce böyle bir müzik türüyle karşılaşmamıştınız sanırım."

"Hayır hocam grubun adını duymuştuk ama müzikleri hakkında fikrimiz yoktu," dedi Hazal.

"İşte ben tam da bu noktayı vurgulamak istiyorum. Hem bakın Müfit ne dedi, *pop dışında bir konseri sıkılmadan dinleyebileceğimi söyleseler gülerdim oysa konser sona erince üzüldüm.*

Sanatın hayatımızdaki önemi konusunda tartışırken, sadece sevdiğiniz sanatçıların konserlerine değil, arada sırada da olsa, daha önce dinlemediğiniz müzik türlerine de şans tanıyın, gidin, dinleyin ve sonra karar verin. Başkasının beğenisine veya beğenmemiş olmasına göre değil, kendi zevkinize göre karar verin, demiştim, hatırlıyor musunuz?"

"Evet hocam."

"İşte bugün biz bunu yaşadık."

Yağmur'un mutluluğu yüzünden okunuyordu. "Bu kültür gezisi tam da benim düşlediğim gibi gerçekleşti," diye de ekledi.

"Müze gezdiiik, kilise gezdiiik," diyerek saymaya başladı Sinan, çalışkan öğrenci pozunda.

Nazire altta kalmadı, "Künefeleri, bici bicileri yediiik."

"Tarihi evleri gördüüük, Barutçu Kitapevi'nden Antakya hakkında bir dolu kitap aldııık."

"Sizi gidi muzırlar, öğretmeninizle dalga geçmeye utanmıyor musunuz."

"Aşk olsun hocam, ne dalga geçmesi, kültür gezimizi özetliyorduk."

Gülüşmeler, gülüşmeler...

"Hadi bakalım, otobüsümüze gitme vakti. Oyalanmayalım."

Yol çantaları sabahtan otobüse bırakılmıştı. Mehmet Bey ve Nebihe Hanım'la, Esra ve Dilay Hanımlarla vedalaşıldı, onca konukseverlik için tekrar teşekkürler edildi ve otobüs yola koyuldu.

Dönüş yolunda herkes daha bir sessizdi. Belki güzel bir gezi sona erdi diye, belki de yorgunluk çöktüğü için, kimi düşüncelere dalmıştı, kimisi de uykuya.

Hazal'la Selim yine yan yanaydılar.

Hazal kararlıydı.

Mersin'e varır varmaz, Lila'yı arayıp ona durumu anlatacaktı.

Ondan sonra da kuş gibi hafif olacağına inanıyordu. Lila önce tepki verebilir, neden daha önce haberim olmadı, diye çıkışabilirdi. Kim bilir, belki de vermez, Selim'in dediği gibi mutlu olurdu onlar için.

Yok eğer bozulursa da bunun bir süre sonra geçeceğine inanıyordu Hazal.

İşte bu düşünceler, hele de artık gizli saklının kalmayacağı düşüncesi onu öyle bir sevindiriyordu ki...

Artık kuşkular, korkular olmayacaktı.

Kimseden bir şey saklanmayacaktı.

Mutluluğa bir adım kalmıştı!

Büyük Şok

"Sana anlatacaklarım var," dedi Lila, Hazal'la birlikte onun evine doğru yürürlerken.
"Benim de sana…" dedi Hazal, gözlerinde sevinç pırıltıları.
Selim'i anlatacaktı. Antakya'da olanları anlatacaktı can arkadaşına. Onun şokları yaşayacağını biliyordu. Ama ilk şaşkınlığı atlattıktan sonra yatağının üstüne karşılıklı bağdaş kurup tüm yaşadıklarını ayrıntılarıyla anlatacaktı. Ayrıntıları severdi Lila, her bir ayrıntıyı bilmek isterdi
Güleceklerdi, karşılıklı kıkırdaşacaklardı. Sonra da bu güzel rüyayı birlikte yaşayacaklardı. Her şeyi paylaşacaktı arkadaşıyla.
Leyla Hanım, Lila'yı görünce sevindi, "Hoş geldin benim altın saçlı kızım. Nerelerdeydin bakalım."
"Buralardaydım Leyla Teyze, annemin sayesinde ben burada pineklemekle meşguldüm."
"Aaa, öyle söyleme, düğünün en güzel kızı senmişsin bir kere. Herkes aynı şeyi söylüyor. Hem size bu kadar yakın bir akrabanın düğününe katılmamak olmaz, Yolanda haklı."
"Bir dahaki geziye birlikte gideriz," dedi Hazal, "Yağmur Öğretmen böylesi kültür gezilerine devam edeceğini söyledi."
Leyla Hanım söylendi, "Sizin bu Yağmur Öğretmen de yeni yeni icatlar çıkarıyor."
"Öyle deme ama anne, bak Antakya burnumuzun dibinde, oysa içimizde bir tek Nazire vardı daha önce oraya gitmiş olan…"
"Aman, aman! Yağmur Öğretmen'e laf yok zaten, ne haddimize."
Nedense Lila'nın keyifsiz hâli devam ediyordu. Hazal, "Hadi biz odama geçelim," diyerek lafın uzamasını önledi. Şimdi, Hazal'ın anla-

tacaklarını duyunca, Lila'nın önce şaşkınlıktan dili tutulacaktı, sonra da kesin bol sitem edecekti, neden ilk günden bu yana haberim olmadı diye.

Ama daha sonra... işin keyifli faslı başlayacaktı.

Hazal böylesi beklentiler içindeyken Lila, "Sana söylemem gereken çok önemli bir şey var," dedi. Yüzü asıktı.

"Senin canın bir şeye mi sıkılıyor?"

Bunu sormasıyla Lila'nın hıçkırıklara boğulması bir oldu.

Hazal hayretler içinde bakıyordu arkadaşına.

Neler oluyordu?

Uzanıp sarıldı ona. "Canım benim, ne oldu? Niye ağlıyorsun böyle? Yapma ama..." diye söyleniyor, arkadaşını sakinleştirmeye çalışıyordu.

Ağladı, ağladı Lila, sonra biraz sakinleşir gibi oldu.

"Anlat bana," dedi Hazal alçak sesle, "nedir seni bunca üzen?"

"Ama," dedi Lila küçük bir kız çocuğu gibi içini çekerek "kimseye söylemeyeceksin, tamam mı?"

"Tamam canım, sen nasıl istersen."

"Ben," dedi Lila, "ben..." ve yeniden hıçkırıklara boğuldu.

Hazal'sa bu kez sessiz kalarak arkadaşının durulmasını bekliyordu.

Sonunda gözlerini sildi Lila ve "Sanırım ben Selim'e âşığım," dedi.

"Ne! Ne dedin sen?"

"Ben Selim'e âşığım!"

Ne diyordu bu Lila, Tanrı aşkına.

Doğru mu duydum acaba, diye soruyordu beynindeki bir başka ses.

Bu arada kulakları uğuldamaya başlamıştı.

Şu uğultu bir kesilse de Lila'nın ne dediğini duyabilsem, bir başka düşünceydi.

"Lila," dedi Hazal, "sen ne dedin?"

"Ben... ben Selim'e âşık olduğumu fark ettim Hazal."

Evet, demek doğru duymuştu.

Ama hâlâ tam anlamıyla algılayamıyordu.

Nasıl olurdu, nasıl...

Lila'ysa kendi yaşadığı üzüntü nedeniyle Hazal'ın yüzündeki ifadenin farkında değildi.

"Siz bu geziye gidince duygularımı kesin olarak anladım," diyerek anlatmaya başladı. "Ne zaman başladı bilmiyorum ama sanki ona karşı duygularım değişmeye başlamıştı. Önceleri kondurmadım, anlayacağın ben de bana neler olduğunun farkında değildim."

Durdu, derin derin içini çekti, "Giderek onu kıskanmaya başladığımı fark ettim. Bunu bile arkadaşlığımıza yordum. Meselâ Gülşah'tan ölesiye nefret ediyorum. E, bu kadarı da fazla değil mi, nitekim hatırlar mısın bir gün Nazire ne demişti?"

"Ne demişti?"

"Arkadaş olduğunuzu bilmesem, yoksa Selim'in kız arkadaşı mı bu Lila diye düşüneceğim, demişti Gülşah'la ilgili olarak.

Ve en son sizler Antakya'ya gittiğinizde, Selim'i öyle bir özledim ki..."

Yine durdu, gözyaşlarını sildi. "İşte o zaman ona âşık olduğumu anladım. İnsan düz bir arkadaş için bunca üzülür, kalbi bunca çarpar mı..." diyerek hıçkırdı.

"Geceleri rüyamda o. Gündüz düşündüğüm hep o. Okula gelir gelmez onu görmek, onunla konuşmak istiyorum."

Sanki benim duygularımı anlatıyor, diye düşündü Hazal.

"Ama," dedi Lila, "bundan kimsenin hele de Selim'in haberi olmamalı. Kimse bilmemeli."

"Neden?"

"Nedeni var mı Hazal. Bir kere Selim beni arkadaşı olarak seviyor. Sadece ve sadece bir arkadaşım, onun için. O nedenle bilmemeli. Seni sevmeyen birinin senin bu duygularından haberdar olması çok aşağılayıcı. Başkalarıysa hiç ama hiç bilmemeli yoksa çok zor duruma düşerim. Okula bile gelemem, öyle bir şey olursa. Alay konusu olurum."

Sonra oturduğu yerde bir öne bir arkaya sallanmaya başladı.

"Ne olur bir şeyler söyle Hazal, ben ne yapmalıyım bu durumda?"

"Valla, bilmem ki..."

"Bak gördün mü, sen de bir çare bulamıyorsun durumuma. Şu düştüğüm vaziyete baksana."

Ya ben, diye düşündü Hazal, ya benim düştüğüm durumu bilsen...

Birden durdu Lila, sanki aklına yepyeni bir fikir gelmişti.

"Ya da, n'olacaksa olsun deyip, ona açılmak var."

Sanki bir robottu Hazal, "Evet, o da var," dedi.

"Ama," dedi Lila, yine karamsarlığa yenik düşmüştü, "ya beni aşağılarsa, dahası ya alay ederse... Üfff, ne yapmam gerektiğini bilemiyorum."

Kısa bir süre sonra kalktı Lila, "Hadi ben gideyim artık. Beni dinlediğin için sağ ol arkadaşım. En azından içimdeki büyük sırrı paylaşabildiğim için biraz rahatladım," dedi ve ekledi, "ama ne yazık ki sorun olduğu yerde durmaya devam ediyor."

Lila gittikten sonra Hazal odasına kapandı.

Yalnız kalmak, bu büyük şoku hazmetmek istiyordu.

Çünkü beyninin derinliklerinde olayı hâlâ kavrayabilmiş değildi.

Sanki gerçek değil de kötü bir şakaydı bu.

Ya da bir kâbus.

Karabasan.

Gerçek değildi.

Olamazdı.

Bu, olamazdı.

Bu onlara olamazdı, herkese olabilirdi ama onlara olamazdı. Böyle şeyler filmlerde, romanlarda olurdu. Yorganını başının üstüne çekti ve sessiz sessiz ağlamaya başladı. Yaşadıkları gözünün önünde canlandı. Ne güzel bir arkadaşlıkları vardı. Sonra bir gün... Selim ona daha değişik biçimde bakmaya başlamıştı.

Bu bakış onu derin bir uykudan uyandırmıştı sanki.

Uyanış hoşuna gitmiş ve onu alıp daha derin duygulara taşımıştı.

Birbirlerine açılmalarıysa hiç de kolay olmamıştı.

Ama sonra...

Antakya'da aralarındaki o görünmez duvarlar yıkılmış, coşkuyla birbirlerini bulmuşlardı.

Sevildiğini bilmenin mutluluğunu yaşamıştı ikisi de.

Ve önlerinde güzel günler olduğuna inanarak dönmüşlerdi geziden.

En başta Lila olmak üzere tüm arkadaşları durumu öğreneceklerdi.

Ne güzel...

Oysa...
Oysa şimdi...
Tüm bu güzellikler yok oluvermişti.
Bu durumda ne yapması gerek...
Ne söylemesi gerek...
Nasıl davranması gerek.
Bilmiyordu.
Portakal ağacının tık tık cama vuran dalıysa hiç mi hiç yardımcı olmuyordu.
Tam tersine... Antakya'da bir gece vakti kapıya vurulan 'tık tık'ları hatırlatmaktan başka bir işe yaramıyordu.

Bunca Yakın Bunca Uzak

"Bir müjdem var çocuklar," dedi Yağmur, sınıfa girer girmez. Bu sözler üzerine gürültü anında kesildi.

"Hani yazılarınızın *Sanat Kulübü* dergisinde yayınlanması olasılığı vardı ya..."

"Yoksa o olasılık gerçekleşti mi hocam?"

"Yazı, iyi bir yazıysa olabilir, demişlerdi."

"Yani..." diye seslendi Nazire.

"Yani, iyi bir yazı geldi."

"Yaşasın!"

Alkışlar, kıyamet...

Yüzünde bir gülücük, sakinleşmelerini bekledi Yağmur, sonra devam etti.

"Belleği zayıf olanlarınız için hatırlatıyorum. Ben sizlerden, bazen kararlı bir kişi, tek bir kişi yaşadığı toplumda fark yaratabilir, demiş, böylesi kişileri araştırıp bize tanıtmanızı, daha da önemlisi bu konuda düşünüp yorum getirmenizi istemiştim.

Ve sizlerden gerçekten de araştırılmış, iyi düşünülmüş yazılar geldi. Ben de bunları dergi yönetimine ilettim. Onlar da son elemeyi yapıp içlerinden birini seçtiler ve *Gençlerin Penceresinden* başlığı altında yayınlamaya karar verdiler."

"Hocam, beğenilen yazıda ne anlatılmış?"

"Güzel soru Ayşim." Ayşim pek bir gururlandı bu sözler üzerine.

"Peki, kim yazmış hocam, kim?"

"İşte o da sürpriz olarak kalsın. Ben şimdi sizlere o yazıyı okuyacağım."

Susmuş merakla bekliyorlardı.
"Yazıyı yazan, bu bilgileri internetten bulduğunu açıkladıktan sonra kendi yorumunu da getiriyor. Önce o yorumu okuyorum," dedi gözleri öğrencilerinin üstünde.
"Bir tek benden ne olur ki, diye düşünür, yapmak istediklerimizden vazgeçeriz çoğunlukla. Ya da yaşadığımız yere kusur buluruz, burada hiçbir şey yapılmaz, deriz. Özetle, tüm mazeretleri sıralarız ama işte azimli kişi bu mazeretlerin arkasına saklanmayan, gerçekleştirmeyi düşündüğü amaçtan asla vazgeçmeyen ve hedefe varana dek çalışmaktan yılmayan kişi oluyor."
Durdu Yağmur, öğrencilerine baktı, "Sizden sadece bu araştırmayı yapmanızı değil, bu konuda düşünmenizi de istemiştim. İşte bu satırları yazan, önce araştırmış, konuyu sorgulamış, üstünde düşünmüş sonra da yorumunu getirmiş. Kendisini kutluyorum," dedi ve ekledi, "Yazının başlığı *Eşekli Kütüphane*." Bu başlık gülüşmelere neden oldu. Ve Yağmur okumaya başladı.

"Mustafa Güzelgöz, 23 yaşında genç bir kütüphane memuru olarak Ürgüp Tahsin Ağa Kütüphanesi'ne atandığında sadece bekçilik yapma değil, onları birilerine okutma derdine düşer. Önce binanın rutubetli odasına atılan 2300 adet yazmayı çıkarır. Cüzleri tek tek güneşe çıkartarak kurutur, tek odalı bir kütüphaneye bunları yerleştirir. Ancak gel zaman git zaman bu tek odalı kütüphaneye uğrayan pek yoktur. 'Madem onlar gelmiyor, ben ayaklarına gideyim,' der ve benzeri yapılmamış bir şeyi aklına koyar. Sonradan adına 'Ürgüp Sistemi' denen üç eşek, üç katır, iki atla köy köy kitap dağıtma işidir bu. Her şeyi planlar, bakanlıktan kadro bile ister, 200 TL'lik kadro için işe alınacak kişinin en az ilkokul mezunu olmasını ve eşeği olması şartını arar. Velhasıl olumlu cevabı alan Güzelgöz, köylere kitabı götürecek olan eşekler için sandıklar yaptırır ve her biri 90-100 adet kitap olan iki sandığı eşeğin semerine yerleştirir ve yollara düşer.
İşte bu kadrolu merkepler sırtında sayıları yirmiyi aşan köylere kitap ulaştıran Güzelgöz'e önce gülünür, sonra şaşırılır ama olsun,

bu çok önemli bir iştir ve bal gibi de başarılmıştır. Adı çok geçmeden 'Eşekli Kütüphaneci'ye çıkar. Köylüler okudukları kitapları, on beş gün sonra eşekli kütüphaneci tekrar geldiğinde iade ederler ve yenisini alırlar. Köy erkeklerinin yoğun ilgisine karşı kadınlar biraz çekimser kalır, zira erkeklerin olduğu mahallere gelmekten çekinirler. Çok geçmeden Güzelgöz bunun da bir çözümünü bulur, kütüphanelere dikiş makineleri alarak kadınların kütüphaneye çekmeyi hedefler. Bunun üzerine Zenith ve Singer firmalarına birer mektup yazarak reklamlarını da yapacağını belirterek her kitaplığa birer dikiş makinesi ister. Çok geçmeden bir Singer, dokuz tane de Zenith marka dikiş makinesi yollanır. Velhasıl kütüphanenin tatil olduğu salı günleri artık sadece kadınlara açıktır.

21 Kasım 1963 tarihinde uluslararası bir yarışma düzenlenir. Devlet Planlama Teşkilatı'na ulaşan haber üzerine yetkililer, Güzelgöz'ün yaptığı çalışmaları düşünerek yarışmaya onun katılmasına karar verir. 77 ülke arasından finale kadar yükselir. Fakat finalde zorlu rakibi bir İtalyan'dır. Jüri üyelerinin yarısı İtalyan'dan yana oyunu kullanırken başkan son ana kadar oyunu kimden yana kullanacağını söylemez. Herkes heyecan içinde beklerken, jüri başkanı son sözünü şöyle söyler: 'Benim oyum Türkiye'ye. Eğer İtalyan adayının eğittiği, yetiştirdiği çocuklara eşekle kitap gitseydi; köprüaltı çocukları olmazdı. Türkiye'den aday, köprüaltı çocukları olmasın diye çalışmalar yapmıştı' ve Türkiye adayı Mustafa Güzelgöz birinci olarak ilan edilir ve Güzelgöz'e 1963 yılında 'Amerikan Barış Gönüllüleri Derneği'nin İnsanlığa Hizmet Ödülü' öldürülen ABD Devlet Başkanı John Kennedy tarafından verilir. Amerikalı bir yardım kuruluşu Ürgüp ve çevresinde yapılan çalışmaları yakından takip eder ve çalışmaları çok sempatik bulur. Modern bir vasıtayla gezici kütüphane çalışmaları gerçekleşsin diye 1960 model yeni bir cip hediye edilir. Hediye edilen cip sayesinde ulaşımı ciple rahat olabilecek köylere gidilir. Aynı zamanda eşek, katır ve atlarla yapılan gezici kütüphane çalışmaları da devam eder.

Tek odalı, üç beş kitaplı küçücük çalışma alanını, hemen tümüyle kendi gayretleri ve kovalamasıyla önce bir binaya ve derken iki katlı bir mekâna büyütür. Çok yönlü bir kişilik olan Güzelgöz, Halkevi ve Belediye Başkanlığı da yapar ve yörede halıcılık kursları açar. Günümüze kadar gelen meşhur Ürgüp halılarının oluşmasının temelleri o yıllarda atılır. O kadar çalışıp didinmesine rağmen Eşekli Kütüphaneci, 'görevi dışında işler yapıyor' diye soruşturmaya uğrar, 50 yaşında erken emekliliğe zorlanır, hakkında düzenlenen 'jübile' ile, kendi kütüphanesinden dışarı atılır. 1993 yılında da dönemin Kültür Bakanı tarafından Türk kütüphaneciliğine yaptığı hizmetlerden dolayı onur plaketi ile ödüllendirilir. 17 Şubat 2005 tarihinde ise Eşekli Kütüphaneci 84 yaşında aramızdan ayrılır."

"Ne kadar anlamlı bir öykü, değil mi?"
"Gerçekten öyle hocam."
"Ama kim yazmış, artık söyleseniz de meraktan kurtulsak..."
"Pekâlâ Nazire, sürpriz sona yaklaştığımıza göre, açıklamamı yapabilirim sanıyorum."

Öğrencilerini daha da meraklandırmak için ağırdan alıyordu Yağmur. Bu da onların sabırsızlanmalarına neden oluyordu.

"Tahmin toto yapalım mı?" dedi Sinan.
"Hadi oradan," diyerek çıkıştı ona Nazire, "oyun mu bu tahmin toto yapacakmış!"

Müfit, "Bence Ayşim yazdı," dedi.
Dilaver, Müfit'e katıldı, "Bence de..."
Lila'ysa aynı fikirde değildi. "Az önce konuyu soran kimdi akıllım. O yazsa, bu soruyu sorar mı?"

"Hocam," dedi Cengiz, "bakın arkadaşlar ne kadar ne kadar üzülüyorlar, söyleyin de..."

Selim'se Hazal'ın boş sırasına bakıyordu. O gün okula gelmemişti Hazal, telefonunu da açmamıştı. Merak içindeydi Selim, dayanamamış Lila'ya sormuştu.

Lila'ysa bir gün önce beraber olduklarını ve Hazal'ın gayet iyi olduğunu söyledikten sonra, "Dur bir arayayım," demiş ve Hazal'ın annesini aramıştı. Sonra da Selim'e, "Leyla Teyze, Hazal'ın dün gece ateşlendiğini, onun için bugün okula gelemediğini, şimdi de uyumakta olduğunu söyledi," bilgisini vermişti.

Selim bunları düşünürken sınıftan, "Hadi ama hocam, kim yazmış bu yazıyı, lütfen söyleyin," sesleri yükseliyordu.

"Pekâlâ, pekâlâ," dedi Yağmur, "İşte söylüyorum. O anlamlı yorumu, öyküsüyle birlikte aktaran..." durdu, tüm sınıfın dikkatinin yoğunlaştığından emin olunca, konuştu. "Arkadaşınız Sumru yazdı! Tebrikler Sumru."

Nazire dönmüş Sumru'ya bakıyordu. "Vay seni seni... Yere bakan yürek yakan seni. Nasıl benim haberim olmaz?"

"Yazı yazmayı sevdiğimi biliyorsun ama kanka."

"Biliyorum da..."

"Ama Nazireciğim her yazdığımı, bak bugün ne yazdım diye duyuracak hâlim yok ya... Ayrıca öyküyü ben yazmış değilim, sadece araştırmamı ve yorumumu yaptım, o kadar."

"Neyse ne," dedi ve sarıldı arkadaşına Nazire, "aslanımsın sen benim." Ön sıradakiler dönmüş Sumru'ya bakıyor, onu tebrik ediyordu.

Nazire, Sumru'nun kulağına fısıldadı, "O platonik yazıları da okuruz bir gün inşallah."

"Sus Nazire sus," dedi Sumru. Nasıl da telaşlanmıştı.

Sonra Yağmur Öğretmen'e döndü. "Hocam Eşekli Kütüphaneci'nin bir de heykelini yapmışlar. Fotoğrafı internetteydi, isterseniz basıp getirebilirim."

"Çok iyi olur Sumru, görelim bu değerli kişinin heykelini."

Zil çaldı.

Bir Türkçe dersi daha sonlanmıştı. Cengiz, tamirhanenin yolunu tutarken, Selim kararlıydı, gidip Hazal'ı görecekti. Yol boyu düşünüyordu. Bu hastalık da nereden çıkmıştı. Belki de gerçekten hastalandı, gidip görmem gerek.

Antakya'daki günleri geceleri düşündü, farkında değildi ama yüzüne bir gülümseme gelip oturmuştu. Hazal da ne kadar mutluydu ve Lila'ya durumu anlatmaya kararlıydı. Bu düşünceler onu keyiflendirmişti, ıslık çalarak Hazal'ın sokağına girdi.

Kapıyı Leyla Hanım açtı, "Hoş geldin Selim, geç içeriye."

"Rahatsız etmek istemiyorum Leyla Teyze, sadece Hazal nasıl, ne oldu ona diye merak etmiştim."

"Valla ben de anlamadım ne olduğunu. Daha dün Lila'yla oturmuş çene çalıyorlardı ama laf aramızda sanki Lila'nın bir derdi vardı, yüzü pek asıktı garibimin. Sonra bunlar Hazal'ın odasına kapanıp konuştular da konuştular. Sonra Lila gitti. Hazal da gayet iyiydi ama gece birden ateşi çıktı. Sirkeli suyla bileklerini ovdum, aspirin verdim, sonra uyudu."

"Peki, bugün nasıl?"

"Hâlâ ateşi var. Zaten düşmezse doktor çağırtacağım."

"Peki, ben onu görebilir miyim?"

"Uyuyor Selimciğim."

"Tamam, rahatsız etmeyeyim o zaman. Geldiğimi söylersiniz, ayrıca bir şey lazım olursa ben yardıma hazırım."

"Sağ ol çocuğum, eksik olma."

Ve dönüp giden Selim'in arkasından baktı Leyla Hanım sonra kızının kapısını aralayıp, "Gitti Selim," dedi.

"İyi."

Leyla Hanım yavaşça kızının odasına girdi, "Kızım arkadaşın hatrını sormak için uğramıştı, keşke içeri girip bir geçmiş olsun diyebilseydi. Utandım valla…"

"Kimseyi görecek hâlim yok anne. Ne Selim'i, ne Lila'yı ne de başkasını…"

"Tamam kızım, sen nasıl istersen," dedi ve geldiği gibi yavaşça çıktı odadan.

"Anlaşılan en has arkadaşlarıyla bile konuşacak hâli yok. Bu ateş düşmezse yarın kesin doktor çağıracağım," diye mırıldandı.

Ve tam da bu sırada Lila aradı. Leyla Hanım, ona da Hazal hakkında bilgi verdi. "Yok yavrum, kimseyi görecek hâli yok. Bak az önce Selim geldi buraya kadar. Ama uyuyordu, onunla da görüşemedi. Ateşi düşmüyor, bugün de böyle giderse doktora başvuracağım. Ne burnu akıyor, ne öksürüyor, sadece ateş."

Lila'nın dediklerini dinledikten sonra ekledi, "Sağ ol yavrum, çok teşekkürler. Hepiniz ne iyi arkadaşlarsınız ama hiç yorulma buralara kadar. Yarın yine konuşuruz, hadi annene selam, sevgilerimi ilet."

Lila, *tuhaf*, diye düşündü. Selim, Hazal'ı görmeye gitmiş ve bana haber bile vermedi. Söylese, birlikte giderdik.

Yoksa, benden uzak durmaya mı çalışıyor?

Yoksa, duygularımı belli mi ettim? Anladı da onun için mi benden uzak duruyor. Onun için mi Hazal'a gideceğini bana söylemeden kendi başına gidiyor?

Birden telaşlandı. Son konuşmaları zihninden geçirdi, nerede hata yaptım, dercesine.

Yok! Bir hata, yanlış bir sözcük yoktu, anımsamıyordu. Derin bir nefes aldı, bütün bunlar yersiz, boş kuruntulardı. Selim bir şey anlamış olamazdı.

Selim'se yürürken düşünüyordu.

Garip bir durum var sanki ortada.

Anladık, belki üşüttü ama niye beni görmek istemedi?

Uyuyormuş. Doğru mu bu?

Dün Lila'yla neler konuştular acaba?

Lila keyifsizmiş. Odaya kapanıp uzun uzun konuşmuşlar. Acaba Hazal bizim hakkımızda bir şeyler anlattı ve korktuğu gibi Lila da buna aşırı tepki mi verdi?

Onun için mi okula gelmedi?

Ya da gerçekten hastalandı.

Peki ama benimle konuşmamasına ne demeli?

Uyuyormuş!

Ne uykusu bu?

Altı üstü yatağının kenarına oturup bir geçmiş olsun diyecektim.

Kesin ters giden bir şey var.

Üfff yaa... Hiç mi yoluna girmeyecek bizim şu işlerimiz.

Öte yandan, pencereden Selim'in ağır adımlarla uzaklaşmasını izleyen Hazal, gözyaşlarına boğuldu.

Bu kadar yakına gelmişken, bu kadar uzakta olmak...

İçi acıyordu.

Resmen içi acıyordu.

Hayatta zamanlama çok önemlidir, demişti Yağmur Öğretmen bir konuyu açıklarken.

Meğer ne doğruymuş söyledikleri, diye düşündü.
Lila'dan önce ben ona açılsaydım durum bambaşka olacaktı.
O zaman Lila duygularını içine gömecekti, Selim'le ben bunu bilmediğimiz için yolumuza devam edecektik.
Ama şimdi...
Ben can arkadaşımın Selim'e âşığım diye gözyaşı döktüğünü gördükten sonra nasıl ona, pardon canım, Selim aslında beni seviyor; ben de onu, derim.
Selim'in bir başkasıyla ilişkisi olması düşüncesi bile onu mutsuz ediyor. Onu Gülşah'tan ne kadar kıskandığını anlattı işte.
Bir de bu kişi ben olursam...
O mutsuzluk katsayısı kaçlara kadar yükselir, düşünmek bile istemiyorum.
Peki, ben ne yapacağım şimdi?
Benim ateşim çıkmasın da kimin çıksın.
Selim benden haber bekliyor; artık herkes bilsin, diyor.
İyi ki, iyi ki ona bu durumu bana bırak, şimdilik böyle kalsın, ben sana zamanını söylerim, dedim.
Öte yandan, bu oyalama nereye kadar. Önümüz hafta sonu, cumartesi, pazar... İki gün daha okuldan uzak olabileceğim.
Ama sonra...
Sonsuza kadar okuldan kaçamam ki...
Bir karar vermek gerek.
Ne yapmalıyım?
Bir yanda can arkadaşım, bir yanda ilk aşkım. Onların mutluluklarıysa benim kararıma bağlı.
Ne ağır bir yük Tanrım, ne ağır.
İşin içinden çıkamıyorum.
Yatıp uyumak, uyumak, hiç uyanmamak istiyorum.
Bu kadar yakına gelmişken, bu kadar uzak olmak.
Çok üzüyor beni, çok...

Bazen Bir Bakış...

O gün yapılacak fazla bir şey yoktu.
Hava da bir kasvetliydi ki...
Evin dağıntısını topladı, çiçeklerine su verdi, kurumuş yaprakları ayıkladı. *Aslında bugün okumak için harika bir gün,* diye düşündü Yağmur. Yatak odasında yerde kümelenmiş kitapların yanına oturdu.

Kitabevine her uğradığında dayanamıyor, almayı düşündüğü kitapların dışında da bir dolu kitabı yüklenip eve dönüyordu. Neyse ki, Şevval ve Esra'yla kitap değiş tokuşu yapıyorlardı.

Kitapların arka kapak yazılarına, önsözlere göz attı.
Olmuyordu.
Aklını veremiyordu bir türlü.
Cengiz ve Dilaver...
İki yetenekli genç...
İki pırıl pırıl delikanlı.
Oysa...
Ders çalışmak, sınıfı geçmek umurlarında değildi.
İşin kötüsü durum gittikçe ağırlaşıyordu.
Dilaver'le kaç kez konuşmuştu bu konuyu.

Her seferinde gayet saygılı bir tavırla öğretmeninin dinlemiş ama değişen bir şey olmamıştı. Bu gidişle lise diplomasını bile alamayacaktı.

Varsa yoksa klarnet...
Varsa yoksa müzik...

Öte yandan Cengiz'in durumu daha farklı değildi. Bu yıla dek sınıflarını sorunsuz geçmişti. Dönem başında da iyiydi ama şimdilerde onda da derslere karşı bir ilgisizlik hissediyordu.

Nitekim bu hissini Cengiz'in annesi doğrulamıştı. Antakya'dan yeni dönmüşlerdi ki, Cengiz'in annesi okula gelip Yağmur'u bulmuş ve ona Cengiz hakkında pek çok şey anlatmıştı. Babasıyla tartışıp evi terk ettiğini ve bir aydır başka yerlerde kaldığını gözyaşları içinde anlatmıştı. "Şimdi okul saatleri dışında bir tamirhanede çalışmaya başladı, ille de bir meslek edineceğim, der durur. Hadi diyelim öfkesi geçince eve döner; madem seviyor, tamirhanede de çalışsın ama şimdi giderek, okulu bitirsem ne olur, bitirmesem ne olur, demeye başladı. Olur mu öyle şey, bugün lise diploması olmayanı hiç hesaba katmıyorlar, dedimse de pek aldırmadı. Sizi sever Yağmur Hanım, zaten sizi sevmeyen öğrenci yok. Bütün öğretmenler iyi ama siz çocuklarla bir başka ilgileniyor, onlarla vakit geçiriyordunuz. Tabii böyle olunca onlar da size bağlanıyorlar. Diyeceğim, ne olur Cengiz'le konuşsanız da, şu okulu bırakma düşüncesinden vazgeçse," diyerek adeta yalvarmıştı kadıncağız.

Olaya nasıl yaklaşsam diye bir soru kafasının içinde dönüp duruyordu. Benim konuşmam nereye kadar etkili olur acaba?..

Cengiz geldi gözünün önüne ve çalıştığı tamirhaneden söz ederkenki o coşkulu, heyecanlı hâli.

Birden...

Acaba, dedi Yağmur.

Ben bu konuyu o ustalarla mı konuşsam? Bu ustalar Cengiz için çok çok önemliydiler. Acaba onlar bir şekilde Cengiz'le konuşsalar, onu ikna edemezler miydi?

Düşündükçe, düşündükçe bu fikre ısınmaya başladı.

O kadar ki elindeki kitabı bırakıp hızla giyindi.

Evet, evet, tamirhaneye gidip ustalarla konuşacaktı. Adresi bir yere çoktan kaydetmişti.

Telefon çaldı, arayan Tayfun'du.

"Selam Yağmur," dedi ve hemen konuya girdi, "hani sen öğrencilerini getirmek için şöyle hafif eğlenceli bir opera sahnelenirse haber ver, demiştin ya..."

"Evet, evet," dedi Yağmur, "operayla ilk tanışmaları ağır bir eserle olursa sevmeyebilirler, onun için daha hafif, daha eğlenceli bir eserle işe girişirsek başarı şansımız daha yüksek olur, diye düşünmüştüm."

"Çok da haklısın. *Şen Dul* operetini sahneliyoruz. Gelecek hafta sonu sizlere balkon biletleri ayarlayabilirim."

"Harika! Çok çok teşekkürler Tayfun."

"Bir şey değil, hadi görüşürüz o zaman."

Birden aklına Dilaver geldi, belki de Tayfun yardımcı olabilirdi.

"Bir dakika Tayfun. Bir öğrencim var, seninle onun hakkında konuşmak istiyordum da..."

"Bak ne yapalım, benim az sonra provaya gitmem gerek. Saat altı gibi Cafe Betül'de buluşalım mı? Rahat rahat konuşuruz."

"Çok güzel! Çok teşekkürler."

Telefonu kapatır kapatmaz da olduğu yerde zıpladı, çocuk gibi.

Düşüneceğine, harekete geçmek neşelendirmişti Yağmur'u. Önce tamirhaneye gidecek, ustalarla görüşecekti. Sonra da Tayfun'la Dilaver hakkında konuşacaktı. Bakalım o bir çözüm önerebilecek miydi?

"En azından arpacı kumrusu gibi düşünmeyeceğim artık. Bir şeyler yapıyor olacağım," dedi yüksek sesle. Sonra ekledi, "artık kendi kendime de konuşmaya başladım. Haydi hayırlısı..."

Kot pantolonuyla tişörtünün üstüne kot ceketini geçirdikten sonra fırladı evden. Süslenecek vakti yoktu, bu öğleden sonra iki öğrencisiyle ilgili iki önemli görüşme yapacaktı. Salaşlık da rahatlıktı doğrusu.

Salih Usta arabadan inen genç kadını görünce, "Yandık Tacettin," dedi.

"Hayırdır..."

"Genç bir hanım geliyor, hani şu bize işimizi öğretmeye çalışanlardan."

Güldü Tacettin Usta, "Canım belki de öyle değildir."

"İki satır okuyup sonra da bence öyle değil, böyle, demiyorlar mı ifrit oluyorum. O kadar iyi biliyorsan arabanı kendin tamir et hanım, dememek için kendimi zor tutuyorum."

"Hadi, hadi, bırak huysuzluğu."

"Afedersiniz," diye yaklaştı Yağmur, "Salih Usta ya da Tacettin Usta'yla görüşebilir miyim?"

"Görüşebilirsiniz."
Duraladı Yağmur, "Peki neredeler?"
"Burada," diyerek kendini ve Tacettin'i işaret etti Salih Usta.
"Ben Salih Usta, arkadaş da Tacettin Usta."
Yağmur hemen elini uzattı, "Çok memnun oldum, ben de Türkçe öğretmeni Yağmur."
Ustalar biraz şaşkın bu genç kadının elini sıktıktan sonra Salih Usta, "Arabanızın bir sorunu mu vardı?" diye sordu.
"Yok," dedi Yağmur, "ben buraya konuşmak için gelmiştim de..."
Salih Usta, Tacettin'e, çattık, dercesine bir bakış attı, "Neyi konuşacaktık efendim?"
"Sizin burada çalışan delikanlı... Cengiz. O benim öğrencimdir de, onun hakkında, eğer vaktiniz varsa, biraz konuşmak istiyordum."
"Tabii buyrun," dedi Salih Usta.
Yağmur'a bir iskemle verdiler, karşılıklı oturdular. Yağmur önce lafa nasıl gireceğini kestiremedi, bocalar gibi oldu. Sonra babasının öğüdünü hatırladı.
"Bir şeyi anlatacaksan, en baştan başla, bu en kolayıdır," derdi hep babası.
Böylece Cengiz'i, ailesini, babasını, babasıyla arasında geçenleri ve şimdi şu anda evden uzak, orada burada çeşitli arkadaşlarının evinde kalarak hayatını devam ettirdiğini anlattı.
İki usta da tüm bu anlatılanları şaşkınlıkla dinliyorlardı.
"İşin kötüsü," diye devam etti Yağmur, "artık okula da ilgi duymamaya ve okuyacağım da ne olacak demeye başlamış."
"Oysa bize okulunu bitirmeye niyetli olduğunu söylemişti," dedi Tacettin Usta.
"Bu yaşlar çok zor yaşlar. İnsan hayatının en fırtınalı dönemi. Cengiz çok iyi bir çocuk, mert bir delikanlı, iyi yönlendirilirse çok güzel yerlere varabilir, diye düşünüyorum.
Ne yazık ki babası, Cengiz'in karakterini iyi okuyamıyor. Dalına basarak, baskı kurarak Cengiz'le bir yere varılamayacağının farkında değil.
O, ben bastırırım sonunda o da pes eder diye düşünüyor. Oysa bu tutum çocuğu daha da asi yapıyor."

Sustu Yağmur. Ustalar da susuyordu. Sonunda Salih Usta konuştu, "Peki, bu durumda biz ne yapabiliriz ki?"

Yağmur hevesle ona doğru döndü, "Çok şey usta, çok şey," dedi. "Sizleri çok seviyor, pek çok. Bana sizi, burayı, yaptığı işi anlatırkenki hâlini görmenizi isterdim. Anlatırken adeta yüzü parlıyordu."

"Şimdi ben şöyle düşündüm," dedi bir heves ve asıl söyleyeceğine geçmeden önce iskemlesine iyice yerleşti.

Salih Usta, bu kez de Tacettin'e, "İşte şimdi hapı yuttuk," dercesine baktı melül melül.

"Siz ona eğitimin ne kadar önemli olduğunu, diplomasının ileride ona nasıl kapı açacağını anlatabilirsiniz. Hatta bu araba merakını, çalışıp üniversite sınavlarını kazanarak sürdürebileceğini ve bir makine mühendisi olabileceğini de vurgulayabilirsiniz. Bunu yapabilecek kapasitesi var Cengiz'in.

Babasının büyük fedakârlıklarla ona sağlayacağı imkânları kullanmasını öğütleyebilirsiniz. İsterse yine tamirhane açma hayalini sürdürebilir ama önce mutlaka, mutlaka okumalı, diplomasını almalı. Sonra hayatta ne isterse, onu ne mutlu ediyorsa onu yapsın. Önemli olan pişmanlık yaşamaması... keşke, biri bir zamanlar beni uyarsaydı da şu diplomamı cebime koysaydım, dememesi. Bizler bunu sağlamalıyız."

Soluk soluğa kalmıştı Yağmur. Salih Usta derin düşüncelere dalmıştı.

"Çok güzel söylediniz de bu sözleri siz neden söylemiyorsunuz öğrencinize?"

"Ben onun öğretmeniyim. Onunla birkaç kez konuştuk, fazla açılmadı, belki de öğretmeniyim, diye açılamadı. Ama sizler konunun çok dışındasınız ve sizlere hayran. Ben yine konuşacağım ama siz de destek olursanız, yeri geldikçe, laf açılınca, bir şekilde konuşursanız, bence çok etkili olacaktır. El ele verip okulu bırakmasını, böyle bir hata yapmasını önlemeliyiz."

"Tabii sizin buraya geldiğinizi söylemeyeceğiz, öyle mi?"

"En azından şimdilik bilmese daha iyi olur. Cengiz çok gururlu bir genç, bu iyi niyetli girişimi yanlış anlayıp bana kırılabilir."

"Pekâlâ Yağmur Hanım, elimizden geleni yaparız."
"Bana kızmazsanız bir ricam daha var."
"Estağfurullah, ne demek..."
"Cengiz her boş dakikasında buraya koşup çalışmaya bayılıyor ama okulda onu yorgun görüyorum. Bari bir gün, meselâ hafta sonu bir cumartesi ya da pazar işe gelmesini engelleseniz, dinlenebilecek, daha sağlıklı olacaktır diye düşünüyorum, ne dersiniz?"
"Haklısınız," dedi Salih Usta, "bir bahaneyle hafta sonu bir gün işe gelmesini önleriz."
"Çok, çok teşekkür ederim," derken bir yandan da hararetle iki ustanın elini sıkıyordu.
Uzaklaşan arabanın arkasından bakan Salih Usta, "Kafamızı şişirdi ama," dedi, "Allah'ı var çok iyi bir öğretmen."
"Ne kafa şişirmesi, bıcır bıcır konuştu kız. Sen de git gide huysuz bir adam olmaya başladın. Kaç öğretmen uğraşır öğrencisi için bu kadar. Helâl olsun valla..."
Gözleri dalmıştı Salih Usta'nın, "Benim bir öğretmenim vardı, o da böyleydi işte. Her birimizle ayrı ayrı uğraşırdı. Köy yeriydi, yokluk diz boyu. Adamcağızın ayakkabılarının altı deliktı ama kendi cebinden bizlerin eksiklerini tamamlar, adam olmamız için elinden geleni yapardı."
"Zaten bu gibilerin yüzü suyu hürmetine ayakta duruyor bu memleket," dedi Tacettin Usta.
"Neyse, şimdi biz senle bu oğlanın kafayı değiştirmesini nasıl sağlayacağız, onu düşünelim."
"Çıkarırız iki cıvata, takarız bir somun, olur biter."
Karşılıklı kahkahalarla güldü iki usta.
Yağmur'un içi kıpır kıpırdı. Cengiz konusunda önemli bir adım attığına inanıyordu. Görmüş geçirmiş bu ustalar Cengiz'i muhakkak etkileyeceklerdi.
Keyifli keyifli arabasını park etti, Cafe Betül'e geldiğinde Tayfun'u kendisini bekler buldu. Çabucak geçip yanına oturdu.
"Ne içersin?"
"Güzel, sıcak bir çay."

"Yanına bir şey almaz mısın? Bak ben kaşarlı simit yiyorum."
"Süper."
Çaylar geldiğinde, Yağmur, öğrencilerinin Antakya Medeniyetler Korosu'nun konserini ne kadar beğendiklerini anlatıyordu.
"*Şen Dul*'u da sevecekler," dedi Tayfun.
"Bence de..."
"Benimle konuşmak istediğin konu neydi?"
Yağmur hızla içeri girip apar topar Tayfun'un masasına otururken karşı masadakilerin farkına varmamıştı. Bir süre sonra Tayfun'la konuşurken bir çekim hissetti, biri sanki ısrarla ona bakıyordu. Dönüp o yöne baktığında genç bir adamla göz göze geldi.
Yağmur'un bakmasını beklercesine bakıyordu ona.
Belli belirsiz... gözleriyle gülümsedi.
Yağmur'u selamlıyormuşçasına...
Şaşırdı Yağmur, gözlerini gözlerinden alamadı bir an.
Sonra toparlanmaya çalıştı.
"Özür dilerim Tayfun, hâlâ az önce bir öğrencimle ilgili yaptığım konuşmanın etkisi altındayım da... Evet, seninle de bir öğrencim hakkında konuşmak istiyorum, adı Dilaver," dedikten sonra Dilaver'le ilgili bilgileri ve kuşkularını anlattı.
"Ne yapabilirim, konu müzik olunca senin fikrini almak istedim; ben bu öğrencime nasıl faydalı olabilirim?"
Tayfun bir an düşündü sonra dönüp "Yağmur sen bu çocuğu bana gönder, onu bir dinleyeyim sonra da..." dedi.
"Evet, sonra da..."
"Belki onu bir şekilde konservatuara alırız."
"Ne müthiş bir şey olur bu," dedi Yağmur pür heyecan. "Bu ona cennetin kapılarını açmak gibi bir şey. Peki, bu mümkün mü?"
"Yetenek sınavları var, ayrıca bir yerlerden burs da ayarlayabiliriz. Sen onu bana yolla, bir bakalım."
"Ayy Tayfun, eğer bu çocuğa bir yol açabilirsen, sana ömür boyu minnettar kalacağımı bil."
"Abartma Yağmur. Zaten elimizden geldiğince genç yeteneklere destek olmaya gayret ediyoruz."

Yağmur konuşuyordu ama karşı masadaki genç adamın da fena hâlde farkındaydı. Onun bakışlarını üstünde hissediyor, o tarafa bakmamaya gayret ediyordu. Hatta bir ara, *böyle biriyle karşılaşacağımı bilsem, şu salaş hâlimle sokağa çıkar mıydım hiç* gibi bir yazıklanma geçiverdi aklından.

Bir süre sonra Yağmur'la Tayfun kalktılar, kapıya doğru yürürken, onların da kalktığını gördü Yağmur, gözünün ucuyla.

Güçlü bir çekim daha yavaş yürümesine neden oldu sanki ve o adam Yağmur'a yetişip kapıyı açtı, "Buyrun," derken yine göz göze geldiler.

"Teşekkür ederim," dedi Yağmur.

"Rica ederim."

Öylesine sıcak, öylesine kucaklayıcı bir gülüşle bakıyordu ki Yağmur'a.

Tayfun'la eve doğru yürürlerken, aklı o uzun boylu, esmer, güzel gülüşlü adamda kalmıştı.

Bildik kurallar olmasa, onunla konuşurdum. Benden hoşlandı, ben de ondan. Bunu ona belli etsem, bu akşam birlikte bir yere gider, ne güzel vakit geçirirdik, diye düşündü Yağmur.

Ama işte... bazı şeyler insanın içine işliyor. Bazı kurallar beyninize kazınıyor. İstese de başka türlü davranamıyor ve onun için de o hoş adamla sohbet etmek yerine, aptal aptal eve gidip yalnız başına oturmaktan başka hiçbir şey yapamıyor insan. Düşündükçe sinirlendi kendine.

Tayfun'la ne zaman vedalaştı, ne zaman evine girdi farkında bile değildi.

Doğru pencereye gitti, tülü aralayıp dışarı baktı. Sokakta hayat her zamanki gibi akıp gidiyordu.

"Ne bekliyordun," diye söylendi kendi kendine, "on yedilik delikanlılar gibi gelip pencerenin altında ıslık çalmasını mı?"

Oysa bu hoş adamı görene dek, ne kadar da mutluydu. Sürekli aklında olan, Cengiz'le nasıl konuşmalıyım, Dilaver'le ne yapmalıyım gibi düşünce fasıllarını bitirip harekete geçmiş ve hem ustalarla, hem de Tayfun'la konuşup en azından bir yol çizmişlerdi bu delikanlılar için.

Tam da bu çabanın keyfini sürerken, bir bakış, dünyasını altüst edivermişti.
Uzun zamandır bu tür bir duygu içinde olmamıştı, uzun zamandır.
O bakışlar ona unuttuğu heyecanları yaşatmıştı.
Tüm benliği derin bir uykudan uyandırılmışçasına sarsılmıştı.
Derinden etkilenmek...
Birkaç dakikalığına da olsa, beğendiği biri tarafından beğenilmek...
Bunun verdiği büyük zevk.
Sonra...
Bunu yitirmek.
O adamı belki de bir daha hiç görmeyeceğini düşünmek.
İşte Yağmur bunları yaşıyordu.
Neyse ki...
Telefon çaldı.
Arayan annesiydi. İstanbul'da olup bitenleri anlatıyor, arkadaş ve akrabalardan haberlerin yanı sıra yeni bir yemek tarifinden söz ediyor, neşeli neşeli oradan buradan konuşuyordu. Gündelik yaşamın bildik sıcak akışını yansıtan bu konuşma Yağmur'un ruhunda esen fırtınayı bir ölçüde sakinleştirmişti.
Ne de olsa hayat devam ediyordu.

İnce Uzun Bir Yol

"Kapı mı vuruluyor, diye kulak kesildi Yağmur. Evet, evet, birisi kapıyı tıklatıyordu. Sabahın bu saatinde kim olabilirdi. Bir koşu koridoru geçip göz deliğinden baktı.
"Aaa..."
Hızla anahtarı kilitte çevirdi ve kapıyı açtı.
"Hazal! Hayırdır..."
Sesi merak ve endişe sarmalıydı.
Bembeyazdı yüzü Hazal'ın, gözlerse dolu dolu.
"Gel içeri..."
Yağmur, öğrencisinin elinden tutup içeri çekti.
"Gel, durma kapıda öyle."
"Çok özür dilerim hocam, böyle sabah sabah bu saatte sizi rahatsız ediyorum."
"Önemli bir şey olmasa gelmezdin Hazal."
"Çaresizim hocam..." diye hıçkırdı Hazal. "O kadar çaresizim ki, mutlaka birinin bana yol göstermesi gerek. Çünkü... çünkü... düşünemiyorum artık..."
Şaşkındı Yağmur.
Ne olmuştu bu aklı başında, her zaman düzgün davranan genç kıza.
"Bak ne diyeceğim Hazal, sen gir şuraya, banyoya, yüzüne biraz soğuk su çarp, iyi gelir. Ben de çabucak bir çay koyayım. Çay içmeden kafam çalışmaz da..." dedi Hazal'ı güldürme gayreti içinde. "Sonra da oturup konuşalım, nedir seni bunca üzen..."
Kısa bir süre sonra karşılıklı oturuyorlardı. Hazal önüne bakıp susuyordu.

"Eee, hadi ama," dedi Yağmur, neşeli olmaya çalışan bir sesle, "banka mı soydun yoksa?"

Dudakları kıpırdadı Hazal'ın. Bir gülümseme kırıntısıydı bu.

"Nereden başlayacağımı bilemiyorum hocam."

"En başından Hazalcığım. En başından başla ve anlat."

Ve Hazal konuşmaya başladı. Önce zorlanıyordu, giderek açıldı ve kâh sessiz gözyaşları, kâh hıçkırıklar arasında tüm öyküyü anlattı.

"Hocam şimdi ben ne yapmalıyım?"

Yağmur geriye doğru yaslandı. "Gerçekten zor durum Hazalcığım, gerçekten zor..." diye mırıldandı.

Dalıp gitmişti Yağmur.

Kendi yaşadıklarından esintiler vardı anlatılanlarda.

"Öyle zor durumdayım ki..." dedi Hazal, "Selim sürekli beni sıkıştırıyor, haydi artık söyleyelim bitsin bu gizlilik, diyor."

"Peki, sen ne düşünüyorsun bu sözler hakkında?"

"Selim haklı, diyorum. Madem o beni seviyor, ben de onu," bir an duraladı ve ekledi, "ya da birbirimizden çok hoşlandığımızın farkına vardık, diyelim, bunu saklamak saçmalık."

"İyi o zaman söyle bitsin."

"Olur mu ama hocam?" diye inildedi Hazal. "Lila ne olacak?" durdu, sonra devam etti, "O benim can arkadaşım, ta ilkokul yıllarından beri kardeş gibiyiz."

"Öte yandan Hazalcığım, şöyle de bir durum var. Hiçbirinizin bir diğeriyle bir bağı yok. Yani kimse kimsenin ne sözlüsü, ne nişanlısı ne de sevgilisi. Dolayısıyla bu durumda kimse seni ve Selim'i kınayamaz. Bu işin mantıksal yönü..."

"Evet hocam, bu işin mantıksal yönü. Ama bir de duygusal yönü var. Arkadaşım, ben Selim'e âşığım, diye ağlarken, ben nasıl Selim'le mutlu mesut ortalarda dolaşabilirim."

Acı acı güldü Yağmur, "Seni zorlayıcı sorular sorduğumun farkındayım ama konunun beyninde billurlaşabilmesi için bunu özellikle yapıyorum," dedi ve devam etti, "Hazalcığım, senin şu düşüncelerin, şu döktüğün gözyaşları kişilik olarak seni o kadar yüksek bir yere koyuyor ki... Sen şu an arkadaşın için ağlıyorsun, oysa öyle bir dünyada yaşıyoruz ki, değil arkadaşını düşünmek, güzel bir ilişki yaşayan arkadaşının sevgilisinin aklını çelmek için elinden geleni ardına koymayanlar var. Ve bunun yanı sıra, senin gibi düşünenleri takdir etmek yerine, amma da safsın, diyerek alaya alabilecek de var."

Hazal kaldığı yerden devam etti, "Lila da gelip bana dert yanıyor. Bana Selim'i ne kadar sevdiğini ama onun duygularını bilemediğinden nasıl davranacağını kestiremediğini anlatıp sen ne dersin, ne yapmalıyım, diye soruyor. Öyle kötü oluyorum ki bütün bunları dinlerken."

Sustu Hazal. İkisi de söyleyecek söz bulamadıklarından sessizlik içinde oturuyorlardı.

"İşin kötüsü," diye devam etti Hazal, "artık hastayım diye okula gitmezlik de edemem. Yarın, pazartesi. Okula gideceğim, Selim soran bakışlarla bakacak. Ona ne diyeceğim? Lila, gözü Selim'de, bana dert yanacak. Ona ne diyeceğim? Ve bütün bu sıkıntıların içinde normal davranmam gerek oysa çok ama çok mutsuzum ve kimseyi, hiç kimseyi görmek istemiyorum. Odama kapanıp bütün bu olaylar çözülene dek orada kalmak istiyorum. Halbuki annem bile, *sende bir tuhaflık var, bir şeye mi canın sıkılıyor yoksa kendini iyi hissetmiyor musun?* diye sorup duruyor. Bütün bunların altından ben nasıl kalkacağım?"

Hazal öyle perişandı ki korktu Yağmur, bunca stres ve üzüntünün ardından derin bir depresyona girebilirdi öğrencisi.

Kararlı bir ses tonuyla konuşmaya başladı. "Bak şimdi akılcı olmaya çalışacağız. Evet, senin en kısa zamanda bir karar alman gerek, bu böyle sürüp gidemez.

Önünde iki yol var. Ya Lila'ya durumu açıklayacaksın, ve şunu da ilâve etmeliyim, bu durumda senin suçluluk duygusuna kapılman için hiçbir geçerli neden yok. Pek çok arkadaşlıklar aşka dönüşmüştür, hele de sizlerin yaşında. Ayrıca belki de Selim'le senin çok güzel bir birlikteliğiniz olabilir. Bu da var. Ya da... kesinlikle içine sinmiyorsa, her adımda Lila'yı düşüneceksen, o zaman da Selim'e onunla duygusal bir ilişkiye giremeyeceğini söyleyeceksin."

İnildedi zavallı Hazal.

"Biliyorum canım, iki seçenek de birbirinden zor. Yalnız sana bir şey söylemek istiyorum. Gerçi yaşın gereği, söyleyeceklerimi kabullenmekte zorluk çekeceksin ama ben yine de söyleyeyim diyorum."

İçini çekti Yağmur ve sözlerini sürdürdü. "Sizlerin içinde olduğu bu yaşlar, aşka âşık yaşlardır. Değişim yaşıyorsunuz, hormonlar çalışıyor. Ve sizler artık ciddi biçimde karşı cinse ilgi duymaya başlıyorsunuz.

Beğendiğiniz, hoşlandığınız biri olunca ona âşık olduğunuzu düşünüyorsunuz.

Duygular o kadar yoğun, oysa deneyim o kadar az ki, beğeniyle aşkı ayırt edemiyorsunuz. O kişi gece gündüz aklınızdan çıkmıyor. İşte bence, şimdi yaşanan budur. Lila'nın da, Selim'in de, senin de yaşadığınız budur.

O nedenle, önümüzdeki zamanda, hatta ben buna aylarda diyeceğim, olaylar bize ne gösterecek bilemeyiz. Duygular değişebilir, karşınıza başka biri çıkabilir.

Bakarsın Lila yeni bir aşka yelken açıvermiş. Ya da senin duyguların giderek değişmiş. Bilmem anlatabildim mi?

Ayrıca, sadece bu yaşlar için değil daha sonraları için de geçerli olan bir olgu var.

Hayatımızı yönlendiren tesadüfler...

Uzun uzun düşünür planlar yaparız, sonra öyle bir olay çıkar ki ortaya, her şey altüst olur. Ve biz yeniden yeni bir yol çizmek ve o yolda yürümek durumunda kalırız. Hayatımızın hiç ummadığımız, beklemediğimiz dönemeçleridir bunlar.

Ve yine bir gün döner arkamıza bakarız; o zamanlar nasıl da üzülmüştüm, oysa ne iyi olmuş, meğer hakkımda hayırlısı buymuş, deriz."

Hazal hiç sesini çıkarmadan dikkatle dinliyordu Yağmur'u. O sözcüklerden medet umar bir hâli vardı.

"Okul yılı başında benimle ilgili olanları hatırlarsın."

Başını salladı Hazal.

"Okula gelen kişi benim erkek arkadaşım, sevgilimdi. Beni en yakın arkadaşımla aldattığını öğrenmiş, ilişkimizi bitirmiştim. O ise yeniden ona dönmem için, beni ikna etmek için gelmişti okula."

Hazal şaşkınlık içinde dinliyordu. Olayın bu yönünü öğrenciler elbette bilmiyorlardı.

"Üç yıllık bir beraberliğimiz vardı ve ben artık evlilik düşünüyordum. Ama yaşanan bu tatsız olayla hayatım altüst oldu. Her şeyi yeniden düşünmem, kendimi bu değişime hazırlamam gerekiyordu. Özetle, zor günlerdi. Ama işime ve sizlere sarıldım. Her gelen günü teker teker ele alıp yaşayarak bu zorlukları aştım.

O ise, geçenlerde bir kez daha Mersin'e geldi, bu kez elinde bir evlilik yüzüğü vardı."

Hazal, gözleri kocaman, ağzı açık dinliyordu Yağmur'un öyküsünü.

"Ama evlilik teklifini geri çevirdim. Çünkü aslında biz birbirimiz için uygun kişiler değildik. O iyileşme sürecinde bunun farkına varmıştım.

Beğeniyi aşkla karıştırmıştım belki de.

Evet, ne diyordum, uyumlu değildik, hem de hiç. Bu olay beni çok üzmüştü ama sonuç benim için hayırlı olmuştu. Şimdi mutlu ve huzurluyum ve günün birinde bütün bu yaşadıklarımdan çıkarak doğru kişiyi bulacağıma ve onunla mutlu olacağıma inanıyorum."

Sustu Yağmur. Hazal'sa dilini yutmuşçasına oturuyordu olduğu yerde.

"Şimdi bütün bunları ne diye anlattım sana biliyor musun? Sadece bugüne bakıp dünyanın sonu geldi, gibi düşünme. İlerilere de bakabil.

Hani o malum deyiş var ya, *büyük resim* diye. İşte o büyük resmi görebilesin, diye anlatıyorum bunları.

Daha pek çok şey yaşayacak ve öğreneceksin. Bu ilk adım. Bunu görüp nerede durduğunu bilesin istedim.

Bütün bu anlattıklarımı hemen kavraman zor. Şu gencecik yaşında senden bunu bekleyemem. Ama en azından söylediklerim zihninin bir köşesinde bulunursa, önümüzdeki zorlu günler için bir parça da olsa yararı olur diye düşünüyorum."

"Sağ olun hocam," dedi Hazal, dalgın dalgın. Anlatılanları hazmetmeye çalışır bir hâli vardı.

Yağmur kalktı, boşalmış çay bardaklarını doldurdu.
"Benimle birlikte bir kahvaltıya ne dersin?"
"Çok teşekkür ederim hocam ama eve dönsem iyi olur."
"Sahi, annene ne dedin de bu erken saatte gelebildin buraya?"
"Kaçırdığım dersler için sizi görmem gerektiğini ve sizin de ancak sabah erken saatlerde uygun olduğunuzu söyledim," dedi sonra acı acı güldü. "Görüyorsunuz ya hocam, yalan söyleme konusunda usta oldum."
Hazal'a sarıldı Yağmur, "Kendine haksızlık etme. Sen saygı duyulacak ender bir kişiliğe sahipsin."
Hazal'dan ses çıkmayınca, "Pekâlâ git o zaman," dedi ve ekledi. "Kararını verirken aklını kullan ama gönlünü de ihmal etme. Hangisi yüreğinin tam dibine kadar sinecekse o yolu seç. Çünkü hayatta bizler için en doğru kararlar, içimize sinenlerdir."
"Teşekkür ederim hocam. Dinlediğiniz, destek olduğunuz için…"
"Önünde zor günler var ama sen bunları aşacak güçtesin Hazal. Konuşmak istediğinde de, ben her zaman buradayım. Tamam mı canım?"
"Tamam hocam," dedi Hazal ve kapıya doğru yöneldi.
Tam kapıdan çıkıyordu ki, birden geri döndü. Yağmur'un boynuna sarıldı, titreyen bir sesle, "Sağ olun hocam, çok teşekkürler," diye fısıldadı ve fırlayıp gitti.
Arkasından bakan Yağmur, gözyaşlarını silerken, "Ah Hazalcığım, önünde ne uzun bir yol var," diye mırıldanıyordu.

Veda

"İyisin, değil mi yavrum?" diyerek onu okula yolcu etti annesi.
"İyiyim anne, merak etme."
"Bak, kötü olur da beni aramazsan, hakkımı helâl etmem, bilmiş ol."
"Aman anneee..."
Pazar günü Yağmur'un yanından döndükten sonra çalışma bahanesiyle odasına kapanmıştı Hazal.
Akşama kadar düşündü, düşündü. Yatağına girdi, büzülüp yattı, ağladı, ağladı.
Acısı fizikseldi, yüreği yanıyordu.
Meğer Selim'e nasıl da alışmışım, *meğer onu ne çok seviyormuşum*, diye düşünüyor, gözyaşları tekrar tekrar boşanıyordu.
Annesi odaya girip yüzünün hâlini görmesin diye, bir çabuk banyoya geçiyor, yüzüne soğuk su çarpıyor, kolonya kokluyor sonra odasına dönüyordu.
Akşama doğru annesi, "Gel bir çay iç bizimle," diye seslendi. Çaresiz onlara katıldı.
"Bak sıkma yaptım senin için."
"Sağ ol anne."
"Hanım hiç bana bir şey yapmak aklına gelmez. Hep çocuklara, hep çocuklara..."
"Aşk olsun, hangi yemeği sevdin de yapmadım."
"Şaka, şaka," dedi babası, karısının dizini okşayarak, "Allah senden razı olsun, hepimize öyle güzel bakıyorsun ki, senin hakkın ödenmez."
Bu sözler üstüne Leyla Hanım'ın öfkesi sönüvermişti. Mutluluğunu belirten bir gülücük gelip oturdu yüzüne. Sonra da sağdan soldan konuşmaya başladı. Ufak tefek dedikodulardı bunlar. Kimini gülerek,

kimini ayıplayarak anlatıyordu. Annesinin neler anlattığının hiç farkında değildi Hazal ama onun o bildik, tanıdık sesi garip şekilde sakinleşmesini sağlıyordu. Bambaşka bir gezegendeymiş de, artık kendi gezegenine dönmüş gibi bir duygu.

Giderek bir dinginlik sardı benliğini.

Gülümsedi annesine.

"Bak, demedim mi sana sıkma ye, iyi gelir, diye? Yüzün güldü nihayet."

Odasına döndüğünde, bir cesaret, Selim'i aradı.

Düşünmüş düşünmüş sonunda kesin kararını vermişti.

Ne demişti Yağmur Öğretmen?

Kararını verirken aklını kullan ama gönlünü de ihmal etme.

Hangisi içine sinecekse, o yolu seç.

Çünkü hayatta bizler için en doğru olan kararlar içimize sinenlerdir.

İşte bu öneriler doğrultusunda vermişti kararını.

Biricik dostuna acı çektirme pahasına mutlu olamazdı.

Üstelik her gün, her an bir aradayken.

Nispet yaparcasına...

Onun için... Selim'den vazgeçecekti.

Acı veriyordu ama içine sinen karar buydu. Öbür türlüsü içine sinmeyecek, zaten mutlu olamayacaktı.

İşte bu kararlılıkla, Selim'i aramıştı.

Selim'se nasıl da sevinçle açmıştı telefonu.

"Fazla konuşmayacağım," dedi Hazal, "yarın okuldan sonra parkta buluşalım."

Selim'in keyfine diyecek yoktu.

"Emrin olur sultanım."

"Ama parkın içindeki o kapalı bölümde, taş bankların olduğu yerde..."

"Elbette! Kimselere görünmeden değil mi?" dedi gülerek ve ekledi, "Allahını seversen Hazal, bu saklambaç oyunu daha ne kadar sürecek? Elime bir borazan alıp herkese aşkımızı ilan etmek istiyorum."

"Hadi, kapatmam gerek. Yarın görüşürüz."

Ah Selim ah, seni ne kadar kıracağımı bilsen, böyle sevinir miydin, diye düşündü.

Gözleri doldu.

Az önceki iyimser hava uçup gitmiş, yine o kurşun gibi ağır duygular yüreğinin üstüne çöreklenmişti.

İşte pazar günü böyle sonlanmıştı, şimdiyse okul yolundaydı. İyi rol yapmak için gücünü toplamalıydı. Kararlı adımlarla sınıfa girdi. Arkadaşları onu, geçmiş olsun, dilekleriyle karşıladılar.

"Vah garibim," dedi Nazire, "bayağı sararıp solmuşsun."

Selim, sevecen bakışlarla süzüyordu onu. Oysa o sevecen bakışlar yüreğine atılmış pençelerdi sanki. Canı yanıyordu.

Teneffüste Gülşah'ı gördü. İçinden, gözün aydın Gülşah hanım, o artık senin, diye geçirdi.

Yüreğine bir pençe daha indirmişti bu düşünce.

Asırlarmışçasına süren saatler sonunda zil çaldı. Lila'yı, "Hemen eve gitmem gerek, yapılacak pek çok iş varmış, daha sonra konuşuruz," diyerek savdı. Ve parkın yolunu tuttu.

Yol boyu, güçlü olmalıyım!

Asla asla ağlamamalıyım.

Lafı uzatmamalıyım.

"Lila'nın sırrını asla asla açık etmemeliyim," diye tekrarlıyordu kendi kendine.

Parka girince taş bankların bulunduğu kapalı bir locayı andıran oturma bölümüne yöneldi. Kuytu bir yerdi burası.

Selim çoktan gelmişti. Hazal'ı görünce sevinçle ayağa fırladı. Hazal'ın konuşmasına fırsat vermeden ona sarıldı. Bir şey diyemedi Hazal, bir süre birbirlerinin kollarında kaldılar. Hazal, Selim'in kokusunu içine çekiyordu, ona bir daha sarılamayacağını bilerek.

"Eee," dedi Selim, keyifli keyifli gülüyordu, "ne güzel bir fikir bu böyle. İşte burada seninle başbaşayız. Harikasın Hazal."

Hazal'sa hiçbir şey söylemeden onun yüzüne bakıyordu.

Birden Selim bir şeylerin ters gittiğinin farkına vardı.

"Neler oluyor Hazal? Niye öyle bakıyorsun bana?"

"Sana söyleyeceğim bir şey var."

"Eyvah!"
"Çok ciddiyim Selim."
"Tamam! Ben de ciddileştim, haydi söyle bakalım."
"Selim."
"Evet?"
"Biz seninle birlikte olamayacağız."
"Efendim?"
"Biz diyorum... ben düşündüm de..." Ah o sözcükler ne kadar da güçlükle çıkıyordu Hazal'ın ağzından.
"Biz bir arada olamayacağız!"
Selim durmuş kalmıştı.
Anlamaz bakışlarla bakıyordu Hazal'a.
Ve Hazal sözlerinin kesilmesini istemezmişçesine hızlı hızlı konuşup diyeceklerini tamamladı.
"Onun için bu konuyu kapatalım ve yine eskisi gibi arkadaş kalalım."
"Ne? Doğru mu duyuyorum?"
Selim'in yüzü bu kez allak bullaktı çünkü Hazal'ın ne dediğini artık kavramıştı.
Hazal'sa susuyordu.
"Sen ne dediğinin farkında mısın?" diye bağırdı Selim. "Şaka mı bu?"
"Hayır Selim, ne yazık ki şaka değil."
"Peki ne? Ne?"
"Bir arada olamayacağımızı söyledim, hepsi bu."
"Hepsi buymuş," dedi Selim, "Ne kadar rahatız Tanrım. Kızım sen aklını mı kaçırdın. Daha birkaç gün öncesinde birbirimizi ne kadar sevdiğimizi söylememiş miydik? Birbirimize onca ay duygularımızı açmadık, ne yazık etmişiz diye hayıflanmadık mı? Artık bunu herkese açıklamaya karar vermedik mi? Cevap versene! Niye susuyorsun?"
"Evet," dedi Hazal alçak sesle, "doğru."
"E, öyleyse şimdi bu söylediklerin ne?"
Hazal öyle zor bir durumdaydı ki...
Cevap veremiyordu.

Verecek cevabı yoktu çünkü.

Selim'se, "Cevap ver, cevap ver!" diye bağırıyordu.

"Ne olur Selim, işi zorlaştırma. Bunları söylemek kolay mı zannediyorsun benim için?"

"Madem kolay değil, neden böyle konuşuyorsun," dedi, birden durdu, "yoksa aslında beni sevmediğini mi fark ettin?"

"Selim!"

"Evet, evet, anlaşıldı. Zaten başka ne olabilir ki... Antakya'nın o büyülü havasından çıkıp buraya dönünce, ayakların yere bastı ve beni sevmediğinin, hatta benden hoşlanmadığının farkına vardın ve bugün buraya bunu söylemeye geldin."

Hazal, öyle bir, "Hayırrr!" diye haykırdı ki Selim duraladı.

"Öyleyse ne..."

Bu kez umut pırıltıları vardı Selim'in gözlerinde.

"Öyle olması gerekiyor."

Selim durduğu yerde tepinircesine ayaklarını yere vurdu.

"Ne demek, gerekiyor! Çıldırtma beni Hazal. Anlat şu işin iç yüzünü çünkü bana anlatmadığın bir şeyler var gibime geliyor."

Hazal yine susuyordu.

Selim, Hazal'ın yüzünü ellerinin arasına alıp sıkı sıkı tuttu. "Gözlerimin içine bak ve beni sevmediğini söyle."

Hâlâ susuyordu Hazal.

"Gördün mü bak, söyleyemiyorsun," dedi Selim, "demek ki sebep bu değil. Ne o zaman, ne?"

"Birbirimizle uyumlu değiliz."

Hazal ilk aklına geleni söyleyivermişti.

"Çıldırdın mı sen Hazal, bu da nereden çıktı şimdi."

Selim'in kollarından sıyrılan Hazal, "Evet," dedi kararlı bir ses tonuyla, "biz birbirimizle uyumlu değiliz, onun için bu ilişkiyi başlamadan bitirmeliyiz. Böylesi ikimiz için de daha iyi."

"Yaaa, öyle mi?"

"Evet, öyle..."

"İyi öyleyse," dedi Selim, "diz çöküp yalvarmamı bekliyorsan, çok yanılırsın."

"Öyle bir şey beklemiyorum zaten."

"Şaşıyorum sana Hazal, gerçekten şaşıyorum," dedi ve ekledi, "yazıklar olsun!"

Son kez Hazal'ın yüzüne baktı ve arkasını dönüp hızla uzaklaştı oradan.

Hazal'sa Selim'in arkasından bakarken artık gözyaşlarını tutamaz hâle gelmişti. Oraya çökercesine oturdu, hıçkıra hıçkıra ağladı. Hayatında ilk kez bu kadar büyük bir acı içindeydi.

Sevdiği insanı, ilk aşkını, elleriyle uzaklaştırmıştı kendinden.

Nasıl yapabildim bunu diye şaştı kendine.

Ama öbür yolu yeğleseydim, yani Selim'le olmayı seçseydim, Lila'nın mutsuzluğunun yanı sıra, onun mutsuzluk kaynağı olduğum için ben yine acı çekecektim.

İçini çekti, *böylesi bir durumun bizlerin başına gelmesi ne büyük bir şanssızlık*, diye düşündü.

Hava kararıyor, gölgeler uzuyordu. Kalkıp yürümeye başladı.

Bundan böyle 'Selimsiz' bir hayat vardı önünde. Üstelik artık benden nefret ediyor, beni duygusuz, acımasız biri olarak görüyor.

Beni hep böyle tanımlayacak, hep böyle anacak.

İlk aşkım böyle sonlanmamalıydı, diye isyan ediyordu bir yandan da...

Birden bir hışırtı duydu.

İrkildi.

Hava iyice kararmış, kuytular görünmez olmuştu.

Korktu Hazal, adımlarını hızlandırdı.

"Hazal!"

Ve birden bir el kolundan yakaladı onu.

Çığlık attı Hazal.

"Korkma Hazal, ben Cengiz."

"Ödümü kopardın Cengiz," dedi Hazal, "hava da birden kararıverdi sanki."

"Kusura bakma, korkutmak istemedim ama seni böyle yalnız başına, burada görünce, bir bakayım, dedim."

"Sağ ol Cengiz, karanlık ürkütücü oluyor."

Cengiz, Hazal'ın tedirginliğini fark etmemiş gibi sakin bir ses tonuyla konuşuyordu. "Bugünlerde artık hava erken kararıyor, o nedenle buralarda pek yalnız dolaşmaman gerek. Ne olur, ne olmaz."

"Haklısın," dedi Hazal. Cengiz'in o her zamanki alaycılığı yoktu, tam tersine sanki Hazal'ın üzüntülü hâlini anlamış da, onu oyalamaya çalışır bir hâli vardı.

"Biz de arkadaşlarla takılıyorduk, sonra bir baktım, sakın bu bizim Hazal olmasın, dedim. Meğer doğruymuş. *Bir gidip bakayım*, diye düşündüm," diyerek neşeli neşeli anlatıyordu. Bir yandan da Hazal'ı gözlüyordu.

"Caddeye kadar sana eşlik edebilirim, eğer istersen tabii."

"Çok makbule geçer," dedi Hazal. Yürümeye başladılar.

Caddeye çıkana kadar Cengiz oradan buradan konuştu, durdu.

"Ben buradan bir minibüse bineceğin. Sana çok teşekkür ediyorum, artık benimle kalmana gerek yok Cengiz."

"Yok canım, ne demek, önce seni bir bindireyim, ben sonra giderim."

Cengiz'in bu düşünceli davranışları Hazal'ı duygulandırmıştı.

"Sen ne kadar yardımcı bir insansın Cengiz," deyiverdi.

"Görevimiz efendim."

Tam o sırada minibüs geldi.

"Haydi iyi geceler," diyerek Hazal'ı bindirdi Cengiz, minibüsün hareket etmesini bekledi, el sallayarak Hazal'ı yolcu etti.

Sonra da, elleri cebinde, bir ıslık tutturarak tamirhaneye doğru yöneldi.

Bu kadarcık bir beraberlik bile Cengiz'i mutlu etmeye yetmişti.

Bir Büyük Deneyim – Opera

Mersin Kültür Merkezi salonunda toplanıyorlardı yavaş yavaş. Yağmur'un gözü kapıdaydı, öğrencilerini bekliyordu. Bu haftayı opera heyecanı yaşayarak geçirmişlerdi.

Hafta içinde Yağmur, "Çocuklar önümüzdeki cumartesi akşamı *Şen Dul* isimli opereti dinlemeye ve izlemeye gideceğimizi sakın unutmayın," dediğinde özellikle de erkek öğrencilerden iniltiler yükselmişti.

"Aşk olsun ama," dedi Yağmur, "hani açık fikirli olacaktık, hani sanatın her dalını tanımaya özen gösterecektik."

"Ama hocam," demişti Cengiz, "bizim oralarda klasik müzik dinletisi yapmaya gelmişlerdi de köylü toplanmıştı. Dinleti sonunda, köyün yaşlılarından birine sormuşlar, *emmi, demişler, nasıl buldun bu müziği?*"

Sınıfta hafif gülüşmeler ve "Ne demiş, ne demiş," sesleri...

Cengiz, yüzünde muzır bir ifade, "Emmi demiş ki, *bizim köy, köy olalı böyle zulüm görmedi.*"

Sınıftan taşan kahkahalar koridora kadar ulaşmıştı. Yağmur da kendini tutamamış, sınıfla birlikte bu küçük öyküye gülmüştü.

Herkes biraz sakinleşince, "Ama Cengiz, emmi yine de gidip dinlemiş ya... sen ona bak. Onun için ben yine de gelebilecek herkesin gelmesini istiyorum, ona göre...

Hem şöyle düşünün, hiçbir şey olmasa, hiç sevmeseniz bile, yarın bir yerde opera dendiğinde, en azından neden söz edildiğini bilebileceksiniz. Ben de bir kez gitmiştim, ne olduğunu biliyorum, diyebileceksiniz.

Hep bugünde, bu konumda kalmayacaksınız ki... Yarın hangi ortamlarda bulunacağınızı kim bilebilir. O nedenle, bugünden başlayarak kendinizi eğitmelisiniz," demiş ve gözü Dilaver'e takılınca, "Hele de sen Dilaver, seni mutlaka mutlaka orada görmek istiyorum," diye eklemişti.

Dilaver, Yağmur Öğretmen'in böyle birden bire ona seslenmesi karşısında şaşırıp kalmıştı.

"Hocam," diye kekelemişti, "Ne alâka yani, benim orada işim ne..."

Arkadaşları yine gülmeye başlamışlardı.

"Aslanım Dilaver," dedi Sinan, "sen de çıkar klarnetini çalarsın onlarla."

"Çok ciddiyim," demişti Yağmur, "sen ki müzikle ilgilisin, senin bu önemli müzik türünü mutlaka tanımanı istiyorum."

Dilaver ve opera fikri tüm sınıfın yeniden kahkahalara boğulmasına neden olmuştu.

"Hocam," diyerek elini kaldırmıştı Ayşim.

"Söyle Ayşim."

"Hocam ben kısa bir araştırma yaptım. İsterseniz okuyabilirim."

Sınıftan yükselen homurtulara aldırmadan, "İşte budur," diyerek Ayşim'i övmüştü Yağmur, "şimdi lütfen herkes sussun ve Ayşim'i dinleyelim," demiş sonra gözünü Cengiz ve Sinan'a dikerek, "Eğer güzel güzel dinlemezseniz yılın en ağır Türkçe sınavına hazır olun, derim, ona göre..." diye de bir tehdit savurmuştu.

Anında sessizlik hâkim olmuştu sınıfa.

"Evet Ayşim, seni dinliyoruz."

"Kısa kısa notlar hâlinde sunacağım, hocam."

"Güzel."

"Operanın doğduğu ülke – İtalya."

On altıncı yüzyılda Floransalı bir grup müzisyen bir araya gelip dramaya, tiyatro eserlerine müzik de katılırsa nasıl olur, diye düşünmeye başlamışlar.

Bu düşüncenin çıkış noktasıysa eski Yunan medeniyetinde Atinalıların trajedileri sahnelerken bunu müzik eşliğinde sunmalarıymış.

İşte müzikli drama yani opera, İtalya'da bu fikirden çıkarak böyle başlamış. Yüzyıllar içinde gelişmiş ve zamanla iki tür oluşmuş.

Klasik opera ve içinde güldürü unsurları taşıyan eğlenceli, komik opera.

Bir diğer deyişle, Opera Seria ve Opera Buffa.

On yedinci yüzyıla gelindiğinde Avrupa'nın diğer ülkeleri İtalya'dan esinlenerek kendi opera eserlerini sergilemeye başlamışlar. Fransa'da, Almanya'da, İngiltere'de ve on dokuzuncu yüzyılda Rusya'da opera eserleri her ülkenin kendi bestecileri tarafından yaratılmış, sergilenmiş, sevilmiş ve bugünlere ulaşmış."

Ayşim okumasını bitirince, başını kaldırıp, ciddi bir yüz ifadesiyle, sınıfa bakmış ve "Daha fazla bilgi isteyen Google'a başvurabilir," demişti.

"Kutlarım Ayşimciğim, başarılı, az ve öz bir sunumdu. Seninle gurur duydum ve sınıf adına sana teşekkür ediyorum."

Alkışlar... Alkışlar...

"İşte size özet bilgi," demişti Yağmur ve eklemişti. "Üstelik bu ilk deneyiminiz olacağı için sizleri ağır bir operayla değil, operet diye anılan, hafif ve eğlenceli bir türle tanıştıracağım. Operet'in adı *Şen Dul*, bestecisiyse Franz Lehar."

Zil çalınca, "Bir dakika çocuklar, son bir söz," demişti Yağmur, "operaya, konsere ve tiyatroya giderken lütfen, lütfen, lütfen giyiminize biraz özen... Bari bir akşamlığına o pırtık kotları evde bırakıp kumaş pantolon giyin. Kızlar da sade bir etek bluz ya da yine kumaş pantolonla gelirlerse çok sevinirim.

Eskiden bu tür yerlere çok ağır giyinilirmiş, şimdi modern zamanlarda daha rahat giyiniliyor. Ama bu rahatlığı pırtık kotla buruşuk tişörtlere taşımayalım, lütfen.

Bunu en azından sanatçıya ve ortaya koyduğu sanata saygı açısından düşünün. Oldu mu, anlaştık mı?"

"Tamam hocam," sesleri duyulmuştu. Oysa Cengiz'le Dilaver pek mutsuz görünüyorlardı. Onların bu hâline gülmemek için kendini zor tutmuştu Yağmur.

Ve işte şimdi öğrenciler birer ikişer Kültür Merkezi'ne gelmeye başlamışlardı.

Ayşim, Sinan, Müfit sonra Selim. Hemen yanında öbür şubeden, Gülşah. Ve Dilaver...

"Dilaver," diye seslendi Yağmur, "geldiğine çok sevindim. Ayrıca ne kadar şıksın, beyaz gömlek, lacivert pantolon çok yakışmış."

Mahcup mahcup güldü Dilaver.

"Ağır düğünlerde çaldığımda böyle giyiniyorum hocam," dedi ama bir yandan da salonu süzüyordu. Bu tür bir yere ilk kez geliyordu ne de olsa.

"Bak seni kiminle tanıştıracağım," dedi Yağmur, kendilerine doğru yaklaşan Tayfun'u görünce.

"Tayfun, işte sana sözünü ettiğim, Dilaver. Dilaver, Tayfun Bey de orkestrada çalıyor, önemli bir müzisyendir kendisi."

Tayfun elini uzattı Dilaver'e, "Memnun oldum Dilaver," dedi ve hemen ekledi, "gösteri başlamadan gel sana çabucak orkestra bölümünü göstereyim."

Dilaver şaşkın şaşkın, "Sağ ol abi, sağ ol abi," deyip duruyordu ama bir yandan da Tayfun'un uzun saçlarına göz atmaktan kendini alamıyordu.

Tayfun önde, o arkada orkestranın çaldığı bölüme doğru yollandılar. Orkestra çukurunda onca müzik aletini bir arada gören Dilaver'in ağzı açık kalmıştı. Müzisyenler akort yapıyor, çeşit çeşit ses yükseliyordu. Kemanlar, viyolalar, davul, ziller, arp, üflemeli çalgılar...

Bu manzara karşısında Dilaver'in ağzından sadece ve sadece bir tek nida yükseldi.

"Abooo..."

Tayfun hiç sesini çıkarmıyor, bırakıyordu çocuk bu görüntüyü hazmetsin.

Dilaver, bir süre sonra fısıldadı, "Ne güzel..."

"Evet," diye başını salladı Tayfun, "haklısın, güzel! Hem de çok güzel. Aslında müzik güzel, bir müzik aleti çalmak çok güzel. Müzik dünyasının içinde olmaksa çok çok güzel."

Sonra Dilaver'e döndü, "Eğer istersen, sen de bu dünyanın içine girebilir, o müzisyenlerden biri olabilirsin."

Başını, hayır, dercesine iki yana salladı Dilaver, "Mümkünatı yok," dedi. "Ben kim," eliyle salonu ve orkestrayı kapsayan bir daire çizdi havada, "buralarda olmak kim."

"Bak sana ne diyeceğim Dilaver," dedi Tayfun, "öğretmenin bana senden söz etti, senin çok güzel klarnet çaldığını ve müziği sevdiğini biliyorum. Sana kartımı vereceğim, beni ara, bir gün kararlaştıralım ve seninle bu konuda neler yapabileceğimizi konuşalım, olur mu?"

"Olur da..." dedi Dilaver, bütün bu yaşadıklarının şaşkınlığı içinde, "bilmem ki..."

"Biliyorum, her şey çok hızlı gelişiyor gibi geldi sana. Sen şimdi al bu kartı, burada gördüklerini ve benim sana söylediklerimi bir düşün. Hazır olduğunda beni ararsın."

"Sağ ol abi, çok teşekkürler..."

"Sen de sağ ol, Dilaver."

Öte yandan, Tayfun'la Dilaver uzaklaşınca Yağmur'un gözleri Hazal'ı aradı. *Okulda kendini iyi idare ediyor*, diye düşündü ama yüzü o kadar solgundu ki... ayrıca eski neşesi de yoktu.

Selim de keyifsizdi tabii. Lila'ysa şöyle böyle. *Nazar değdi bunların arkadaşlığına*, diye düşündü sonra aklına anneannesi geldi. *Ben de tıpkı onun gibi her olumsuzluğu nazara yorar oldum*, diye düşündü.

İşte Hazal'la Lila da gelmişti. Özellikle de Hazal'ın gelmesine sevinmişti Yağmur. Hemen arkalarında Nazire'yle Sumru içeri girmiş, kızlar bir dörtlü oluşturmuşlardı. Derken Hazal'ın etrafına bakındığını ve aniden sarsılır gibi olduğunu fark etti. Onun baktığı tarafa göz atınca, Selim'in Gülşah'la koyu bir sohbet içinde olduğunu gördü. Gülşah yine göz alıcıydı. Yüksek sesle konuşuyor, gülüyor, Selim'i de güldürüyordu.

Ah, ah, diye inildedi içinden, bu oyunlar bu yaşta başlıyor ve bir ömür boyu sürüyor.

Ayrıca – bu görüntü Hazal'ın kararını açıklıyordu.

Demek, sonunda, çok acı çekmesine karşın arkadaşından yana karar aldı ve Selim'le bağını kopardı. Bu devirde böylesi bir dostluk anlayışı, böylesi bir vefa, böylesi bir yücegönüllülük, bazılarının dalga geçmesine karşın, az görülür, diye düşündü.

Ayrıca, Selim'den yana karar alsaydı, kimse onu eleştiremezdi, buna hakkı vardı. Bu da işin bir başka yönü. Ama o öyle bir kişiliğe sahip ki, aksini yapsa zaten mutlu olamayacaktı. Kendin için doğru kararı almışsın Hazal, diye seslenmek geldi içinden.

Selim'se Hazal'dan intikam almakla meşguldü o anda. Hazal'ın Gülşah'tan ve Gülşah'ın Selim'le arkadaşlık etmesinden hoşlanmadığını, hatta hatta kıskandığını bildiği için, Gülşah'la oraya gelmiş ve onunla çok eğleniyorlarmış gibi yaparak Hazal'ı üzme çabası içindeydi.

Lila'ya baktı Yağmur, gülüyor, konuşuyordu ama biraz abartılıydı tavırları.

Kesin Selim'i gördü, o da, aldırmıyor havalarında, diye geçirdi içinden.

"Ne kadar da dalgınsınız Yağmur Hanım."

Bir erkek sesi...

Yavaş çekimdeymiş gibi döndü Yağmur sese doğru, hafifçe başını kaldırdı.

Karşısında o adam duruyordu.

Birden kalbi deli gibi çarpmaya başladı.

O adam...

Cafe Betül'deki, o hoş bakışlı, güzel gülüşlü adam...

Karşısındaydı!

Ve, ona adıyla hitap ediyordu.

"Şaşırdınız galiba."

"Evet," diye kekeledi Yağmur, "tanıştırıldığımızı anımsamıyorum."

"Ama biz sizinle tanıştık, öyle değil mi?" derken, yine o derin bakışlar vardı gözlerinde.

"Evet," dedi Yağmur, "Cafe Betül'de..." ve anında kıpkırmızı olduğunu yüzünün alev alev yanmasından anladı.

Karşılıklı gülüştüler.

Yağmur biraz mahcup, adamın gözleri Yağmur'un gözlerinde.

"Evet, tanıştırılmadık, o nedenle kendimi ben tanıtayım size. Adım Engin Karatayılar. Mersinliyim, bir süredir yurt dışındaydım, sonunda buraya, baba ocağına kesin dönüş yapma kararı aldım."

Önce ne diyeceğini bilemedi Yağmur, sonra, "Öyleyse ben de kendimi tanıtayım..." demesine kalmadan sözünü kesti Engin Karatayılılar.

"Buna hiç gerek yok. Siz bu yıl kentimize gelen başarılı ve öğrencileri tarafından çok sevilen Yağmur Öğretmen'siniz."

"Nereden biliyorsunuz bunları?"

"Küçük kentlerde yaşamanın böyle bir kolaylığı vardır. Herkes herkesi tanır."

Tam o sırada Tayfun'la Dilaver geldi. Gösteri de başlamak üzereydi.

"Gitmem gerek," diyerek gülümsedi Engin'e.

Genç adam, "Yine görüşmek koşuluyla," diye yanıtladı onu.

Yağmur, merdivenleri nasıl çıktı, hatırlamıyordu bile. İçinde kelebekler uçuşuyordu.

Her yer ışıklar içindeydi sanki.

Tanışmıştı!

O hoş adamla sonunda tanışmıştı.

Oysa onu ilk gördüğünde bir daha karşılaşmayacaklarını düşünerek ne kadar da üzülmüştü.

Işıklar yavaş yavaş sönmüş, canlı, tempolu, neşeli bir müzik tüm salonu avcunun içine almıştı.

Perde ağır ağır açıldı.

Geçmiş dönemlerin uzun etekli, görkemli tuvaletleri ve parlak renkli taşlarla bezeli takılarıyla, oyuncular göz alıcıydı. Ellerinde yelpazeleri, iki yana dalgalanır gibi hafif hafif sallanıyorlardı müziğe tempo tutarak.

Dekor ayrı bir zenginlik sergiliyordu. Tüm izleyiciler, özellikle de Yağmur'un öğrencileri hayran hayran sahneye bakıyor, müziği dinliyorlardı.

Ara verildiğinde hemen sordu Yağmur. "Evet çocuklar, nasıl buldunuz?"

"Hocam, muhteşem!"

"İyi ki geldik hocam."

"Dilaver, sen nasıl buldun?"

"Ne diyebilirim ki," dedi Dilaver, iki elini havaya kaldırarak, "Allah, derim."

"Çok sevindim çocuklar," dedi Yağmur, "beğendiğiniz, keyif aldığınız için çok sevindim."

Operaya gelen öğrencilerin çoğu mutluydu ama aralarında mutlu olmayanlar da vardı.

Lila, Hazal'ı kolundan dürttü, "Gülşah'ı görüyor musun, Selim'e nasıl yapışmış? Şeytan diyor, git şu kıza çarp bir tane."

"İyi de, senin Selim de hâlinden pek memnun görünüyor. Baksana ağzı kulaklarında."

Lila, Hazal'a aldırmadan devam etti. "Gülşah'ın, ne yapıp edip Selim'i tavlayacağım dediğini bilse, ne yapardı acaba?"

Aynı anda Selim göz ucuyla Hazal'la Lila'yı konuşurken gördü. Kendisine bakarak konuştuklarını fark edince, Gülşah'la çok eğleniyormuşçasına gülmeye, konuşmaya devam etti.

Oysa, içinden, burada bu koşullarda bulunmak ne kadar sıkıcı, diye geçiriyordu. *Ama madem küçük hanım benim duygularımla oynadı, madem beni yüzüstü, hem de doğru dürüst hiçbir neden göstermeden, bıraktı, ben de artık ona aldırmayacağımı göstermeliyim,* diye düşünüyordu.

Gülşah'a gelince... O, sevinçten uçuyordu. Selim ilk kez onunla olmaktan mutlu görünüyordu. Oysa daha önce sanki gözü hep Hazal'daydı.

Üçü arkadaşmışlar!

Sevsinler!

Selim'in Hazal'a, Hazal'ın da Selim'e bakışlarını görmedim mi ben?

Âlem körse ben de kör müyüm?

Yemezler efendim, yemezler.

Amma...

İşte sonunda başardım!

Selim artık benimle olmayı yeğliyor, ne haber. Kendiliğinden gelip benim yanımda oturdu mu?

Oturduuu.

Bana ilgi gösteriyor, oradan buradan geyik muhabbeti yapıyor muyuz?

Yapıyoruuuz.

Şakalarıma gülüyor mu?

Hem de nasııl.
Özetle artık birlikte takılıyor muyuz?
Takılıyoruuuz.
İşte bu düşünceler yüzüne zalimce bir zafer gülücüğü oturtmuştu Gülşah'ın.
Ve bu zafer ifadesi zehirli bir ok gibi gidip Hazal'ı yüreğinden vurdu. O sırada Lila durmadan konuşuyor, yakınıyordu. Hazal'sa, sus artık, dememek için kendini zor tutuyordu.
Yağmur bir ara eğilip aşağıya baktı. Ara sona ermiş, izleyiciler yerlerine dönüyorlardı.
Birden gördü onu.
Engin!
Yine yüreği hop etti.
Hey Allahım neler oluyor bana böyle, bu ne saçmalık, diye düşünürken...
Engin'le birlikte yürüyen bir genç kadını fark etti.
Kızıl saçlı, güzel bir kadın.
Çok da şık.
Engin onun oturmasına yardımcı oldu sonra konuşarak ellerindeki programa baktılar. Bayağı samimi görünüyorlardı.
Üşümüşçesine ürperdi Yağmur. Bir anda keyfi kaçtı.
Kimdi bu kızıl saçlı kadın?
Sakın Engin evli olmasın?
Ama kendini tanıtırken böyle bir şey belirtmemişti ki...
Belki de evli değildi ama o kızıl saçlı, onun sevgilisiydi.
Birden öfkelendi. Evliyse evli, sevgilisi varsa var, sana ne oluyor, diye kızdı kendine.
Şunun şurasında iki kez gördüğün ve az önce tanıştığın adamı mı sahipleniyorsun, a akılsız Yağmur, dedi kendine.
Öte yandan...
Sanki aralarında bir elektriklenme, karşılıklı özel bir ilgi oluşmuştu.
Hem de her iki seferde...
Bu da inkâr edilemezdi.

Hem, gitmem gerek, dediğimde, yine görüşmek koşuluyla, dememiş miydi?

Yoksa o, bir dolu kadını aynı anda idare edebilen çapkınlardan mıydı?

Operet sona erdiğinde, öğrencilerinin arasına girip kendini sakladı. Çıkışta Engin'le karşılaşmak istemiyordu.

Oysa tersini yapmam gerekirdi, diye düşündü. Oyalanıp, onunla yeniden yüz yüze gelip o kızıl saçlı kadının neyin nesi olduğunu öğrenmek akıllıca bir davranış olurdu.

Vedalaşırken Hazal'la göz göze geldiler. Ve sanki sessizce konuştular. Seni anlıyorum, dedi Yağmur, Hazal'a, gözleriyle.

Yağmur, Hazal'ın, Selim'in, Lila'nın ve hatta Gülşah'ın o gece neler yaşadıklarını, neler hissettiklerini tahmin edebiliyordu.

Dilaver'se bambaşka bir dünyaya gitmiş de henüz geri gelememiş bir hâldeydi.

Arabasına binerken, "Bu akşam hepimiz ayrı ayrı âlemlerdeydik. Üstelik pek de mutlu âlemler değildi bunlar. Gecenin tek iyi yanı, çocukların operetle tanışması oldu sanırım," diye mırıldandı Yağmur kendi kendine.

Bir Kilise Düğünü

"Hayır anne ya, ben kış tatilinde Ankara'ya anneannemlere gitmek istiyorum."

"Tamam Sumru! Haklısın! Ben de anneannenle dede gitmeni yeğlerim ama baban daha dün yine aradı ve senin yarıyıl tatilini onunla geçirmeni istediğini söyledi.

Ne diyebilirdim ki… Hem o da senin baban bir yerde. Seni özlemiş olmalı."

"Beni özlemiş olmalıymış! Anne, anlamıyor musun, beni oraya çıtırıyla tanıştırmak için istiyor. Aklı sıra onlarla orada biraz kalırsam, hemen çıtırına bayılacağım."

"Diline dikkat et Sumru! Baban hakkında ne biçim bir konuşma şekli bu."

"Yalan mı… gelmek istemiyor, de, olsun bitsin."

"Üff Sumru, üff. Bu gerçeği artık kabullenmek zorundasın. Biz ayrıldık!

Ve baban şimdi başka biriyle evlenecek.

Bu çok doğal bir şey. Hem belli mi olur, belki tutar ben de evleniveririm," dedi gülerek.

"Yaaa, ne demezsin!"

"Nedenmiş küçük hanım. O kadar umutsuz vaka mıyım ben?"

"Sen umutsuz vaka değilsin de, bak darılma ama şu çalışma temponla, bunun bizim Dilaver'in deyişiyle *mümkünatı yok!*"

"Hadi hadi, lafı uzatma. En azından bir düşün," dedi Ülker Hanım, sonra sordu, "bugün neler yaptıracak size Yağmur Öğretmen? Doğrusu bu öğretmeni çok beğeniyorum Sumrucuğum. Onunla okuman bir şans, bana sorarsan."

"Bu cumartesi bir düğüne gidiyoruz ama sınıfça değil, sadece biz özel davetliler."

"Yaa, kimin düğünüymüş?"

"Lila'nın kuzenlerinden biri evleniyormuş. O da tabii Hazal'ı, Selim'i, bir de Nazire'yi ve beni davet etti. Laf aramızda, sanırım beni Nazire'nin ısrarıyla çağırdı çünkü Lila'yla çok yakın arkadaş değiliz."

"Bayağı bir arkadaş grubun oldu gibi..."

"Evet," diye başını salladı Sumru, "bir grubum oldu gibi ama asıl Nazire'yle çok iyi anlaşıyoruz. Kankayız biz onunla." Bunları söylerken pek keyifliydi Sumru.

"Bunu duyduğuma ne kadar sevindim bilemezsin Sumrucuğum. Görüyor musun yavaş yavaş işler yoluna giriyor."

"Aaa, söylemeyi unuttum," diye annesinin sözünü kesti Sumru, "düğün kilisede olacakmış! İlk kez bir kilise düğününe gideceğim."

"Yaa..."

"Evet, evet. Gerçi önce ne işim var Lila'nın aile düğününde, dedim. Ama Nazire, *sen hiç kilise düğünü gördün mü*, diye sordu, tabii görmedim, deyince, o zaman mutlaka gelmeli ve görmelisin, dedi. Eh, Nazire de orada olacağına göre neden olmasın, dedim ben de."

"İşte bu çok hoş," dedi annesi, "benim bildiğim kadar Mersin'de bir Katolik, bir de Ortodoks kilisesi var. Siz acaba hangisine gideceksiniz?"

"Kültür Merkezi'nin yanındakine gidecekmişiz."

"Orası sanırım Ortodoks kilisesi. Senin adına çok sevindim Sumrucuğum, işte bu kentin özelliği ve de güzelliği bu çok çeşitlilikten kaynaklanıyor. Her dinden dostlar düğünlerde, cenazelerde bir araya geliyorlar ve bu da hayatın doğal akışı içinde yer alıyor."

Annem de her fırsatta nutuk çekmese olmaz, diye geçirdi içinden Sumru.

Sonra annesi, aklına çok önemli bir şey gelmiş gibi, birdenbire, "Bak ne diyeceğim," dedi yüksek sesle.

Başka düşüncelere dalmış olan Sumru'ysa bu sesle neredeyse oturduğu yerde zıpladı.

"Ay, bağırsaydın bari anne."

"Şimdi sen kiliseye gideceksin ya..."
"Evet..."
"Orası bir mabet, tıpkı bizim camilerimiz gibi."
"Yani?"
"Yani, saygılı olunması gereken bir mekân. Ayrıca, orada bir de düğün durumu var."
"Evet," derken, *bunun arkasından yine hangi öğütler gelecek acaba*, diye düşünüyordu Sumru.
"Demem o ki, düzgün giyimli olmalısın. Sakın sakın kot pantolon ya da kot etek giyme. Güzel bir elbise ya da etek bluz olabilir."
"Hayda..."
"Ne oldu şimdi?"
"Okulda Yağmur Öğretmen, yok operaya, konsere giderken düzgün giyinin, der. Evde sen, yok kiliseye, düğüne giderken düzgün giyin, diyorsun..."
"Ne var bunda. Hem öğretmenin hem de ben gayet doğru şeyler söylüyoruz. Yerine göre giyinmesini bileceksin, diyoruz, bir anlamda."
"Tamam, tamam."
"Ha, bir de... elin boş gitmemelisin. Küçük bir armağan senin yaşın için uygundur. Tavırların saygılı, saçın başın derli toplu olmalı."
"Üff, anne, işi amma da uzattın. Hem ben nereden bulayım küçük bir armağanı bu saatten sonra."
"Düğün saat kaçta?"
"Beşte tören başlıyormuş, bizler dört buçuk gibi orada bulunmalıymışız."
"Çarşıya gidip gelmek için bol bol vaktin var, küçük hanım."
"Ne bileyim ne alacağımı? Sanki her gün düğüne gidiyorum da..."
"Söylenmeyi bırak," dedi Ülker Hanım, sonra şöyle bir düşündü. "Bence sen Paşabahçe mağazasına git. Orada çok güzel nazarlıklar var. Onlara bir göz at ve kesene göre olanını al. Nazarlık her zaman makbule geçer."
"Kesem hafifleyecek desene anne."
"O kadar harçlık alıyorsun. Merak etme, ufak bir hediye, bütçeni sarsmaz."

Ülker Hanım'ın kızına takılmaktan büyük bir zevk aldığı yüzündeki hafif alaycı tebessümden belli oluyordu.

O saatlerde Lila, Hazal'ı aramıştı. Düğüne Hazal'la, Selim'in aileleri de davetliydi.

"Hani düğünün saatini sormuştun ya... Annem, dört buçukta orada olurlarsa iyidir, diyor. Nikâh saat beşte kıyılacak, sonra da dini tören."

"Tamam canım, teşekkürler."

"Dur Hazal, kapatma. Sana bir şey sormak istiyorum."

"Dinliyorum efendim."

"Sence... Selim'in bugünlerde suratı hep asık gibi değil mi? Yoksa bana mı öyle geliyor. Sen bir değişiklik fark ettin mi?"

"Öyle dikkatimi çekecek bir şey görmedim."

"Ne bileyim sanki bize karşı soğuk gibi. Eskiden şakalar yapardı, güler, konuşurduk. Acaba benim ona olan duygularımı anladı da, kızdı mı? Bir şey değil, arkadaşlığını da kaybediyorum gibi bir his var içimde. Ne olur, bir şey söyle."

"Lilacığım, o kadar önemli mi, onun suratının asık olup olmaması. Belki evde bir şey olmuştur, ona canı sıkılıyordur, belki de başka bir şeyi takmıştır kafasına. Bizler de, her gün hep keyifli miyiz sanki? İyi günümüz var, kötü günümüz var. Niye bu kadar üstüne düşüyorsun bu konunun?"

"Yaa, senin için demesi kolay! Ben ona tutuldum bir kere. Keşke duygularım değişmeseydi de hep arkadaşça bakabilseydim ona..."

Keşke... diye geçirdi içinden Hazal.

Devam etti Lila, "Bugün düğün var. Neşeli, keyifli bir ortam, belki biraz daha güler yüzlü olur. Fazla yanaşmaya da korkar oldum. Bu arada," bir an durdu Lila, "ben de hep kendimden söz ediyorum canım arkadaşım. Asıl sen nasılsın, nasıl hissediyorsun kendini?"

"O yüksek ateş beni fena sarstı anlaşılan. Halsizliğim devam ediyor ama toparlanacağım elbette."

"Hadi, kilisede görüşmek üzere, öpüldünüz canım."

Telefonu kapattığında tüm gücünün tükendiğini hissetti Hazal. Lila'nın Selim'le ilgili her konuşması onu öylesine harap ediyordu ki...

Hazal'la ailesi kiliseye ilk gelenlerdendi. Onları Lila'yla annesi Yolanda karşıladı.

Lila beyaz fisto giysisi içinde bir peri kızıydı sanki. Altın saçlı bir peri kızı.

Derken kapıda Selim göründü. Annesi Ayten Hanım'ın arkasında yürüyordu. Koyu lacivert ceketi, beyaz gömleği ve kravatıyla ne kadar da yakışıklıydı.

İçi yandı Hazal'ın, onu görünce.

O ise Hazal'ı görmezden gelerek Lila'ya sarılıp öptü. Yolanda Hanım'ın ve eşi Jan Bey'in ellerini sıkarak tebrik etti. Sonra da anne ve babasıyla birlikte kilisenin bahçesine doğru ilerledi.

Lila, onların ardından Hazal'a başparmağını kaldırarak işler iyi gidiyor, dercesine işaret verdi, gizlice. Selim'in davranışı onu çok mutlu etmişti.

Yavaş yavaş diğer davetliler de gelmeye başlamışlardı. Düğün sahipleriyse, bir telaş, sağa sola koşturuyorlardı.

"Hazal!" diye bir ses yankılandı, Nazire'ydi seslenen. Yanında da Sumru.

"Kalabalık bir düğün olacak gibi," dedi Nazire, "erkek tarafı otobüslerle Samandağı'ndan gelmişler, şuraya bak, avlu neredeyse doldu.

Sumru etrafına bakınıyordu, *ne kadar bakımlı bir bahçe bu böyle*, diye düşünürken, Nazire, "Gelin gelmeden gel çabucak şuradan içeri bir göz atalım," diye fısıldadı.

"Doğru olur mu ama?"

"Canım sadece bir göz atıp çıkacağız, senin içerisini kalabalık basmadan görmeni istiyorum."

Annesi onu o kadar sıkı tembihlemişti ki, saygısızlık yapmamak adına çok dikkatli davranıyordu Sumru.

Nazire önde, Sumru arkada, kiliseye girdiler. Şöyle bir etrafına bakınca, "Ne güzelmiş," diye fısıldadı Sumru.

Orta büyüklükte bir kiliseydi bu, iki yana dizilmiş iskemlelerin arasından kırmızı bir halı mihraba doğru uzanıyordu. Bembeyaz duvarlarla kırmızı halılar hoş bir tezat oluşturuyordu.

Duvardaki aziz portreleri ve ikonaları aydınlatan altın varaklarsa bu kırmızı beyaz birlikteliğe parlaklık katıyordu.

Yere kadar uzanan beyaz bir örtüyle kaplanmış mihrabın üstünde şamdanlar ve yine altın varakla kaplanmış Hıristiyanların kutsal kitabı İncil duruyordu.

Mihrabın tam arkasındaysa Hazreti İsa ve on iki havarisinin son yemeğini gösterir bir tablo asılıydı.

"Çok güzelmiş," dedi Sumru bir kez daha. Kilise, düğün için ayrıca süslenmişti. Beyaz tüllerle kaplanmış sehpalar, gelin çiçekleriyle beyaz mumlar, burada bir düğün var dercesine sıralanmıştı.

Nazire, "Hadi gidip birer mum yakalım," dedi.

"Ne mumu?"

"Canım, işte hani bizde de bazı yerlerde dilek dilersin, mum yakarsın ya, onun gibi," diyerek açıklamasını yaptıktan sonra devam etti.

"Bak şuradaki kutuya kiliseye yardım parası atıyorsun, gönlünden ne koparsa. Öyle çok bir para atman da gerekmiyor. Sonra şu ince mumlardan alıyor, dileğini dileyip mumu diğer yanmakta olanların yanına dikiyorsun."

Bu dilek tutma işi, Sumru'nun çok hoşuna gitmişti.

"Nazire," dedi, "biz anneannemle İstanbul'da Telli Baba'ya gitmiş, dilek dilemiştik. Sonra anneannemin dileği olunca da bir deste tel alıp yine gitmiştik. Bir tür teşekkür ziyareti anlayacağın."

Gülüştüler sonra da mumlarını yakıp kumun içine diktiler. Sumru, bir annesi, bir de kendi için dilek tutmuştu.

Dışarı çıkınca Hazal'ın olduğu yere yöneldiler. Selim de oradaydı, büyükler bir araya gelmiş sohbet ediyorlardı.

Nazire, Sumru'yu tanıştırdı.

"Sen İstanbul'dan geldin, değil mi Sumrucuğum?"

"Evet," dedi Sumru en terbiyeli hâliyle.

Ayten Hanım içini çekti, "Ah İstanbul... ben üniversiteyi orada okumuştum, hatta Fethiciğimle orada tanışmıştık, değil mi Fethi," deyince Fethi Bey gülerek başını salladı.

O sırada birisi, "Galiba gelin geliyor," diye seslendi.

Birden tiz bir ses yükseldi.

Dalgalanıp duruyordu.

Nazire, Sumru'ya doğru eğilip, "Zılgıt," dedi, "bu duyduğun zılgıt sesidir. Buralarda önemli olaylarda bazıları zılgıt çeker."
Ve kilisenin çanı çalmaya başladı.
Gelinin kilise bahçesinin kapısında görünmesiyle başlamıştı çan sesi. Görevli ipe asılıyor, her asılışında kilisenin tepesindeki koca çan iki yana sallanarak sesini tüm mahalleye duyuruyordu.
Bahçe kapısından, kiliseye uzanan yol da beyaz tüller ve ayaklı mumluklarla süslenmişti. Ayrıca, kilise girişine gelin çiçekleriyle bezeli bir tak kurulmuştu. Gelinle damat bunun altından geçeceklerdi.
Heyecanla izliyordu Sumru, Nazire'nin kolunu sıktı, "Çok ilginç, film gibi. İyi ki getirdin beni kanka."
"Tabii kızım," diye efelendi Nazire, "abla sözü dinleyeceksin."
"Sevsinler! Sanki benden büyüksün de..."
Gelin yarı yolu babasının kolunda gelmişti, babası onu damada bırakıp geriye çekildi.
Gelinle damat zılgıt ve alkış sesleri arasında ilerlediler, takın altından geçip kiliseden içeri girdiler.
"Gelinlik de gelinlik hani," diye fısıldadı Sumru, Nazire'ye, "şunun kuyruğuna bak, nerelere kadar uzanıyor."
Gelin sarışındı, damatsa esmer.
Konukların kimi çoktan içeri girmiş, mihraba doğru ilerleyen gelinle damadı ayakta izliyorlardı. Hazal'la Selim'in ailesi aynı anda girmişlerdi kiliseye. Onlar da gelinle güveyi alkışlıyorlardı. Bir ara Hazal'la Selim göz göze geldi ama Selim öyle bir öfkeyle başını çevirdi ki, Hazal ölmek istedi o an.
Nasıl da nefret ediyor benden, diye düşündü. Tanrım ne kadar şanssız bir insanım. Gözleri dolmuş, öylesine dalıp gitmişti ki, Selim'in bir kez daha dönüp ona baktığını fark etmedi bile. Selim'se onun bu hüzünlü hâli karşısında bir an bocaladı. Anlamaya çalışır gibiydi ama sonra silkinip yine çevirdi başını öbür tarafa.
Dualar başlamıştı, Selim son kez Hazal'a baktığında herkes gibi onun da başı öne eğikti.

Önce resmi nikâh kıyıldı. Töreni yöneten Kilise Ruhani Reisi damada ve geline, *bu kişiyle evlenmek istiyor musunuz*, sorusunu sorup, ikisinden de, *evet*, cevabını aldıktan sonra nikâh defteri imzalandı.

Bu kez dini merasim başladı. Nazire yine fısıldadı Sumru'ya, "Bak bu önemli. Önce resmi nikâh kıyılır sonra dini tören başlar ve de dualar Türkçe yapılır."

Dualar okunurken papazlardan biri elindeki buhurdanlığı ileri geri sallıyor, ince bir duman kıvrılarak yükseliyordu buhurdanlıktan.

Sonra, bir ara Nazire, Sumru'ya, ayağa kalk, diye işaret etti. Bazı bölümler ayakta dinleniyor, bazı aralarda da Hıristiyan olanlar haç çıkarıyor, Müslüman dostlarsa saygılı bir tavırla töreni izlemeye devam ediyordu.

Hoş bir tütsü kokusu, mumların kokusuna karışarak bu mistik havayı vurguluyordu sanki.

Derken Ruhani Lider elindeki altın rengi iki tacı gelinle damadın başı üstünde tutup duaları sürdürdü. Taçları gelinle damadın başı üstünde değiş tokuş yaparcasına bir öyle bir böyle tuttuktan sonra başlarına yerleştirdi. Bu, onların birbirlerine bağlandıkları anlamına geliyordu.

Bir süre sonra töreni yöneten üç papazdan biri, gelinle damada bir kadeh şarap sundu. Onlar da birer yudum aldılar.

Nazire yine eğildi Sumru'ya doğru, "Buna mutluluk şarabı diyorlar. Bak şimdi buradaki bekârlara da sunacaklar. Onlar da birer yudum alacaklar, evlenip mutlu olsunlar, diye."

Gelinle damat kendilerine uzatılan büyük İncil kitabını öptüler, sonra papazlarla el ele vererek mihrabın etrafında üç kez döndüler. Ardından taçlar çıkarıldı.

Dualar edilerek takdis edildiler ve yüzükler takıldı.

Sonrası tebrikler ve yine zılgıtlar…

Kapıda dağıtılan nikâh şekerleri…

Dışarı çıkınca, "Rüya gibiydi," dedi Sumru.

"Sıkılmadın ya…"

"Deli misin, tam tersine şimdi ne olacak, şimdi ne olacak, diye izledim. Sağ ol kanka, değdi."

Birlikte Lila'ya doğru yürüdüler, onu tebrik ettiler, Sumru küçük paketini uzattı, "Bu gelinle damat için, sana versem..."

"Çok naziksin Sumru," duygulanmıştı Lila, böyle bir düşünce, bir armağan beklemiyordu. "Elbette onlara iletirim ve onlar adına sana teşekkür ediyorum."

Sumru'ysa bu sözler üzerine içinden annesine teşekkürler yağdırıyordu.

Öte yandan Nazire, bak ben sana demedim mi bu kız iyi bir kız. Bize hava filan attığı yok, dercesine bakıyordu Lila'ya.

Kapının önüne toplanmış vedalaşıyorlardı.

Selim'in annesi, "Lilacığım, ne kadar güzelsin, bir melek gibisin," dedi.

Leyla Hanım onu destekledi, "Ben onu altın saçlı kızım, diye severim hep."

"Şımartmayın şunu, şımartmayın," dedi Yolanda Hanım.

Lila'ysa gözlerini dikmiş Selim'e bakıyordu. Selim sevecen bakışlarla gülümsedi Lila'ya.

Ayten Hanım sonra Hazal'a döndü. "Hazalcığım, sense hâlâ solgunsun."

"Bu ateş mahvetti onu," diye yakındı Leyla Hanım, "üstelik iştahı da yok. Ne yiyor, ne içiyor, tabii solgun olur," diye yakınmayı sürdürdü.

Hazal'sa, "Anne, lütfen..." diyerek onu susturmaya çalışıyordu.

"Annen haklı ama... Yemezsen toparlayamazsın evladım. Hem bak dersleriniz ağır, çok çalışıyorsunuz."

Söyle, söyle, der gibi bu sözlere başını sallayarak katılıyordu Leyla Hanım. Ayten Hanım susar susmaz atıldı, "Uykusu da uyku değil. Bakıyorum gecenin bir vakti ışığı yanıyor, yavrum niye uyumuyorsun, diye soruyorum, uyuyamıyorum ki, diyor. Ne oldu buna, anlayamadım gitti."

"Anne, lütfen!"

Hazal'ın yüzündeki öfkeyi gören Ayten Hanım hemen lafı değiştirdi.

Selim'se bu konuşmaları duymuyor gibi başka taraflara bakıyordu. Hazal çok ama çok kızmıştı annesine.

Selim'in önünde, yemek yemeyen, uyku uyuyamayan mızmız bir portre çizilmişti. Yol boyu konuşmadı annesiyle. Eve varınca da doğru odasına gidip kapandı.

"Ne yaptım ben şimdi," dedi Leyla Hanım, kocasına.

"Darılma ama sen de az patavatsız değilsin hanım."

"Ne demişim ki..."

"Daha ne diyeceksin. Kızın hem arkadaşlarının, hem onların ailelerinin önünde yok yemiyor, yok uyumuyor diye yakındın durdun."

"Ne var bunda?"

"Canım, kız istemiyor bunlardan söz edilmesini, anlasana. Hem bunlar özel konular, ne gereği vardı uzun uzun anlatmaya."

"Aman, iyi iyi... Bir daha ağzını açan ne olsun," dedi ve bir hışım odasına girip kapıyı kapattı Leyla Hanım.

Kocasıysa bir kızının, bir karısının kapalı kapılarına baktı sonra başını iki yana sallayarak, "Fesuphanallah," dedi.

Aşk Acısı Nelere Mal Oluyor

Nazire'nin sırası boştu. Sumru sağa sola baktı, sonra, *yine kim bilir kiminle sohbete daldı*, diye düşünerek yerine geçti.
Ders başladı. Nazire hâlâ yoktu. *Belki de uyuyakaldı*, diye düşündü bu kez.
Ama ikinci derste de Nazire görünmeyince meraklanmaya başladı. Hazal'la Lila'ya sordu, onlar da bir şey bilmiyorlardı.
Öğle tatilini zor bekleyip aradı Nazire'yi ama cep telefonundan hep aynı yanıt tekrarlanıyordu. "Ulaşılamıyor."
Kesin kötü bir şey oldu, diye düşünmeye başladı Sumru. Naz'la mı ilgiliydi acaba?
Yoksa yine dayılar ya da ağabeyi ortalığı karıştırmış olmasın?
Son zil çalar çalmaz Sumru servise gelmeyeceğini haber verip Nazire'nin evinin yolunu tuttu.
Minibüsten inip arkadaşının evine doğru baktı, kapının dışında bir kalabalık...
Yüreği ağzına geldi.
Neler oluyordu böyle...
Hele de yanıp sönen ışıklarıyla orada bekleyen ambulansı görünce bu kez elleri titremeye başladı.
"Kötü bir şey olmasın Allahım, kötü bir şey olmasın," diye mırıldanarak eve doğru hızlı hızlı yürüdü.
Evin önünde tam bir kargaşa yaşanıyor, her kafadan bir ses çıkıyordu. Sumru o kalabalığın içinden sıyrılarak içeri girdi, arkadaşını aramaya koyuldu.

Her oda kadınlarla doluydu, tüm komşular gelmiş, kimi Nazire'nin annesinin yanındaydı, kimi ayakta birbirleriyle konuşuyordu.

Bir odanın kapısı kapalıydı. Acaba Nazire orada mıydı?

Tam elini kapının tokmağına atıyordu ki, bir kadın, "Girme yavrum oraya," dedi.

"Niye," diye sordu Sumru, "hem Nazire nerede?"

"Nazire içerde, Naz'ın yanında. Doktor da orada."

"Peki, ne oldu?"

"Valla kızım, biz de tam olarak bilmiyoruz. Sabahleyin Naz fenalaşmış. Su içirmişler, kolonya koklatmışlar ama geçmemiş, sonra daha da kötü oldu diyorlar. Sonunda doktor çağırmışlar, doktor da hastaneye götürün demiş galiba."

"İyi de niye ambulans çağrılmış?"

"Bilmiyorum ki kızım. Naz'ın anası da fenalaşmış, arkadaşları onu alıp başka bir odaya götürmüşler. Kızına üzüldü herhalde. Kolay mı... Naz'ın yanında Nazire var şimdi. Bütün bildiğimiz bu kadar, bekliyoruz işte..." dedi sonra içini çekti. "Erkeklere de hiçbir şey sorulmuyor ki. Hemen tersliyorlar insanı..."

Sumru oradaki bir iskemleye çökercesine oturdu.

Neler oluyordu.

Anlaşılan kimse tam olarak neler olup bittiğini bilmiyordu. Herhalde tek bilen Nazire'ydi, Naz ve doktorla aynı odada olduğuna göre.

Öyleyse o da bekleyecekti.

Can arkadaşına neler olduğunu öğrenene kadar orada oturup bekleyecekti.

Zaman bir türlü ilerlemiyordu.

Sonunda kapı açıldı, Sumru hemen ayağa fırladı.

Doktor görünmüştü kapıda.

Aralıktan içeriye göz atınca, Naz'ın yatakta yattığını, Nazire'nin de onun yanında, elini tuttuğunu gördü.

"Nazire..."

Nazire ona doğru döndü, görmez gözlerle bakıyordu. Şokta gibiydi.

"Nazire, neler oluyor," diye alçak sesle ulaşmaya çalıştı arkadaşına.

Nazire, sonra anlatırım, dercesine elini salladı.

"Lütfen yol verir misiniz küçük hanım," diye uyardı Doktor.

Mavi gömlekli adamlar, ellerinde sedye ve birtakım aletler, Sumru'nun yanından hızla geçip odaya girdiler.

Sumru bu kez ayakta beklemeye devam etti.

Az sonra kapı açıldı ve sedyeyle Naz'ı dışarı çıkardılar. Düşmesin diye bağlamışlardı onu. Yüzü bembeyaz, gözleri korku doluydu. Yanında da Nazire.

Yine hızlı adımlarla ambulansa ulaşıp, Naz'ı yerleştirdiler, Nazire de yanına geçti.

Ve ambulans hareket etti.

Sumru arkasından bakakaldı.

Tam olarak neler olup bittiğini bilememek ne kadar sinir bozucuydu.

Eve döndüğünde ağlamaklıydı Sumru.

"Hayırdır," dedi annesi, bir şey mi oldu? Hem nerelerdeydin sen?"

Sumru o gün yaşadıklarını anlattıktan sonra, "Ne olduğunu anlayamadım, arkadaşıma ulaşamadım bile. Ama durum kötüydü, çok kötü," dedi.

Sesi titriyordu bunu söylerken.

Ülker Hanım da üzülmüştü, "Hay Allah," deyip duruyordu.

"Arkadaşım sıkıntı içindeyken, hiçbir şey yapamamak, eli kolu bağlı oturmak..."

Sustu Sumru. Gözleri dolu doluydu.

"Bak ne yapalım," dedi annesi, "bir iki saat sonra seninle birlikte Nazire'nin evine gidelim. Bir iki saat sonra diyorum çünkü bu süreçte ablasının durumu daha bir netlik kazanır. Hem durumunu öğrenmiş, hem de bir geçmiş olsun, demiş oluruz. Ayrıca, bizim yapabileceğimiz bir şey var mı, onu da sorarız."

"Büyüksün be annecim," diyerek annesinin boynuna atıldı Sumru.

"Bak bir de beni beğenmezsin."

"Hiç de değil," dedi Sumru, keyfi yerine gelmişti, ekledi, "bazen bana çok karışıyorsun, bir de habire ders veriyorsun. Onun dışında idare edersin."

Gülüştüler ana kız.

Akşam Nazirelerin sokağında arabayı park ettiklerinde, evin hâlâ kalabalık olduğunu gördüler.

"Komşular herhalde," dedi Ülker Hanım. Kapı aralıktı, yavaşça itip içeri girdiler. Daha bir iki adım atmışlardı ki, Nazire'yle karşılaştılar. "Ah kanka," diye sarıldı Sumru'nun boynuna Nazire.

"Okula gelmeyince seni çok merak ettim Nazire. Sonra da gelip burada bu kalabalığı, hele de ambulansı görünce... Üstelik kimse de ne olup bittiğini doğru dürüst anlatamıyordu. Bir de, sen de ambulansa binip gittin, hangi hastaneye gittiğinizi bile kimse bilmiyordu. Sonunda, annemle tekrar gelmeye karar verdik."

"Sorma başımıza gelenleri..."

"Ne oldu? Anlatsana şunu."

"Önce ayakta kalmayın, şuraya geçip oturalım. Annem içeriki odada, başı çok kalabalık, biz burada daha rahat konuşuruz."

Başını iki yana salladı Nazire sonra başladı anlatmaya.

"Bu sabah kalktığımda ablam seslendi, yanına gittim. *Kendimi bir tuhaf hissediyorum*, dedi. Açlıktandır, dedim, hadi mutfağa gidelim, bir şeyler ye. Kalkmaya çalıştı ama sendeledi. Koluna girip yardımcı olmaya çalıştım ama zorlanır gibiydi.

İyisi mi, sen otur, ben sana bir şeyler getireyim, dedim. Hiçbir şey demeden gerisin geriye yatağa oturdu. Hâli garibime gitmişti ama endişelenmedim açıkçası, çünkü dün gece yine Caner'le ilgili bir tartışma yaşanmıştı. Ona yordum. Caner'in annesinin söylediklerini anneme yetiştirmişler; annem zaten kızgın onlara, bir de böyle şeyler duyunca bir ateş aldı ki bu kadar olur. Ölürüm de kızımı vermem o aileye, diye bağırdı, durdu.

Ablam da anne ne diye arada laf götürüp getirenleri dinliyorsun, Caner ailesinin böyle sözler söylemediğine dair yemin billah ediyor, demesiyle annem, yaa, demek sen onunla görüşüyorsun, diye bu kez ablama kızdı. Söylendi de söylendi. Özetle, dün gece bu evde curcuna yaşandı. Tabii ablam yine çok üzülmüştü, *herhalde uyuyamadı, onun için böyle halsiz*, diye düşündüm ben de.

Mutfakta ona bir şeyler hazırlarken birden bir feryat duydum. Ablamın sesiydi bu.

Bir koşu odasına gittim."
Sumru'yla annesi hiç ses çıkarmadan dinliyorlardı Nazire'yi. O ise içini dökmek istercesine anlatıyordu da anlatıyordu.
"Bir de ne göreyim, ablam yerde yatıyor, yüzü bir tuhaf... N'oldu abla, diye eğilip onu kaldırmaya çalıştım. Bana bakıyor, bir şeyler söylemeye çalışıyordu. Ne diyorsun, anlayamıyorum, dedim. Zorlukla, böyle sanki hece hece fısıldadı, yü-rü-ye-mi-yo-rum, diyebildi. Ama ne zorlukla... Şimdi benim hâlimi bir düşünün."
"Ah, Nazireciğim..." diye mırıldandı Ülker Hanım.
"Ablam yerde yatıyor, hem doğru dürüst konuşamıyor, hem de yürüyemediğini söylemeye çabalıyor. Hemen annemle babama koştum, dayılarımla abim de benim sesime geldiler. Hepimiz, Naz'ın başında, donmuş kalmıştık. Sonra babam, *çabuk biriniz koşun sağlık ocağına, bir doktor alıp gelin,* dedi. Dayılarım fırlayıp gittiler. Biz de ablamın yanı başında yere oturduk," dedi Nazire, yine başını iki yana salladı, "Öyle şaşkındık ki, kızcağızı alıp yatağına yatırmayı bile akıl edemiyor, yerde onun yanında oturuyorduk.
Dayılarım gitti, gelmezler. Habire telefonlaşıyoruz. Meğer sağlık ocağındakiler, yakında bir trafik kazası olmuş, oraya koşmuşlar. Anlayacağınız kimse yokmuş. Bu kez, başka mahallelerin sağlık ocaklarını dolaşmaya başladılar. Kimi çok kalabalıkmış, doktor ayrılamıyor, kimi şu, kimi bu... Bu arada bizim biraz aklımız başımıza geldi de, ablamı yerden alıp yatağına yatırdık.
Ve nihayet bir doktor geldi.
Muayene etti sonra ablamı sonra merak etme kızım, düzeleceksin ancak bazı tetkiklerin yapılması gerek, dedi ve dışarı çıktı. Tabii biz de arkasından...
Durum nedir doktor, diye sordu babam.
Kızınız felç olmuş, deyince hepimiz ne olduk biliyor musun, Sumru.
Yani şimdi benim kızıma inme mi indi doktor, bunu mu demek istiyorsun, diye sordu babam. Sesi de bir titriyordu ki...

Evet, maalesef öyle, diye cevapladı babamı, *ama sanırım durumu çok da kötü değil. İşte bütün bunları anlayabilmek için bazı tahlillerin yapılması gerek. Onu bugün hastaneye getirebilirseniz, testleri yapıp vakit geçirmeden tedaviye başlarız.*
Peki, dedi abim, *onu bu hâlde nasıl getireceğiz?*
Ambulans çağırmanız gerekecek, dedi doktor. *Ben size yardımcı olmaya çalışacağım.*
Ve ambulans ancak öğleden sonra ayarlanabildi. Sen geldiğinde, gördün işte, onu aldılar, birlikte hastaneye gittik. Orada ilk muayenesi yapıldı ve bir belki iki gece, yani testler sona erene kadar orada kalması gerektiğini söylediler. Bana da eve gitmemi, gece hemşirelerinin ona bakacağını söylediler, kaldığı odada refakatçiye yer yokmuş. Yarın sabah erkenden gideceğim ben de."
"Peki, annen nasıl?" diye sordu Ülker Hanım.
"Onu hiç sormayın; *kızıma ben sebep oldum,* diye çırpındı durdu. Sonunda tansiyonu fırladı. Bu kez de onun için sokaklara düştük, doktor, diye. Neyse, gelip iğne yaptılar, tansiyonunu düşürdüler. Şimdi o da içeride yatıyor, arkadaşları yanında."
Sustu Nazire. Sumru'yla annesi de susuyorlardı.
Sonra yine konuştu Nazire. "Annem ablama inme inmesini dün geceki tartışmaya bağlıyor ve kendini suçluyor. Evet, dün geceki kavga büyüktü ama sanırım bunca zamandır süren gerginlik, stres, üzüntü... Asıl bunların toplamı yıktı onu. Resmen yıkıldı kızcağız. Herkes kavga etti, bağırdı çağırdı, ama yıkılan o oldu," dedikten sonra hıçkıra hıçkıra ağlamaya başladı Nazire.
Sumru hemen kalkıp sarıldı arkadaşına, "Yapma canım benim, ablan iyileşecek, bak görürsün. Doktor, o kadar da kötü değil demiş ya..."
"Ama Sumru, bir görseydin hâlini, bir görebilseydin o bakışlarını. Yarım yamalak, yürüyemiyorum, deyişini ve ip gibi akan gözyaşlarını. Üstelik... Üstelik..." diye hıçkırdı Nazire, "ağzı da hafif çarpılmış vaziyette. Çok zor konuşuyor. Ah benim güzel ama kadersiz ablam..."
Artık kendini koyvermiş, arkadaşının kollarında hüngür hüngür ağlıyordu.

Sumru'nun da gözlerinden yaşlar boşanıyordu ama hiç sesini çıkarmıyor, arkadaşını sıkı sıkı kollarında tutuyordu. Bırakıyordu doya doya ağlasın, derdini rahatça paylaşsın.

Nitekim bir süre sonra sustu Nazire, Sumru'nun kollarından sıyrıldı.

"Kusura bakmayın, sizi de üzdüm," dedi içini çeke çeke.

"Öyle deme Nazireciğim, acılarını arkadaşlarınla paylaşmayacaksın da kiminle paylaşacaksın," dedi Ülker Hanım, usulca.

Sumru'ya döndü Nazire, "Senden bir şey rica etsem…"

"Emrin olur!"

Bu sözler üzerine kendilerini tutamayıp gülmeye başladılar.

"Görüyor musun Ülker Teyze, Sumru tam bir Çukurovalı oldu."

"Evet," dedi Sumru, "neydi istediğin?"

"Ben bir süre okula gelemeyeceğim. Ablam bu durumdayken onun yanından ayrılamam. Öğretmenlerimize sen söyler misin?"

"Elbette," dedi Sumru, "ayrıca ben de her gün uğrar ödevleri getiririm. Böylece en azından ödevleri yapar geri kalmamış olursun."

"Sağ ol kanka," dedi Nazire sonra ekledi, "sıkı arkadaşsın."

"Sen de öyle…"

"Biz de artık gidelim Nazireciğim, anneni şimdi rahatsız etmeyelim. Sen geldiğimizi söylersin. Ayrıca, tekrar ediyorum, elimizden gelebilecek bir şey olursa lütfen söyle, yardımcı olmak bize ancak mutluluk verir."

Dönüş yolunda, Sumru annesine Naz'ın öyküsünü, bu aşk hikâyesinde kendi postacılık görevini sansürleyerek anlattı.

"Yaa, demek öyle," dedi Ülker Hanım. "O zaman bu felç durumu aşırı üzüntü ve stresten kaynaklanmış olabilir, bakalım doktorlar ne diyecekler," dedi, sonra öfkeyle direksiyona vurdu.

"İşte bunu anlayamıyorum," dedi yüksek sesle, "yirmi birinci yüzyılda, bilgisayarın dünyadaki binbir çeşit insanı bir araya getirdiği, çeşitli ve değişik düşüncelerin açık fikirlilikle paylaşıldığı bir dünyada, bilimin yepyeni buluşları hayata geçirilirken, gezegenlere ulaşıp oralarda neler olup bittiği araştırılırken…

Sen tutup dini şu, mezhebi bu, diyerek bunu mesele yapıyorsun.

Aradaki kocaman bakış farkını görebiliyor musun Sumru? Aradaki o uçurumu... Oysa herkesin dini de, mezhebi de kendine deyip, noktayı koymak gerek."

Sessizce başını sallamakla yetindi Sumru.

Hasta Ziyareti

"Okul çıkışı Nazire'ye gidelim," dedi Lila.

"Ben de aynı şeyi söyleyecektim," diye yanıtladı arkadaşını Hazal. "Zaten Sumru da evin biraz sakinleştiğini, gidebileceğimizi söyledi."

"Şuraya bak," dedi Lila, "daha dün gelen kız, Nazire'nin bizden yakın arkadaşı oldu."

"Ama ne güzel," dedi Hazal.

"Bence de... Bu iki zıt tipin arasında nasıl da hoş bir arkadaşlık kuruldu."

"Niye zıt diyorsun ki..."

"Eee biri İstanbul kızı, anne profesör; Nazire'yse buraların kız, azıcık da kabadayı."

"Ama bence işte tam bu noktada uyuşuyorlar. İkisi de bir parça sıra dışı. Aile ortamları değişik olabilir ama kişilik olarak benzeşiyorlar gibi."

"Ha, bu arada, Nazire'ye gideceğimizi Selim'e de haber verelim."

"İyi! Sen haber ver öyleyse."

"Hazal, sizin Selim'le aranızda bir terslik mi var?"

"O da nerden çıktı şimdi."

"Sanki birbirinizle konuşmaz oldunuz."

"Sana öyle gelmiş, özetle aramızda ters giden bir şey yok."

"Aman iyi..." dedi Lila sonra birden Hazal'ı kolundan yakaladı. "Ay, dün gece rüyamda neler gördüm neler..."

Gözleri de bir parlıyordu ki...

Ah, Tanrım, diye inildedi içinden Hazal, yine Selim'le ilgili bir sürü laf dinleyeceğim.

"Kimi gördün rüyanda diye sormuyorsun ama..."
"Kimi gördün?"
"Şuna bak, nasıl da ruhsuz ruhsuz soruyor."
"Ne yapmamı bekliyorsun Lila, rüya gördün, diye takla atmamı mı?"
"Tamam, tamam... Dinle bak." Lila, rüyasını anlatmaya kararlıydı. "Böyle ağaçlıklı bir yerde yürüyorum. Sonra birden..." dedi Lila, ellerini ileriye doğru uzatarak. Çok heyecanlı bir film izliyordu sanki. "Yanımda biri beliriyor. Ve bu, Selim!"
Ah, nasıl da anlatıyor diyen o iç ses konuştu Hazal'ın beyninde, nasıl da âşık.
"Vee... uzanıp elimi tutuyor. Bir süre el ele yürüyoruz sonra meydan gibi bir yere geliyoruz. Büyük, ferah bir açıklık... Ve Selim durup bana doğru dönüyor. Sonra Lila, seni seviyorum, diyor bana."
Fısıldarcasına konuşuyor, hülyalı gözlerle uzaklara bakıyordu.
"İşte o noktada uyandım. Rüyanın etkisiyle bir türlü uyuyamadım, döndüm durdum yatakta. Sonra ne yaptım biliyor musun?"
Hazal'dan ses çıkmayınca devam etti Lila. "Gecenin o saatinde gidip annemin kitaplığında, *Rüya Tabirnamesi* diye bir kitap var, onu buldum ve rüyamın yorumunu aradım gecenin o saatinde, inanabiliyor musun..."
Yine durup Hazal'a baktı, tepki bekliyordu arkadaşından. Hazal'sa sessizce dinliyordu onu.
Devam etti Lila, "Orada, ağaçlıklı yoldan açıklığa ulaşmanın, sıkıntılı bir dönemden feraha çıkma anlamına geldiği yazılıydı. Aslını istersen bu benim durumuma çok uyuyor. Bak meselâ, şu günler sıkıntılı günler. Benim ona olan duygularım değişti ama onun bana olan duyguları nedir, bilemiyorum. Hâlâ arkadaşça mı, yoksa acaba o da beni beğeniyor da, benim gibi çekinip belli etmiyor mu? Meselâ, kilisedeki düğüne geldi. İstemeseydi, pekâlâ da gelmezdi, öyle değil mi? Sonra – orada benimle çok ilgilendi. *Giysin çok yakışmış*, diyerek iltifat etti. Ayrılırken de, iki yanağımdan öptü."
Hazal öylece dinliyordu.
Sonunda patladı Lila, "Senin de sohbetine doyum olmuyor, doğrusu..."

"Lilacığım, niye öyle söylüyorsun, anlattıklarını can kulağıyla dinliyorum, ne yapmamı bekliyorsun?"

"İnsan bir yorum getirir. Şöyle olacak, böyle olacak, der."

Tam o sırada zil çaldı, aynı anda Selim'i gören Lila, Hazal'ı bırakıp Selim'e seslendi.

"Okul çıkışı Nazire'ye gidiyoruz, ona göre."

"Tamam," dedi Selim, "ben de gelirim."

Kızgınlığını unutan Lila, Hazal'ın koluna bir çimdik atıp "İşler yolunda gidiyor gibi be kanka," dedi ve sınıfa girdiler.

Nazire'ye giderken Sumru da onlara katıldı. Bu, elbette en çok Hazal'ın hoşuna gitti. Selim'le olabildiğince kalabalık ya da grup içinde olmayı yeğliyordu.

Nazire'nin evine ulaştıklarında, kapıda Ayşim, Sinan ve Müfit'le karşılaştılar.

"Bir grup arkadaş da hafta sonu gelecek. *Hep birlikte kalabalık oluruz, hasta yorulabilir,* diye düşündük," dedi Ayşim grup sözcülüğünü üstlenmişçesine.

"Hoş geldiniz arkadaşlar, gelin içeri," diyerek onları buyur etti Nazire.

Biraz çekingen yan yana oturdular.

Nazire, "Ablamı dün akşam getirdiler," diye anlatmaya başladı. "Kısmi felç tanısı koymuşlar."

Sinan sordu, "O ne demek?"

"Yani tamamen felç değil de, vücudunun bazı bölgeleri felçten etkilenmiş. İlaçları var, onları alacak, bir fizyoterapist ayarlandı. O da haftada üç kez gelip iyileşmesine yardımcı olacak hareketleri yaptıracakmış."

"Peki, ne zaman tamamen iyileşecek?"

"İlâhi Müfit," diyerek Nazire'nin yerine Ayşim konuştu, "daha şimdiden bunu nasıl bilebilirler. Hastanın fiziksel çalışmalarına bağlı bir şey bu."

Ve ekledi, "Biz sınıfça ablana çiçek yerine bir nazarlık getirmeyi yeğledik." Bunları söylerken bir kutu uzattı Nazire'ye.

"Çok teşekkürler, çok..." Duygulanmıştı Nazire, sesi titredi, "isterseniz, hep birlikte gidelim ve hediyesini ona gösterelim."

Nazire önde, arkadaşlar arkada, Naz'ın odasına yöneldiler.

"Bak ablam," dedi Nazire, "arkadaşlarım gelmiş, sana geçmiş olsun diyorlar. Bir de nazarlık getirmişler," dedikten sonra, kutuyu açıp nazarlığı gösterdi Naz'a.

Çok hoş bir nazarlıktı bu. Kalın bir ipe dizilmiş, lacivert camdan kuşlar, nazar boncukları ve püsküllerden oluşmuştu.

Naz gülümseyerek bakıyordu nazarlığa, sonra Nazire'nin arkadaşlarına gülümsedi ve hafifçe başını salladı.

"Sizlere teşekkür ediyor," dedi Nazire, sonra Naz'a dönüp "bunu nereye asalım istersin," diye sordu.

Naz, gözleriyle pencerenin kulpunu işaret etti.

"Valla harikasın ablam," dedi Nazire, "bundan güzel yer olamaz." Ve nazarlığı götürüp astı.

Işık vurdukça kuşlar öyle parlak bir maviye bürünüyordu ki... Püskülllerse ayrı bir güzellik katıyordu bu nazarlığa.

"Sizi daha fazla yormayalım," dedi Ayşim, "tekrar geçmiş olsun." Ve grup dışarı çıktı.

Lila, Ayşim'e, "Böyle bir hediye alacaktınız, neden bizim haberimiz olmadı," diye hesap sordu.

"Biz bunu konuşurken siz yoktunuz bir kere. Vakit de dardı, ben de nasıl olsa katılırsınız diye sizi de katarak gidip nazarlığı aldım. Ayrıca, sınıfça armağanımız, dedim ya..."

Lila bu açıklamalar karşısında yelkenleri suya indirmişti.

"Hay yaşayasın Ayşim, peki borcumuz?"

"Onu da yarın söylerim, henüz hesaplamadım," dedi ve sordu, "seçimimi nasıl buldun?"

"Harika! O ne güzel kuşlar öyle. Nazar boncukları ve püsküllerle birlikte de çok hoş görünüyorlardı doğrusu."

"En büyük Ayşim! En büyük Ayşim!"

Bu sözler üzerine Ayşim'in yüzüne 'mutlu ve muzaffer' bir gülümseme yayıldı!

Sumru'nun İmkansız Aşkı

O sabah Yağmur, öğrencilerinden çok önce gelmiş, ekranı ve bilgisayarını sunum için hazırlamış, sonra da oturup onları beklemeye koyulmuştu.

"Hayırdır hocam?"
"Neler oluyor hocam?"
"Hocam, yine yeni bir sürpriz mi?"

Yağmur, sınıfa giren öğrencilerinin bu sorularını, yüzünde bir gülümseme, dinliyor ama hiçbir açıklamada bulunmuyordu.

Herkes yerine oturduktan sonra, "Evet çocuklar," dedi, "bugün sizleri okyanus ötesi müzelere götüreceğim."

Birbirlerine baktı öğrenciler.

"Nasıl yani?"
"Hangi müze?"
"Hocam şunu açık açık anlatsanız."
"Herkes dinlemeye hazır mı?"
"Hazırız hocam."

"Bugün sizleri bilgisayar aracılığıyla, dünyanın en ünlü iki müzesine götüreceğim."

"Oooo..."

Devam etti Yağmur, "Bu iki müze de ABD'nin New York kentinde. İlk olarak ABD'nin en büyük müzesi olan Metropolitan Müzesi'ni gezeceğiz," dedi ve bilgisayarının başına geçti. Aynı anda ekranda Metropolitan Müzesi'nin görüntüsü belirdi.

"Muhteşem..."

"Şu sütunlara bak..."

"Bu müzenin on dokuz bölümü bulunuyor ve bu bölümlerde iki milyondan fazla sanat eseri sergileniyor. Bir düşünün çocuklar tam iki milyon..."

"Alanı çok geniş olmalı..."

"Evet Suphi, uzayıp giden bir alana inşa edilmiş. Boşu boşuna ABD'nin en büyük müzesi unvanını almamış. Bu eserler eski Yunan ve Roma'dan başlayıp Firavunlar dönemine, Avrupa'nın çeşitli ülkelerinin eserlerinden Bizans ve İslam sanatlarına kadar uzanıyor. Ama biliyor musunuz beni en çok etkileyen ne oldu?" durdu Yağmur, bunun dikkatle dinlenmesini istiyordu. Ekrandaki görüntü akışını durdurdu ve anlatmaya devam etti.

"Müzeyi kimler oluşturmuş ve neden buna gerek duymuşlar. İşte bu beni çok ama çok etkiledi."

Sınıfta çıt çıkmıyordu.

"Bu müzeyi 1870 yılında bir avuç Amerikan vatandaşı kurmuş. İş adamları, sanatçılar ve sanatseverler tarafından düşünülmüş, tasarlanmış ve bu dev müze ortaya çıkmış.

Müze kurmak istemelerinin nedenine gelince, Amerikan halkına sanatı tanıtmak, bir başka deyişle sanat konusunda halkı eğitmek için kurulmuş.

Ne kadar etkileyici, değil mi?

Nitekim bizde de devlet müzelerinin yanı sıra bu tür müzeler var; Rahmi Koç, İstanbul Modern, Sadberk Hanım, Sabancı ve Pera müzeleri gibi... Gitmek lâzım, görmek lâzım, verilen bu emekleri değerlendirmek lâzım," dedi ve bıraktı ekrandan müzeyle ve içindeki sanat eserleriyle ilgili görüntüler peş peşe akıp gitsin.

Öğrenciler ilk kez böyle bir sunumla karşı karşıyaydılar. Okyanus ötesi bir müzenin bu kadar yakın, sınıfın içinde oluşu heyecan vericiydi.

Metropolitan Müzesi'yle ilgili sunum sona erince, bir başka bina belirdi ekranda. Yuvarlak, yumurtaya benzer beyaz bir bina."

"İşte bu da," dedi Yağmur, "yine New York kentinin bir başka ilginç müzesi. Bu müzenin özelliği içinde sergilenen eserlerin yanı sıra böyle sıra dışı bir mimariye sahip olması. Bakın nasıl da düzgün bir yuvarlak; daha da ilginci bu binanın içinde merdiven yok oysa bina bayağı yüksek.

"Peki hocam, madem merdiven yok, onca kata nasıl çıkıyorlar?"

"Güzel soru Müfit, aferin sana. Mimar binayı yukarıya doğru öylesine bir eğilimle yapmış ki, o eğilim seni bir üst kata taşıyor."

"Peki, kimmiş bu mimar?"

"İşte bir güzel soru daha. Aferin Sinan. Bu binanın mimarı dünyaca ünlü biri. Adı, Frank Lloyd Wright. Bu konuda meraklı olanlar Google'a girip onun hakkında bilgi edinebilirler.

Bu müzenin de bir öyküsü var. Guggenheim Vakfı daha çok modern sanatları içinde barındıran bir müze binası yaptırmak istiyor. Ve vakfın müze müdürü 1943 yılında yazdığı mektupta, *düz bir bina değil, ruhu olan bir mabet, bir büyük eser istiyorum,* diyor. Ve işi Frank Lloyd Wright'a veriyorlar.

Ancak pek çok aksilik oluyor ve bina ancak 1959 yılında, mimarının ölümünden altı ay sonra açılabiliyor."

Bu sırada ekranda müzenin merdivensiz katları, beyaz duvarlarda sergilenen tabloları geçiyordu.

Sessizlik içinde izliyorlardı.

Sona erdiğinde öğrenciler yeni bir deneyim yaşamış olmanın verdiği tatlı bir şaşkınlık içindeydiler.

"Sağ olun hocam," dedi Cengiz, "sayenizde ta Amerika'lara gittik."

"Daha ben sizleri nerelere nerelere götüreceğim."

"Sahi mi hocam."

"Evet, Ayşim, çok ciddiyim. Sizleri ara sıra böyle dünyanın önde gelen müzelerine, hatta konserlerine de götürmek istiyorum. Madem elimizde bu imkân var, neden yararlanmayalım."

"Hocam, nerden geliyor böyle şeyler aklınıza?"

"Nazireciğim," dedi Yağmur, "düşünüyorum! Sizlere daha neler verebilirim, sizleri sanatla daha etkili bir biçimde nasıl tanıştırabilirim diye düşünüyorum."

Bu sözleri öylesine içten, öylesine bir arkadaşına dert yanarcasına söylemişti ki, gülüşmeler anında kesildi. O anda, öğrencileriyle öğretmen bütünleşivermişti sanki. Öğretmenlerinin bu çabasına duyulan saygı vardı o sessizlikte.

Ve zil çaldı.

"Evet, bugünlük bu kadar," diyerek eşyalarını toplamaya başladı Yağmur.

Sınıfsa bir ağızdan, "Sanat Uzun, Hayat Kısa Hocam!" diye bağrıştı, öğretmenlerini mutlu etmek istercesine.

Sumru, Nazire'nin evine giderken uçuyordu sanki. Birden kendi kendine gülümsediğinin farkına vardı, toparlandı hemen.

Çok keyifliydi, çok.

Çünkü...

Sabah evden çıkmış, merdivenlerden inerken Cem'le karşılaşmıştı!

Ah, ne kadar da hoştu tanrım, ne kadar.

Nasıl bakmış olmalıydı ki, başını kaldırıp o da Sumru'ya bakmış ve gülümseyerek, "Selam Sumru, nasıl gidiyor?" demişti.

Selam Sumru, demişti ya...

Demek adımı biliyor.

Nereden öğrendi acaba?

Sumru bunları düşünürken sevincinden olduğu yerde zıpladı.

"Selam Sumru."

Sesi hâlâ kulaklarında çınlıyordu.

Sonra...

"Nasıl gidiyor?" diye sormuştu.

Yani bu resmen bir konuşmanın başlangıcıydı. Hem de gülümseyerek sormuştu bu soruyu.

"İyidir," diyebilmişti Sumru.

Eh, hiç de fena cevap sayılmazdı.

"Kaçıncı sınıftasın?"

"Lise 1."

Başını sallamış, sonra, "Kolay gelsin," diyerek apartman kapısını açıp Sumru'ya yol vermişti.

"Teşekkürler," diyerek Sumru kaçarcasına uzaklaşmıştı oradan.

Hey Allahım, diye düşündü Sumru, insan çok beğendiği kişinin karşısında neden bu kadar tutuk oluyor. Oysa başkalarıyla ne kadar rahatımdır, hiç tanımadığım insanlarla bile rahatça sohbet edebilirim.

Amma...

İş beğendiğin birine gelince...

Elin ayağın birbirine dolaşıyor.

Söyleyecek laf bulamıyor, kaçacak delik arıyorsun.

"Kankaaa..."

Nazire, kapının önüne çıkmış, ona sesleniyordu.

"Bakıyorum kapılardan karşılanıyoruz."

"Haberlerim var."

"Benim de... Ama önce Naz Abla'ya bir merhaba diyelim."

"Tamam canım."

"Naz Abla yaa, fıstık gibisin maşallah," dedi Sumru.

Naz gülümsedi bu laflara.

"Egzersizler iyi geldi," dedi Nazire, "doktoru da gelişmelerden memnun."

"Fizyoterapist gelmeye devam ediyor mu?"

"Tabii, tabii. Daha da bir süre gelecek ve benim ablam bomba gibi ayağa kalkacak ve de yıllık maraton yarışına katılıp şampiyon olacak."

Hep birlikte kahkahalarla gülüyorlardı. Sonra Nazire'nin odasına geçtiler.

"Söyle bakalım," dedi Sumru, "haberler var, diyordun."

"Sorma," dedi Nazire, ayağını altına alıp, yatağının üstüne iyice yerleştikten sonra başladı anlatmaya.

"Hani bizim bir aile büyüğümüz var, Naz'la Caner işi için epeyce uğraşmıştı ya..."

"Evet, hatırlıyorum, anlatmıştın sen."

"İşte o, olanları yeni duymuş. Burada yoktu, iş için İstanbul'daydı. Aman efendim aman... Bir kızmış, bir kızmış. Kıyameti koparmış."

"Deme..."

"Eveeet... Ama önce gelip Naz'ı gördü, *geçmiş olsun kızım, bunların hepsi geçecek, ben sana söz veriyorum*, dedi."

"Çok iyi yaa..."

"Bu sözler üstüne Naz'ın gözlerinden pıtır pıtır yaşlar akmaya başlamaz mı?.. Tabii konuşamıyor, sadece Akif Amca'nın elini tutuyor ve ona öyle bir bakıyordu ki Akif Amca mahvoldu – mahvoldu."

"Olmaz mı," diye başını salladı Sumru, "sonra ne oldu?"

"Sonra Akif Amca çıkıp gitti. Meğer Canerlere gitmiş. Vee..."

"Ay, çok heyecanlandım birdenbire Nazire."

"Vee... vermiş veriştirmiş. Hem Caner'in annesine, hem de babasına. *Şu devirde bu yaptığınıza ne denir bilemiyorum*, demiş. *Birbirini bunca seven iki insanı o dar kafalarınız yüzünden ayırdınız. Ayırdınız da ne oldu*, demiş.

Kız üzüntüsünden hastalandı, felç oldu... derken Caner'in annesi, hastalanacağı varmış, neden bize kabahat buluyorsun Akif Amca, deyince büsbütün dellenmiş. *Sus*, demiş, *bana amca deme, ben artık sizin amcanız filan değilim.*

O kız niye felç oldu biliyor musun? Üzüntüden, sıkıntıdan, stresten inme indi kıza, inme, demiş. *Oğluna gelince, o gün bugündür çocuğun yüzü gülmüyor. Görmüyor musunuz ne kadar mutsuz. Oğlunuzu böylesi bir bağnazlık için mutsuz kılmaya ne hakkınız var.*

Haa, kızın ciddi bir kusuru, bir sorunu vardır, oğlum bir daha düşün, dersin. Ama kız, gül gibi kız, düzgün bir aile. Eh, birbirlerini de sevmişler, daha ne istiyordun be kadın, diye söylenmiş de söylenmiş. Sonra da çıkıp gitmiş."

Sumru ağzı açık dinliyordu.

"Senin bu Akif Amca yamanmış."

"Dur, daha bitmedi."

"Dahası mı var?"

"Elbette! Caner'in ailesini bir iyi fırçaladıktan sonra kalkıp bizim eve geldi."

"Eyvah!"

"Evvet..." diye kıs kıs güldü Nazire.

"Bu kez özellikle anneme yüklendi. *Kızını onların üzdüğü yetmedi, bir de sen mi üzüyorsun*, diye bağırdı. *Günah değil mi, gencecik kıza*, dedi.

Annem de *ama Akif Amca kızımı istemeyenlere vereyim de, onu ezsinler mi*, deyince büsbütün köpürdü. *Belli ki Caner'i tanımıyorsun*, dedi."

"Ay, bir dakika Nazire, bütün bu konuşmalar sizlerin önünde mi oluyor?"

"Yok canım, hiç olur mu öyle şey. Onlar içerde, oturma odasına çekildiler, kapıyı da kapattılar. Ama biz kapının önüne toplaşıp, gizlice onları dinledik."

"Âlemsiniz," diye bir kahkaha attı Sumru.

"Tabii kızım, olan biteni bilmek gerek."

"Sonra? Daha başka neler dedi Akif Amca?"

"*Caner sevdiği kadını ezdirecek adam mı? Sen onu tanımıyorsun ama ben tanıyorum. Özü sözü doğru, efendi bir çocuktur o. Ailesi de bu saçmalık bir yana temiz bir ailedir. Şimdi sen de aklını başına topla, kızının sağlığı ve mutluluğu için nasıl davranman gerekiyor, onu düşün ve ona göre davran*, dedikten sonra küt diye baston sesini duyduk. Anlaşılan bastonuyla yere vurdu ve *sizler aklınızı başınıza devşirene kadar da ben bu eve adımımı atmam, bilmiş olun*, dedi ve bir hışım çıkıp gitti."

"Vaaay..." Sumru'nun ağzı açık kalmıştı.

"Yaa, işte böyle."

"Peki, şimdi n'olacak?"

"Valla şu anda bir sessizlik var. En azından bizim evde öyle."

"Umarım iyi bir şeyler olur."

İçini çekti Nazire, "Umarım." Sonra Sumru'ya döndü, "Ya, ben haberlerimi bir telaş sana anlattım ama senin de söyleyeceklerin vardı galiba."

"Var, var," dedi Sumru.

"Ooo, bakıyorum gözlerin parlıyor. Ne iş?"

Bu kez Sumru oturduğu yerde şöyle bir yerleşti. Nazire beklenti dolu bakışlarla arkadaşını süzüyordu.

"Bu sabah bil bakalım kiminle karşılaştım?"

Sumru anlatacaklarının tadını çıkarmak istercesine bakıyordu arkadaşına. Nazire şöyle bir düşündü sonra dikkatle Sumru'ya baktı ve, "Cem'le karşılaştın," dedi.

"Of ya Nazire. Berbat ettin anlatacaklarımı..."

Nazire gülmeye başladı, "Kızım yüzünün her yanında Cem yazılıydı."

"Amaan sen de... Anlatmıyorum işte."
"Aaa, yapma ama kanka. Meraktan ölüyorum; hem konu başlığını bilmişsem ne olmuş yani..."
"Şimdi," dedi Sumru, havaya girmeye çalışarak "sabahleyin, ben merdivenlerden iniyordum ki, baktım Cem orada. Sonra o da beni gördü ve *selam Sumru*, dedi."
"Ne?! Sumru mu dedi? Adını nereden biliyormuş?"
Nazire'nin bu tepkisi Sumru'yu çok mutlu etmişti, hararetle anlatmaya devam etti.
"Aslını istersen, ben de şok oldum. Adımı nereden öğrenmiş, hiç bilmiyorum. Sonra... sonra, *nasıl gidiyor*, dedi."
Yatağın üstünde iki yana sallandı Nazire, "Ya, bu seninle muhabbet etmek istemiş, bakar mısın..."
"Evvet, işte ben de onun için çok şaşırdım ya..."
"Peki, sen ne dedin?"
"İyidir, dedim."
"Güzel cevap!"
Nazire beğenmişti, bu da Sumru'yu bir kez daha mutlu etti.
"Sonra?"
"Sonra kaçıncı sınıfta olduğumu sordu. Ben de lise bir deyince, *kolay gelsin*, dedi ve apartman kapısını tuttu geçeyim, diye, ben de aptal gibi teşekkürler deyip adeta kaçtım oradan."
"Niye öyle söylüyorsun, iyi yapmışsın."
"Orada kalıp biraz daha konuşsaydım, daha iyi olmaz mıydı?"
"Yok, yok! Çok da üstüne düşmeyeceksin. Kız dediğin azıcık kendini ağırdan satmalı."
"İlâhi Nazire, kaldı mı artık kendini ağırdan satan kız. Şimdi kızlar oğlanların peşinde koşuyorlar. Hem de açık açık."
"Belki senin İstanbul öyledir ama burada kızlar hâlâ daha bir ağırdır."
"Evet, Gülşah'ı görüyoruz, ne kadar ağırdan aldığını. Selim'e açık açık asılıyor."
Şöyle bir düşündü Nazire, "Haklısın burada da var o tiplerden. Eee, ne olacak şimdi?"

"Nasıl, ne olacak?"
"Karşılaşmış, konuşmuşsunuz. Seni tanıyor üstelik."
"Ne yapmamı bekliyorsun?"
"Hani bir karşılaşma ayarlasan da, sohbeti geliştirsen, diyorum."
"Hani ağırdan alıyorduk."
"Canım karanlıkta göz kırparcasına da ağırdan al, demedik. Yani... tesadüfler oluşsa da, bir kez daha sohbet, muhabbet olsa, diyorum."
"Bakalım," diye içini çekti Sumru, sonra saatine baktı, "çok gecikmişim. Hadi ben gidiyorum, ödevler o dosyada."
Sumru'ya sarıldı Nazire, "Sağ ol kanka, bu iyiliğini unutmayacağım."
"Saçmalama," dedi Sumru ve koşaradım evinin yolunu tuttu.

Aşk Acıları

"N'oldu gözüne koçum?"
"Sorma, kapıya vurdum."
Arkadaşına inanmaz gözlerle baktı Cengiz, "Bana daha çok yumruk çürüğü gibi göründü de..."
Güldü Dilaver, "Yok ya, nerden çıkarıyorsun bunu."
"Saklamana gerek yok, olur böyle şeyler arada sırada."
"Yok, yok, kimseyle dalaşmadım, merak etme. Hem sen bırak beni de, nasıl gidiyor tamirhane onu söyle."
Cengiz'in yüzüne anında koca bir gülümseme gelip oturdu. "Çok iyi yaa... Öğreniyorum; motorla, diğer aksamlarla ilgili şeyler öğretiyorlar bana. Yalnız..."
"Yalnız ne?"
"Pazar günleri artık gelmememi söylediler, tamirhaneyi kapalı tutacaklarmış pazar günleri."
"İyi ya işte. Sen de bir nefes alırsın."
"Ben nefes almak istemiyorum Dilaver, hep orada olmak istiyorum. Sonra bir de... durup durup okulu bitirmenin, lise diplomasının ne kadar önemli olduğunu söyleyip duruyorlar. Yani annemin tamirhaneyi bulmasının mümkünatı olmamasını bilmesem, yoksa gidip o mu bir şeyler söyledi benim ustalara, diyeceğim."
"Tabii ki mümkünatı yok ama sen ne zaman eve döneceksin be kanka? Asıl onu söyle, mahvoldu kadıncağız."
"Biliyorum, biliyorum ve annem için çok üzülüyorum ama babam bu tamirhane işini kabul etmeden eve dönmem."
Okul kapısında bir yandan konuşuyor, bir yandan Mehmet'i bekliyorlardı. Sonunda göründü Mehmet, "Nerde kaldın be kanka, ağaç olduk şurda," diye söylendi Cengiz.

Tam o sırada Hazal göründü.

"Hazal'a da bir şeyler oldu," dedi Cengiz, "soldu sarardı."

"Tıpkı senin gibi, senin de yüzünde renk kalmadı. Biraz yavaşlat şu çalışmalarını."

"İster istemez yavaşlatacağım zaten, ustalar artık pazar günleri gelme, dediler."

"Hele şükür, bari bir gün doğru dürüst uyursun."

"Gördün mü bak," dedi Dilaver, "Mehmet de aynı benim gibi düşünüyor. Aklın yolu bir. Bir de şu babanla barışıp evine dönsen..."

"Hay ağzını öpeyim Dilaver, dilimde tüy bitti, kendine acımıyorsan annene acı demekten."

"Bak arkadaş, ne zaman babam benim tamirhanede çalışmama ses çıkarmaz, o zaman eve dönerim."

Mehmet müthiş bir şey yakalamış gibi heyecanlandı, "Söz mü?"

Şöyle bir durakladı Cengiz, "Evet," dedi ve ekledi, "annemin hatırı için o da."

"Aslanım," diyerek arkadaşının sırtına vurdu Mehmet, "bu iş tamam o zaman."

Dilaver de olayın böyle gelişmesine sevinmiş, o iri siyah gözleri ışıl ışıl, "Hadi hayırlısı..." deyip duruyordu.

Mehmet birden duraladı, "Dilaver, n'olmuş senin yüzüne öyle?"

"Kapıya çarptım, diyor," dedi Cengiz, alaylı bir ses tonuyla.

"Allah Allah, yalan mı söyleyeceğim, hadi gidelim artık."

"Bunlara da bir hâl oldu."

"Kimlere," diye soran Mehmet'e başıyla ileride yürüyen öğrencileri işaret etti, Cengiz.

"Yani Selim'e, Lila'ya, hele de Hazal'a..."

"Ne varmış ki? Her zamanki gibi okul çıkışındalar."

"Yok, yok! Baksana, suratlarından düşen bin parça. Selim ayrı telden çalıyor, Lila, o neşeli kız keyifsiz. Hazal'a gelince... öyle solgun ki hasta sanırdın."

Şöyle bir gülümsedi Mehmet, "Valla oğlum bizler senin kadar dikkatli değiliz, hele de Hazal yengemiz konusunda..."

"Ne yengesi be Mehmet, bozma kafamı."

"Tamam tamam, kızma."

Hazal için endişelenen sadece Cengiz değildi. Yağmur da üzülüyordu, onun bu hâline. Dilaver'le Cengiz için kafa yorarken, bir de Hazal çıkmıştı onu düşündüren.

Öyle üzgün, öyle hüzünlüydü ki, depresyona girmesi an meselesi, diye mırıldandı kendi kendine. *Bir şeyler yapmam gerek*, diye düşünürken birden kendini seslenir buldu.

"Hazaaal..."

Hazal onu duymamış, okuldan çıkıp yürümeye başlamıştı bile.

"Hazal..."

Cengiz, "Hocam sizi duymuyor, yetişip onu çağırdığınızı söyleyeyim," diyerek fırladı. Bir koşu Hazal'a ulaştı.

"Hazal," dedi nefes nefese.

Hazal öylesine dalmıştı ki, Cengiz'in yanında yürüdüğünün hâlâ farkında değildi.

Yavaşça koluna dokundu Hazal'ın. İşte o zaman Hazal dönüp Cengiz'e baktı.

O hüzünlü gözler...

Bir gölün derinliklerine bakarmış izlenimi veren o ela gözler...

İçine işledi Cengiz'in.

"Ne var?" diye sordu Hazal.

İşte ancak o zaman toparlandı Cengiz ve onu incitmekten korkarcasına yumuşacık bir sesle, "Yağmur Öğretmen seni çağırıyor da... duymadın sanırım."

"Yaa, öyle mi... gerçekten de duymadım. Teşekkürler Cengiz."

Bu ikinci kez oluyordu.

İkinci kez bir araya geliyor... ve atışmıyorlardı.

İlki o malum akşam, parkta, hava karardığında karşılaştıklarında...

Şimdi de bu kez...

Hazal dönüp Yağmur Öğretmen'in yanına gitti. "Beni çağırmışsınız hocam."

"Evet Hazalcığım, seninle konuşmak istediğim bir konu var, fazla sürmez. İstersen anneni ara biraz gecikeceğini bildir, seninle Cafe Betül'e gidip bir çay içelim, ne dersin?"

Şaşkın şaşkın bakıyordu Hazal.
"Peki hocam," dedi ve annesini aradı.
Bir süre sonra karşılıklı oturmuş, çayları ısmarlamışlardı. "Senin için çok endişeleniyorum Hazal," diye söze girdi Yağmur.
"Ben iyiyim hocam."
"Hayır canım, iyi değilsin, hem de hiç değilsin ve eğer el ele verip bir şeyler yapmazsak depresyona girmen an meselesi."
Hazal'ın gözlerinden yaşlar inmeye başlamıştı, oysa yüzünde hiçbir hat oynamıyordu. Sanki o yaşların indiğinin farkında değildi. Masanın üstünden uzanıp elini tuttu Hazal'ın.
"Bak hayatım," dedi bir öğrencisine değil de bir arkadaşına konuşur gibi, "önce şunu bil ki aşk acısı ölene dek devam etmez, pek çok kişi aşk acısını, hele de ilk aşkın acısını yaşamış ve bunu atlatmıştır."
"Sanki ben atlatamayacağım gibi geliyor hocam. Kendimi çok kötü hissediyorum. Sanki fiziksel bir acı bu. Sanki yüreğim ağrıyor. Ayrıca midem bulanıyor, annem ye, ye diye ısrar ettikçe daha da fena oluyorum. Sonra uyuyamıyorum! Hiç uyuyamıyorum. Sabaha kadar dön, dön, dön. Yok hocam, belki herkes atlatıyor ama ben bunu atlatamayacağım."
Öyle umutsuz, öyle çaresizdi ki…
"Böyle konuştuğunu bir daha duymayayım," dedi Yağmur, "yaşadıklarımı boş yere mi anlattım sana? Sen o kadar zayıf mısın yani? Asla bunu kabul edemem. Sadece güç bir dönemden geçiyorsun. Ve yaşadığın bu fiziksel sıkıntılar stresten kaynaklanıyor."
"Ne stresi hocam?"
"Elbette stresten. Sen ilk aşkını doğru dürüst yaşayamadan koptun. Bunun düş kırıklığını ve onun getirdiği stresi yaşıyorsun. Çok zor kararlar verdin, bunlar da bünyeni altüst etti. Kolay mı?..
İşte bütün bu mide bulantıları, uykusuzluklar hep o stresten kaynaklanıyor. Sebebini bilirsen sorunla daha kolay baş edersin. Ve hiç merak etme, bu dönem geçecek."
"Hiç geçmeyecek gibi geliyor hocam."
"Geçecek, geçecek."
"Nasıl?" diye adeta feryat etti Hazal.

"İşte ben de seninle bunu konuşmak için buluşalım istedim. Bir kere az önce dediğim gibi şunu iyi bil ki aşk acısı yaşayan ne ilk insansın, ne de son olacaksın. Ve zamanın yardımıyla bu acı giderek azalacak, bir süre sonra yok olacak ve sen yeniden âşık olabileceksin. Bu, insanlık boyu böyle süregelmiştir.

Fiziki sorunların da, yine az önce dediğim gibi stresten kaynaklandığını bil, sen sakinleşmeye başladıkça bunların yok olup gittiğini göreceksin. Gelelim, o sürece ulaşana dek yapman gerekene."

Durdu, dikkatle Hazal'ın yüzüne baktı. "Ben, yeni bir ilgi alanı bulmanı öneriyorum. Bu dönemi bol bol arkadaşlarla buluşup, iyi vakit geçirerek, spor yaparak da atlatabilirsin. Veya az önce dediğim gibi, yeni bir ilgi alanı seçip onunla ilgilenebilirsin."

Sustu Yağmur.

Karşılıklı düşünüyorlardı.

Sonra yine konuştu Yağmur, "Bu kadın da sanatla bozmuş demezsen bir önerim var."

"Her öneriye açığım hocam, yeter ki bu acı dursun."

"Sanatın, ilgini çeken bir dalıyla uğraşmaya ne dersin?"

Hazal öylece bakıyordu Yağmur'a.

Açıklamak istercesine devam etti Yağmur. "Bak annemin bir arkadaşı vardı. Kocasından ayrıldığında büyük bir travma yaşadı, kendinde değildi adeta.

Derken bir gün arkadaşlarından biri onun önüne boyalar koydu ve resim yapmasını önerdi. Gönülsüzce başlanan çalışma, bir süre sonra öyle bir hâl aldı ki, kurslara gitti, dersler aldı ve güzel resimler yapar oldu. Şimdilerde eski konakların yağlı boya resimlerini yapıyor, kaybolup gitmesinler, diye.

Bak, buradan alacağımız ders şu: Acıların altında ezilmeyip, bunu atlatıp yoluna devam edebilmek için çareler aramak gerek. Ve, olumsuzluklara saplanmadan olumlu biçimde oyalanma yolları bulup bu durumu bir kazanıma dönüştürmek gerek. Tıpkı annemin arkadaşının kendini teselli etmek için alkol ya da başka olumsuzluklar yerine resim yapmaya odaklanarak hem acısını yenip hem de başarılı bir ressam olarak ortaya çıkması gibi. Anlayacağın bu acıyı kazanıma dönüştürmek pekâlâ bizim kendi elimizde."

Hazal'ın, Yağmur'un bu sözlerini anlamaya, sindirmeye çalışır bir hâli vardı.

"Meselâ," diye devam etti Yağmur, "hangi sanat dalına ilgi duyuyorsun?"

"Bilmem," diye omuz silkti Hazal, "hiç düşünmedim hocam."

"Resim?"

"Valla düz çizgi çekmekten acizim."

"Yeteneğin olup olmadığını sen bilemezsin ama ilgi duyuyor musun, sen onu söyle bana."

Şöyle bir düşündü Hazal, sonra başını salladı, "Sanmıyorum."

"Peki müzik? Yani bir alet çalmak? İlgi duyduğun bir müzik aleti?"

"Aslında müzik bana daha sıcak geliyor ama bir müzik aleti çalmak? Bilemiyorum."

Sessizlik.

Karşılıklı düşünüyorlardı.

Birden Yağmur, "Ya dans? Modern bale? Modern dans?" diye sordu.

İlk kez Hazal'ın gözünde küçük de olsa bir pırıltı gördü Yağmur ve hemen üstüne gitti.

"Ne dersin? Dans aynı zamanda egzersiz demek. Stresli durumlar için doktorlar hep spor önerirler, yürüyüş önerirler. Yoksa bir spor dalıyla mı ilgilenirsin?"

Bütün bu sorular onu yormuş gibi omuzları çökmüştü Hazal'ın.

"Hocam hemen karar vermek zorunda mıyım? Hem öyle halsizim ki, bunların hiçbirini yapmak gelmiyor içimden."

"Hayır, hayır," dedi Yağmur, "şimdilik yapmak istediğimiz senin sadece karar vermen, o kadar. Gerisine ben bakacağım. Hadi canım, bir gayret..."

Bir süre düşündü Hazal, bir şeyleri tartar gibiydi.

"Bilmem ki..." dedi, "şeyyy..."

"Evet... söyle... dinliyorum."

"Dans her zaman ilgimi çekmiştir ama..."

"Ama ne?"
"Kendim için hiç düşünmedim."
"Neden?"
"Ne bileyim, dans edenlere bayılırım, imrenirim. Dans edenleri izlemeye doyamam ama kendim için hiç düşünmedim."
"Tamam o zaman," dedi Yağmur, gülücükler içinde. "Bulduk, bulduk!"
"Hocam, durun bir dakika. Ben yapamam."
"Neden yapamazmışsın. Bal gibi de yaparsın, yarından tezi yok, araştıracağım ve sana modern dans dersleri veren bir yer bulacağım. Sonra da sen kelebekler gibi dans edeceksin, kendini müziğin kollarına bırakacaksın. Ve – dertlerin de o müzikle birlikte uçup gidecek."
Yağmur, kollarını açmış, uçuyor gibi iki yana sallayarak, Hazal'a gülümsüyordu. Onun bu hâli Hazal'ı o sıkıntılı hâline karşın güldürdü.
"Bak gördün mü, güldün. Güldün! Bunun lafıyla bile güldün."
"Ama annem... babam..."
"Gerekirse onlarla da konuşurum," dedi ve ekledi, "bak ne diyeceğim, annene söyle lütfen en kısa zamanda gelip beni görsün, konuşacakları varmış, dersin. O ara ben de şu dans dersleri soruşturmasını yapayım. Tamam mı? Anlaştık mı?"
"Hocam..."
"Tamam, tamam! Anlaştık! Hadi bir çay daha içelim."
Hazal'ı yolcu ettikten sonra birkaç arkadaşını aradı Yağmur ve Mersin'deki modern dans derslerinin verildiği yerin adresini ve telefonunu aldı.
Ardından orayı arayıp gün ve saatleriyle ücreti öğrendi.
Tam telefonu kapatmıştı ki, Tayfun aradı.
Cafe Betül'de olduğunu öğrenince, "Ayrılma, ben de oraya geliyorum," dedi.
"Güzel haberlerim var," dedi Tayfun, oturur oturmaz.
"İşte buna çok sevindim çünkü burası az öncesine kadar tam bir bunalım köşesiydi."
"Yok ya... hayırdır?"

"Bir öğrencimin sorunlarını çözmeye çalışıyorduk da... Duygusal meseleler..."

"Ooo..." dedi Tayfun, kaşlarını kaldırarak "işte bak bu önemli," sonra da gülerek ekledi, "hele de o yaşlarda."

"Ne demezsin."

"Gelelim benim haberlerime."

"Dinliyorum."

"Şu senin Dilaver'i dinledim, o çocuk gerçekten yetenekli, müthiş bir kulağı var. Konservatuardaki arkadaşlarla konuştum, bu yılı tamamladıktan sonra yetenek sınavına girip kazandığı takdirde liseye konservatuarda devam edebilecek. Üstelik bu eğitimi ücretsiz okuma imkânı var."

"Yaşşa Tayfun, bi'tanesin," diyerek Tayfun'un boynuna atıldı Yağmur.

Tayfun anlatmaya devam ediyordu. "Sanırım ön kayıtlar temmuz-ağustos aylarında, sınavlar ve kesin kayıtlar da ağustos-eylül aylarında olmalı. Tekrar bir araştırırım vakti gelince... Ha, bir de, sınava girmeden kulak dersi alması gerekecek. Onu ayarlarız artık. Tabii notlarının da iyi olması lazım."

"Bak işte bu çok güzel. Şimdi ben ona bütün bunları anlatacağım, söylememe gerek yok, bizim Dilaver bayılacak bu duruma. O zaman da diyeceğim ki, bak aslanım bütün bunlar ancak sen derslerine çalışır, sınıfı geçersen mümkün. Böyle bir kural olsun olmasın, ben ona böyle söyleyeceğim," dedi ve kıkır kıkır güldü.

"Çocuk gibisin Yağmur."

"Tabii ya... Dilaver az inletmedi beni. Derslere çalışmaz, ödev yapmaz, son zamanlarda Cengiz de ona benzemeye başlamıştı ama onun da önlemini aldım."

"Nasıl bir önlem bu?"

"Uzun hikâye..."

"Neyse, benim yine provalara dönmem gerekiyor."

"Sağ ol Tayfuncuğum, bunu söylemek için kalkıp buralara kadar geldin."

"Bana da bir mola oldu aslında. Hadi görüşürüz."

"Görüşürüz."
Birden bir ses... "Sonunda sizi yalnız yakalayabildim Yağmur Hanım."
O adam...
Güzel gülüşlü o adam...
Engin Karataylılar'dı karşısında duran. Yine yüzüne kan hücum ettiğini hissetti Yağmur. Kalbi de hızlı hızlı atmaya başlamıştı.
"Oturabilir miyim? Yoksa kalkıyor muydunuz?"
"Buyrun," dedi Yağmur, sonra ekledi, "nasılsınız?"
"Teşekkürler, size bir merhaba demek için epeydir bekliyordum."
"Yaa..." İçi ılık ılık oldu Yağmur'un.
"Buradan geçerken, bir de baktım oturmuş, sanırım bir öğrencinizle konuşuyordunuz. Sohbet öylesine yoğundu ki rahatsız etmek istemedim.
Daha sonra bir kez daha uğradım, bu kez o güzel saçlı müzisyenle konuşuyordunuz. Yine rahatsız etmeyeyim, dedim. Ve – az önce onun da gitmiş olduğunu görünce *hemen geleyim de, Yağmur Hanım'ı yine birilerine kaptırmayayım*, diye düşündüm."
Güldü Yağmur, "Çok şakacısınız."
"Size bir kahve ısmarlayabilir miyim?" diye sorunca Yağmur çok çay içtiğini söyleyerek bu teklifi geri çevirdi. O ise kendine bir kahve ısmarlayıp oradan buradan konuşmaya başladı. Sohbeti de keyifli ve eğlenceliydi.
Sık sık yurt dışına gittiğini, şirketin yurt dışındaki işlerinden sorumlu olduğunu anlattı. *Demek, onun için karabatak gibi bir görünüp bir kayboluyor*, diye düşündü Yağmur.
Bir süre sonra kafede akşam yemeği için servis başladı.
Birden sordu Engin Karataylılar, "Yağmur Hanım, saat kaçtan beri o iskemlede oturuyorsunuz?"
Bu soru güldürdü Yağmur'u, "Sahiden," dedi, "Hazal'la buraya geldiğimizde saat dört gibiydi."
Saatine baktı Engin, "Şimdiyse saat tam altı buçuk."
"Ooo," dedi Yağmur, "sizinle de bayağı sohbet etmişiz, demek altı buçuk olmuş, o zaman ben artık kalkayım."

"Bence de kalkmalısınız ama – sadece o iskemleden. Ve bir şartla – akşam yemeğini benimle yemeniz şartıyla..."

"Sizin de işleriniz vardır," gibi bir şeyler geveledi Yağmur, ağzının içinde.

"Lütfen, çok rica ediyorum, beni kırmayın. Burada da kalabiliriz eğer isterseniz ama aynı yerde oturmaktan sıkılmışsınızdır, diye düşünüyorum. Bence farklı bir yer olsun, meselâ Marina'daki güzel restoranlardan birine gidebiliriz."

Hadi Yağmur, dedi o iç ses, hadi evet de ve bu hoş adamla bir akşam yemeği ye. Bak sonra pişman olacaksın.

Aynı anda, "Bu güzel sohbeti lütfen sonlandırmayalım," diyerek ısrarını sürdürüyordu Engin.

"Pekâlâ."

"Harika, anlaştık o zaman."

Yağmur, yol boyu, bu adama hep böyle salaş hâlimle mi yakalanmak zorundayım, diye içten içe söyleniyordu.

Hava harikaydı, yumuşak, ılık bir sonbahar akşamı... Mehtap da vardı üstüne üstlük.

"Ne güzel bir gece, değil mi?" dedi Yağmur.

"Güzel olan sizsiniz Yağmur Hanım."

Bu iltifatlar bir yandan hoşuna gidiyordu Yağmur'un, bir yandan da *acaba karşımda oturan, muhteşem bir çapkın mı*, diye düşünüyordu.

Operada gördüğü kızıl saçlı kadın dilinin ucuna kadar geliyor, öte yandan sormak hiç de hoş olmaz, diyerek vazgeçiyordu.

Sizli bizli konuşma biçimi, kısa sürede sen 'ben'e dönüşmüştü. Böylesi daha rahattı, ikisi için de... Sohbet koyulaştıkça koyulaşmış, saatler uçup gitmişti bu güzel, mehtaplı gecede. Kalktıklarında restoranda kimse kalmamıştı.

Evine girerken çok mutluydu Yağmur çünkü Engin, yarın yine yolcuyum ama döner dönmez buluşalım, diyerek veda etmişti.

Gün doğmadan neler doğar, derler ya, meğer doğruymuş, diye düşündü ve bir şarkı mırıldanarak yatak odasına geçti.

Aşureci

Cengiz'in içi rahat değildi.

Sanki biri Dilaver'i dövmüştü.

Baksana yüzü ne biçim morarmış çocuğun, diye geçirdi içinden.

Belki de basit bir mahalle kavgasıydı.

Birden durdu.

Ulan, sakın o ipsizler bizim Dilaver'i yine tehdit ediyor olmasınlar, diye söylendi kendi kendine.

Bunu anlamanın tek bir yolu vardı. Erdemli minibüslerinden birine atlayıp Dilaver'in çalıştığı türkü bara gitti. O saatte doğal olarak kimseler yoktu. Sadece adamın biri yerleri paspaslıyordu.

"Dayı," dedi Cengiz, "sen burada mı çalışıyorsun?"

"He ye..." diye yanıtladı adam.

"Bazı hafta sonları burada çalan biri vardı da, onu soracaktım."

"Adı ne?"

"Dilaver."

"Haa... şu... evet onu biliyorum."

"O, geçen hafta sonu çaldı mı burada?"

"Yok," diye başını salladı adam, "çalmadı."

"Yaa..."

Adam devam etti, "Hem artık burada çalmayacakmış, başka bir yerle mi anlaşmış ne... ama sen istersen akşama doğru gel, patrona sor."

"Yok, yok," dedi Cengiz, "gerek yok. Sağ ol."

"Sen de..."

Dönüş yolunda düşünüyordu Cengiz, demek tahminim doğru çıktı. Bir süre beklediler, konuşmamız unutulsun, dediler sonra gidip

Dilaver'i dövdüler, tehdit ettiler, o da sorun olmasın diye bize söylemedi ve o adamlar için çalmaya başladı.

Ama önce bunun sağlamasını yapmak gerek, diye düşündü. Cep telefonunu çıkardı, numarayı tuşladıktan sonra, "Ya, senden bir ricam olacak," dedi ve hafta sonu adamların yerine gidip orada çalanın Dilaver olup olmadığını öğrenmesini istedi.

"Aslında ben giderdim ama adamlar beni tanıyor. Şu aşamada uyandırmayalım onları."

Cengiz bu tür düşünceler içindeyken, Sumru, Nazire'yi ağırlamakla meşguldü.

Ülker Hanım kızının arkadaş edinmiş olmasına çok seviniyordu. Pastaneden aldığı çeşitli tuzlu ve pastalarla bir çay sofrası hazırlamıştı ki, bu kadar olur.

"Müthiş haberlerim var," dedi Nazire.

Bu sözler üzerine Ülker Hanım, "Hadi ben sizi baş başa bırakayım da rahat rahat konuşun," dedi ve dosyalarını alarak odasına çekildi.

"Annen pazar günleri de mi çalışıyor," diye sordu Nazire, şaşkın.

"Ohoo, onun işleri bitmez. Ne pazar, ne cumartesi, ne de geceleri. Neyse... sen anlat bakalım, neymiş bu müthiş haber?"

"Naz'ı istemeye gelecekler."

"Valla mı?"

"Yaa... Dün haber geldi. *Bir maniniz yoksa önümüzdeki hafta oğlumuz Caner'le birlikte ziyaretinize gelmek istiyoruz*, diye haber yolladılar."

"Peki, sizinkiler ne dedi bu işe?"

"Bizimkiler de memnun oluruz, bekleriz, dediler."

"Şaka yapıyorsun!"

"Valla doğru söylüyorum."

"Peki, nasıl oldu bu yüz seksen derece dönüş?"

"Hani o aile büyüğü vardı ya..."

"Hani o herkesi azarlayan..."

"Evet, o. İşte o, iki aileye de bu işi halletmezseniz, ikinizin evine de bir daha adım atmam, demiş. Sadece bunu demekle yetinmemiş, daha neler söylemiş, neler..."

"Anlatsana Nazire ama..."

"*Bir genç kızın hayatına mal oldu sizin bu tutumunuz*, demiş. *Üzüntüden felç oldu kızcağız. Şimdi onun iyileşebilmesi için morale ihtiyacı var, yani sevdiği erkeğin yanında durduğunu görmesi gerek*, demiş. *Ama siz erkek tarafı olarak yardımcı olmuyor, geri duruyorsunuz. Kızın anası da sokmam ben o delikanlıyı bu eve, diyor. Peki, bu şartlarda bu kız nasıl iyileşecek. Gittim, gördüm. İçim parçalandı. Konuşamıyor, yürüyemiyor ama sürekli gözyaşı döküyor.*

Sizlerse ne yapıyorsunuz?

Hâlâ vırvır, hâlâ dırdır.

Yazıklar olsun, demiş ve çıkıp gitmiş.

Bu ikinci ve son konuşmasıydı, biliyorsun daha önce de konuşmuştu ailelerle. Anlaşılan bu son konuşma etkili olmuş ki, kısa bir süre sonra onlar bizimkileri aradılar ve buluştular."

"Vaay..."

"Ve de konuşup anlaştılar."

"Çok iyi yaa, çok sevindim."

"Ama bu buluşma hiç de kolay olmamış. Buz gibi bir hava varmış; anneler görüşme boyu hiç konuşmamışlar. Daha çok erkekler yapmış konuşmayı." Durdu, içini çekti, "Ne saçmalık, değil mi?.. İşte bu buluşmadan sonra da bize formalite gereği haber yolladılar, kız istemeye geleceklerini ima ettiler. Bizimkiler de, buyursunlar, dediler."

"Neyse, aldırma bunlara, önemli olan ablanla Caner Abi bir araya gelip evlenebilecekler."

"Biliyor musun, şu anda benim için onların evlenmelerinden çok daha önemli olan, Caner Abi'nin artık bizim eve girip çıkabilmesi. Bizim Naz, Caner Abi'yi gördükçe daha çok gayret edecek ve eminim daha çabuk iyileşecek. Ayağa kalkabilmek için elinden geleni yapacak. Oysa şimdiye kadar öyle her şeye isteksiz, öyle boşvermiş hâli vardı ki..."

"Hepimizin gözü aydın Nazireciğim. Haydi artık dalalım şu pastalara. Bunların hepsi senin şerefine, bilesin. Başka zaman annem, kilo almayalım diye, bunların bir tanesini bile eve sokmaz."

"Dalalım, o zaman."

Tam o sırada kapı çaldı.

Sumru hiç oralı olmadı, "Pazar günü kim olacak, kesin yanlış kapı çalıyorlar," dedi ve pastasını yemeğe devam etti.

Kapı tekrar çalınınca, annesi bir hışım odasından fırlayıp kapıya yetişti.

"Bu annem de her zile ko..." derken Ülker Hanım'ın sesi iki arkadaşa ulaştı.

"Ah Cemciğim, ne zahmet..."

Sumru'nun ağzına atmak üzere olduğu lokması havada kalmıştı.

Nazire, Sumru'yu dürttü, "Bu seninki galiba. Koş..."

Sumru yerinden kalkarken, annesi seslendi.

"Sumru, bir bakar mısın kızım?"

Sumru kapıya ulaştığında Cem'i elinde bir tepsi kapıda bekler buldu.

"Anneannem aşure yapmıştı da, tüm komşulara dağıtma görevi bana düştü," dedi. Bu durumdan azıcık da olsa utanır bir hâli vardı. Neyse ki, Ülker Hanım'ın şen şakrak sesi herkesi kucaklıyordu.

"Ah, ne kadar da severim aşureyi. Sumrucuğum şu tabağı içeri götürüver, sonra da gel Cem Abi'ne yardımcı ol."

"Yok, yok, ben halledebilirim," dedi Cem.

"Canım olur mu öyle şey. Hem elinde tepsi, hem kapı çalmak... Sumru kapıları çalar, sen de aşureleri dağıtırsın, olur biter."

Nazire yavaşça gelmiş, kenardan olup biteni izliyordu. Bir ara Sumru'yla göz göze geldiler, başparmağını havaya kaldırarak zafer işareti yaptı Sumru'ya. Sumru gülmemek için başını öbür tarafa çevirdi.

"Hadi bakalım," dedi Ülker Hanım, böylece Cem önde, Sumru arkada asansöre doğru yöneldiler.

"Kusura bakma Sumru, seni bu işe karıştırmak istemezdim."

"Önemli değil," dedi Sumru sonra ekledi, "annemin elinden kurtulanı henüz görmedim."

Bu sözler üzerine karşılıklı gülüştüler. Son aşure tabağını da verdikten sonra, "Tekrar teşekkürler Sumru," dedi Cem.

Tam arkasına dönüyordu ki, Sumru, "Bir dakika," diye seslendi Cem'e.

"Evet?"

"Adımı nerden biliyorsun? Merak ettim de..."
Güldü Cem. "Sanırım yeni gelmiştiniz. Sen kapıda durmuş, herhalde anneni bekliyordun. Biz de annemlerle arabadaydık, park etmek üzere... Dedim ki, ne hoş bir kız bu, daha önce hiç buralarda görmemiştim. Onun üzerine annem, onlar yeni taşındılar, İstanbul'dan geldiler. Annesi Ülker Hanım Mersin Üniversitesi'nde çalışıyor, kızının adı da Sumru, demişti."

"Peki, annen nerden biliyordu bu kadar şeyi?"

"Apartmana yeni bir kiracı gelecek de, diğerleri onun hakkında her ayrıntıyı öğrenmeyecek. Olacak iş değil," dedi ve ekledi gülerek.

"Hem o gün sen saçına lacivert bir tüy takmıştın, nasıl sormam."

Yine gülüştüler karşılıklı.

"Hadi iyi günler ve de tekrar teşekkürler," dedi Cem ve merdivenlerden koşarak indi. Sumru eve girer girmez, onu bekleyen Nazire'yle, çak bir tane, yaptılar.

"Hey büyük Allahım," dedi Nazire, "sen nelere kadirsin."

Sumru olduğu yerde zıp zıp zıplıyordu.

"Şu işe bak Sumru, inanılır gibi değil. Senin imkânsız aşk, kapıya kadar gelecek, ben de burada olacağım ve senin imkânsız aşkını göreceğim. Hani, bunu bana anlatsalar, ufak at da civcivler yesin, derdim. İnanılmaz bir şey yaşadık bugün, kanka."

"Hem de ne türlü..."

"Hadi bırak zıplamayı da anlat neler konuştunuz aşure dağıtırken."

Sumru sonunda sakinleşmişti, başladı anlatmaya.

"Tam ayrılırken, bir dakika, diye seslendim Cem'e."

"Yaa..." Nazire gözlerini kocaman açmış dinliyordu.

"Adımı nerden biliyordun, diye sordum ona. Merak ettim de, dedim."

"Aslanım! İşte sana İstanbul kızı." Nazire alkışlıyordu arkadaşını.

"Eee? Nerden biliyormuş?"

"Bak şimdi," dedi Sumru, burasına bayılacaksın! Dedi ki, *sen kapıda durmuş anneni bekliyordun, biz de arabadaydık. Dedim ki, ne hoş bir kız bu, daha önce hiç buralarda görmemiştimmm...*"

Çığlık çığlığaydı iki kız.
Hem zıplıyor, hem bağrışıyorlardı.
"İnanmıyorum," dedi Nazire, soluk soluğa kalmıştı, "sahi öyle mi dedi?"
"Dedi, dedi. Bana, düşün bana, *ne hoş bir kız bu*, diye düşünmüş be Nazire."
Haydi, yine el ele verip zıplamalar.
Bağrış, çağrış.
Ülker Hanım koşup geldi, "Ne var çocuklar, ne oldu?"
"Bir şey yok anneciğim, öylesine eğleniyorduk."
"Aman, iyi," dedi Ülker Hanım göğsünü tutarak, "korktum, bir şey oldu sandım."
"Özür dileriz," dedi hemen Nazire.
"Yok canım yok, hadi siz eğlenmenize bakın."
Ülker Hanım gidince, ikisi yine zıplamaya başladı.
"Sonra?"
"Bir de ne dedi biliyor musun?"
"Ne dedi?"
"Hem, dedi, sen o gün saçına lacivert bir tüy takmıştınnn…"
Haydi bir kez daha bağrışarak zıpladılar, zıpladılar.
"Bakar mısın, o gün beni fark etmiş, o kadar ki, saçımdaki tüyü bile görmüş."
"Eh, buna artık imkânsız aşk diyemeyeceğiz. Başka bir isim bulmamız gerekecek."
"Yok yaa," dedi Sumru, birden keyifsiz.
"E, ne oldu şimdi? Sen de bir hoşsun yani…"
"O, beni sadece aynı apartmanda oturan yeni kiracının kızı olarak merak etmiş, sormuş, hepsi bu. Fazla uçmanın âlemi yok."
"İyi ama canım kardeşim, her şey ilk adımla başlar. Bak şimdi tanıştın, sonra aşure sayesinde daha iyi tanıştın. Bundan sonra yüce Rabbim bize neler gösterir bilemeyiz, öyle değil mi?.."
"Valla, yüce Rabbimin göstereceği fazla bir şey olduğunu sanmıyorum."

"Öyle deme ama. Bak seni fark edip sorduğunu bilmiyordun, öyle değil mi? Varlığımdan haberdar bile değil diyordun, bir ara. Meğer farkındaymış, hem de ne biçim. Bundan sonra da neler olur hiç bilemezsin, tamam mı? Hem ne demişler, iyi düşün ki, iyi olsun. Sen de şimdi bu aşureci Cem'i düşün ki, her şey iyi olsun."

Aşureci Cem lafı üstüne iki arkadaş gülmekten kırıldılar.

"Hadi, ben de gideyim artık."

"Gitme be kanka."

"Gitmeyeyim de zaten siniri burnunda olan annemden iyi bir zılgıt mı yiyeyim? Şimdi ben evime, sen de aşureci hakkında iyi şeyler düşünmeye..."

Karakolda Bir Gece

Israrla çalan telefon sesi uyandırdı Yağmur'u. Uyku sersemi başucundaki ışığı yaktı, telefon hâlâ çalıyordu.

Yüreği küt küt atmaya başladı, bu saatte gelen telefon iyi haber değildi. Hemen annesiyle babası geldi aklına. Zaten kendisine itiraf edemese de telefonunu sürekli açık tutmasının asıl nedeni, onların kendine her an ulaşabilmesi içindi.

Yataktan fırlayıp eline aldı telefonu.

"Efendim?"

"Hocam..."

Yağmur hâlâ kendine gelememişti.

"Ne dediniz?"

"Hocam... ben Cengiz."

Gözü saate kaydı, üçe çeyrek vardı.

"Cengiz! Hayırdır, ne var?"

"Hocam, şu anda karakoldayım."

"Ne!"

"Karakoldayım, diyorum. Birinin gelip beni çıkarması gerek." Bir an sustu Cengiz, sonra devam etti. Konuşurken zorlanıyor gibiydi. "Evi aramak istemedim, arayabileceğim bir tek siz vardınız. Çok özür dilerim hocam."

"Hay Allah," dedi Yağmur, üzerinde geceliği, elinde cep telefonu, yalın ayak ve şaşkın, duruyordu odanın ortasında. "Peki, ne oldu Cengiz? Trafik kazası filan mı?"

"Hayır hocam."

"Ne peki? Konuş Cengiz, şaşkına döndüm şu an."

"Birileriyle kavga ettik hocam."

"Eyvah! Yaralı mısın yoksa?"
"Yok hocam, önemli değil. Yani ben iyiyim yeter ki siz gelip beni alın buradan."
"Tamam Cengiz, hemen geliyorum, bana adresi verir misin?"
"Hocam..."
"Efendim?"
"Sağ olun hocam."
"Tamam, hadi görüşürüz."
Telefonu kapatır kapatmaz giyinmeye başladı Yağmur, bir yandan da, "Hay Allah, hay Allah," diye söyleniyordu. "Kimliğim! Kimlik de sorarlar şimdi orada."
Sokaklar karanlık ve ıssızdı.
"Ah Cengiz, ah, yine kim bilir kimin için başını derde soktun."
Karakolun önüne geldiğinde bir erkek kalabalığının kapının önünde beklemekte olduğunu gördü.
Çoğu bıyıklı, sert yüzlü adamlardı bunlar. *Hiç de hayra alamet değil*, diye düşündü Yağmur. Ellerinde tespih, karakolun önünde, volta atarcasına bir aşağı bir yukarı yürüyor, belli ki birilerini bekliyorlardı. Dönüp Yağmur'a şöyle bir baktıktan sonra alçak sesle birbirleriyle konuşmaya devam ettiler. Yağmur, aralarından geçip içeri girdi.
"Adım Yağmur, Cengiz Topçular'ın öğretmeniyim, onu almaya geldim," diyerek bilgi verdi görevli polis memuruna.
İçerisi kalabalıktı. Bir tarafta deri ceketli gençler, bir başka tarafta dışarıdaki sert yüzlü adamlara benzeyen koca koca adamlar. Aralarında da külhanbeyli tavırlı sarışın bir kadın.
Ne tipler, ne tipler, diye düşündü Yağmur.
"Sizi Başkomiser'in yanına alalım," dedi polis memuru.
Kapıyı tıklattı, "Gir," diye seslenen gür sesin ardından kapıyı açıp, "Amirim, Cengiz Topçular'ın öğretmeni..." dedi.
Başkomiser, "Tamam, sen gidebilirsin," dedikten sonra Yağmur'a döndü, "Buyrun, oturun hocam."
Orta yaşlı, beyaz pos bıyıklı, iyi yüzlü bir adamdı Başkomiser. *Eski Yeşilçam filmlerindeki babacan polis tiplerine ne kadar da benziyor*, diye düşündü Yağmur.

"Herhalde olayları bilmiyorsunuz," deyince, hayır, anlamında başını salladı Yağmur.

"Efendim, sizin öğrencilerinizden Dilaver adındaki çocuk bu adamların gece kulübünde klarnet çalıyormuş."

"Evet, Dilaver öğrencimdir efendim."

"Sonra, bu gece sizin öbür öğrenciniz Cengiz Topçular ve arkadaşları o gece kulübünü basmışlar, camı çerçeveyi indirmişler."

Yağmur, dehşet içinde eliyle ağzını kapattı.

"E, adamların elleri armut devşirmiyor tabii. Onlar da bunlara girişmişler. Karşılıklı sopalarla, taşlarla epeyce bir kavga etmişler, neyse ki iş daha da büyümeden birileri haber verdi de ekipler oraya gitti ve bunların hepsini toparlayıp getirdi. Şimdi ifadeleri alınıyor."

Yağmur'un dili tutulmuştu. Neden sonra kendini toparladı ve "İzin verirseniz Cengiz ve Dilaver'le konuşabilir miyim? Neler olduğunu bir de onlardan dinlemek istiyorum, olaya açıklık getirmek açısından..." dedi.

"İsterseniz buraya çağıralım öğrencilerinizi."

"Çok iyi olur," dedi Yağmur.

Böylece Cengiz'le Dilaver, Başkomiser'in odasına alındılar. İkisinin de hırpalanmış bir hâli vardı, Cengiz'in yakası yırtılmış, ağzının kenarı kanamıştı.

Ayakta, Başkomiser'in karşısında durdular.

"Hiç yakıştı mı sizin gibi öğrencilerin böyle işlere karışması..."

Sessizlik...

"Bak, öğretmeniniz de kalkıp gelmiş bu saatte. Evet, anlatın bakalım, bir de sizden dinleyelim olanları."

Dilaver mahcup mahcup duruyordu.

Cengiz atıldı, "Amirim," dedi, "arkadaşımız Dilaver çok düzgün biridir. Güzel klarnet çalar ve bazı hafta sonları temiz yerlerde, türkü barlarda çalar. Oradan kazandığı parayla da hem ailesine destek olur hem de kendi okul masraflarını çıkarır."

"Yaa..." dedi Başkomiser yan yan Dilaver'e bakarak.

"Çok yetenekli ve efendi bir öğrencimdir kendisi," diye lafa girdi Yağmur. "Hatta daha iki gün önce kendisine bir müjde verdim. Bu yıl sonunda yetenek sınavına sokacağız onu ki ben kazanacağına eminim, böylece konservatuarda devam edecek eğitimine. Özetle, güzel ve sanatsal bir gelecek bekliyor onu. Evet Cengiz, kusura bakma, sözünü kestim."

Cengiz'le Yağmur bakıştılar; danışıklı dövüş yaparak laf arasına Dilaver'in öyküsünü sıkıştırmışlardı. Nitekim, babacan komiser de anlatılanlardan etkilenmiş gibi görünüyordu.

Cengiz bu kez o adamlarla yaşananları anlattı ve ekledi, "Bize söz vermişlerdi, oysa geçen gün Dilaver'in yüzündeki morlukları gördüm, ona sorduğumda, bizlerin başına dert açılmasın diye hiçbir şey söylemedi. Ama ben araştırdım ve böylece Dilaver'i çalıştırdıklarını öğrendim. Arkadaşımı o adamların elinden kurtarmak için diğer arkadaşlarıma başvurdum ve hep birlikte oraya gittik. Yani, demem o ki, arkadaşlarımın suçu yok bu işte amirim. Ben istedim, onlar da bana yardımcı olmak için geldiler."

"Ve," dedi Başkomiser, "camı çerçeveyi aşağıya indirdiniz! Sonra da o adamlarla birbirinize girdiniz!"

Öne doğru eğildi Başkomiser.

"O adamlarla baş edebileceğinizi nasıl düşünürsünüz. Silah onlarda, bıçak onlarda, dünyaya meydan okuma onlarda," şöyle bir an durdu, başını salladı, "gene ucuz atlatmışsınız."

"Amirim, arkadaşlarımızın suçu yok," diye tekrarladı Cengiz, "onlar ben istediğim için geldiler. Ayrıca, Dilaver'i o adamların ellerinde bırakamazdım."

Cengiz'e bakıp gülümsedi Başkomiser, "Polise başvurmak hiç mi aklınıza gelmedi be oğlum?"

Yağmur atıldı, "Başkomiserim, Cengiz de benim en sevdiğim ve kişiliğine saygı duyduğum öğrencilerimdendir. O, her zaman herkese koşar, hele de dostlarına. İşte bu yüzden de başı hep derde girer."

"Ama hocam, dağ başında mıyız? Alıp arkadaşlarını adamın yerini basıyor, camı çerçeveyi indiriyor."

"Haklısınız," dedi Yağmur, "haklısınız ama inanıyorum ki, bu ona büyük bir ders oldu. Bundan böyle bir şikâyeti olunca sorumlu yerlere başvuracaktır."

Cengiz, başı önünde dinliyordu konuşulanları.

"Tamam mı delikanlı?" diye gürledi Başkomiser.

"Tamam amirim."

"Pekâlâ! O zaman ben şu adamlarla da bir konuşayım, onları gönderelim, sonra da siz çıkarsınız."

Oturup beklemeye başladılar.

Dışarıdan Başkomiser'in öfkeli sesi geliyordu. "Kazık kadar adamlarsınız, bacak kadar çocuklarla uğraşmaya utanmıyor musunuz? O çocuğu zorla alıkoymaktan, topunuzu içeri atabilirim, bilmiş olun. Ayrıca, sizin daha başka marifetlerinizi de iyi biliyorum. Onun için şu çoluk çocuğun hatırına bu işi burada kapatıyorum. Ammaaa... onlardan herhangi birine en ufak biçimde yan baktığınızı bile duyarsam, var ya, yere tükürseniz alayınızı birden içeri alırım, hiç şakam yok. Haydi, kaybolun şimdi, görmesin gözüm hiçbirinizi."

Yağmur'la öğrencileri birbirlerine bakarak dinliyorlardı Başkomiser'i.

"Evet hocam," dedi Başkomiser içeri girince, "siz de öğrencilerinizi alıp gidebilirsiniz. İsterseniz yanınıza refakat için bir polis arkadaş verebilirim. Ne de olsa gecenin bir vakti," sonra saatine baktı, "ne gecesi, neredeyse sabah olacak."

Cengiz atıldı, "Sağ olun amirim, hocamızı biz götürür, evine bırakırız."

"Bak hele," diye gülümsedi Cengiz'e Başkomiser. Sonra ekledi, "Biliyor musun evlat senden iyi polis olur. Bunu bir düşün."

"Ben motorlara, arabalara tutkunum amirim. İyi bir tamirci olmak istiyorum."

"O da iyiymiş ama motosikletlere tutkunsan seni Yunus, yani motosikletli polis olarak da eğitebiliriz. Sen yine de bu teklifimi bir düşün, derim."

"Sağ olun amirim," dedi Cengiz, gayet ciddi.

Arabaya bindiklerinde Yağmur, "Başkomiser sana fena göz koydu Cengiz," dedi.

Güldü Cengiz, "Eee, ne de olsa insan sarrafı onlar."

"Şunu duyuyor musun Dilaver, nasıl da şişiniyor."

Olayı arkalarında bırakmanın getirdiği rahatlıkla az önce yaşadıklarını konuşuyor, gülüşüyorlardı.

"Çocuklar, şurada açık bir yer var, siz açsınızdır, birer poğaça ve çaya ne dersiniz?"

Çaylarını içerken sordu Yağmur, "Sahi Dilaver, hep soracağım, laf karışıyor. Ailenden kimseyi göremedim. Bu saate kadar ortada görünmeyince seni merak etmişlerdir."

"Yok hocam," dedi Cengiz, "Dilaver, babasını arayıp *arkadaşlarlayız, bardaki programdan sonra biraz takılacağız,* dedi. Ben de polise sizin hem beni, hem de Dilaver'i çıkaracağınızı söyledim, böylece ailesine bir şey söylemeye gerek kalmadı."

"Şunlara bak," dedi Yağmur, "nasıl da bizi parmaklarının ucunda oynatıyorlar.

Hadi sizleri evinize bırakayım, ben de evime gidip yatayım."

"Sağ olun hocam ama bu gece Dilaverlerle kalacağım. Asıl biz sizi evinize bırakalım, sonra gideriz."

"Cengiz! Bana da bir söz hakkı tanı! Araba var altımızda o kadar… Hadi evi tarif edin de gidelim bir an evvel."

Öğrencilerini bıraktıktan sonra evine döndü Yağmur. Saat beş buçuğu geçiyordu.

"İnanılmaz," diye mırıldandı yaşadıklarını düşünüce.

O babacan, anlayışlı başkomiser sayesinde her şey yoluna girmişti. Keyifliydi Yağmur.

Gidip dolaptan bir avuç fındık aldı. "Bunca heyecan ve koşuşturmadan sonra enerjiye ihtiyacım var ne de olsa," diye mırıldandı.

Lila'nın İtirafı

"Selim'e onu sevdiğimi söyledim!"
"Ne?!"
"Evet," dedi Lila, başını geriye atarak, "artık bu belirsizliğe dayanamadım ve gidip aşkımı ona itiraf ettim."
"Sana inanmıyorum Lila."
Lila, anlatacağı çok önemli bir konu olduğunu söyleyerek Hazal'ın evine gelmişti.
İki arkadaş, her zaman olduğu gibi Hazal'ın yatağının üstünde karşılıklı bağdaş kurmuş ve – Lila inanılmaz açıklamasını yapmıştı.
"Selim'e onu sevdiğimi söyledim!"
Hazal o kadar şaşırdı ki ne diyeceğini bilemedi. Daha doğrusu ilk anlarda duyduklarına inanamadı.
Ama doğruydu, duyduğu doğruydu.
Arkadaşının yüzüne baktı.
Yüzü bir heykel yüzüydü.
Duygudan yoksun, gözler cam gibi...
Anlamsız ve donuk.
Acı çeken, çok acı çeken bir insanın yüzü. Gözyaşlarını aşan bir acı türüydü Lila'nın o an yaşadığı.
Yavaşça arkadaşının dizine dokundu Hazal, "Şunu başından anlatsana."
Acı veren konuda konuşmanın, acıyı hafiflettiğini iyi biliyordu Hazal.
Şu duruma bakar mısınız, diye düşündü, *şu garip duruma.*
Aynı kişiye âşık iki arkadaş.
İki can arkadaş.

Ve şimdi biri öbürünü teselli etmek durumunda.
Anlatsan kimse inanmaz, ancak romanlarda olur böyle şeyler, der.
"Selim'in etrafında dolanmaktan, yüzüne bakıp anlamlar çıkarmaya çabalamaktan, kaç kez Gülşah'la buluştu diye çetele tutmaktan ve benim için umut var olup olmadığını tartmaktan yoruldum. Hazal, yoruldum.
Ve sonunda, inceldiği yerden kopsun, dedim.
Ne olurdu? Yani, bu durumda en kötü ne olabilirdi?
Rezil olurdum.
Onun karşısında rezil olurdum.
İşte ben de bunu göze aldım ve –"
Sustu Lila, uzaklara bakıyordu.
"Ve..." diyerek sözünü tamamlaması için yüreklendirdi onu Hazal.
"Ve rezil oldum!"
İşte o an Hazal söyleyecek hiçbir şey bulamadı. Arkadaşının acısı o kadar açıktı ki, o an ne dese işe yaramayacaktı.
Bir an gözleri doldu Lila'nın, o mavi gözleri hep cıvıl cıvıl görmeye alışmış olan Hazal'a bu o kadar üzücü geldi ki, dayanamadı, uzanıp sarıldı arkadaşına.
Lila da ona.
İki arkadaş bir süre sessizlik içinde birbirlerini kollarında kaldılar. Sonra Lila geri çekildi, gözyaşlarını yutarcasına sakladı.
Yüzü yine taşlaşmıştı.
"Tabii o nazik bir insan, onun için, sen salağın tekisin, demedi."
"Ay Lila, böyle söyleme."
"Yalan mı... Merakım yüzünden, acaba o da beni beğeniyor mu, acaba bana ne gibi hisler besliyor, diye, sen kalk aptal gibi aşkını açık et.
Buna salaklık denmez de, ne denir.
Ne denir aslında biliyor musun, ben sana söyleyeyim.
Süzme salaklık denir, süzme salaklık..."
Yaşadığı düş kırıklığı nedeniyle kendini suçluyordu Lila. Kendine karşı öfke doluydu.
"Peki, ne dedi?"

"Önce çok şaşırdı, çok. Anlayacağın benimle ilgili o tür bir duygusu hiç olmamış. Gülsün mü, ağlasın mı bilemedi zavallı. Hatta bir ara onu işlettiğimi sandı, Lila bırak bu şakaları filan, dedi. Ama ben, doğru söylüyorum, şaka yapmıyorum, ayrıca böyle bir şeyi söylemek benim için ne kadar zor, bilemezsin, deyince inandı."

Yine sustu Lila.

"Peki, sonra?"

"*Ne diyeceğimi bilemiyorum Lila*, dedi, sonra benim bir cevap beklercesine sustuğumu görünce, *çok üzgünüm, seni üzmek istemem, hiç istemem çünkü sen benim çok sevdiğim, benim için çok değerli bir arkadaşımsın*, dedi. Yani…"

Yine sustu Lila, zorlanıyordu konuşurken, bir yandan da anlatmak, içindekileri dökmek, duygularını paylaşmak istiyordu.

"Yani, işte bu sözlerde onun cevabı saklıydı. Seni ben sadece ve sadece arkadaşım olarak görüyorum, o kadar. Nokta."

Hazal susuyordu.

"Ama nedense bu cevap benim için yeterli olmadı. İyice öğrenmek, acımı iyice deşmek istiyor gibiydim. Ve..."

Sabırla arkadaşının sözlerini tamamlamasın bekliyordu Hazal…

"Bir başka deyişle, dedim Selim'e, senin kalbini Gülşah doldurduğu için başkasına yer yok."

Hazal kendini tutamadı. "Sen inanılmazsın, gerçekten de böyle mi dedin?"

"Evet."

"Peki, o ne dedi?"

"Şöyle bir gülümsedi ve *Gülşah'ın bu tür bir ilişkiyle uzaktan yakından alâkası yok*, dedi. Sonra bir an durdu ve *benim artık bu tür duygularla işim yok, o nedenle kalbimi de kimsenin doldurduğu filan yok*, dedi."

"Yaa…"

İki arkadaş, iki ayrı açıdan acı çekiyorlardı.

"Demek daha önce biri vardı, dedim ona."

Hazal soluk almaya korkar bir hâlde dinliyordu Lila'yı.

"*Nerden çıkardın bunu*, diyerek sinirlendi bana. Ben de artık battı balık, diye düşünüp üstüne gittim.

Artık bu tür duygularla işim yok, dedin ya... demek biri vardı.

Bunun üzerine, *bak Lila,* dedi ama sesi buz gibiydi, *kalbini kırmak istemiyorum ve bu konuda da gerçekten konuşmak istemiyorum.*

Tamam, özür dilerim, dedim. Bunun üzerine ne yaptı dersin?"

"Ne yaptı?"

"Beni terslediğine pişman olmuş gibi, bana sarıldı, *sen benim sevgili ve çok değerli arkadaşımsın. Bu konuşmayı hiç olmamış sayalım ve dostluğumuzu sürdürelim, ne dersin,* dedi."

"Sen ne dedin?"

"Ne diyeceğim, istediğin gibi olsun, dedim ve bu konuşmayı olmamış sayalım dediği için de ona teşekkür ettim."

Hazal derin bir nefes aldı.

"Gördün mü bak, sonunu iyi bağlamışsınız."

"Olur mu Hazal. Bunun neresi iyi. Evet, gerçi Selim, tam da Selim'e yakışır biçimde davrandı ama bu benim reddedildiğimi, dolayısıyla aşağılandığım gerçeğini değiştirmez, öyle değil mi?.."

"Değil efendim, hiç de değil."

"Hadi, hadi, beni teselli etmeye çalışma. Rezil oldum, re-zil! Sen ne söylersen söyle, bu, bu gerçeği değiştirmez."

"Bak," dedi Hazal, "lütfen dur da bir dinle. Bence sen süper davrandın, çok samimiyim. Kaç kişi sevdiği insanın karşısına çıkıp bu cesareti gösterir, söyler misin?"

"Evet! Ve de aşağılanmayı göze alır," dedi Lila öfkeli öfkeli.

Kararlı bir sesle konuştu Hazal, "Hayır efendim! Sen ne yaptın biliyor musun?"

"Bilmiyorum, ne halt etmişim bilmiyorum."

"O zaman sus da beni dinle. Sen hayatına devam edebilmek için, gönlündeki o önemli kişiye gidip bir soru sordun."

"Yok yaa... Öyle mi yapmışım? Nasıl oluyor da bunun farkında değilim."

"Şu anda, bu duyguların etkisindeyken fark etmeyebilirsin ama sen bir köşede oturup, acaba, acaba, diyeceğine kalkıp gittin, mertçe bir soru sordun. Bu, kendine güveni olan, akıllı bir insanın davranışıdır."

"Ve ağzımın payını aldım!"
"Hayır efendim. Gayet saygılı, gayet sevgili bir cevap aldın. Ve artık sen kendi yoluna, 'acaba'ları yaşamadan devam edebileceksin. İşte sen bunu başardın."
Sesini çıkarmadı Lila.
"Senin bu yaptığına ben saygı duyuyorum arkadaşım. Bu, cesaret ister. Bir durup düşünürsen bana hak vereceksin."
"Öyleyse neden kendimi iyi hissetmiyorum? Neden mutlu değilim? Ha, söyler misin? Neden çok acı çekiyorum?"
"Ama Lilacığım, yaptığın başka, yaşadığın düş kırıklığı ve duygular başka. Madem Selim'i seviyorsun, karşılık bulamayınca tabii ki mutlu olamayacaksın. Senden kimse başka türlü hissetmeni bekleyemez. Ama geçecek. Bu da geçecek," dedi Hazal ve Yağmur'un ona söylediklerini anımsadı.
"Hiç kimse aşk acısından ölmemiş, bir süre sonra acın hafifleyecek ve sen bunu atlatacaksın. Sonra da başka birine âşık olacaksın."
"Diyorsun..."
"Evet, öyle diyorum. Ayrıca, burada senin için iyi olan, bunun Selim'le ikiniz arasında kalacağını bilmen. Ne demiş sana, bu konuşmayı olmamış kabul edelim.
Yani, o konu kapanmıştır. Dolayısıyla, sen Selim'le arkadaşlığına devam edebileceksin."
"Ama nasıl yüzüne bakacağım be Hazal."
"İlk birkaç gün belki biraz zorlanırsın ama bir süre sonra o da yoluna girecektir, merak etme."
"Ah, nasıl da insanı ferahlatıyorsun, sağ ol kanka."
Bir de kendimi ferahlatabilseydim, diye düşündü Hazal, ama en azından Yağmur Öğretmen'in söyledikleri sadece bana değil, Lila'ya da yaradı!
"Amaan, saat kaç olmuş, annem beni öldürecek."
"Bari ara da, yoldayım de."
"Doğru! Akıl mı kaldı..."
Lila gittikten sonra pencereden dışarı baktı Hazal. Giderek daha da erken kararıyordu hava.

Avlu, sonbaharla kış arasındaki o solgun ve hüzünlü havaya bürünmüştü. Çiçeksiz sarmaşıklar, boş saksılar, kuru dallar... Neyse ki portakal ağacı, yapraklarını koruyordu. Her şeye karşın direnen bir umut gibiydi onun yeşil yapraklı dalları, kızarmaya başlayan meyveleriyle.

Demek, artık bu tür duygularla işim yok, demişti Selim.

Nasıl bir küskünlük, nasıl bir öfkenin dışavurumuydu bu sözler.

Evet, Lila düş kırıklığı yaşıyor ama en azından hâlâ Selim'in arkadaşlığına ve sevgisine sahip.

Ya ben?

Benden nefret ediyor!

Belki de onunla gönül eğlediğimi düşünüyor. Öyle ya... önce onun duygularına karşılık verdim, sonra da tam birbirimize sevgilerimizi ortaya koymuşken, birdenbire, hem de çok uyduruk bir nedenle, onu yarı yolda bıraktım.

O, durumu böyle görüyor.

Ve benim bunu düzeltmem mümkün değil. Üçümüz de ne kadar mutsuzuz Tanrım. Selim de, Lila da, ben de ayrı ayrı ne kadar mutsuzuz.

Annesi içeriden seslendi, "Haydi sofraya..."

Allah'ın İzni Peygamber'in Kavliyle

"Allah'ın izni, Peygamber'in kavliyle kızınız Naz'ı oğlumuz Caner'e istiyoruz."
Bu sözler üzerine bir sessizlik oldu.

Gözler Naz'ın babasına döndü; yumuşak tavırlı adam önce hafifçe öksürdü, sesini konuşma öncesi ayarlar gibi, sonra sevecen bakışlarla yatakta yatan kızına baktı.

"Bilinen kalıpların dışına çıkacağım için peşinen özür dilerim," dedi ve devam etti. "Hepinizin bildiği gibi Naz'la Caner birbirlerini çok sevdiler. İkisi de tertemiz, pırlanta gibi gençler. Ne kızıma bakmaya kıyabiliyorum, ne de Caner oğluma...

Ama biz büyükler büyüklüğümüzü yapamadık. Onları üzdük, bunun sonucunda da kızımız hastalandı, yataklara düştü ama ne Naz, Caner'den vazgeçti, ne de Caner, Naz'dan. Onların birbirlerine olan bu büyük sevgisi, bizlere ders oldu. Aklımızı başımıza devşirdik. Ve işte, ne mutlu bugün burada, bir aradayız."

Dönüp Caner'in ailesine baktı, "Bize şeref verdiniz, hoş geldiniz, bizi mutlu ettiniz."

Konuşma, odadakileri şaşırtmıştı, dikkatle dinliyorlardı. Son sözleri üzerine yüzlerde bir yumuşama belirdi.

"Evet, kızımızın Caner'le evlenmesine razıyız, bundan büyük mutluluk duyacağız. Caner, değerli bir ailenin değerli bir evladı ve artık o bizim de evladımız olacak. İki ailenin ve gençlerin ömür boyu birlik ve dirlik içinde yaşamasını diliyorum."

Bu sözler üzerine Caner'le Naz birbirlerine baktılar, Naz'ın gözleri doldu, Caner kalkıp Naz'ın yanına oturdu, elini avcunun içine aldı. Bu sırada herkes birbirini tebrik ediyor, öpüşüyordu.

Naz yattığı yerden olan biteni seyrediyor, sık sık da elini tutan Caner'e bakıp gülümsüyordu.

Caner'in ailesinin Naz'ı istemeye geleceği haberinden sonra evde hummalı bir hazırlık dönemi başlamıştı. Ablalara haber gönderilmiş, onlar da en kısa zamanda yaşadıkları şehirlerden gelmişlerdi. Tabii, iki ailenin sevip saydığı ve bu olayın gerçekleşmesini sağlayan aile büyüğü baş davetliydi. Onur konuğuydu bir yerde.

Naz'ın odası bir gelin odası gibi süslenmiş, yeni yorgan ve çarşaf takımları alınmıştı. Naz'a güzel, tozpembe bir bluz giydirilmiş, kuafördeki arkadaşları gelip saçını taramış, manikür yapmış, hafif bir makyaj uygulamışlardı. İskemleler, Naz'ın yatağının etrafına dizilmişti. İsteme, Naz'ın odasında gerçekleşecekti. Kahve tepsisi, erkek tarafının getireceği tatlı için tabaklar, hep hazırdı.

Naz'ın dayıları, ağabeyi kapıda bekliyor, konukları onlar karşılıyorlardı.

İki annenin el sıkışmasıysa en önemli sahne olmuştu. Onlar öpüşünce de herkes rahat bir nefes almıştı.

Sonra Naz'ın odasına geçilmiş, yan yana dizilmiş iskemlelere oturulmuştu. Ablalar kahve ikramında bulunmuşlar, fincanlar toplandıktan sonra Caner'in babası, onur konuğunun işareti üzerine Naz'ı usulünce istemişti.

Sonra da Naz'ın babası konuşmuş, o konuşmadan sonra Caner'in annesi çantasından bir kutu çıkarmış, kalkıp Naz'ın yanına gelmiş ve, "Yavrum, bunu bana evlenirken anneannem takmıştı. Bana uğur ve bereket getirdi, ben de aynı dileklerle bunu sana takmak istiyorum," demiş, Naz'ın gözlerinden yaşlar boşanmıştı.

Konuşamamak onu çok üzüyordu.

"Ağlama yavrum," dedi Caner'in annesi, "bunlar da geçecek, oturup karşılıklı sohbet edeceğiz, hatta düğününde karşılıklı oynayacağız seninle." Ve, yüzüğü kendi eliyle Naz'ın parmağına taktı. Sonra eğilip iki yanağından öptü müstakbel gelinini.

Ardından erkek tarafının getirdiği tatlı yendi, sohbet koyulaştı, iki aile giderek bir ölçüde de olsa, kaynaştı.

Bu arada Nazire odasına geçmiş, Sumru'yu arıyordu.

"Kanka, buradaki durumu görmelisin."

"Hayırdır..."

"Bizim Naz'ı isteyeceklerdi ya, şu anda tam kadro bizdeler."

"Deme..."

"Naz da bir güzel oldu ki... Ayrıca Canerlerin getirdiği tatlılar da mmm... parmaklarını yersin."

"İmrendirmesene insanı."

"Bak ne diyeceğim kanka, atlayıp gelsene."

"Tuhaf olmaz mı?"

"Neden tuhaf oluyormuş, zaten kim kime dum duma... böylece sen de bir cumartesi günü evde pinekleyeceğine şenlikli bir törenin parçası olmuş olursun."

"Terbiyesize bak, neden evde pinekliyormuşum."

"Aa, tabii... Özür dilerim, orada nasıl olsa bir aşureci Cem Abimiz var, değil mi. Bizi ne yapacaksın bu saatten sonra."

"Aynen öyle canım."

"Şuna bak..." dedi Nazire sonra ısrarını sürdürdü. "Hadi be Sumru, atla gel. Zaten birazdan kalkarlar. Biz de evde Naz'la takılırız, hem de bol bol tatlı yeriz, tatlı..."

"Tamam, geliyorum."

"Yaşşa be kanka! Analar neler doğuruyor."

Sumru geldiğinde konuklar ayrılmak üzereydiler, böylece aileyi de görmüş oldu Sumru.

Caner'le karşılaşınca – şöyle bir duraladı. Ne diyeceğini bilemedi. Oysa Caner, "Merhaba Sumru," diyerek elini sıktı sonra ona doğru eğildi, fısıldadı, "artık zahter almanıza gerek kalmadı."

"Tebrik ederim," dedi Sumru da.

Onlar gittikten sonra Nazire'yle birlikte Naz'ın odasına girdiler.

"Naz Abla, ne güzel olmuşsun sen öyle."

Naz mutluydu, gülümsüyordu.

"Bak," dedi Nazire, Naz'ın elini kaldırarak "müstakbel kayınvalidesi taktı bu yüzüğü."

"Güle güle kullan Naz Abla."

"Eee Naz," dedi büyük abla, "hadi yine iyisin. Artık Caner sık sık gelebilecek."

Evet, dercesine başını sallarken, çok mutlu görünüyordu Naz.

"Tabii egzersizlerini de aksatmadan yapmalısın ki, bir an evvel ayağa kalkasın."

Naz yine başını salladı ama bu kez çok kararlı bir baş sallamasıydı bu. Hep birlikte gülüştüler.

Ortanca abla, "Tamamdır bu iş," dedi, "bizim Naz bir şeyi aklına koymaya görsün, kesin yapar."

"Baksana," dedi büyük abla, "Caner'le evlenebilmek için hastalık numarasını bile yutturdu herkese..."

Gülüşmeler, şakalaşmalar gırla gidiyor, tam bir nişan evi havası yaşanıyordu.

Nazire bu arada iki tabak dolusu tatlıyı getirip arkadaşının önüne koydu.

"Yavaş ol kızım," dedi ortanca abla, "böyle yersen, bidon gibi olursun yakında."

"İki tabak da benim için değil herhalde, şurada arkadaşımıza ikram yapıyoruz."

"Keyfinize bakın canım," dedi büyük abla, "bugün hepimiz için bir bayram günü."

"Değil mi ama..." derken Nazire baklava dilimlerini peş peşe yuvarlıyordu.

Derken Nazire'nin annesi de sohbete katıldı. Tam kalkmaya niyetlenmişken babası ve dayıları da gelince Sumru biraz daha oturdu. Annesi, bir yerde kalkmak üzere olsan bile, ailenin bir bireyi ya da bir tanıdık gelirse, hemen kalkılmaz, kısa bir süre için de olsa oturulur, sonra kalkılır, derdi hep. Şimdi beni görse, ne kadar gurur duyardı kim bilir, diye dalga geçti kendiyle Sumru.

Kalabalık aile de ne hoş şeydi. Hep bir ağızdan, birbirlerinin lafını kese kese konuşuyorlar, birbirlerine takılıyor, kahkahalarla gülüyorlardı. Bir süre sonra, artık gitmem gerek, dedi. Annesi için eline zorla küçük bir kutu tutuşturdular. Baklava ve şöbiyet vardı kutunun içinde.

Pozcu minibüsünden inmiş, eve doğru giderken, karşı kaldırımda tabelalara bakarak yürüyen Hazal'ı gördü. Nereyi arıyor acaba, diye merak etti ve "Hazal," diye seslendi.

Hazal dönüp Sumru'yu görünce önce şaşırdı, bir yandan da sevinmiş bir hâli vardı.

Sumru onun yanına ulaştığında, "Bir yer mi arıyorsun?" diye sordu.

"Evet, bir dans stüdyosu varmış, ona bakıyordum."

"Adres tam olarak ne," dedi ve Hazal'ın elindeki kâğıda baktı.

Birlikte aramaya başladılar ve iki sokak ötede Modern Dans Dersleri verilir yazılı tabelayla karşılaştılar.

"Sen kendin için mi bakıyordun," diye sordu Sumru.

"Evet." Mahcup bir gülümsemeyle vermişti bu cevabı Hazal.

"Ne güzel."

"Sahi, böyle mi düşünüyorsun?"

"Evet, bence pek çok konudan daha ilginç."

"Daha tam karar vermedim ama dansı severim, Yağmur Öğretmen de ısrar edince, geldim. Ama şimdi de içeri girmeye çekiniyorum. Ne saçmalık, değil mi?"

Hazal bunları söylerken Sumru, *aslında çok hoş bir kız bu Hazal ama ne kadar da hüzünlü, son zamanlarda da bayağı zayıflamış*, diye düşünüyordu.

"Çekiniyorsan, ben seninle gelirim."

"Sahi mi? Gelir misin?"

"Tabii,"

Böylece iki kız içeri girdiler.

Masa başında oturan bir kadın, telefonda konuşuyordu. Beklediler. Konuşması sona erince, soran bakışlarla baktı kadın.

"Bilgi almak istiyorduk da…" dedi Hazal.

"Buyrun sorun."

"Kurslar hangi gün, hangi saatlerde?"

Kadın çekmeceden bir tomar broşür çıkardı, "Tüm bilgiler burada," dedi ve iki tane uzattı.

"Kurslarımız yeni başlayanlar ve ileri sınıflar olarak ikiye ayrılır. Derslerimiz hem hafta içi, hem hafta sonu var. Saatler de broşürde yazılı."

"Çok teşekkürler."

Tam çıkıyorlardı ki, Hazal'ın gözü içerideki salona ilişti. Orada çalışanlar vardı. Sumru'ya işaret etti, birlikte gürültü etmemeye özen göstererek yaklaştılar.

Geniş bir salondu, bir duvarı boydan boya aynaydı. Hoş bir müzik, depdeğişik bir müzik havada dalgalanıyor ve siyah taytlar giymiş üç genç kız dans ediyorlardı.

Hareketleri öyle yumuşak, vücutları öyle esnekti ki, adeta müzikle birlikte dalgalanıyor, alçalıyor, yükseliyorlardı.

Hazal büyülenmişçesine seyrediyordu. Bir süre izledikten sonra dışarı çıktılar.

Sumru, "Kararın nedir?" diye sordu ve ekledi. "Bence sen bu dans dersine katılmalısın."

"Neden?"

"Bir kere öyle bir hayranlıkla izliyordun ki. Ayrıca hem vücudun, hem tipin modern dansa, hatta modern baleye çok uygun. Bence Yağmur Öğretmen sana bu öneride bulunurken bütün bunların farkındaydı."

"Sahi mi Sumru?"

"Bence kesin öyle. Bunu yapmalısın."

"Sağ ol Sumru, bu gece bunu düşüneceğim," dedi ve ekledi, "hadi iyi akşamlar ve yardımların için de çok teşekkürler…"

"Görüşürüz…"

Hazal'ın arkasından bakarken *kesin bu kızın bir derdi var*, diye düşünüyordu Sumru. Sonra dönüp eve yollandı.

Annesi gelmişti.

"Nerelerdeydiniz, küçük hanım?"

Gayet havalı bir tavırla konuştu Sumru. "Mersinli bir arkadaşıma Pozcu'da bir yeri bulması için yardımcı oluyordum."

"Ooo, maşallah."

"Daha da önemlisi yine bir Mersinli arkadaşımın ablasını istemeye gelmişlerdi. Ben de davetliydim."

"Bakıyorum ilişkileri bayağı ilerletmişsin."
"Hem de nasıl... O kadar ki, annemize bile baklava gönderildi. Tatlı yesin de, dediler, seninle hep tatlı tatlı konuşsun, hiç azarlamasın."
"Bana bak, çok oluyorsun sen artık. Nasıl da bana laf çakıyor."
"Anamıza laf çakmayacağız da kime çakacağız, değil mi ama..."
Bu sözler üzerine annesi Sumru'yu yakalayıp öpücüklere boğdu.
"Anne yaa... bebek miyim ben?"
"Bu akşam dışarıda yemeğe var mısın?"
"Varım! Varım! Varım!"
"O zaman bir öpücük daha ver, seni yemeğe götüreyim."
"Anne yaa..."
"Hani, yaa demeyecektin bana."
"Tamam, tamam."

Bir Yılbaşı Konseri

Yağmur ve öğrencileri bu kez Kültür Merkezi'nin salonunda yılbaşı konseri için toplanıyorlardı.

Bu konsere gelmeden önce öğrencilerini hazırlamıştı Yağmur.

"Aralık ayı geldi dayandı çocuklar," demişti. "Bu ay boyunca dünyanın pek çok kentinde yılbaşı konserleri düzenlenir. Burada, Mersin'de de Mersin Devlet Opera ve Balesi'nin düzenlediği yılbaşı konseri var ve ben tabii sizleri böylesi bir deneyimden mahrum bırakmayacağım, derken eğlenen bakışları Cengiz'in, Suphi, Sinan ve Müfit'in üzerindeydi. "Ama o konsere gitmeden önce bir fikriniz olsun diye size bilgisayar yardımıyla yabancı bir ülkenin, Avusturya'nın Viyana kentinde düzenlenen yılbaşı konserini izlemenizi sağlayacağım," demiş ve sınıfa koydurduğu ekrandan bunu gerçekleştirmişti.

Viyana Opera Binası ve özellikle de içi ekranda belirince tüm sınıftan hayranlık nidaları yükselmişti.

Gerçekten de sahnesi, altın yaldızla renklendirilmiş sütunları, locaları, ağır kadife perdesiyle muhteşem bir konser salonuydu bu. Bu güzel konser salonu bir de çiçeklerle süslenmişti yılbaşı şerefine. Sahne kenarı boyunca, locaların dış yüzlerinde ve sütunların dibine yerleştirilmiş kıpkırmızı yılbaşı çiçekleri neşeli bir yıl vaat ediyordu sanki.

Konser neşeli bir parçayla başlamış, hareketli parçalarla sürmüş, kapanışı da herkesin el çırparak katıldığı ünlü bir başka parçayla sona ermişti.

"Nasıl?" diye sordu Yağmur, bilgisayarını kapatırken.

"Çok güzeldi hocam."

"Valla hocam size ne kadar teşekkür etsek azdır. Bizi buralardan alıp nerelere götürüyorsunuz."

"Sağ olun ama bakın bunu siz de yapabilirsiniz. Bilgisayarınızı iyi kullanırsanız, dünyaları serecektir ayaklarınızın altına. Her türlü sanatsal etkinlik hakkında bilgi ve fikir edinebilirsiniz."

Ve işte şimdi, ekranda gördükleri konserin bir başka örneğine katılmak üzere Mersin Kültür Merkezi'nde buluşuyorlardı.

Hazal, Lila ve annesiyle gelmişti. Lila, seni biz alır bırakırız, deyince Hazal hemen kabul etmişti bu teklifi. Selim'den olabildiğince uzak durmaya çalışıyordu. Bir başka biçimde Lila da aynı duygular içindeydi.

Nazire ve Sumru birlikte geldiler, onları yine Nazire'nin babası getirmişti. Diğerleriyse Selim ve Yağmur Öğretmen'le gelip gideceklerdi.

"Nerde kaldı bunlar," diye söylenirken, "hah, işte geldiler," dedi Yağmur.

Selim bir grup öğrenciyle girdi içeri. Yanında da – Gülşah!

"Kusura bakmayın geciktik hocam. Yolda araba arıza yaptı ama hemen halloldu," dedi Selim.

Gülşah'sa yüksek sesle ve pek bir sahiplenici tavırla Selim'in kolunu tuttu, "Selim bir heyecanlandı, bir heyecanlandı. Ay, dedim, yavaş ol, dünyanın sonu değil ya…"

Onun bu hâli Yağmur'un da sinirine dokunmuş olmalı ki, "Elbette dünyanın sonu değil ama bu tür gösteriler kimseyi beklemez. O nedenle her olasılığı düşünüp yola ona göre, belki de biraz daha erken çıkmak gerek."

Gülşah, Yağmur'un arkasında, üf, üf, ne biçim fırça yedik, dercesine işaretler yapıyordu.

Kimse ne güldü, ne de onu destekledi.

Gülşah giderek herkesin sinirine dokunmaya başlamıştı.

Bu sırada Yağmur da belli etmeden etrafına bakıyordu. Acaba Engin burada mıydı? Gelmiş miydi?

Uzun bir iş gezisine çıkacağını söylemişti. İyi de insan bir aramaz mıydı? Sonra da, ne diye arasın ki, orada burada karşılaşıp, merhabalaştığı ve o akşam da çok denk geldiği için bir yemek yediği insanım ben.

İçinden o minik ses, ama sana kartını verdi, sen de onu arayabilirsin pekâlâ, dedi. Yok, yook, diye yanıtladı o sesi. Bu kadar az tanıdığım birini ne diye arayayım ki... Yağmur bu düşüncelere dalmışken, öğrencileri de yavaş yavaş yerlerine geçiyorlardı.

Gülşah, yüzünü buruşturarak Hazal'a seslendi. "Hazaal, çok zayıflamışsın, ne bu hâl, hasta mısın yoksa?.."

Hazal'a bu açık saldırı tepesini attırmıştı Lila'nın. "Ne hastası be!" diye bağırdı, "Ona hasta diyeceğine sen asıl dön de kendine bak. Duba gibi olmuşsun, acil kilo vermen gerek senin."

Lila'nın annesi Yolanda, "Lila," diye fısıldadı, "ne biçim konuşuyorsun. Beni çok utandırdın."

"O da önüne dönsün, işine baksın!" diye devam etti Lila avaz avaz. "Sanki fikrini soran var da..."

"Tamam, tamam," dedi annesi kızını sakinleştirmeye çalışarak.

Hazal'a döndü Lila, "Bu da ne istiyor senden, anlayamadım gitti."

"Aman Lila, boşver sen onu."

Durdu, durdu, yine kendini tutamadı Lila. Hazal'a doğru eğilip, "Şu bizim Selim'i de anlayan beri gelsin. Kızlara kıran mı girdi, gitmiş bunu bulmuş."

"O Gülşah'ı bulmamış, Gülşah onu bulmuş, Lilacığım."

"Kafasına tabanca dayamadı ya..."

"Anlasana, uğraşmak zorunda değil, kız hep onun peşinde. Gel diyor geliyor, git diyor gidiyor."

"O zaman bir fino köpeği alsaydı bari. En azından daha sevimli bir görüntü verirlerdi."

Kıkırdaştı iki arkadaş.

Sonunda dikkatlerini sahneye verebildiler.

"Bak," dedi Lila, "bizimkiler de sahneyi ne güzel süslemişler."

"Evet, bembeyaz çiçekler ve tüller çok hoş olmuş."

Derken orkestra geldi.

Alkışlar... Alkışlar...

Ardından orkestra şefi geldi.

Ona da ayrıca alkışlar yükseldi.

Yağmur, "Cep telefonlarınız kapalı, değil mi?" diye fısıldıyor, uzaktakilere de işaretle anlatıyordu.

Ve müzik başladı.

Bu pek neşeli bir valsti.

Programa baktı Hazal, başlık Strauss'un valsleriydi. Altındaysa ayrıntılı bilgi vardı.

Valslerin o kıvrak temposu, neşe içeren melodileri herkesi hemen kavrayıvermişti. Keyifle dinliyorlardı.

Derken sahneye uzun süslü etekler giymiş iki balerin uçarak girdi, ardından sırmalı ceketler giymiş iki balet. Baletler balerinlerin önünde eğilip onları dansa davet ettiler. Sonra müziğe uyarak vals yapmaya başladılar. Önce yavaş yavaş sonra hızlandılar. Dönüyor, dönüyorlardı. Etekler uçuşuyor, ayaklar inanılmaz bir hız ve kıvraklıkla birbirine uyum sağlıyordu. Kelebekler gibiydi genç balerinler.

Dans sona erdiğinde büyük bir alkış koptu.

"Viyana'daki gösteride bile böyle bale gösterisi yoktu, ne haber," diye fısıldadı Lila.

"Eee, bizim Mersin Opera Balemiz başka," dedi Hazal.

Bu arada Sumru dönmüş, Hazal'a bakıyordu. Bir sahneyi işaret ediyordu, bir Hazal'ı. Hazal önce ne demek istediğini anlamadı ama sonra uyandı. Sumru, sen de böyle dans edeceksin, gibi bir şeyler demek istiyordu herhalde.

Lila da görmüştü Sumru'yu, "Ne diyor bu," diye sordu.

"Canım modern dansa başladım ya…"

"Haa… şu. Tabii ya, sen bunlardan da güzel dans edersin."

"Diyorsun…"

"Şşş…" dedi biri arkadan, hemen sustular.

Düşüncelere daldı Hazal.

Yağmur Öğretmen, annesiyle konuşmuştu. Annesi zaten üzülüyordu; Hazal'ın bir türlü toparlanamamasına bir anlam veremiyordu. Hazal'ın kendine gelebilmesi, moralinin düzelmesi için dans derslerini terapi görevi yapabileceğini söyleyince, Leyla Hanım hemen bu fikri kabullenmişti. Böylece Hazal da modern dans kursuna yazılıp haftada iki kez, cumartesi-pazar günleri stüdyoya gitmeye başlamıştı.

Leyla Hanım'la bu konuşmayı yaparken epeyce bocalamıştı Yağmur. Leyla Hanım, Selim meselesini ve Hazal'ın bu nedenle sarsıldığını bilmiyordu. Annesinin bilmediği bir konuyu bilmek, ters geliyordu ona. Öte yandan, Hazal çok rica etmişti Yağmur'a, annesine bu konuyu açmaması için.

"Zamanı gelince, ben biraz daha güçlenince kendim anlatacağım hocam," demişti. "Şimdi olmaz. Bir de annemi teselli etmek zorunda kalacağım. Ayrıca, ağzından bir şey kaçırır mı diye de stres yapacağım. Bir tek benim sırrım değil ki söz konusu. Lila da var, Lila'nın sırrını kimse bilmemeli. Lütfen hocam, ben vakti gelince her şeyi anlatacağım," demiş, Yağmur da ona söz vermişti.

Dansa çok yeni başladığı halde büyük zevk alıyordu.

O sessizlik...

O salonun ferah, aydınlık hâli.

Üzerinde yok denilebilecek incelikte siyah bir tişört ve tayt.

Yalınayak...

Ve müzik...

O müzikle bütünleşen bedeni...

Kolları, bacakları...

Müzik ve dansın içinde eridiğini duyumsamak...

Beyninin boşalması...

O iki saat süresince bambaşka bir gezegene gidip orada yaşıyordu sanki.

Ders sona erince yine o ağırlık, o sıkıntı, o gürültü.

Dans öğretmeni de onu yüreklendirmişti. "Hazal, sen dansı gerçekten seviyorsun, bu o kadar belli ki," demişti ona, hem de daha ilk derste. "Kursa katılanların bir kısmı kilo vermek, fit olmak için geliyor. Senin gibi sadece ve sadece dans için gelenler hemen belli oluyor." Sonra da eklemişti, "çok kısa bir sürede bayağı bir başarı kaydedeceğine inanıyorum."

Dansın ruhuna iyi geldiğine inanıyordu, Hazal. Derdini döküyor, ferahlıyordu sanki.

Bir süre sonra dans derslerine tutkuyla gidip gelmeye başlamıştı.

Evet, yüreğindeki Selim'le ilgili yaraya ilk kez bir çare var gibi görünüyordu.

Bu, danstı.

Zorlu dönemi atlatabilmesi dansın yardımıyla olacaktı. O nedenle, dört elle sarılmıştı derslere.

Sahnedeki balerinleri izlerken, işte bunları düşünüyordu Hazal.

Bir Yılbaşı Daveti

Konser sonrası eve giderken cep telefonu ısrarla çalıyordu Yağmur'un. Bir yandan anahtarını bulup kapıyı açmaya çabalarken, bir yandan da çantasındaki cep telefonuna ulaşmaya çalışıyordu. Sonunda hem evine girmeyi, hem de telefonunu açmayı başarmıştı. Derin bir nefes alıp "Efendim," dedi.
Sesinde yorgunluk ve sabırsızlık vardı.
"Zor bir durumda yakaladım galiba."
O ses...
Sakın o olmasın...
O telaşla ekrana bakmadan tuşa basmıştı Yağmur.
Evet, evet arayan oydu!
"Kusura bakma, tam eve giriyordum da..."
"Hay Allah..." dedi Engin.
"Ne oldu ki?"
"Ben şu anda Kültür Merkezi'ndeyim."
"Yaa..."
Demek o da konserdeymiş, diye düşündü Yağmur, neden görmedim acaba?..
Bu düşünceleri yanıtlarcasına konuştu Engin. "Yabancı konuklarımız var, onları bu konsere getirmek istedim ama geç kalınca mecburen arka sıralarda oturduk. Konser sonrasında da, yukarıdaki şeref salonunda kutlama vardı, konuklarımızı oraya çıkardım. O ara seni gördüm, dönüp bu kokteyle katılmanızı isteyecektim ama ben dönene kadar gitmiştin."
"Sağlık olsun," dedi Yağmur.

"Acaba... acaba, gelip seni alsam, kokteyle katılır mıydık birlikte? Hem sonra belki bir yerlere giderdik birlikte..."

Yağmur'dan ses çıkmayınca sordu Engin. "Ne dersin?"

İyi ama, diye düşünüyordu Yağmur, böyle aklına estiği anda, rastladığı yerde beni görüp hatırlayıp, hadi şuraya, hadi buraya gidelim, var mı?..

Neden düşünüp önceden aranmıyorum?

Neden durumum uygun mu, değil mi, diye sorulmuyor bana?

Birden sinirine dokundu bu tavır.

Biraz da sert bir sesle, "Eve şimdi girdim," dedi, "çok da yorgunum. Başka zaman görüşürüz artık."

"Bana kızdın galiba."

"Hayır," dedi Yağmur, "sana kızmaya hakkım yok ki. Aklına gelmiş, beni davet ediyorsun. Teşekkür ederim ama daha önceden haberim olsaydı, ben de programımı ona göre yapardım."

Bir an sessizlik oldu.

"Anlıyorum," dedi Engin, "haklısın. Sanırım fikrini değiştiremeyeceğim, özellikle de bu sözlerden sonra."

Hafifçe gülmekle yetindi Yağmur.

İçini çekti Engin, "O zaman iyi geceler Yağmur."

"İyi geceler Engin."

Telefonu kapattıktan sonra gidip pencereden dışarı baktı. Sokağın görüntüsünü, gecesiyle gündüzüyle çok seviyordu.

"Evet," diye söylendi kendi kendine, "güzel geçirilecek bir akşamdan vazgeçtim. İyi mi yaptım acaba, kötü mü?"

Bir an tarttı soruları zihninde sonra cevapladı. İyi yaptım, iyi. Tarık'la ilgili hataları yinelemek istemiyorum. Onun hoşuna gitsin diye, aklımın kesmediği, yüreğimin ısınmadığı teklifleri kabul etmeyeceğim.

Beğenmediğim davranışlar karşısında, ayıp olur diye susmayacağım. Elbette nazik bir dille ama söyleyeceğim bundan böyle. Mesele sadece Engin değil, kim olursa olsun. Böylece karşımdaki insan da benim neyi sevip sevmediğimi, nelerden hoşlanıp, ne tür davranışlardan hoşlanmadığımı bilsin. Biliyorum, böyle davranmak cesaret istiyor.

Tarık'la ilişkimizde bunu başaramadım. Onu kaybetmemek adına, pek çok konuda hep onun dediği oldu.

Ama bundan böyle ben, benim!

Ben nasıl başkalarının doğrularına saygı duyuyorsam, onlardan da aynı saygıyı beklemek, hakkım. Engin'i kaybedebilirim ama bunu göze almak zorundayım. Tarık'la yaşadıklarımın tekrarlanmasını istemiyorsam, bunu başarmak zorundayım.

Bir süre sonra duşunu almış, bir yığın dergiyle yatağına yerleşmişti. Hiç uykusu yoktu. Dergilere dalmış, sayfaları çevirirken, yine telefon çaldı.

Gözü saate kaydı hemen, 00:15. Bir telaş cep telefonunu eline aldı, Engin'in adını görünce, rahatladı.

"Önce çok özür dilerim hocam, yine biçimsiz zamanda aradım."

Güldü Yağmur, "Önemli değil, daha uyumamıştım."

"Öğretmen olmak sabırlı olmak, demektir derler ya, işte o deyişe sığınarak, bir kez daha uygunsuz davranmayı göze aldım ama bu kez düzgün davranmak adına oldu bu."

Yağmur'un keyfi yerine gelmişti. Yatağın içinde doğrulup oturdu, sanki Engin onu görebilecekmiş gibi saçını düzeltiyordu bir yandan.

"Buyrun sizi dinliyorum," dedi şakacı bir ses tonuyla.

"Efendim, çok sevip saydığımız bir dostumuz evinde bir yılbaşı partisi veriyor. O böyle şeyler yapmayı pek sever, beni de davet etti. Ben de *acaba Yağmur Öğretmen bana eşlik eder mi*, diye düşündüm," dedi ve hemen ekledi, "yılbaşı davetine tam on gün var, bunu da özellikle belirtmek istedim."

Karşılıklı güldüler.

Sonra, "Cevabınızı alamadım hocam," dedi Engin ve hemen ekledi, "lütfen, lütfen İstanbul'a ailemin yanına gideceğim deme bana Yağmur."

"Biliyor musun, aslında annem de ısrar edip duruyor, yılbaşında birlikte olalım, sen orada yalnız başına ne yapacaksın, diye."

"Annene yalnız olmayacağını ve çok hoş bir Noel ve yılbaşı karışımı partiye katılacağını söyle lütfen Yağmur."

"Hem Noel, hem yılbaşı mı dedin?"

"Evet, davet sahibi buranın en saygın Levanten ailelerindendir."
"Ne hoş."
"Evet, konumuza dönersek, bu birlikte olmak için çok güzel bir fırsat. Ayrıca, yarın yine gideceğim meselâ."
"Ne kadar sık seyahat ediyorsun."
"Evet," diye içini çekti Engin, "firmanın tüm dış ülkelerle ilgili işlerini benim bölüme devrettik. İlk aylarda hoşuma gitmişti ama bu bavulda yaşamak yormaya ve sıkmaya başladı. Bazı işleri rayına oturttuktan sonra yerime iki kişiyi hazırlamak istiyorum. Böylece ben daha önemli olan toplantılara katılırken, onlar kontrol amaçlı veya rutin işleri devralırlar, ben de iki günde bir uçmaktan kurtulurum. Eee, hâlâ cevap vermedin. Bak ama, kaç gün önceden soruyorum."
"Tamam," dedi Yağmur, "zaten İstanbul'a gitmeye pek hevesli değildim."
"Yani benimle yılbaşı partisine katılacaksın."
"Evet Engin, memnuniyetle."
"Çok güzel!" dedi Engin, ne kadar sevindiği sesinden belli oluyordu. "Seni çok sevdiğim dostlarla tanıştıracağım. Daveti yapan kişi büyük bir sanatseverdir. Sadece buradaki konserleri takip etmekle yetinmez, her yıl müzik festivallerine ve özel konserlere katılmak için yurt dışına gider. Ayrıca kentin sanat hayatına da büyük katkısı vardır."
"Desene kentin sanat hamisi gibi bir şey."
"Evet, aynen öyle. İşte onun için senin tanışmanı istiyorum."
"Giyim konusunda belirlenmiş bir kural var mı? Yani, büyük davet dedin de…"
"Haa… evet, aslında var gibi…"
"Nasıl yani? Var mı, yok mu?"
"Şöyle söyleyeyim, aslında çok rahat bir insandır. Kural filan yok ama eski zaman partisi gibi olsun ister."
"Biraz açıklar mısın?"
"Muhteşem sofralar, gümüş şamdanlarda mumlar… ve hanımlar tuvalet giysinler ister. Ama bunu konuklarından değil de, daha çok kendi ailesinden ister. Eşi ve iki kızı yılbaşı gecesi ille de güzel tuvaletler giysinler, ev sahibeleri olarak… Kızlarıysa, onlar genç tabii, bunu

gereksiz buluyorlar; her yıl ailede aynı tartışma yaşanır. Sana gelince Yağmur, dilediğin gibi giyinebilirsin. Hem ben eminim, oradaki en güzel, en göz alıcı kadın sen olacaksın."

İltifatlara bakar mısın, diye geçirdi içinden Yağmur. Ama çok da hoşuna gittiği bir gerçekti.

Telefonu kapattığında saat ikiye geliyordu.

Aman Allahım, diye düşündü, tam iki saat...

İki saat...

Ne konuştuk bu kadar.

Sonra da ekledi, ne konuşmadık ki...

Adeta bir tanışma olmuştu bu iki saatlik telefon konuşması...

Yağmur, kendi hayatından, öğrencilerinden, Mersin'de edindiği yeni arkadaşlarından söz etmişti.

O da, yurt dışındaki yıllarını, ülkesine kesin dönüş kararı alışını ve babasının işini sürdürmek isteğini, seyahatlerini, oralarda başına gelen komik olayları anlatmış, eğlenceli bir sohbet olmuştu. Telefonu kapattıktan sonra ışığı söndürüp, bir süre tavana bakarak konuştuklarını düşündü Yağmur.

Sonra... uyuyakaldı.

Yüzünde mutlu bir tebessüm...

Yarıyıl Tatili Yaklaşırken

"Yarıyıl tatili yaklaşıyor, neler planlıyorsunuz bakalım?"

"Uyuyacağım hocam, uyuyacağım," dedi Suphi.

"Ben de gezeceğim, nerde akşam orda sabah."

"Oh, maşallah," dedi Yağmur, "şu benim ideal öğrencilerime bakın."

"İşte bunlar böyle hocam," dedi Cengiz, "boş boş gezsinler."

Ayşim atıldı, "Ben dönem içinde zayıf olduğumu düşündüğüm konuların üstünden geçeceğim."

"Geçmeseydin şaşardım zaten," diye mırıldandı Cengiz.

"Zayıf olduğu konu varmış, duydunuz mu arkadaşlar," diye bağırdı Müfit.

"Ben," dedi Lila ayağa kalkarak, herkes dönüp ona baktı, "yarıyıl tatilini - Paris'te geçireceğim."

"Vay, vay, vay."

"Uuuu…"

"Havan batsın Lila," sesleri birbirine karıştı.

Lila, "Bu ilgi ve alâkanıza teşekkür ederim arkadaşlar," diyerek sağa sola selam verdi ve sonra oturdu.

"Lila," dedi Yağmur, "fotoğraf çekmeyi unutma. Bu müthiş bir fırsat."

"Evet hocam ben de aynı şeyi düşündüm zaten. Makinemi yanıma alıp unutulmaz fotoğraflar çekeceğimden emin olabilirsiniz."

"Selim," dedi Yağmur, "sen fotoğraf çekmeye devam ediyorsun, değil mi?"

"Evet hocam, vakit buldukça daha doğrusu…"

"Bu tatilde bir şeyler yap. Senin müthiş bir kompozisyon yeteneğin var, yani o göz var sende. Onu için ihmal etmeni hiç istemiyorum."

Peki, dercesine başını salladı Selim.

"Sumrucuğum, sen de herhalde İstanbul'a gideceksin."

"Aslında İstanbul'da anneannemle dedemi ve de oradaki arkadaşlarımı görmek istiyorum ama…"

"Ama…sı da ne?"

"Belki Ankara'ya gitmek zorunda kalabilirim."

"Yaa…"

Meselenin aslını bilen Nazire hemen atıldı. "Canım önce Ankara'yı çıkarırsın aradan, sonra da İstanbul'a gidersin."

"Şu arada hiç yazı vermedin bana Sumru," dedi sonra sınıfa döndü, "çocuklar sizlerden de ne bir yazı, ne şiir, hiçbir şey gelmedi. Oysa pek heveslidiniz başlarda…"

"Hocam dersler yüklü."

"Kurs da var."

"Bir yandan da özel dersler… Hangi birine yetişeceğimizi şaşırdık."

"Evet hocam," dedi Sumru, "ders çalışmaktan yazı yazmaya heves kalmıyor."

"Farkındayım," diyerek içini çekti Yağmur, "farkındayım. Neyse, bir şeyler yazan olursa haberim olsun."

Sonra Ayşim'e döndü Yağmur, "Dilaver'e yardımcı olacaksın, değil mi Ayşim. Onun bu yarıyıl tatilini iyi değerlendirmesini istiyorum ki, ikinci dönem notlarını düzeltebilsin." Sonra Dilaver'e baktı, "Bak Dilaver, Ayşim büyük bir dostluk yapıp seni çalıştırmayı kabul etti. Olabildiğince bundan yararlan, e mi?"

Dilaver ciddi bir yüzle başını sallarken Cengiz, "Yandı gülüm keten helva," diye mırıldanarak kıs kıs gülüyordu.

Mehmet'le Sinan'ın da pek bir eğlenir hâlleri vardı Dilaver'in bu durumuyla.

"Peki, siz ne yapacaksınız hocam?"

"Ben de İstanbul'da annemle babamla hasret giderırım herhalde."

Yağmur, Hazal'a ne yapacağını sormadı. Hazal, modern dans kurslarına devam ettiğinin fazla dillendirilmesinden hoşlanmıyordu. Ama daha birkaç gün önce, derslerden büyük zevk aldığını anlatmıştı öğretmenine. İlk kez gözlerinde bir pırıltı, bir heves görmüştü Yağmur ve çok sevinmişti.

"Hocam o müzik beni alıp bambaşka âlemlere götürüyor, vücudum hafifliyor, uçacak gibi oluyorum. Dans etmek bana öyle iyi geliyor ki…"

"Çok sevindim Hazalcığım, zaten biliyor musun, geçen gün dans hocanı aradığımda seni bir övdü, bir övdü. *Bu kız dans için yaratılmış*, dedi ve ekledi, *mutlaka devam etmeli*."

"Edeceğim hocam, edeceğim," dedi Hazal kararlı bir sesle.

"Evdekiler ne diyor?"

"Siz annemle konuştuktan sonra biliyorsunuz o hemen bu fikri kabullendi. O, iyi olayım da ne yaparsam yapayım düşüncesinde. Babamsa bir şey demiyor."

"Oh, işte bu çok iyi."

Yağmur, Cengiz'e döndü. "Cengiz Bey yarıyıl tatili konusunda ne düşünüyorlar acaba?"

"Çalışacağım! Öğreneceğim!"

"Biraz da derslerine çalışsan…"

Cengiz bu sözleri duymazlıktan gelerek, "Belki de," dedi, "belki de ustalar o dandik motoru birkaç günlüğüne bana verirler de, iki arkadaşı arkama atar, bir yerlere gideriz."

Mehmet'in gözleri parlayıverdi. "Süper olur, kanka."

"Nazire, sen?"

"Hocam ben hiçbir yere gidemem, Antakya'daki akrabalar çağırıyorlar ama ablam Naz'ın hepimize ihtiyacı var."

"Sahi, Naz nasıl?"

"Morali süper çünkü nişanlısı her gün geliyor. Caner Abi gerçekten büyük destek. Zaten onun yüzünü gördüğü an bizim kızın gözleri parlıyor."

"Gelişmesi nasıl?"

"Doktor, çok iyi gidiyor, bu azimle kısa sürede ayağa kalkabilir, dedi."

"Çok sevindim Nazireciğim, çok."
"Sağ olun hocam."
Dersten sonra Cengiz'i yanına çağırdı Yağmur. "Hâlâ babanla barışmamışsın Cengiz, hani bana söz vermiştin."
"Hocam," dedi Cengiz, "sözüm söz ama o malum olaydan sonra yüzüm ne biçimdi. Şimdi ben öyle yüzü gözü haşat vaziyette eve gitsem, neler demezdi babam bana."
Şöyle bir düşündü Yağmur. "Haklısın," dedi.
"O çürüklerin geçmesi de bayağı zaman alıyor. Şimdi diyorum, şu yarıyıl tatili bir geçsin..."
"Ama Cengiz..."
"Ama hocam tatil vakti babamla burun buruna olursak, yine bir maraza çıkar. Oysa okul vakti akşamdan akşama görüşeceğiz. Onun için yarıyıl tatili bir geçsin, eve döneceğim."
"Bak adamcağız ne demiş, gelsin elimi öpsün affedeyim onu. İsterse de gitsin tamirhanede çalışsın. Anlayacağın senin şartını kabul etmiş; sırf sen eve dönesin diye. Anneden hiç söz etmiyorum, çökmüştü kadıncağız son gördüğümde, resmen çökmüştü."
"Tamam hocam, gideceğim, söz. Ben de onları, hele de annemi üzmek istemem. Valla istemem."
"Sana inanıyorum Cengiz."
"Ama şu tatil bitsin, ondan sonra..."
"Bak, söz mü?"
Yağmur, Cengiz'in gözlerinin içine bakıyordu.
"Söz hocam, valla söz."
"Güzel!"

Yeni Yıl Gecesi

Yağmur, aynanın karşısında kendini inceliyordu. İnce ince boncuklarla işlenmiş ten rengi giysisiyle bir denizkızını andırıyordu. Sapsade bir giysiydi bu, dümdüz. Ama ten rengi şifona işlenmiş minicik inci ve boncuklar, her hareketiyle pırıldıyor, sonuçta sade bir şıklık sergiliyordu.

İnci küpelerini taktı, saçları omuzlarından aşağı dalga dalga iniyordu. Aynanın karşısında, yüksek topuklarının üstünde şöyle bir döndü. Yüzüne mutlu bir gülümseme geldi yerleşti. Beğenmişti kendini.

Davet edildiği ev için küçük kristal bir kâse almıştı. Engin için de bir armağanı vardı. Deri kaplı cep ajandası ve kalemi... *İş yaşamına yardımcı olması dileğiyle,* yazılı küçük bir kart eklemeyi de ihmal etmemişti.

Şevval ve Nazan, bir süre önce, yeni yıla arkadaşlarının evinde gireceklerini söyleyip Yağmur'u da davet etmişlerdi ama misafirin misafiri olarak gitmeyi istemediğinden kabul etmemişti.

Sonra Engin'in reddedilemeyecek teklifi gelmişti...

Bu düşünceler zihninde uçuşurken kapı çalındı. Koşup açtı kapıyı. İşte Engin karşısındaydı.

Yine içi hop etti, yine kalbi deli gibi çarpmaya başladı.

Kendini azarladı, n'oluyorsun, on yedilik kız mısın sen? Koskoca bir öğretmensin, sakin ol biraz.

"İçeri gelsene Engin."

Engin, Yağmur'u süzüyordu, "Ne kadar güzelsin," diye fısıldadı büyülenmişçesine.

Sen de, diye içinden geçirdi Yağmur, insanın yüreğini burkacak kadar yakışıklısın.

Ama sadece gülümsedi ve "Teşekkür ederim," diyerek içeri aldı Engin'i.

Engin etrafına bakındı. "Her mekân orada yaşayan kişiyi yansıtır, derler. Senin evin de, tıpkı senin gibi gülümseyen bir ev."

"Teşekkür ederim ama sonuçta mütevazı bir öğretmenevi," dedi Yağmur, "kitaplar, bitkiler ve posterlerle kendi dünyamı yaratmaya çalıştım."

"Çok da hoş bir dünya olmuş," diyerek Yağmur'un en sevdiği koltuğa, pencerenin karşısındaki koltuğa oturdu.

"Buradan sokak ve de turunç ağaçları ne de güzel görünüyor."

"Evet," dedi Yağmur, şaşırmıştı. "Demek sen de aynı şeyi düşündün. Ben her eve girişimde doğru pencereye gidip sokağıma bir göz atıyorum. Gecesi ayrı güzel, gündüzü ayrı."

"Sen burayı bayağı sevmiş gibisin."

"Evet, Mersin'i, insanlarını, rahat ortamını çok sevdim."

"İyi, iyi," diye gülümsedi Engin, Yağmur'a bakarak, "buna çoook sevindim," sonra ekledi, "yeni yıl armağanını şimdi versem olur mu?"

"Çok teşekkür ederim," dedi Yağmur, nedense şaşırmıştı. Ben düşündüğüme göre, o da düşünmüş olmalı, neden bu kadar şaşırdım ki, diye bu kez de kendine şaştı.

"Benim de sana bir hediyem var," dedi.

"Armağanları şimdi mi açalım, sonra mı?" diye sordu Engin.

"Bence şimdi açalım."

"Harikasın! Önce sen..."

Yağmur, Engin'in uzattığı ince uzun kutuyu özenle açtı. İçinde zarif bir bilezik uzanıyordu.

"Ne kadar güzel," dedi Yağmur, kutudan çıkarırken.

"*Öğretmen Hanım'ın saatinin yanına yakışır*, diye düşündüm. İzin ver, ben takayım."

Yağmur, bileziği Engin'e uzattı. Engin taktıktan sonra geri çekilip baktı, "tam da tahmin ettiğim gibi, diye mırıldandı ve ekledi, "o narin bileğe çok yakıştı."

"Çok çok teşekkür ederim, gerçekten de saatimin yanında çok hoş durdu."

"Beğendiğine sevindim."

"Ne beğenmesi... bayıldım! Çok hoş, hep takacağım. Hadi sen de benim armağanımı aç."

Engin paketi açarken, *benimki, onunkinin yanında sönük kaldı,* diye düşünüyordu Yağmur.

Oysa Engin, "İşte en çok ihtiyaç duyduğum nesne!" diye bağırdı, sonra, "sana bir şey söyleyeyim mi Yağmur, her yıl ama her yıl, benim bir cep ajandası almam gerek, diye düşünürüm ama bir türlü fırsat bulamam, bulduğumda da yılı yarılamış olurum, artık gelecek yıl alırım, derim ve bu böylece sürüp gider."

Yağmur, derin bir nefes aldı, "Beğendiğine sevindim, seninkinin yanında benimki biraz sıradan kaldı, diye düşünüyordum."

"Çok yanlış bir düşünce. Hem gerçekten işime yarayacak bir defter, hem de her elime alışımda bana seni hatırlatacak. Bundan güzel ne olabilir."

Ah, diye düşündü Yağmur, yine o insanın içini eriten iltifatlar, övgüler...

Acaba kadınlarla hep böyle mi konuşuyor? Sonra azarladı yine kendini.

Sana ne onun başka kadınlarla nasıl konuştuğu. Aranızda bağlayıcı bir durum yok.

Yok!

Bu böyle biline! Güzel bir arkadaşlık!

Bir görünüp bir kaybolan bir arkadaşlık!

Hepsi bu!

Davetin yapıldığı ev Pozcu semtindeydi. İki katlı büyük evin geniş salonuna alındılar. Yağmur, kendini eski dönemlere ait bir film setindeymiş gibi hissetti içeri girer girmez.

Muhteşem bir avize... Büyük uzun bir masa, üzerinde yerlere kadar uzanan dantel bir örtü... Masanın iki başında ayaklı, beş kollu gümüş şamdanlar...

Mumların alevi her içeri girenle hafifçe iki yana sallanıyor, sonra o eski dönemlerin romantik görüntüsünü hatırlatırcasına pırıldamaya devam ediyordu.

Salonun en uç kısmındaysa büyük bir çam ağacı yükseliyordu. Parlak renkli kâğıtlarla paketlenmiş minicik kutular, çeşitli süsler, minik oyuncaklar, çıngıraklar ve renkli fiyonklarla bezeliydi çam dalları.

"Ooo Enginciğim, hoş gelmişsin," diye seslenen kır saçlı, güler yüzlü bir bey onları karşıladı. Mavi gözlerinde yaramaz çocuklara özgü muzip pırıltılar yanıp sönüyordu. Uzun eteklerini hışırdatarak, eşi de onlara katıldı. Koyu yeşil tafta bir tuvalet giymişti evin hanımı. Tanışma faslı sona erince Engin, Yağmur'u diğer konuklarla tanıştırmaya başladı.

Garsonlar sürekli dolaşıyor, içki ve kanepe servisi yapıyorlardı.

"İşte şurada da," dedi Engin, "Mersin kentinin kültür hayatına büyük katkılarda bulunan hanımefendi ve eşi var. Eşinin ezbere okuduğu şiirleri duysan şaşarsın, ayrıca her türlü sanatsal etkinliğe de destek verir Özcan Bey. Ama Gülay Hanımefendi'nin bu kente hizmetleri saymakla bitmez. Babamın söylediğine göre Opera Bale'nin ilk günlerinde, Gülay Hanımefendi arkadaşlarıyla birlikte kapı kapı dolaşıp bilet satarak bu etkinlikleri duyurur, eşi dostu etkinliklere katılmaya teşvik ederlermiş.

Bakma şimdi konserlerde salon dolup taşıyor, o ilk günlerde sayıyla kişi katılırmış."

Yağmur bir yandan dinliyor, bir yandan da bu önemli kişileri tanımaya çalışıyordu.

Derken Strauss'un *Mavi Tuna* valsinin melodisi yükseldi.

Ev sahibi ağır adımlarla ilerleyip kızının önünde durdu, hafifçe eğilerek onu dansa davet etti.

Engin, Yağmur'a fısıldadı, "Anlaşılan kızı, babasını kırmamış ve tuvalet giymiş."

Uçuk pembe bir tuvalet vardı genç kızın üstünde. Aslında o narin yüz hatlarına bu renk çok yakışmıştı, saçıysa bukleler hâlinde ensesinde toplanmıştı. Baba kız dans ederken davetliler önce onları alkışladılar sonra birer ikişer dansa katıldılar.

Baba kızı izlerken, *sanki on dokuzuncu yüzyıl tablolarından birini seyrediyorum*, diye düşündü Yağmur. Öylesine romantik, öylesine yumuşak dokunuşlar vardı bu baba kızın dansında.

"Biz de katılalım mı?" dedi Engin.
"Hay, hay," diyerek elini omzuna koydu Engin'in.
Engin de onu belinden kavradı ve vals yapmaya başladılar.
Döndüler, döndüler.
Avizenin ışıltısı, mumların titreşimi, tuvaletlerin hışırtısı onlarla birlikte dönüyor duygusu içindeydi Yağmur.
Sanki başka bir zamanda, başka bir mekândaydı.
"Benimle geldiğine pişman değilsin umarım," diye fısıldadı kulağına Engin.
Sıcak nefesini hissetmek, Yağmur'u heyecanlandırmıştı.
"Değilim! Hem de hiç değilim," diye mırıldandı.
"İşte buna çok sevindim," derken Yağmur'u daha bir kendine çekerek dansı sürdürdü Engin.
Müzik durduğunda, ev sahibesi, "Lütfen büfeye buyrun," dedi.
Çeşitli deniz mahsullerinden oluşuyordu büfenin büyük bölümü. Bir diğer bölümündeyse et ve sebze yemekleri büyük kayık tabaklarda yan yana dizilmişti.
Ev sahibi, eşi ve kızları sürekli dolaşıyor, herkesin tabağı var mı, kadehler dolu mu, göz ucuyla kontrol edip servis elemanlarını yönlendiriyorlardı.
Yemekten sonra bir süre daha dans edildi. Saat on ikiye yaklaşırken, ışıkların bir kısmı söndürüldü ve bir servis arabası salonun ortasına getirildi.
Üzerinde muhteşem bir pasta vardı.
Kocaman, bembeyaz bir dikdörtgen gibi duruyordu pasta.
Ve üstü silme minik mumlarla donatılmıştı.
"Ne hoş bir görüntü," demekten kendini alamadı Yağmur.
Işıklar daha da hafifletilmiş, loş bir mekâna dönüşmüştü salon.
Tek ışıltı, pastanın üstündeki minik mumlardan yansıyordu.
Ev sahibi saatine bakıyordu, saymaya başladı.
"9-8-7-6-5-4-3-2-1. Yeni yılınız kutlu olsun dostlar," diyerek kadehini kaldırdı.
Tüm konuklar kadeh kaldırdılar, sarılıp birbirlerini öptüler, kutladılar.

Engin, Yağmur'un gözlerine bakarak, "Bu yılın benim için ayrıcalıklı bir yıl olacağına, hayatımı değiştireceğine inanıyorum," dedi sonra ona sarıldı, "mutlu yıllar."

"Mutlu yıllar," diye cevapladı Yağmur.

Bu sözleri söylerken Engin sanki dua ediyordu. Sanki yeni yılın onun için ayrıcalıklı ama olumlu anlamda ayrıcalıklı olmasını diliyor ve bunu da Yağmur'a bağlıyor gibiydi.

Ürperdi Yağmur.

O bakışlar, o temenni, o dilek...

Dua edercesine.

Ne demek istemişti.

Zihninden neler geçiyordu.

Ne kadar çok bilinmezi vardı bu çekici adamın.

"Haydi dostlar, dans edelim," dedi ev sahibi ve bu kez küçük kızını dansa kaldırdı.

"Çok başarılı bir davet," dedi Yağmur, "Herkes ne kadar neşeli. Yerine oturan olmadı, yaşlısı genci dans etti, durdu."

"Ev sahipleri yaşamayı seven ve bilen insanlar," diyerek onu yanıtladı Engin.

Oradan ayrıldıklarında saat iki buçuğa geliyordu.

"Yine gecenin iki buçuğunu bulduk seninle Yağmur."

"Evet, geçen gece telefonu kapatırken ben de fark ettim, ne çok konuşmuşuz, zaman nasıl da uçup gitmiş."

"Deniz kenarında bir kahve içmeye ne dersin?"

"Açık yer var mıdır?"

"Elbette! Parkın oralarda var."

Bir süre sonra salaş bir balıkçı kahvesindeydiler.

"Sabaha kadar açıktır burası," dedi Engin, "kafa dinlemek için bundan güzel bir yer olamaz."

Gerçekten de dalgaların sesi öylesine dinlendiriciydi ki...

Gözleri ilerlere doğru kaydı Engin'in. "Düşünmek için de burası harikadır," dedi derin derin içini çekerek.

"Dertli gibisin."

"Dert değil de... Malum pek çok insanın hayatında olduğu gibi benim hayatımda da sorunlar olmuyor değil." Bir an durdu, sonra devam etti. "Meselâ işler... Dışarıdan bakınca, ne güzel, dersin. Hazır bir baba işi, evladı da devam ettiriyor. Aslında hoş bir şey, hatta avantaj. Hazır bir iş. Kim istemez ama... işte... aileyle çalışmanın da ayrı zorlukları var. Yabancılarda katlanmayacağın şeylere işin içinde aile var diye susuyorsun. Bu da her zaman kolay olmuyor. İşte o zaman buraya gelip düşünüyorum, geri dönmekle iyi mi ettim, kötü mü, diye."

Yağmur bir şey söylemiyor, dinliyordu.

Birden Yağmur'a döndü Engin, "Böyle güzel bir gecede, yanımda şahane bir kız varken şu benim konuştuklarıma bakar mısın," dedi ve ekledi, "Seni kendi sorunlarımla sıktımsa affet."

Onu okşar gibi gülümsedi Yağmur, "Arada sırada biraz içini dökmek iyidir. Ama neredeyse horozlar ötecek, artık gitsek mi?"

Vedalaşırken, "Çok teşekkür ederim Engin," dedi Yağmur, "nezaket olsun diye söylemiyorum. Hayatımda yaşadığım en güzel yeni yıl partisiydi."

Engin, Yağmur'a iyice yaklaşmıştı. Yavaşça çenesinden tutup gözlerini içine baktı.

Sonra öpmek üzere uzandı.

Yağmur yavaşça, onu incitmekten korkarcasına yavaşça, uzaklaştı.

Bu kadar az tanımasına karşın, başını böylesine döndürmüş biriyle hızlı bir ilişkiye girmek istemiyordu.

Sütten ağzı yanan... diye düşündü o an. Engin'se Yağmur'un düşüncelerini anlamışçasına, "Pekâlâ," dedi sonra da, "asıl ben sana teşekkür ederim, benimle geldiğin için."

"Gidiyorsun, değil mi?"

"Evet, ne yazık ki öyle. Üstelik uzunca bir iş gezisi olacak gibi."

"O zaman yolun açık olsun."

"Görüşmek üzere Yağmur."

"Görüşmek üzere..."

Kapıyı kapattıktan sonra bir süre orada öylece kaldı Yağmur. Sonra ışıkları yakmadan gidip pencerenin karşısındaki koltuğa -artık ona Engin'in oturduğu koltuk diye bakacaktı- oturdu.

Neler oluyor, diye düşündü.
Bir ilişkiye mi giriyorum?
Ama henüz hazır değilim.
Yaralarım yeni yeni iyileşiyor.
Ayrıca onu hiç tanımıyorum.
Hiç!
Karşıma ansızın çıkıveren biri.
Evet, başımı döndürdü.
Bunu itiraf ediyorum.
Ama bu yeterli mi?
Eskiden olsa belki de yeterli olabilirdi.
Ama şimdi...
Hayır.
Hayır, yeterli değil!
Az kaldı öpecekti beni, gülümsedi karanlıkta.
Ama bu da kocaman bir adım olurdu.
Ve ben, o kocaman adımı atmaya hazır değilim.
Daha değil!
Henüz değil.
Ayrıca...
Operada gördüğüm o kızıl saçlı kadın kim?
Tamam, evli değil, o belli.
Ama belki de sevgilisiydi.
Belki de eski sevgilisi, şimdi arkadaşlar.
Yok mu böyle ilişkiler.
İşte, dedi, demek istediğim bu. Onun hakkında hiçbir şey ama hiçbir şey bilmiyorum. Onunla birlikteyken kendimi karanlık bir koridorda el yordamıyla yürümeye çalışan biri gibi hissediyorum.
Ve bu... beni huzursuz ediyor.
"Neyse," diye içini çekti, "en azından Mersin'deki ilk yeni yıl kutlaması çok hoş bir davette, yakışıklı bir adamla yaptım. Evde pineklemedim."
Sonra sordu kendine.
Bakalım, ne zaman onu göreceğim?

Ne zaman karşıma çıkıverecek?
İşte bu da beni rahatsız ediyor.
Bu belirsizlik...
Nerededir, ne zaman gelir, ne zaman gider?
Neden aramaz?
Evet, evet, neden aramaz?
İnsan oraya buraya gider ama telefon diye bir alet var.

Neyse, dedi yine, uzatma Yağmur, güzel bir gece geçirdin, her şey çok hoştu. Bundan sonrasını düşünme.

Ve, git yat, bir güzel uyu!

Çivi Çiviyi Söker

"Çivi çiviyi söker canım arkadaşım," diyerek yatağın üstünde zıpladı Lila.
"Bana bu özlü sözü söylemen için mi kapandık odaya? Sabahtan beri baş başa kalalım Hazalım, var sana anlatacaklarım, deyip duruyorsun tekerleme yapar gibi…"
"Bak bir düşün," dedi Lila zıplamasına ara vererek. Sonra gözlerini gözlerine dikti ve sözcükleri tekrar tekrar daha yüksek sesle söyledi.
"Çivi… çiviyi sökeeer!"
Hazal hayretle bakıyordu arkadaşına.
"Ne demek istediğini hâlâ anlayabilmiş değilim. Tek görebildiğim, bu yarı yıl tatili sana pek de yaramamış. Çılgın gibi davranıyorsun."
"Evvet canım… ben bir çılgınım," diye yine zıplamaya başladı Lila.
"Yatağımı kıracaksın, bi' dur. Bi' dur da anlat neler oluyor, hey yarabbim."
Lila zıplamayı bırakıp Hazal'ın yanına oturdu. "Pekâlâ," dedi, "o zaman soruyorum sana, bir insanı ne böylesine çılgına çevirebilir?"
Hazal hâlâ şaşkın, arkadaşına bakıp duruyordu.
Mavi gözlerinde bin bir ışık yanıp sönen Lila, "Olamaz!" diye bağırdı, "bu kadar mı kavrayışın kıt senin. Anlasana kızım!"
"Yoksa…" dedi Hazal usulca.
"Evet! Devam et!"
"Yoksa, aşk dememi mi bekliyorsun?"
Kollarını havaya kaldırdı Lila, "Hele şükür! Jeton düştü! Hele şükür!"
Hazal oturduğu yerden fırlayacaktı neredeyse.

"İnanmıyorum!"
"İnansan iyi olur güzelim."
"Yani şimdi sen..."
"Evet, ben..."
"Âşık mı oldun?"
"Hele şükür! Hele şükür! Meğer sevgili arkadaşım geri zekâlı değilmiş."
"Ama Lila..."
"Ne?"
"Sen Selim'e âşıktın."
"İşte onun için konuya, senin şu bir türlü anlam veremediğin özdeyişle girdim ya..."
Hazal o sözleri yavaş yavaş tekrarladı.
"Çivi çiviyi söker. Şimdi ne demek istediğini anlıyorum."
"E, bravo!"
Kızdı Hazal, "Sen de bana geri zekâlı muamelesi yapma bakalım. Selim'e âşıksın diye ben işin o tarafını aklıma bile getirmedim."
"Ama işte," diye içini çekti Lila, memnun mesut, "oluyor böyle şeyler. Hiç ummadığın anda biri çıkıyor karşına ve sen bu kez ona âşık oluyorsun."
"Yağmur Öğretmen bu yıllarımızın aşka âşık yıllar olduğunu söylemişti. Meğer doğruymuş."
"Ne zaman dedi bunu?"
Hemen toparlandı Hazal, "Tam anımsamıyorum ama bir ara söylemiş olmalı, aklımda kalmış. Neyse, sen bırak onu da anlat bakalım, kimdir bu şanslı kişi. Adı nedir, tanıyor muyuz?"
Lila hemen yatağın üstüne iyice bir yerleşti, arkasını da yastığa dayadı.
"Biliyorsun yarıyıl tatili için annemler beni Paris'teki akrabalarımızın yanına gönderdiler."
"Şanslı mahluk!"
"Aynen öyle. Çok şanslıyım. Neyse, önce İstanbul'a, oradan Paris'e uçtum. Babamın kuzenleri var, oraya yerleşmişler. Yıllardır Fransa'da

yaşıyorlar. İşte, onlardan bir tanesinin evine konuk oldum. Çok tatlı bir oğulları var, benim yaşımda."
"Anlayalım. Eniştemiz bu kişi mi?"
"Yok yaa... Dur, acele etme. Neyse, önce akrabalarla tanışma faslı."
"Sen gideceğin akrabalarını tanımıyor muydun?"
"Annemle babam tanıyor onları, ben nereden tanıyayım, yıllardır Fransa'da oturuyorlar."
"Tanımadığın kişilerin yanına gitmek de iyi cesaret."
"Nedenmiş?"
"Tanımıyorsun, etmiyorsun."
"Altı üstü on gün kalacaktım, *hiç hoşlanmasam da katlanabilirim*, diye düşündüm. Hem..." duraladı Lila.
"Hem ne?"
"Hem bu Selim işine çok üzülmüştüm, bunalımdaydım. *Paris'e gidersem, belki de bana iyi gelir, bu havayı üstümden atarım*, diye düşündüm." Bir kahkaha attı, "Aklımla bin yaşayayım, değil mi?"
"Hem de nasıl," dedi Hazal, "aslansın valla. Evet, dinliyorum, devam."

"Sonra bunlar beni biraz şehide gezdirdiler, yok Eyfel Kulesi, yok Zafer Anıtı, yok meşhur meydanlar... Çok güzel şehir, Allahı var, çok güzel. Sonra o kafeler... Nasıl dolu. İnsanlar sanki sokaklarda, o kafelerde yaşıyorlar.

Sabah, bakıyorsun, eline gazetesini alan gelmiş, hem kahvaltısını ediyor, hem gazetesini okuyor. Öğlen bakıyorsun, bir arkadaşıyla buluşmuş sohbet ediyor. Anlayacağın o kafeler hep dolu, hep dolu. En çok bu ilgimi çekti.

Neyse, akşam oldu, ben yemek yiyip yatacağız, diye düşünürken, çok da yorulmuşum ya, bu Sami..."
"Sami mi?"
"Evet, oğullarının adı. Ne ilginç, değil mi? Fransızlarda da, bizde olduğu gibi Sami ismi var. Neyse, işte bu Sami bana, hadi çıkıp biraz gezelim, demez mi?"
"Lafını böldüm ama siz nasıl anlaşıyorsunuz?"
"Fransızca konuşuyoruz, onların Türkçeden ne haberi olacak."

"Yani sen idare edebilecek kadar konuşabiliyorsun."
"Annemin benimle evde ısrarla Fransızca konuştuğunu biliyorsun ama Hazal."
"Senin sürekli yakınmalarından biliyorum ama seni konuşurken hiç duymadım ki..." dedi Hazal, sonra yüzünde muzip bir ifade, "Hadi bi konuş çocuğum, konuş da bu ablan seni duysun," deyince Lila yastığı kaptığı gibi Hazal'a fırlattı.
"Bırak dalga geçmeyi. Evet, gerçi ben çok gönülsüzdüm bu konuda ama orada derdimi pekâlâ da anlatabildiğimi görünce, ne yalan söyleyeyim, içimden anneme teşekkürler ettim."
"Gerçekten, dil bilmesen ne sıkıcı olurdu bu gezi."
"Gitmezdim ki... Düşünsene, bir ev halkı ve onlar senin dilini konuşmuyor, sen de onlarınkini. Ne yapar insan. Evet, ne diyordum?"
"Sami sana çıkıp biraz dolaşalım, demiş."
"Evet, ben önce bir şaşırdım. Düşünsene, bizde biz yaştakiler, aklına esince gece vakti, hadi bir çıkıp gezeyim, diyebilirler mi? Düşüncesi bile komik. Neyse, ben Sami'ye, izin verirler mi ki, dedim. Bu kez o bana tuhaf tuhaf baktı, *neden vermesinler ki*, dedi omzunu silkerek.
Yani, dedim, bizde böyle geceleri aklına esince çıkamazsın da...
O zaman alaylı alaylı güldü, *eee*, dedi, *bizde de taşrada yaşayanların âdetleri başkadır ama burası Paris yani büyük şehir, burada gece de çıkarsın, gündüz de...*
Ama öyle bir üstten üstten konuşuyor, öyle bir küçümser tavırla taşra filan diyor ki, tepem attı ve o hırsla, o sinirle Fransızcam bir oldu, bir oldu. Yani süper konuşuyorum.
Bana bak, dedim, sen kimi küçümsüyorsun, sen kimsin ki taşra maşra diye bana laf çakıyorsun."
"Vay Lila vay..."
Kıkırdadı Lila, "Benim bu öfkem karşısında bu bir pıstı. *Hey hey*, dedi *sakin ol, kötü bir maksatla söylemedim, yani âdetler başkadır demek istedim.*"
"Bak, çocuk senden dolaylı da olsa özür dilemiş Lila."
"Ama ben kızmıştım bir kere. Öyleyse doğru dürüst konuş, dedim. Benim geldiğim yerde, kimse kimsenin âdetleriyle, yaşam biçimiyle

alay etmez. Sana bir soru sorduk, cevabı alay mı olmalıydı, ayıptır, ayıp, dedim."
"Üff Lila, paralamışsın çocuğu."
"Ama Hazal yüzündeki o ifadeyi görseydin sen de fıttırırdın."
"Peki, sonra ne oldu?"
"*Özür dilerim, bu kadar kızacağını bilsem şaka yapmazdım, hadi barışalım* diyerek elini uzattı. El sıkıştık, böylece iş tatlıya bağlandı ve bu kez adam gibi durumu açıkladı.
Gece saat on bire kadar izni varmış, arkadaşlarıyla buluşup gezebilirmiş ama alkollü bir şey içmesi yasakmış. İçimden dedim ki, bak isteyince nasıl da adam gibi anlatabiliyorsun."
"Ay, böyle dedin mi sahiden?"
"Hazal! Sen de! İçimden dedim diyorum, beni dinlemiyor musun?"
"Dinliyorum, dinliyorum."
"Neyse biz çıktık. Bunun arkadaşlarıyla buluştuğu bir kafe varmış, oraya gittik. Hep gençler vardı. Tuhaf tuhaf saç modelleri… Hem de erkeklerde. Öyle komiklerdi ki…
Bunlar sekiz, on kişiydiler yani Sami'nin takıldığı arkadaşları. Kızlı erkekli bir grup. Beni tanıştırdı. Türkiye'den geldiğimi duyunca, sorular başladı. Yok, sizin oradaki kadınlar çarşaf mı giyiyorlar, yok erkeklerin haremi mi var? Yani, bu kadar da cahil olunur.
O arada Sami'nin bir arkadaşı gelmiş, ayakta durmuş bizi izliyor. Bir ara gözüm ona takıldı, sürekli bana bakıyordu çünkü… Bayağı da hoş çocuktu, üstelik saçı başı da ötekiler gibi uçuk değildi.
Bu arada ben ülkemi savunmak adına herkese cevap yetiştirmekle meşgulüm. Ama artık sıkılmaya başlamıştım. Bu çocuk bana doğru geldi, *yeter artık, dedi, o buraya gezmeye gelmiş, ne kadar bunaldı görmüyor musunuz,* dedi ve elimden tutup beni kaldırdı, sonra kapıya yöneldi. Elimi bırakmıyor, adeta beni çekerek dışarı sürüklüyordu. Dışarı çıkınca da neredeyse bir blok yürüdük sonra yavaşladı ve bana dönerek, *arkadaşlarım adına senden özür dilerim, seni çok sıktılar, farkındayım,* dedi.
Öyle güzel kahverengi gözleri vardı ki, Hazal. Bal rengiyle karıştırılmış gibi bir kahverengi. Hiç böylesini görmemiştim.

Şimdi istersen seninle Sen Nehri kıyısında yürüyelim. *Buraya fazla uzak değil*, dedi sonra yine bana bakarak, *orası sevgililerin yeridir, her âşık çiftin Sen Nehri kıyısında dolaşmışlığı mutlaka vardır. Ne dersin*, diye sordu."
"Ay Lila, ne kadar romantik."
"Sorma... Gece de bir güzeldi ki, üstelik her yer ışıl ışıl parlıyordu. Zaten Paris'in bir adı Âşıklar Kenti öbürü de Işıklar Şehri... O görkemli binalar öyle bir aydınlatılmış ki, sanki bir hayal şehir var karşında."
"Peki, sen ne dedin?"
"Gidelim, dedim ama sonra peki öbür arkadaşlar ne olacak, hem Sami'yle çıkmıştım, eve onunla dönmem gerek," deyince, hemen cep telefonunu çıkardı, Sami'yi aradı, biz biraz buralarda dolaşacağız, iki saate kadar geliriz, dedi."
Hazal kendini tutamadı, "Oh ne kolay hayat."
"Sorma... bizdeki gibi binbir yasak yok orada. Şu saate kadar iznin var, gez, dolaş ama uyuşturucu, alkole filan bulaşmak yok. Kesinlikle yok, yoksa tüm haklarını kaybedersin, deniyor."
"Bizdeyse bir konsere gidebilmek için, hem de öğretmenimiz yanımızdayken bile izin almak mesele oluyor. Neyse, sen anlatmana devam et, bayıldım bu öyküye."
"Böylece yine elimden tuttu ve biz başladık yürümeye. *Üşüyor musun*, diye sordu bana, *istersen kafeye dönebiliriz*. Bense, ona vurulmuşum bir kere, ölsem yanından ayrılmazdım."
"Yoo, dedim, ben iyiyim, böylece el ele nehrin kenarına kadar yürüdük. *İşte âşıkların mekânı, ünlü Sen Nehri* dedi ve ekledi, *istersen şu bankta biraz oturalım*."
"Oturunca, *hava soğuk, seni kollamam gerek*, diyerek boynundaki atkıyı çıkarıp kendi elleriyle boynuma doladı ve o sırada, *ne güzel gözlerin var, Akdeniz'i hatırlatıyor*, dedi."
"Vaaay..."
"Sonra, adın ne senin, diye sordu. Lila, deyince, Lila diye tekrarladı ve güzel isim, sana uyuyor. Senin gibi aydınlık, pırıldayan bir isim. Hayran bakışlarla beni inceliyordu sanki, yüzümü ellerinin arasına

aldı, baktı, baktı. *Beni çok etkiledin Lila, diye fısıldadı, sana fena hâlde âşık olabilirim."*
"Ne!" diye bağırdı Hazal. "Daha ilk görüşte neler söylüyor bu çocuk."
"İlk görüşte aşk derlerdi de pek inanmazdım, meğer doğruymuş."
"Lila! Yoksa sen de mi?"
"Dur dinle. Sonra ben de ona adını sordum. Düşün, duygularımız böyle... Delicesine âşık olmak üzereyiz ama birbirimizin adını bile bilmiyoruz.
Piyer, dedi.
Ve ben, bak kırk yıl kalsam böyle şeyler yapabileceğime inanmam, uzanıp onun saçlarını okşadım. Gözleri gibi yumuşacık kahverengi dalgalar hâlinde omuzlarına inen o saçlara dokunmadan edemedim.
Ve ona, ben de sana fena hâlde âşık olabilirim, dedim."
"Aman Tanrım, inanamıyorum Lila, ilk kez birbirinizi görüyorsunuz ve birbirinize âşık olduğunuzu söylüyorsunuz. Olacak şey mi bu?"
"Buradan bakınca, olamaz böyle şey gibi görünüyor. Ama belki de şehrin büyüsü, âşıkların mekânı Sen Nehri kıyısında oturmak, gecenin sessizliği, onun o sevecen, kucaklayan bakışları... artık ne dersen de, beni benden alıp götürdü."
Lila'nın gözleri daldı, sanki yine Paris'e, o akşama dönmüştü. Arkadaşını hayretle süzüyordu Hazal.
"Sonra?"
"Sonra, *sen çok üşüdün, hadi sıcak bir yere gidelim,* dedi. Cehenneme gidelim dese, gidecektim Hazal. Koşaradımlarla beni bir yere götürdü.
İçerisi tıklım tıklım gençlerle doluydu. Üst kat hostelmiş, hani öğrencilerin kaldıkları ucuz oteller dersem pek de yanlış olmaz. Alt kattaysa müzik vardı. Herkes kafasına göre takılıyordu; kimi dans ediyor, kimi o gürültüde kendini duyurmak için avaz avaz konuşuyordu.
Derken biraz ağır parçalar çalmaya başladı. *Piyer, hadi dans edelim,* dedi. Ve bana sarıldı, ben de ona. Kendimizi müziğe bıraktık. Hızlı parçalar başlayıncaya kadar birbirimizin kollarında kaldık."
Durdu Lila, gözleri dolmuştu. "Biliyor musun Hazal, ikimizde de garip bir hüzün vardı. Hâlâ nedenini anlayamadığım ama sanırım

karşılıklı duygu yoğunluğu... Nasıl anlatsam... ağlamak istiyordum," dedi ve bunları anlatırken gözyaşları bir anda indi.

"Lila! Yapma ama... neden ağlıyorsun ki..."

"Aşktan da ağlanırmış, derlerdi de, olur mu öyle şey, derdim. Meğer doğruymuş Hazal. Ne bileyim, hani bazen bir şeye çok ama çok sevinirsin, o kadar ki, ağlamak gelir içinden. İşte ben de o gün o duygulardaydım ama sanki o da aynı benim gibiydi."

Sustu Lila.

Hazal düşünüyordu, demek aşkın her hâli insanı ağlatıyor, oysa neşe vermemeli mi?

Ben Selim'i kaybettiğim için ağlıyorum, Lila'ysa Piyer'i bulduğu için. Ne garip duygular bunlar. İnsan nasıl baş eder bunlarla.

"Sonra?"

"O akşam birbirimizden nasıl zor ayrıldık anlatamam. *Yarın gelip seni alacağım*, diyordu, benim o perişan hâlime bakıp.

O gece gözümü kırpmadım, sabaha kadar pencerenin önünde oturup, güneş doğsun diye bekledim. Ertesi gün erkenden gelmişti. Kahvaltı sofrasından kalkar kalkmaz kapıya koştum. Sami'ye Piyer'le buluşacağımı söyleyince, anlamlı bir ıslık çaldı.

Annesiyle babası çalıştıkları için çoktan çıkmışlardı. Böylece o gün Piyer'le bütün gün gezdik, beni nerelere götürdü, nerelere... Rodin'in müzesine gittik. Onun ünlü eseri *Düşünen Adam* heykeliyle fotoğraflarımızı çektik, biz de düşünen adam pozu verdik.

Daha sonraki günler beni Louvre Müzesi'ne, meşhur cam piramide, Pompidou Merkezi'ne götürdü. Her yer onunla keyifli, eğlenceliydi. El ele, kol kola geziyor, gülüyor, şakalaşıyorduk. Komik fotolar çekiyorduk."

"Peki, Sami'nin ailesi senin Piyer'le gezmene bir şey demiyorlar mıydı?"

"Sanmıyorum, zaten Sami hep birlikte geziyormuşuz havası yaratıyordu," güldü Lila, "Sami annesinin ona, Türkiye'de aileler daha dikkatlidirler, hele de kızları söz konusuysa, onun için Lila sana emanet, diye tembihlemiş. Zavallı çocuk bizim yıldırım aşkımız nedeniyle epeyce bir karın ağrısı çekti. Nitekim beni yolcu edecekleri gün pek neşeliydi.

Bense matemlerdeydim. Öyle kötüydüm ki, utanmasam, ben burada Piyer'le kalacağım, diyecektim. Ama Piyer, yaz tatilinde mutlaka Türkiye'ye, Mersin'e geleceğine dair söz verdi. Hem de uzun uzun kalırım, dedi. Bu arada da Skype'tan bol bol konuşuruz seninle diye beni teselli etti. İşte bu sözler dönebilmem için bana güç verdi."

Lila bunları anlatırken öyle mahzun duruyordu ki, Hazal arkadaşını teselli etmeye çalıştı, "Ama surat asma Lila, bak yazın gelecekmiş. Hem yaza ne kaldı ki şurada. Birkaç ay sonra bahar ve yaz."

"Değil mi ama," diye neşeleniverdi Lila.

"Yani şimdi sen Selim'i hiç mi düşünmüyorsun?"

"Yok hayatım, unuttum gitti. Dedim ya, çivi çiviyi söküyormuş demek ki. Hem beni sadece arkadaş olarak gördüğünü söyledi, mesele kapandı. Zaten o da Gülşah'la meşgul."

"Nerden biliyorsun?"

"Hani o bizim apartmandaki kız var ya, Gülşah'ın arkadaşı. O söyledi, bir iki kez sinemaya bile gitmişler. Gülşah hayatından çok memnunmuş, az kaldı, diyormuş. Selim bir süre sonra kesinlikle benim olacak, diyormuş. Kızı görüyor musun, şeytan diyor, git yol onu."

"Aman ne hâlleri varsa görsünler."

"Haklısın tatlım, biz kendi hayatımıza bakalım, değil mi ama. Şimdi gidip Piyer'le konuşacağım. Şu Skype'ı düşünenden Allah razı olsun. Aşkımla konuşturuyor beni."

"Onu bayağı seviyorsun sen."

"Çıldırıyorum onun için Hazalım, ne bayağı sevmesi, çıldırıyorum."

"Âlemsin Lila."

Lila gittikten sonra Hazal önce müthiş bir ferahlama hissetti, ardından da neşe.

Şükürler olsun, Lila artık Selim'i sevmiyor. Bütün kalbiyle başkasını seviyor, diye düşündü. Yağmur Öğretmen ne kadar haklıymış, ne demişti bana, hayatın neler getireceği belli olmaz, karşınıza birileri çıkar, duygular değişir.

Ve işte bu gerçekleşmişti.

Bundan böyle en azından Selim'i düşünürken, bir yandan da Lila'yı düşünüp üzülmeyecekti.
Lila konusu kapanmıştı, o başkasını seviyordu.
Artık sadece Selim'i düşünebilirdi.
Sorun çözülmüştü.
Sonra bir düşündü.
Sorun çözülmüş müydü gerçekten?
Bir bölümü çözülmüştü ama...
Öbür bölümü olduğu gibi duruyordu.
Selim ondan nefret ediyordu.
Ayrıca, bir de Gülşah vardı ortada.
Tehlikeli bir kız o, diye düşündü.
İstediği şeyi elde edebilmek için her şeyi göze alabilen bir tip.
Öff, diyerek ayağını yere vurdu.
"Hiç mi yoluna girmeyecek şu benim işlerim?"

Yepyeni Bir Heyecan

"Nasıl geçti bakalım yeni yıl tatiliniz?"
"Benimki muhteşemdi hocam," dedi Lila.
"Bol bol fotoğraf çektin mi?"
"Niyetim öyleydi ama öylesine muhteşem vakit geçiriyordum ki..." dedi, gözlerini anlamlı anlamlı süzerek.
"Ooo..."
"Anlayalım Lila."
Lila bu sözlerin etkisini görebilmek için göz ucuyla Selim'e baktı. O ise bu söylenenleri hiç duymamışçasına oturuyordu sırasında.
"Ama yine de epeyce fotoğraf çektim," diyerek sözlerini tamamladı Lila.
Gerçi artık Selim'e değil Piyer'e âşıktı ama yine de lafı dokundurmadan edemedi. Ne de olsa gururu incinmişti. Lila da böyle bir şeyi hemen bağışlayabilecek tiplerden değildi.
"Hocam, siz İstanbul'a gittiniz mi?"
"Evet, gittim. Arkadaşlarımla buluştum, hasret giderdik. Annemle babam beni şımarttılar."
Gülüştü öğrenciler.
"Gülmeyin çocuklar, istediğiniz kadar büyüyün, meslek sahibi olun, annenizle babanızın gözünde hep çocuk kalıyorsunuz. Ama size bir şey söyleyeyim mi, bu, çok hoş bir şey. Bugün size öyle gelmeyebilir ama insanın yaşı ilerleyince bunun değerini çok ama çok iyi anlıyor."
Öğrenciler sessizlik içinde dinliyorlardı Yağmur'un duygusal konuşmasını. Yağmur'un duygusallığı sadece ailesiyle ilgili değildi ne yazık ki.

O gün...
Mersin'e dönmeden önceki o günü unutamıyordu.
Arkadaşlarıyla son kez bir araya gelmek için Bebek'te bir restoranda buluşmuşlardı. Hava güneşli, herkes keyifliydi. Deniz kenarındaki masayı ayırtmışlardı, güneş ışınları denizin üstünde yanıp sönen minik minik ışıklar oluşturuyordu. Tekneler, şilepler, yolcu motorları... Boğaz'ın klasik trafiği akıp duruyordu. *İstanbul'u ne kadar özlemişim*, diye düşünmüştü o an, Yağmur.
Arkadaşları, sevgili arkadaşları cıvıl cıvıl konuşuyor, gülüşüyorlardı. Canlarım benim, ne kadar da tatlılar. *Benim vazgeçilmezlerim onlar*, diye düşündüğünü anımsıyordu Yağmur. Kolay mı kaç yıllık dostluktu onlarınki. Okul yılları, üniversite yılları birlikte yaşanmıştı. Şimdilerdeyse her birimiz bir yerde. Kimimiz evli, kimimiz bekâr. Kimi yurt dışında, kimi Anadolu'da çalışıyor. Ama yine de ne yapıyor yapıyor bir araya geliyoruz.
Balıklar ısmarlanmıştı; salata, kalamar peş peşe servis ediliyordu.
Ve birden...
Az ötede...
Bir yakışıklı adam.
Güzel gülüşlü adam.
Engin!
O an, aaa Engin de burada diyerek sevinçli bir çarpıntı yaşadı Yağmur.
Ne güzel tesadüftü.
O güzel günde güzel bir tesadüf.
Öne doğru eğilip onu daha iyi görmeye çalıştı.
Ve...
Yüzündeki gülümseme dondu kaldı.
Engin'in karşısında, arkası Yağmur'a dönük bir kadın oturuyordu.
Simsiyah saçlı, geceler kadar siyah saçlı bir kadın.
Birden fena oldu.
Duvara çarpmış gibi bir duygu.
Bir bulantı yükseliverdi.

Ve anında, çoktan unutmuş olduğu sözler, Şevval'in sözleri beyninde yankılandı.
"Yılbaşı davetine Engin Karataylılar'la gitmişsin, öyle mi?" diye sormuştu Şevval.
"Hayret," diye yanıtlamıştı onu Yağmur, "Mersin'de herkes her şeyi biliyor."
"Küçük şehirler böyledir," dedikten sonra, "ne zamandır tanıyorsun Engin'i?" diye sürdürmüştü soruları.
"Fazla değil. Birkaç kez görüştük, neden sordun?"
Şöyle bir duralamıştı Şevval.
"Hadi söyle," diye ısrar edince de, "şeyy... onun için sıkı çapkın, derler de..." diye bağlamıştı sözlerini.
"İlâhi," diye bir kahkaha atmıştı Yağmur, "günümüzde çapkın olmayan var mı?.."
Ve bu konuşmayı bütünüyle unutup gitmişti.
Ta ki, Bebek'te Engin'i görene kadar. *İnsan beyni ne ilginç*, diye düşünmüştü o an.
Sanki o sözler beyninde dosyalanmış, uygun zamanda ortaya çıkmayı bekliyordu.
Sonrası...
Kaçan keyfini saklama çabası...
Bir süre sonra kalkan Engin'e görünmeme çabası...
Ve yanındaki kadına olabildiğince dikkatle bakma çabası.
"Bayağı dalıp gittiniz hocam."
Silkinerek kendini toparladı Yağmur.
"Neyse, bırakalım bu lafları da daha başka neler yaptınız?"
"Hocam, ben hep ablamla meşguldüm."
"O nasıl?"
"Hızla iyileşiyor. Öyle gayretli ki..."
"Ne iyi, ne iyi... Sumru sen?"
"Ben önce üç günlüğüne Ankara'ya gittim, sonra da İstanbul'a anneannemle dedemin yanına. Ve," dedi Sumru, bu kez gözleri parlayarak, "kedimi de alıp döndüm."
Nasıl da mutluydu Sumru.

"Yaa, İstanbul'da kedin mi vardı?"

"Evet hocam. Ben onu getirmeyi çok istiyordum ama annem, sen de evde olmayacaksın, ben de, yazık değil mi ona, diye beni engellemişti. Ama bu kez, çok ısrar ettim, anneannemle dedem de destek oldular, böylece kedimle döndüm."

"Bu seni çok mutlu etmiş, belli oluyor."

"Artık eve girdiğimde yalnız olmayacağım hocam, kedim beni bekliyor olacak."

"Bak bu iyi fikir Sumru. Ben de bir kedi edinmeyi düşünebilirim," dedi Yağmur, sonra Hazal'a dönerek, "sen de yaptıklarından söz etmeyecek misin artık?"

"Ne yapıyormuş Hazal," sesleri yükseldi.

Cengiz, o kalın sesiyle, "Pozcu'da dans kursuna gidiyor," dedi.

O ana dek konuşulanlarla ilgilenmez görünen Selim, bu sözler üzerine irkildi, şöyle bir Cengiz'e baktı.

"Sen de nereden biliyorsun?" diye sordu Lila.

"Eee kızım, bu sokaklar bizden sorulur."

"Sahi mi Hazal?" diyerek dönüp ona baktı Nazire.

Hazal o an, *şu Sumru esaslı kız*, diye düşünüyordu. Pozcu'da karşılaştıklarını bile söylememişti arkadaşına.

"Evet," dedi Hazal, "kursa Yağmur Öğretmen'in sayesinde başladım."

Yağmur girdi araya. "Geçirdiği o ateşli hastalıktan sonra bir türlü toparlanamamıştı arkadaşınız, ben de sporun, egzersizin iyi geleceğini düşünüyordum. Meğer Hazal da dansı severmiş. O zaman dansa başlamasını uygun bulduk birlikte. Biz spor olsun derken meğer gizli bir yetenek saklıymış. Dans öğretmeni, *Hazal dans için yaratılmış sanki*, diyor."

"Seni izleseydik be Hazal."

"Yok, yok, olmaz," dedi Hazal, bir telaş.

"Aaa... oldu mu ama?"

"Çocuklar," diye araya girdi Yağmur, "Hazal hazır olunca belki bize bir gösteri hazırlar. Zaten oraya gidemeyiz. Stüdyoya sadece ders alanlar girebiliyor."

Bütün bunlar konuşulurken Selim başını kaldırmış Hazal'a bakıyordu. Hazal o bakışların çekimini hissedip Selim'den yana dönünce, gözlerindeki ifade sertleşti ve başka yöne baktı hemen.

Beni hiç bağışlamayacak, diye düşündü Hazal. Oysa şimdi aramızda hiçbir engel kalmadı. En azından benim açımdan....

Kollarına koşamamak ne acı.

Bir engeli aştım derken, başka bir engel çıktı karşıma.

"Evet çocuklar, bakın ne diyeceğim."

"Dikkat arkadaşlar," dedi Sinan, "Yağmur Hoca'dan yeni bir fikir gelecek gibi..."

Kahkahalar sınıfı şenlendirdi.

"Diyorum ki, neden biz bir yılsonu gösterisi düzenlemeyelim. Ne dersiniz? Şöyle neşeli, keyifli bir şey."

"Allah, deriz!" diye bağırdı Nazire.

"Yapabilir miyiz ki hocam," diye sordu Ayşim, anında alnında kuşku çizgileri oluşmuştu.

"Neden yapamayalım ki..."

"Sumru, bu okulun olanakları kısıtlı, bir kere gösteri yapacak doğru dürüst salonumuz bile yok."

Bu sözler üzerine bir sessizlik çöktü sınıfın üstüne.

Bunun üzerine, iskemlesini ittiği gibi ayağa kalktı Yağmur.

"Şimdi söyleyin bana, sizler bir yılsonu gösterisi yapmak istiyor musunuz, istemiyor musunuz?"

"İstiyoruz."

"Ama gerçekten istiyor musunuz?" dedi gerçekten sözcüğüne vurgu yaparak.

"İstiyoruz," sesleri bu kez çok daha güçlü çıkmıştı.

"İşte önemli olan da budur. Unutmayın, bir şeyi gerçekten isterseniz, o sizin olacaktır. Çünkü onu elde etmek için elinizden geleni yapacaksınız anlamına gelir bu."

Öğrencilerin yüzleri, güneşe dönmüş ayçiçekleri gibiydi, öğretmenlerine bakarken.

"O zaman, düşüneceğiz. Neler yapabiliriz diye güçlerimizi birleştireceğiz. Engelleri teker teker ortadan kaldırarak amacımıza ulaşıp, güzel ve eğlenceli bir yılsonu gösterisi düzenleyeceğiz. Tamam mı?"

"Tamam hocam!"

"Anlaştık mı?"

"Anlaştık hocam!"

Nazire, bir heyecan, konuştu. "Hocam ben ablamdan öğrenmiştim, iyi makyaj yapar, saç tararım."

"Gördünüz mü," dedi Yağmur, "işte gösterimizin makyözü ve kuaförü hazır."

Hazal atıldı, "Ben de giysilerde yardımcı olurum, ayrıca annem de bize destek verir."

"Vee," dedi Yağmur bir sunucu edasıyla, "işte kostümcümüz de hazır."

"Biz ne iş olsa yaparız hocam," dedi Cengiz.

"Ve karşınızda set ve dekorasyondan sorumlu ekip –Cengiz, Mehmet, Suphi."

"Ben de!" diye bağırdı Sinan.

"Ve Sinan," diye ekledi Yağmur.

Dilaver, "Ben de…" derken susturdu onu Yağmur, "sen müzik yapacaksın."

"Tamam hocam," derken yine o kocaman gülüş kaplayıvermişti Dilaver'in yüzünü.

"Ya ben," diye sordu Ayşim.

"Sen 'tekst'in yazılımıyla ilgileneceksin, yani sahnede söylenecek sözleri hazırlayacaksın."

Ayşim bu görevi beğenmişti, "Memnuniyetle hocam," dedi.

Sumru, "Hocam ben bizim okulda birkaç yılsonu gösterisinde görev almıştım," dedi.

"Güzel! O zaman senin de deneyimlerinden yararlanırız. Yönetmen olursun."

"O kadar da değil hocam."

"Peki, o zaman yönetmen yardımcılığına ne dersin?"

"Bakın o olur."

"Gördünüz mü çocuklar, şurada güç birliği yapınca, herkes el verince hemen ekibi kuruverdik."

Sevinçliydiler!
Yepyeni bir heyecan sunmuştu Yağmur onlara.
"Peki, ne yapacağız?"
"İşte onu henüz bilmiyorum çocuklar. Bunu hem siz düşünün, hem de ben. Elimizdeki malzeme ve koşullarla ne yapabiliriz? Nerede yapabiliriz? Nasıl yapabiliriz?"
"Daha çok var nasıl olsa..."
"Hayır Müfit, öyle düşünme. Bir kere zaman uçup gidiyor. Mart ayına geldik bile. Okullar haziran ayında tatile giriyor. Sınavlarınız var, bundan sonra daha da sıkı çalışmanız gerekecek, onun için provalara istediğimiz kadar zaman ayıramayız. O nedenle, ne kadar erken başlarsak o kadar yol alabiliriz.

Aslında, böyle bir gösteri için okul yılının başında işe koyulmak gerek. Neyse, biz bu yıl böyle yapalım da, gelecek yıl ekim ayından itibaren başlarız çalışmalara."

Sonra durdu, derin derin içini çekti.

"Hayırdır hocam, bir şeye canınız mı sıkıldı?"
"Ah çocuklar, aslında daha yapmak istediğim öyle çok şey var ki..."
"Meselâ..."
"Meselâ, bu kentte yaşayan pek çok ünlü sanatçı var. Kimisi dünya çapında, kimisi ülkemizin gururu. Ve onlar bu kentte, Mersin'de yaşıyorlar. Ben de sizleri onlarla tanıştırmak istiyorum. Onlarla buluşalım, tabii önce eserlerini okuyun, görün, dinleyin, sonra da sorular sorun ve oturup izlenimleriniz yazın, istiyorum.

Aslında, sizlere söylemedim ama girişimde bulundum. Tabii bu insanların programları yoğun oluyor, sizlerin de kursları, dersleri nedeniyle bu yıl içinde bu tür buluşmalar düzenleyemedim. Ama azimliyim, gelecek yıl, ben de artık kenti iyice tanımış ve deneyim edinmiş biri olarak bu tür toplantıları düzenleyebileceğim."

"Kimlerden söz ediyorsunuz hocam?"
"Dünyaca ünlü bir şairimiz var, Özdemir İnce. Yurt dışında çok ciddi ödüllerin sahibi kendisi ve Mersinli. İşte sizleri onunla buluşturmak isterdim. Onunla konuşmak sizlere ufuklar açacaktır.

Resme meraklı olanlar içinse dünya çapında bir ressam olan Ahmet Yeşil var. O bu yıl hep yurt dışındaydı. Paris'te, New York'ta sergileri vardı. Ama evi burada, Mersin'de. Atölyesi de burada. Yani, o burada yaşıyor ve çalışıyor."

"Yaa…" Ağızları açık dinliyorlardı.

"Mersin'de daha birçok değerli sanatçılar var ve sizler sanatın böylesine yoğunlaştığı bir kentte yaşadığınız için şanslısınız ama bunu değerlendirmek gerek," dedi, sonra yerine geçerek, "hadi bakalım bu kadar çene çalmak yeter. Açın kitaplarınızı ders başlıyor."

"Hocam ne güzel konuşuyorduk şurada."

"Bugün okulun tatilden sonraki ilk günü diye sohbete bu kadar zaman tanıdım ama artık derse başlama zamanı."

Hazal'ın Hesaplaşmaları

Gece yarısı birden uyandı Hazal. Sanki birisi dürtmüştü onu. Yattığı yerde gözlerini tavana dikti, duvarda gölgeler oynaşıyordu. Dallar birbirine vurup duruyordu, *demek rüzgâr var*, diye düşündü.

Sağa döndü, olmadı.
Sola döndü, olmadı.
Yok, yok uyuyamayacağım, diyerek kalktı. Gidip pencereyi hafifçe araladı. Rüzgârla birlikte serin hava girdi içeri. Hazal yüzünü rüzgâra verdi, o esinti iyi gelmişti. Derin nefeslerle temiz havayı içine çekti.

"Ne yapacağım ben?" diye sordu hemen pencerenin altındaki portakal ağacına bakarak.

Bu böyle gidemez.
Ortada bir mesele var.
Ve kimse o meselenin ucundan tutmuyor.
Aslında o meseleyi ele alıp çözmesi gereken benim.
Ama bende o cesaret olmadığı için mesele de ortada öylece durmaya devam ediyor derken... Bir başka ses, iyi ama, dedi, şimdiye dek sen Lila için susmadın mı?

Arkadaşın sana Selim'e âşık olduğunu söyleyince, düşündün, düşündün ve sonunda kararını arkadaşından yana aldın.
Onun sırrını saklayarak hem de.
Ve – Selim'den vazgeçtin.
Yüreğinse ondan hiç vazgeçmedi.
Vazgeçemedi!
Onu sevmeye devam ettin.
Çok ama çok acı çektin ama arkadaşın adına dayandın.

Büyük bir özveriydi bu.
Çok büyük.
Ama şimdi...
Şimdi Lila başkasını seviyor ve o çok mutlu. Demek ki artık onun için fedakârlık yapmana gerek kalmadı.

Sen ne demek istiyorsun?

Demek istediğim, diye devam etti beynindeki o ses, bunu böyle sürdürmek sana da, Selim'e de haksızlık olmuyor mu?

Malum, birbirinizi seviyorsunuz.

Dur bakalım, o artık beni sevmiyor.

Seviyor... Seviyor...

Ama bana bakışları nefret dolu.

O bakışlarda nefret yok, o bakışlarda öfke var. Onu terk ettiğin için sana duyduğu öfke.

Nefret – öfke, her neyse, artık beni gözü görmüyor.

Sen öyle san, Cengiz dans kursuna gittiğini söylediğinde nasıl irkildiğini görmedin mi?

Bu, o kadar da önemli bir anlam taşımaz.

Nasıl taşımaz! O davranış onun da hâlâ seni sevdiğini gösterir. Hem hatırlasana Lila'ya ne demişti.

Evet, anımsıyorum.

Eee, daha ne...

Peki, ne yapmamı öneriyorsun, ben günlerdir düşünüyorum ve çıkış yolu bulamıyorum.

Ne yapacaksın biliyor musun?

Ne?

Gidip her şeyi açık açık anlatacaksın.

Sen deli misin, hiç olur mu?

Neden olmuyormuş efendim?

Bir kere Lila'nın sırrı var.

Yetti ama bu Lila'nın sırrı lafından, sır mı kaldı ortada.

Şimdi yani ben ona, arkadaşım için bu ilişkiyi bitirdiğimi mi söyleyeyim?..

Eee, ne demişler, kendi düşen ağlamaz.

Çok acımasızsın, çok.
Gerçek acıdır cancağızım ama aynı zamanda da en iyi ilaçtır.
Yani... o acı ilacı içmemi söylüyorsun.
Aynen öyle canım. Doğruyu, dosdoğruyu anlat ve kurtul bu düşüncelerden.
Ferahla be ferahla...
Ama bu kez bir başka açıdan benden nefret edecek ya da senin deyişinle öfke duyacak. Ne o? Sesin çıkmıyor.
Düşünüyordum! Sanırım bunu da göze almak zorundasın. Ama ben, yine de derim ki, işin doğrusunu başından sonuna dek anlat. Ondan sonra da bakalım neler olacak.
Ah, benden büsbütün nefret edecek.
Allah aşkına Hazal, şu durumdan beter olacak değil ya...
Ama doğruları anlatırsan bir şansın var. Belki seni anlayacak, belki hoş görecek, belki yine bir araya geleceksiniz. Denemezsen bilemezsin ki...
Ama çok korkuyorum.
Bak, senin için tek çıkar yol, doğruları söylemek. Bundan hiçbir şey çıkmasa bile şu olacak. Her şeyden önce Selim senin gerçek duygularını ve gerçek nedenlerini öğrenmiş olacak. Ayrıca, seni seven bir insan olarak bunları bilmek onun hakkı. Ondan sonra kararını verecek. Ve kararı da doğrulara dayalı olacağından her şey çok daha yerli yerine oturacak.
Şu anda belirsizlikler içindesiniz, hem o, hem sen. Ama sen bu perdeyi kaldırır gerçeği ortaya koyarsan, ikiniz için de yolun bundan sonrası çok daha kolay olacaktır.
Kafasının içinde çatışan bu iki ses, bu iki sesin yarattığı gerilim Hazal'ı yormuştu. *Serseme döndüm*, diye düşündü, pencereyi kapatırken.
Yatağa girdi, bir süre tık tık cama vuran dalın sesini dinledi.
Sonra, "Evet," diye mırıldandı kararlı bir sesle, "ilk fırsatta Selim'e her şeyi açık açık anlatacağım."

Hazırlıklar Başlıyor

Son derste öğrencilerini okul bahçesine toplamıştı Yağmur.
"Bakın çocuklar ben düşündüm, düşündüm ve sonunda galiba bir çıkar yol buldum."

"Sahi mi hocam, ne çabuk."

"Neresi çabuk Müfit, tam bir haftadır gece gündüz bu konuyu düşünüyorum. Nerede yaparız, nasıl yaparız, ne yaparız diye."

"Peki, nasıl bir çözüm buldunuz?"

"Şimdi! Gösteriyi bina içinde yapamayacağımıza göre, burada okul bahçesinde yapacağız."

"Ama nasıl olur…"

"Ne diyorsunuz hocam, bahçede gösteri olur mu?.."

"Neden olmasın," dedi Yağmur, "bakın ben diyorum ki, gösteriyi şurada yapalım," diyerek okul binasının önünü gösterdi. "Hatta hatta binanın ön merdivenlerini bile kullanabiliriz.

İzleyiciler de karşıya geçer, oradan seyrederler. Tabii ki oturmaları gerek. Bir yerlerden tahta iskemleler bulup yan yana dizdik mi, olur sana yazlık sinema düzeni. İşte bu kadar basit. Eee, ne diyorsunuz?"

"Bence neden olmasın, harika olur hem de," dedi Nazire.

Ayşim'se, "Bilmem ki…" diye dudak büktü.

"Bence süper bir fikir! Gerçekten yaratıcısınız hocam."

"Aman Sumru, senin geldiğin okulda gösteri böyle orta yerde mi yapılıyordu? Komik olmak, milleti kendimize güldürmek de var işin sonunda."

"Neden öyle diyorsun Ayşim. Bu, yepyeni bir gösteri türü olacak. Değişik! Ayrıca, ha okul içinde olmuş, ha dışarıda, ne fark eder. Bence ortaya koyacaklarımız daha önemli."

Öğrenciler aralarında tartışıyorlardı. Yağmur, Dilaver'e sordu, "Sen ne düşünüyorsun?"

"Valla hocam, eğlenti olsun da, ne olursa olsun. Biz nerelerde nerelerde çalıyoruz, herkes de bal gibi eğleniyor."

"İşte budur," dedi Yağmur, "aramızdaki tek ve gerçek şovmen konuştu."

Sonuçta, değişik gelse de bu öneri kabul edildi.

"Peki, tahta iskemleleri nereden bulacağız," diye sordu Sumru.

"Ohoo, ondan kolay ne var," dedi Cengiz, "kahve sahibi ağabeylerimiz var, okul gösterisi için her biri beşer onar iskemle verse, tamamdır."

"Çok güzel," dedi Yağmur, "demek ki mekân işini ve oturma düzenini de çözdük. Şimdi sıra geldi yapacaklarımıza."

Hepsi merakla Yağmur'a bakıyordu.

"Genelde okul yılı başında bir piyes belirlenir, bütün yıl ona çalışılır ve yıl sonu o eser konur sahneye. Bizim böyle bir şansımız olmadığı için kısa kısa eğlenceli bir şeyler yapalım, diyorum. Bir kere Dilaver çıkıp bizlere klarnet çalmalı. Dilaver, sen şöyle anne babaların ve öğretmenlerin hoşlanacağı bir repertuar hazırlayıp çalacaksın, tamam mı?"

"Tamam hocam, siz hiç merak etmeyin."

"Koçum benim!" diye bağrıştılar, "Gösterimizin kralı. Elde var biiir..."

"Sonra," dedi Yağmur, Hazal'a dönerek, "Hazal'dan bize bir dans gösterisi sunmasını isteyeceğim."

"Hocam, dünyada olmaz. Yapamam."

Bu kez sınıf tempo tutmaya başladı.

Ha-zal! Şak şak şak!

Ha-zal! Şak şak şak!

"Hazalcığım, herkes elini taşın altına koymak durumunda. Bunu sınıfın için yapacaksın. Bugünden çalışmaya başlarsan ortaya çok güzel bir şey koyacağına inanıyorum."

Yine bağırış, çağırış, zavallı Hazal sonunda, "Peki," dedi.

Alkışlar... Alkışlar...

"9 B seninle gurur duyuyor."

"Etti ikiii..." diye sayıyordu Sinan'la Müfit.

"Bir de," dedi Yağmur, "bütün sınıfın katılacağı bir dans düşünüyorum. Müzikalleri düşünün. Orada hem şarkı söyler, hem dans ederler ya, öyle bir şey. Tarkan şarkılarından birini seçebilirsiniz meselâ. Artık bunun kararını size bırakıyorum.

Lila, Nazire, Sumru sizler de tek tek ya da birlikte bir şeyler yapabilirsiniz.

Delikanlılar, sizlerden de hem fikir hem katılım bekliyorum, ona göre," dedi özellikle Cengiz, Mehmet, Sinan ve Müfit'e bakarak.

"Bir de izleyicilerimizin görebilecekleri yerlere iki büyük pankart asmanızı istiyorum. Üzerinde, 'Sanat Uzun Hayat Kısa' yazmalı, böylece bizim bütün yıl boyunca ne yapmak istediğimiz vurgulanmalı.

Ayşim sen 'tekst'i yazacaksın ya, sonunda katkıda bulunanlara teşekkürü unutma.

Ve gösteriyi hep birlikte, *Sanat Uzun Hayat Kısa*, diye bağırarak bitireceğiz.

Şimdilik benim düşünebildiklerim bu kadar. Genel çerçeveyi belirledik, iş bunun içini biraz daha doldurmaya kaldı."

Hepsi heyecanlı, hepsi hevesliydi öğrencilerin.

Öğrencilerine baktı Yağmur, "Çok güzel olacak çocuklar," dedi.

"Olacak... Olacak..."

"Oley!" sesleri birbirine karışıyordu.

Sınıfa dönerlerken sordu Nazire, "Aşureciden ne haber?"

"O günden beri hiç yok ortada."

"Tüh, bir çare bulmalı kanka."

"Şu anda eve giderken kedimden başkasını düşünmüyorum, doğrusunu istersen."

"E, âlemsin yani..."

"Ama Nazire, bir gel gör onu. Öyle tatlı, öyle tatlı ki..."

"Hiç mi kedi görmedik."

"Ama bu başka... Onun hasretinden bayağı mutsuz oldum, sonunda annem durumu anladı da... daha doğrusu benim ne kadar yalnız olduğumun farkına vardı da, kedime kavuştum."

"Sahi Sumru, Ankara nasıl geçti?"
"Ber-bat!"
"Yapma yahu..."
"Evet, tam da düşündüğüm gibi babam beni evleneceği kadınla tanıştırdı.
O üç günü nasıl geçirdim, bir ben bilirim, bir Allah. Eve dönünce anneme, bir daha bana, ille de babana gideceksin, demeyeceksin. Çünkü gitmeyeceğim, dedim."
"Hay Allah... hay Allah," deyip duruyordu Nazire.
Boşanmak onun çevresinde pek de olağan bir konu olmadığından, Sumru'yla ilgili bu konu açıldığında, annesiyle babası iyi geçindiği için şükrediyor, arkadaşı içinse üzülüyordu.
"Neyse... şimdi gösteride biz ne yapacağız, onu düşünelim."
"Evet Nazire, hoş bir şeyler yapmalıyız."
"Bunlara da bir hâller oldu," dedi Nazire başıyla Selim'le Lila'yı göstererek.
"Evet, ben de farkındayım. Lila'yla Hazal dostluklarını sürdürüyorlar ama Selim dışlanmış gibi sanki."
"Nazar değdi bunlara. Herkes aman ne güzel bir üçlü diye diye... Artık ne olduysa..."
"Evet, çocuklar," dedi Yağmur, "sessiz olalım artık."

Hazal'ın İtirafları

Selim'e doğruları anlatma arzusu o hâle gelmişti ki, Hazal artık *ne olursa olsun konuşmalıyım, bu azaptan kurtulmalıyım*, diye düşünüyordu.

İşte bu nedenle son derste sürekli Selim'i gözlüyordu. Sınıftan çıkar çıkmaz yanına gidip onunla konuşmak istediğini söyleyecekti. Hiçbir beklentisi yoktu. *Büyük olasılıkla beni affetmeyecek ama olsun, ben bu yükten kurtulacağım ya*, diye düşünüyordu.

Sonuçta zil çaldı, Hazal yerinden fırladı, Selim'e doğru bir iki adım attı, herkes gülüşe konuşa dışarı çıkıyordu. Selim'se ağır ağır kitaplarını toplamakla meşguldü.

Mehmet, Cengiz'e, "Oğlum sende de ne akıl var," diyordu, "ne de güzel düşündün bizim Silifke oyunlarını oynamamızı."

"Tabii ya… Yağmur Hoca, yılsonu gösterisi için siz de ille bir şeyler yapacaksınız deyince, yandık, dedim. Bizde ne dans var, ne müzik… Eee, çıkıp stand-up yapacak halimiz de yok. Hem Sinan'la Müfit de var işin içinde.

Düşünürken, düşünürken, ampul yandı. Neden biz bir Silifke oyunu oynamayalım, dedim. Meselâ, *Silifke'nin Yoğurdu* türküsüne pekâlâ da oynayabiliriz."

Mehmet hemen ekledi, "*Keklik* türküsü de var. Onu da oynayabiliriz."

"Değil mi ya…"

Tüm grup çok keyifliydi.

Sonunda onlar da yılsonu gösterisi için yapacak bir şey bulmuşlardı.

"Halk oyunları gibisi var mı?" dedi Sinan.

"Suphi'yi de unutmayalım."
"Unutmayalım."
Gülüşe konuşa onlar da çıktılar sınıftan.
Hazal yavaşça Selim'e yaklaştı.
"Selim," dedi fısıldarcasına.
Selim dönüp Hazal'a baktı. Şaşırmıştı.
"Bana mı seslendin?"
"Evet," dedi ve hemen ekledi, "seninle konuşmak istiyorum."
Selim hiç sesini çıkarmıyor, öylece duruyordu.
"Lütfen."
Hazal'ın bakışlarında öyle derin bir hüzün vardı, öyle narin, öyle kırılgan görünüyordu ki...
"Tabii," dedi Selim omzunu silkerek, "konuş, ne söyleyeceksen..."
"Ama burada olmaz. Parka gidebilir miyiz, o saklı köşeye?"
"Şu son buluştuğumuz yere mi?"
Selim, Hazal'ın canını yakmaktan zevk alırcasına soruyordu bu soruyu.
"Evet," dedi Hazal başını dik tutarak, "orada daha rahat konuşabiliriz."
"Bilmem mi..." diyerek güldü Selim, alay edercesine.
Hazal anlamazlıktan geliyordu Selim'in tepkisini. Yeter ki izin versin de Hazal konuşsun.
Yeter ki anlatabilsin.
İçindeki o ağırlıktan kurtulsun.
Birlikte çıktılar, kalabalığa karıştılar. Bir süre sonra parka giden yoldaydılar. İkisi de konuşmuyor, sessizlik içinde yürüyorlardı.
Mart ve nisan aylarına özgü bulutlar, kâh güneşi maskeliyor, kâh el ele vermiş kümeler hâlinde akıp gidiyordu gökyüzünde.
Parka ulaştılar, oradan da gizli bir avluyu andıran bölüme geçtiler.
"Evet," dedi Selim, "işte buradayız, artık ne söyleyeceksen söyleyebilirsin."
"Lütfen otur Selim."
"Uzun mu sürecek bu?"
"Lütfen! Senden son kez bir şey istiyorum."

Bu sözler üzerine Selim dikkatle baktı Hazal'ın yüzüne.
"Bu hiç kolay olmayacak," diye mırıldandı Hazal.
O arada Selim de oturmuştu.
Ve Hazal anlatmaya başladı.
Önce arkadaşlıklarını ve kendisi için o arkadaşlığın ne kadar değerli olduğunu, sonra duyguların değişimini, Antakya'da yaşadığı unutulmaz günleri ve Mersin'e döner dönmez en başta Lila olmak üzere arkadaşlarına durumu açıklama kararını.
"Ama..." dedi, duraladı, Selim dikkat kesilmiş, öykünün bundan sonrasını bekliyordu.
"Ama Antakya dönüşü Lila bana çok önemli bir şey anlatacağını söyledi. Ve bu benim sırrım, senden başka kimse bilmemeli, dedi."
Durdu Hazal, o günü yeniden yaşar gibiydi.
Selim de giderek artan bir merakla dinliyordu. Onun için çözülememiş bir bilmece olarak kalmış olan bölüme yaklaştığının farkındaydı.
"Lila, bana, *ben Selim'e aşığım. Bunu siz Antakya'ya gidince, yani ondan uzaklaşınca iyice anladım,* dedi.
Önce inanamadım, duyduklarıma inanamadım ama doğruydu.
Benim can arkadaşım sana, yani benim ilk aşkıma âşıktı.
Gözyaşları içinde anlatıyordu aşkını.
Donup kalmıştım, hiçbir şey söyleyemeden onu dinledim, onu sakinleştirmeye çalıştım.
Ve o gittikten sonra da ben saatlerce ağladım. Çaresizliğime ağladım; bendeki de ne şansmış, dedim ağladım.
Sonra ateşim çıktı, biliyorsun. Hastalandım. Hep üzüntüden..."
Sustu Hazal, gözleri dolu doluydu.
Sonra, lafımı bitirmem gerek dercesine, "Artık bir karar vermem gerekiyordu. Ya seninle olacaktım ve sana âşık arkadaşım her gün bizi karşısında görüp acı çekecekti; ya da ben aşkımı içime gömüp senden vazgeçecektim."
Durdu ve ekledi, "Ve bunu yaparken de Lila'nın sırrını koruyacaktım. Çok düşündüm, inan çok acı çektim. İsyan ettim çünkü seni çok seviyordum. Sen benim ilk aşkımsın.

Öte yandan, ben nasıl... nasıl en yakın, en sevdiğim arkadaşımın olduğu yerde sevgilimle mutlu olabilirdim.

Öylesine güç bir karardı ki...

Sonunda çok acı vermesine karşın kararımı verdim."

Acı acı güldü Selim, "Ve Lila'yı bana yeğledin."

"Hayır," diye inledi Hazal, "asla öyle değil."

"Nasıl öyle değil dersin, durum çok açık. Düşünmüş, taşınmış, kararını vermişsin ve ben arkadaşımı üzemem, varsın Selim üzülsün, demişsin."

"N'olur böyle yapma."

"Ya ne dememi bekliyordun Hazal?"

"Söyle, sen olsan ne yapardın?"

"Ben olsam, gider can arkadaşıma durumu anlatırdım. O, belki ilk başlarda üzülürdü ama bir süre sonra o da bir başkasını severdi, olay da unutulur giderdi. Tıpkı şimdi Lila'nın Piyer'e tutulduğu gibi...

Oysa sen arkadaş uğruna iki kişinin mutluluğunu engelledin. Bizi önemsemedin."

Öfke içinde konuşuyordu Selim. Durdu, başını iki yana salladı, "O günden beri merak ediyordum, hep zihnimi kurcalıyordu. Hazal benden neden vazgeçti, neden, diye sorup duruyordum kendime. Senin o zaman söylediklerin bana hiç de inandırıcı gelmemişti. Başka bir nedeni olmalı, diye geceler gecesi düşündüm durdum. *Hatta hatta yoksa başka biri mi var,* diye düşündüm."

"Bunu nasıl düşünebilirsin," diye sözünü kesti Hazal.

"Neden düşünmeyeyim ki... Meselâ, Cengiz var."

"N'olmuş Cengiz'e?"

"Sana nasıl ilgi duyduğunun, nasıl hep etrafında dolaştığının farkında olmadığını söyleme bana."

"İnsaf! O, sadece herkese yardımcı olmayı seven biri."

"Ama nedense sana daha fazla yardımcı olmak istiyor."

"Lütfen Selim, saçmalama. Aklına gele gele böyle bir şey mi geldi. İyi valla, ya Gülşah'a ne demeli?"

"Gülşah'ın ne alâkası var bu konuyla?"

"Cengiz'in ne kadar varsa, Gülşah'ın haydi haydi var."

Sustular ikisi de...

Yine konuştu Selim, "İnanmıyorum, demek benden ayrılmak istemenin gerçek nedeni buydu. Aylardır merak içindeydim, düşünüp duruyordum, acaba ne olabilir, diye. Her şeyi düşündüm de böyle bir gerekçe aklımın ucundan geçmedi."

"Özür dilerim Selim."

Hazal'ı duymamış gibi sordu Selim, "Peki, neden şimdi bütün bunları anlatmak ihtiyacını duydun?"

"Sana işin doğrusunu anlatmamış olmak artık taşıyamayacağım boyuta gelmişti. Doğruları bilmek hakkındı. Lila'ya gelince, o zaten duygularını sana açtı. Bu da böyle olunca, *Selim'in her şeyi baştan sona bilmek hakkıdır*, diye düşündüm ve bunu bugüne kadar anlatamadığım için de senden bir kez daha özür diliyorum.

Ama inan her yaptığımı doğru olduğuna inandığım için yaptım. Tıpkı şu anda sana bütün bunları anlatmanın doğru olduğuna inandığım gibi."

Selim sessizce dinledi. Sonra, "Teşekkür ederim," dedi.

Hazal ona baktı, beni bağışlıyor musun, dercesine.

Ama Selim, gözlerini kaçırdı. "Bütün bunları açık kalplilikle anlattığın için teşekkür ederim. Konuşacak başka bir şey kalmadığına göre gitsek iyi olacak."

Böylece yine aynı sessizlik içinde parktan çıktılar.

"Haydi görüşürüz," dedi Selim.

Hazal'sa Selim'i bir daha hiç göremeyecekmiş gibi bakarak "Görüşürüz," dedi alçak sesle.

Ve biri bir yana, diğeri öbür yana doğru yürüdüler.

Selim karmaşık duygular içindeydi. Hem sevinçliydi hem de çok ama çok öfkeli.

Sevinçliydi çünkü; *Hazal beni yeterince sevemedi ondan vazgeçti*, diye düşünmüştü, demek bu doğru değildi.

Ayrıca, Hazal'ın onu hâlâ sevdiği çok açıktı.

Yine acaba gönlünde başka biri var da, onun için mi yüz çevirdi şeklinde bir şüphe de zihnini kurcalıyordu. Demek bu da doğru değildi.

İşte bu iki nedenden dolayı Selim'in içinden sokakları koşarak katetmek ve Hazal beni seviyor, diye avaz avaz haykırmak geliyordu.
Hazal onu seviyordu ve başkası yoktu.
Öte yandan Lila için kendisinden vazgeçmiş olmasını da bir türlü affedemiyordu.
Akıl alır gibi değil, diye söylendi içinden, birbirini bunca seven iki insanı bir başkası için feda etmek...
Akıl alır gibi değil!
Tamam, o başkası can arkadaşı...
Ama kardeşim, burada o arkadaşın anlayışlı olması beklenir.
O arkadaş, gerçek arkadaşsa, bu iki dostun mutluluğundan mutlu olur.
Kendi hislerini bir kenara koyar ve mutlu olmaya çalışır.
Mesele bu kadar basit.
Bu kızları anlayan beri gelsin, diye söylenmeye devam etti için için. Her şeyi karmakarışık etmekte üzerlerine yok.
Hazal'a gelince, o çok ama çok mutsuzdu.
Evet, hemen boynuna atılıp unutalım bütün bunları demesini beklemiyordu.
Ama...
Ama en azından biraz daha yumuşak bir tavır takınabilirdi.
Onu anlamaya çalışabilirdi.
Ya da her şeyi ona tüm açıklığıyla anlatmasını takdir edebilirdi. Gerçi teşekkür etmişti ama...
Yüzüme bile bakmıyordu, diye inildedi içten içe.
Bu nefret hiç bitmeyecek gibi.
Ah Tanrım, acaba yanlış mı yaptım? Lila'nın duygularını düşünerek hareket etmekle yanlış mı yaptım?
Ama bu hiç içime sinmeyecekti ki...
Bunu neden anlayamıyor Selim.
Ya o Cengiz lafları...
Ortada Gülşah varken, sen tut Cengiz'e laf et.
Cengiz ne zaman gelip benim dizimin dibinde oturmuş.
Peki, bundan sonra ne olacak?

Yılsonuna kadar aramızdaki soğukluğu etrafa belli etmemeye çalışmak ne zor, ne zor. Zaten ikide bir, aranızda bir sıkıntı mı var, diye soruyorlar.

Yok, diyorsun, bu sefer de, yani eskisi gibi değilsiniz de, diye meraklı meraklı araştırıyorlar. Öğretmenler odasında bile konuşuluyormuş bizim üçlü. Nazar değdi, diyorlarmış.

Bir yandan bu, bir yandan da Selim'i her gün görüp, her gün onun öfkeli bakışlarıyla karşılaşmak. Okulun bitmesine de daha çok var. *Bu günler nasıl geçecek bilmem*, diye düşünüyordu Hazal.

Bir tek dans beni kurtarıyor. O müziğe kaptırıp dans ederken, güzellikler diyarında uçuyorum sanki. İyi ki Yağmur hoca beni dansa yönlendirdi. Dans olmasa ya aklımı kaçırırdım ya da intihar etmeyi düşünürdüm bunca mutsuzluk içinde.

İyi ki dans var, iyi ki...

Hazırlıklar... Hazırlıklar...

Ders saatleri dışında hummalı bir çalışma temposuna girmişti sınıf.
Sumru'yla Ayşim, programın akışı için buluşup çalışıyorlardı.
Kıyafetler hazırlanıyordu.
Afişler için çizimler yapılıyordu.
Herkesin elinde bir iş vardı, özetle.
Hazal'a gelince, başkalarının önünde dans etmeyi hiç ama hiç istemiyordu. Ama, bunca ısrar, hele de Yağmur Öğretmen'in ısrarı karşısında mecburen kabul etmişti.
Onun sıkıntısınıysa dans hocası hemen fark etmiş, "Hayrola Hazal, bugün kendini veremiyorsun, aklında seni rahatsız eden bir şey mi var yoksa?" diye sormuştu.
Şaşırmıştı Hazal, "Hocam hayret valla, nasıl anladınız?"
"Beden dili o kadar ilginçtir ki, kelimelere gerek kalmaz. Kişinin bedeni, mutluluğu, mutsuzluğu, sıkıntıyı, neşeyi hemen söyler. Hem de açık açık."
Sonra durdu hocası ve ekledi, "Onun için derdini söyle de çalışmaya devam edebilelim. Tabii söylemek istersen... Teklif var, ısrar yok."
Yasemin Hanım'ı seviyordu Hazal. İri siyah gözleri, hep gülen yüzüyle güzel ve sıcacık bir kadındı dans hocası.
"Hocam," diye başladı söze ve durumunu anlattı.
Bir kahkaha attı Yasemin Hanım, "İlâhi, bu muyduh senin derdin?"
Sonra ciddileşti, "Bak sana ne diyeceğim. Sen şimdi bunu bir özgüven deneyimi olarak düşünmelisin. Gelecekte yapacaklarının bir denemesi olarak gör. Sadece dans açısından söylemiyorum, meselâ çıkıp bir kalabalık önünde konuşma yapman gerekebilir

ya da buna benzer bir şey. İşte bu dans denemesi, sendeki o ilk kez korkusunu silip atacaktır. Bunu başardıktan sonra buna benzer etkinlikler sana çok daha kolay gelecek. Korkulacak bir şey olmadığını göreceksin."

Öylece dinliyordu Hazal.

"Seninle özgün bir çalışma yaparız, koreografisini de ben hazırlarım. Sırf senin vücudunu, güçlü yanlarını düşünerek senin için, sana özel, romantik bir dans olacak bu."

Yasemin Hanım öyle güzel anlatıyordu ki, Hazal onun sözlerinin büyüsüne kapılmış, hayranlıkla dinliyordu.

Ve, "Tamam hocam," dedi, "yapacağım."

"Aferin sana! İşte böyle olmak gerek."

Bu konuşmadan sonra yılsonu gösterisi için Yasemin Hanım'la Hazal çalışmaya başladılar. Önce müzik araştırması yapıldı. Pek çok parçayı dinledikten sonra ikisinin de beğendiği bir parçada karar kılındı. Aslında Yasemin Hanım bulmuş, Hazal'a dinlettikten sonra sormuştu.

"Nasıl buldun? Sevdin mi? Senin bu parçayı sevmen çok önemli. Sevmezsen, istediğin gibi dans edemezsin."

"Gerçekten çok sevdim."

"Bir kez daha dinle; dikkatle dinle ve son kararını söyle."

Böylece parçayı bir kez daha birlikte dinlemişlerdi.

"Evet hocam, bence çok çok güzel. Nasıl desem... yüreğime dokunuyor sanki."

"Tamam o zaman, doğru müziği, yani seni yansıtan müziği bulduk demektir. Artık çalışmaya başlayabiliriz."

Ve böylece çalışmaya başladılar.

Yasemin Hanım, her başını eğişini, her kolunu kaldırışını, her dönüşünü dikkatle izliyor, uyarılarda bulunuyordu.

"Sana şöyle şifon gibi ince kumaştan bir giysi düşünmeliyiz. Eteklerin uçuşmalı. Pastel renklerde olmalı, meselâ eflatun... uçuk bir eflatun," diye kendi kendine konuşurcasına aktarıyordu düşüncelerini.

"Ve belki saçlarına çiçeklerden bir taç yapmalıyız ya da ince bir bant."

Hocam benden heyecanlı, diye bir düşünce geçti Hazal'ın zihninden. Gülümsedi.

Son dersteyse Yasemin Hanım onu çalıştırırken birden duraladı, "İyi de," dedi, "biz bu dansın adını koymadık."

"Bir adı mı olması lazım?"

"E, tabii ama. Bir şiirin, bir tablonun adı yok mu? Dansın da, dansı anlatır bir adının olması gerekir. Ne koysak dersin? Çiçeklerin dansı mı desek?"

Hazal da düşünüyordu.

Karşılıklı bir süre sessiz kaldılar.

Sonra...

Birden Hazal kendi sesini duydu. "*Yitirilmiş Aşkın Ardından* olsun hocam."

Ve anında sustu.

Nasıl söyleyebilmişti bu sözleri.

Öylesine iradesi dışında olmuştu ki...

"*Yitirilmiş Aşkın Ardından,*" diye mırıldandı hocası. "Çok güzel Hazal, çok güzel."

"Hocam, bir düşündüm de acaba başka bir isim mi bulsak. Böyle söyledim ama şimdi saçma geliyor."

"Yoo, hiç de saçma değil. Çok hoş bir isim, bundan sonraki çalışmalarımızda koreografide ufak tefek değişikliklerle tam da bu isme uygun bir dans olacak. Romantik, azıcık hüzünlü, uçucu... Haydi bakalım, çalışmaya devam..."

İşte Hazal da böylesi bir çalışma içindeydi.

Neler Olabiliyor Şu Hayatta

Yılın son Okul Aile Birliği toplantısı yapılıyordu. Öğretmenlerin çoğunluğu, okul müdürü Sevinç Hanım, Müdür Yardımcısı Abdülkadir Bey ve veliler, yapılanlarla ilgili bilgileri dinlemişler, sıra istek ve dilekler bölümüne gelmişti.

Yağmur, elinde not defteri, anlatılanları dikkatle dinliyor, ara sıra da not alıyordu. Bir ara Şevval'le göz göze geldiler, gülümsediler birbirlerine.

Velilerden yaşlıca bir bey kalkıp okul yönetimini tebrik etti.

"Ben bir dedeyim," diye söze başladı, "kızımla damadım çalıştıkları için okula gelip gitmeyi, torunumla ilgilenmeyi ben üstlendim. Bu, yıllardır böyle. O nedenle çalışmaları yakından takip edebiliyorum. Sizleri, dar imkânlar içinde olmanıza rağmen, çocuklarımıza verdiğiniz eğitim için kutlarım. Hem yönetimi, hem öğretmenleri…"

Bir mutluluk mırıltısı yükseldi salonda, öğretmenler ve yönetim kadrosu birbirlerine bakarak gülümsediler.

Bu tür toplantılarda, özellikle de dilekler kısmında hep eleştiriler gelirdi de…

Bu kez güzel başladı, diye düşünürlerken, bir hanım kalktı ayağa. Ve, "Ben beyefendiye katılamayacağım," dedi.

Az önceki iyimser hava, bu sözler üzerine uçup gitmiş, yerini sıkıntılı bir bekleyiş almıştı.

"Efendim elbette işini çok güzel yapanlar var. Bunu inkâr edemem. Özellikle de sayın müdiremiz Sevinç Hanım'ın emekleri inkâr edilemez," diyerek Sevinç Hanım'a baktı.

O da başıyla hafif bir selam vererek bu sözlere teşekkür ettiğini belirtti ama gözleri gülümsemiyordu, dikkatle gelecek eleştirileri bekliyordu.

"Yeni yeni âdetler çıkmaya başladı. Çocukları çalışmaktan alıkoyan... Onları avare eden... Oysa sınavlar var, çok çalışmaları gerek. Zaman çok ama çok kıymetli. Ama ne duyuyoruz? O kıymetli zamanlar, parklarda, sokaklarda, gezmelerde tozmalarda heba ediliyor."

Yağmur birden dikkat kesildi.

Neler söylüyordu bu veli.

Ve kimden söz ediyordu.

"Gündüz gezmeleri yetmedi, gece gezmeleri de girdi programlarımızın içine. Bu çocuklar nerelere götürülürler, oralarda ne menem insanlar vardır..." Durdu, etrafına bakındı. Sözcüklerinin etkisini ölçer bir hâli vardı.

"Bilmiyoruz," diye devam etti. "Evet, bilmiyoruz. Peki, sizce bu sağlıklı bir davranış mı? Soruyorum sizlere."

Yağmur, artık kendisinden söz edildiğinden emindi. Nazan'la göz göze geldiler. Nazan, başıyla, aldırma, dercesine bir işaret yaptı.

Kalbi hızlı hızlı atmaya başlamıştı.

Daha ne kadar devam edecekti bu kadın.

"Evet, benim kızım o sınıfta değil. İyi ki de değil!" dedi, bir an durdu. "Kimse alınmasın, gücenmesin, iyi ki de değil. Ama iş bu kadarla bitmiyor, bunu gören diğer öğrenciler de aynı şeyi yapmak istiyorlar. Biz de gidelim, gezelim, gece çıkalım, demeye başladılar."

Başını geriye attı, sert bir ifade vardı yüzünde, konuşmasını sürdürdü.

"Bizim aile yapımız," dedi gururla, "böylesi davranışları asla tasvip etmez."

"Bir dakika orada durun hanımefendi," diyen kalın ve gür bir ses yükseldi.

Herkes dönüp baktı.

Konuşan, Abdülkadir Bey'di.

İşte şimdi bütünüyle mahvoldum, diye içinden feryat etti Yağmur.

Kadın şaşırmıştı.

Abdülkadir Bey oturduğu yerden ağır ağır ayağa kalkıp iki adım öne çıktı.

"Siz bu tür bir konuşmayla buradaki diğer aileleri ve özellikle de ima ettiğiniz öğretmenin sınıfındaki öğrencilerin ailelerini incittiğinizin farkında mısınız?"

"Ama efendim, bizim aile yapımız..."

Abdülkadir Bey elini kaldırarak, "Sözümü kesmeyin lütfen," dedi, "siz konuşurken biz sizi dinledik. Her şeyden önce kendi aile yapınızı beğenebilirsiniz, buna kimse bir şey diyemez. Ammaaa... sizin de başkalarının aile yapısına, çocuklarına neye izin verip vermediklerine karışmaya hakkınız yok hanımefendi, hem de hiç yok. Bu noktada adaletli olmak lazım.

Sözünü ettiğiniz, sizin deyişinizle gezmeler, tozmalara gelince, o sınıfın ve öğretmenlerinin nerelere gittiklerini ve neden gittiklerini biz idare olarak biliyorduk."

Yağmur, Abdülkadir Bey'in söylediklerini kavramaya çalıyordu. O ana kadar Yağmur aleyhine bir şey söylememişti.

Ne zaman sıra gelecek, diye yüreği ağzında bekliyordu.

"Aslını isterseniz hanımefendi, ben de ilk günlerde o öğretmenin yöntemini çok yadırgadım. Ne de olsa başka bir dönemin insanlarıyız biz. Ders çalışmaktan anladığımız sabahtan akşama dek odalara kapanıp çalışmak.

Oysa artık devir değişti, anlayışlar değişti; eğitimdeyse yeni yeni yöntemler uygulanıyor. Eğitim dört duvar arasına hapsedilmemeli deniyor ve çocuklar okul dışındaki etkinliklerden de eğitim almalılar, deniyor.

Sözünü ettiğiniz öğretmeni ben de yakından izledim. Ve ne gördüm biliyor musunuz," şöyle bir durdu Abdülkadir Bey, sonra devam etti, "her boş dakikasını öğrencisine veren bir öğretmen gördüm. Her öğrencisiyle ayrı ayrı uğraşmaya çalışan bir eğitimci gördüm.

Bizlerin okulda, müfredatta veremediklerimizi, hafta sonlarında onlara vermeye çalışan bir genç eğitimci gördüm.

Gezmeler, tozmalar dediğiniz, onları götürdüğü sergilerdir, konserlerdir. Sorarım size hangimiz bunu yapıyoruz? Bu soruma aileleri de dâhil edin lütfen."

Salonda çıt çıkmıyordu. Herkes susmuş Abdülkadir Bey'i dinliyordu.

"Ben böyle bir öğretmeni değil eleştirmek, alnından öpmek isterim," dedi ve yerine oturdu.

Yağmur şoktaydı.

Herkes şoktaydı!

Bu, bakışlardan anlaşılıyordu.

Şevval'le Nazan'ın şaşkınlığı yüzlerinden okunuyordu.

Yağmur'sa gözyaşlarını silmekle meşguldü.

Hanımın yüzü kıpkırmızıydı. Oturduğu yerde homurdanıyordu ama ayağa kalkıp söyleyecek sözü kalmamıştı artık. Çünkü bu konuşma öyle bir noktaya gelmişti ki, lafı uzatsa, pekâlâ, madem beğenmiyorsunuz, o zaman çocuğunuzu alıp başka bir okula verebilirsiniz, tavrıyla karşı karşıya kalabileceğinin farkına varmıştı.

"Başka konuşmak isteyen var mı?" diye hemen söze girdi Sevinç Hanım, bu gergin havayı dağıtmak istercesine.

Kimseden ses çıkmadı, böylece toplantı sona erdi.

Herkes çıkıp gidene dek Yağmur yerinden kıpırdamadı. Şevval'le Nazan yanına geldiler.

"Neydi kızım o," dedi Şevval.

Nazan onun sözlerini tamamladı, "Resmen dilim tutuldu."

"Ya ben," dedi Yağmur, "ya ben…" ve ekledi, "o velinin konuşması zaten beni kahretti ama bir de Abdülkadir Bey kalkıp konuşmaya başlayınca, işte tam anlamıyla battım, dedim. Oysa neler neler söyledi, değil mi kızlar… Hâlâ inanamıyorum! Acaba yanlış mı hatırlıyorum, diye tekrar tekrar söylediklerini anımsamaya çalışıyorum."

"Helal olsun Abdülkadir Bey'e… Ne güzel cevap verdi o haksız eleştirilere. Tamam, eleştiri getir, bu senin hakkın ama aileyi ne karıştırıyorsun, hem tek doğru senmişsin gibi konuşmak da neyin nesi oluyor."

"Sonra," diye söze girdi Şevval, "neler yapıldığını doğru dürüst anlamadan, araştırmadan, hem de karalarcasına konuşmak, yakışır mı ciddi bir veliye…"

Hâlâ oturuyordu Yağmur.

"Eee, senin kalkmaya niyetin yok galiba. Baksana bir biz kaldık burada."

"Arkadaşlar, dizlerim tutmuyor desem ne dersiniz."

"Hadi, hadi kalk! Biz sana yardım ederiz."

"Bak ne yapalım," dedi Nazan, "bu olayı kutlamak için Çamlıbel'e gidip bir yerde oturup bir kahve içelim."

"Neden ille de Çamlıbel?

"Çünkü Şevvalciğim, orası hâlâ portakal çiçeği kokan bir yer de ondan," dedikten sonra Yağmur'a döndü Nazan, "eskiden her yer, bu mevsim, misler gibi portakal çiçeği kokardı. Beton binalar uğruna o canım bahçeler yok edildi, dolayısıyla biz de Çamlıbel'in turunç çiçekleriyle idare ediyoruz artık."

"Hadi gidelim ve Abdülkadir Bey'i konuşalım," dedi Şevval ve ekledi, "onun deyişiyle *durum muhasebesi* yapalım."

"Yapalım canlar, yapalım."

Şoku atlatmış, keyfi yerine gelmişti Yağmur'un.

Belirsizlikler

Yağmur eve gelir gelmez annesini aradı. "Anne dün neler oldu bir bilsen..."
Ve sevdiği koltuğa oturup Okul Aile Birliği toplantısında olup biteni tane tane anlattı. Annesi onu sonuna kadar, sözünü kesmeden dinledi.
Yağmur susunca, "Demek ki," dedi annesi, "zaman içinde yapmak istediklerini, çabanı görmüş ve anlamış seni."
Bir an sustu ana kız. İkisi de olayı hazmetmeye çalışıyordu.
"Ama," diye devam etti annesi, "helal olsun adama, bunca karşı çıkmasına karşın doğruya doğru demeyi bilmiş. Bazıları bir kere bir laf etti mi, asla geri adım atmaz. Yanlış olduğunu bile bile ısrar eder. Abdülkadir Bey'in senin hakkında yanılmış olduğunu kabul etmesi bence büyüklük. Üstelik bunu kabul etmekle kalmamış, seni herkesin ortasında savunmuş. Susup oturabilirdi. Bu da bir başka büyüklük."
"Bugün gidip ona teşekkür ettim."
"Sahi mi... Çok iyi etmişsin Yağmurcuğum."
"Nasıl etmem. O kadın beni yerin dibine batırıp çıkarırken, Abdülkadir Bey imdadıma yetişti."
"Pek, sen teşekkür edince, o ne dedi?"
"Homurdandı!"
"Ne demek homurdandı?"
"Asık bir suratla, *teşekkür etmeye gerek yok, ben doğru bildiğimi söyledim*, dedi."
"Yaa..." dedi annesi bir kahkaha atarak.
"Neden güldün?"
"Bana dedemi hatırlattı da..."
"Senin deden de böyle aksi miydi?"

"Ooo, hem de aksinin önde gideniydi ama bir yandan da dünyanın en iyi kalpli adamıydı."

"Sanırım bizim Abdülkadir Bey'e benziyormuş."

"İşte ben de onun için güldüm ya. Abdülkadir Bey'in verdiği cevap tam da benim dedemin tarzına uyuyor."

"Neyse, en azından ben ona duygularımı ve teşekkürümü ilettim."

"Eminim çok mutlu olmuştur."

"Artık bilmem..."

"Yok yok, öyledir Yağmur. O belki asık suratla dinledi seni ama eminim içinden çok mutlu olmuştur. Bu karakterde adamlar duygularını belli etmeyi sevmezler. Onları anlamak lazım."

"Nasıl karakterde adamları anlamak lazımmış bakalım," diyerek babası girdi paralelden. "Sizlerin lafı bitmez, onun için ben diyeceğimi diyeyim."

"Dinliyorum babacığım."

"Seni kutluyorum kızım."

Şaşırmıştı Yağmur.

"Doğru bildiğin yolda cesaretle ilerlediğin için seni kutluyorum. Okul yılı başında yaşadığın olumsuzluklar seni yolundan döndürmedi. Üzüldün, sıkıldın ama doğru bildiğin yolda, çağdaş eğitim yolunda devam ettin.

Neme lazım, demedin. Mücadeleni verdin ve bir ışık oldun öğrencilerine. Daha sonra da bazı meslektaşlarına.

İşte gerçek öğretmen budur, onun için seninle gurur duyuyorum kızım."

Yağmur o kadar duygulanmıştı ki, konuşamadı bir an. Yutkundu durdu.

"Hadi siz gevezeliklerinize devam edin, benden bu kadar. Seni çok öpüyorum canım kızım."

"Sağ ol babacığım, ben de seni."

Telefonu kapattığında Yağmur'un içi sıcacıktı. Ailesiyle telefon aracılığıyla da olsa, konuşmak ne güzeldi. Ayrıca, babasından aldığı övgü de onu çok mutlu etmişti. Ödül almış gibi hissediyordu kendini.

Kalkıp pencereye gitti. *Şu sokağı seyretmeye doyamıyorum,* diye düşündü. İşte taksi durağı... Şoförlerden biri gazetesini okuyor, ikisi tavla oynuyordu. Hediyelik eşya dükkânında çalışan güzel kız yine kapı önüne çıkmış, kendini hayranlarına gösteriyordu. Bir süre sonra aldırmaz bir tavırla uzun siyah saçlarını savurarak içeri girecekti.

Kuruyemişçinin dükkânı bayağı doluydu. Harıl harıl fındık fıstığı tartıp minik kesekâğıtlarına doldurarak müşterilerine uzatıyordu, yüzünde kocaman bir gülümseme...

İyi iyi, diye düşündü Yağmur. Bazen dükkân hüzün verecek derecede boş oluyordu da.

Yaşlı hanım yine köpeğini gezdirmeye çıkmıştı. Sağından solundan hızla geçen bisikletler onu nasıl da ürkütüyordu.

Uzun boylu, esmer bir adam gördü.

İçi hop etti birden ama Engin değildi o.

Engin deyince... İlişikleri ne kadar da garipti.

Yarıyıl tatilinden sonra yine bir uğramıştı. Elinde Yağmur'un sevdiği Amy Winhouse CD'si, en sevdiği çikolata Toblerone ve çiçeklerle... Küçük ayrıntılara o kadar dikkatliydi ki, Yağmur'un sevdiği, sevmediği her şeyi biliyordu.

Ve işte onu öyle, elinde paketler, yüzünde muhteşem gülümseme, karşısında görünce, Yağmur'un aldığı kararlar eriyip gidiyordu.

Oysa garip bir ilişkiydi.

Yok oluveriyor, haftalarca görünmüyor, ne arıyor, ne soruyordu. Sonra... yine ortaya çıkıveriyordu.

Tamam, iş gezileriydi bunlar.

Amma...

Yarıyıl tatilinden sonra görüştüklerinde İstanbul'a uğrayıp uğramadığını sorduğunda, Engin lafı geçiştirmişti. Yağmur da, şüphelenmesin diye, ısrar etmemişti.

Pekâlâ da açık açık sorabilirdim, diye düşündü belki bininci kez ve yine bininci kez aynı cevabı verdi kendine.

İlişkimiz birbirimize bu tür sorular soracak çizgide değil!

Ne sevgilim ki, ben ona hesap sorayım; ne de dümdüz arkadaşım ki, bana bak kimdi o esmer güzeli, ne iş, diyebileyim.

İki arada bir derede bir durum.
Bana bu cesareti vermiyor, öte yandan zaman zaman öyle bakışları var ki, insan ancak sevgilisine öyle bakar.
Derin derin içini çekti Yağmur.
Anlayamadığım bir durum var sanki.
Bilmediğim şeyler...
Bir sis bulutu içindeymişim gibi hissediyorum zaman zaman.
Bazen bu iş bu kadar, söyleyeceğim, beni aramasın, diyorum, ya da ona düşündüklerimi aktarmaya karar veriyorum.
Günlerce şöyle diyeceğim, böyle konuşacağım diye provalar yapıyorum.
Ama...
Onu, yüzünde o çocuksu sevinç, küçük ilginç armağanlarla kapımda görünce, hadi bu seferlik kalsın, diyorum ve bu böyle sürüp gidiyor.
Birlikte çok güzel vakit geçiriyoruz, konuşacak öyle çok şeyimiz var ki...
Ben onunla mutluyum.
O, benimle.
Ama sonra —yine gidiyor!
Sadece iş gezisi değil.
İstanbul'a da gidiyor, orada kalıyor.
Ve...
İstanbul hakkında fazla soru sorulmasından da hoşlanmıyor. Bunu hissediyorum.
Bilmiyorum!
Bilmiyorum!
Ne yapmam gerektiğini bilmiyorum.
Şimdilik öylesine sürüp gidiyor bu garip ilişki.
Gitsin bakalım...

Tesadüfler

Lila bağırdı, "Piyer, bak bu benim en sevdiğim arkadaşım!" Elinde iPad, bir yandan Piyer'le konuşup bir yandan Hazal'la Piyer'i iPad aracılığıyla tanıştırma çabası içindeydi.

Hazalların avlusunu, yaseminleri, fesleğenleri gösterip duruyordu.

"Delisin sen," dedi Hazal, gülmesini tutamamıştı.

"Nedenmiş efendim. Benim sevdiğim her şeyi görsün istiyorum. Meselâ, en sevdiğim arkadaşımı, meselâ Mersinimizin çiçeklerini, mahallelerimizi…"

Lila'nın yüzü mutluluktan parlıyordu.

"Onu çok mu seviyorsun Lila?"

"Çoook…"

Lila'yı böyle mutlu görmek ne güzeldi.

"Oysa çok az tanıyorsun onu."

"Görür görmez çarpıldım ona deyip duruyorum ya sana."

"Yıldırım aşkı…"

"Aynen öyle… Hadi ben gideyim artık."

"Neden öyle çabucak kalktın bakayım?" diyerek içeri girdi Leyla Hanım.

"Evde de yapılacak çok iş var Leyla Teyze."

"O Fransız hikâyesi devam ediyor mu?"

"Ediyor Leyla Teyze, ediyor."

"İlâhi kızım, burada aslan gibi delikanlılar dururken, nerden gittin taaa oralarda birine tutuldun sen."

"Öyle deme ama Leyla Teyze. Yazın gelecek, tanıştıracağım, bak ne kadar beğeneceksin."

"Hadi ordan... Bir de tanıştıracakmış, bak sen bacaksıza. Büyümüş de..."

Gülüşmeler arasında iki kız öpüştü ve Lila yola koyuldu.

O gittikten sonra Hazal da dans çantasını hazırladı.

"Gecikme, e mi kızım," diye seslendi Leyla Hanım, Hazal'ın arkasından.

Minibüs durağına yürürken havayı kokladı Hazal. Baharda her yer ne de güzel kokardı. Biraz portakal çiçeği, biraz yasemin... kent dışına çıkınca da taze çimen kokusu.

Son günlerde Selim'in bakışları daha bir yumuşamıştı sanki. *Yoksa bana mı öyle geliyor*, diye düşündü Hazal. Baharla birlikte insanın içi kıpır kıpır oluyordu. *Acaba Selim'le bir araya gelebilir miyiz*, diye düşünmekten kendini alamadı. Sonra, kızım bunları sana işte bu bahar havası düşündürüyor, diye mırıldandı kendi kendine. Sen Selim'i aklından çıkarmaya bak.

Ama yine de...

Bir yanı umut etmekten vazgeçemiyordu.

Stüdyoya ulaştığında doğru soyunma odasına yöneldi. Siyah tayt ve tişörtünü üstüne geçirip bol ışıklı salona geçtiği an, tüm sıkıntıların bir peri değneği dokunmuşçasına yok olduğunu hissetti. Aynalı duvarda kendine baktı... baktı sonra dans etmeye başladı.

Tam o sırada Gülşah, Selim'i arıyordu.

"Efendim Gülşah, ne var?"

"Çok fenayım Selim, ne olur buluşalım, biriyle konuşmam gerek."

Görülmediğini bildiğinden sessizce oflayıp pofladı Selim, "Biraz işim var da."

"N'olur, n'olur, mutlaka biriyle konuşmam gerek yoksa çıldıracağım."

"Kızım senin hiç kız arkadaşın yok mu? Kızlar bayılırlar böyle bunalım muhabbetlerine..."

"Bu çok özel bir konu. Kimseye söyleyemem ama sana güveniyorum. Çok çok kötü yaa... Aile sorunu... Kimseye anlatamam. Ama ben de biriyle konuşmazsam çıldıracağım. N'olur Selim, bir yarım saatçik olsun buluşalım."

Makineli tüfek gibi konuşuyor bu kız, diye düşündü Selim.
"Bak," diye devam etti Gülşah, "sizin evin orada Böğürtlen Cafe var ya, oraya gelirim, seni de yormamış olurum. İki adımlık yer sizin evden. N'olur yap bu iyiliği bana..."
Selim'e diyecek söz bırakmamıştı Gülşah.
"Tamam."
"Aslanımsın!" diye bağırdı Gülşah, "Hemen oradayım."
Selim'se, çattık dercesine kapattı telefonu.
Annesi, "Arayan Hazal mıydı?" diye sorunca büsbütün sinirlendi Selim.
"Ne alâkası var şimdi anne."
"Oğlum sadece bir soru sordum."
"Hayır, Hazal değildi."
"Bana bak, şu son zamanlarda ne Hazal'la ne de Lila'yla buluşuyorsun. Ne sen onlara gidiyorsun, ne de onlar buraya geliyorlar. Yoksa aranızda bir şeyler mi geçti?"
"Hayır." Suratı asıktı Selim'in.
"Yok, yok! Belli bir şeyler olmuş. Küs müsünüz yoksa?"
"Hayır, küs değiliz, okulda görüşüyoruz."
"Peki, az önce arayan kimdi?"
"Üff anne, sıktın sen de. Ne bu sorular?"
"Tamam, tamam."
Üzülmüştü Ayten Hanım, iki kızı da hem sever, hem beğenirdi. Oğlunun böyle arkadaşları olduğu için memnundu. Ne oldu acaba bunların arasında. *Neyse, daha sonra nasıl olsa öğrenirim,* diye düşündü, evden çıkan oğlunun arkasından bakarken.
Gülşah'la Böğürtlen Cafe'de buluştular, aslında bu kafeyi severdi Selim. Annesiyle babası da ara ara, yemekleri çok lezzetli diye, burada yerlerdi. Ama şimdi zoraki gelmenin keyifsizliği vardı üstünde. Yola bakan bir masaya oturdular.
"Anlat bakalım."
"Valla kusura bakma, seni de sıkıyorum, farkındayım ama öyle kötüyüm ki..."
"N'oldu?"

"Annemle babam kavga etti."

"Ne var bunda. Bizimkiler de ara sıra kavga ederler, olur böyle vakalar," diyerek Gülşah'ı güldürmeye çalıştı Selim.

"Ama bu öyle kavgalardan değildi. Feci kavga ettiler, feci. Annem babama o ağır kristal vazoyu fırlattı, babamın kaşı yarıldı, bir kanadı, bir kanadı."

"Gerçekten fenaymış be Gülşah." Selim yumuşamıştı Gülşah'a karşı.

"Ama sen asıl kavganın nedenini bir duysan..."

"Neymiş?"

"Annem babamın bir metresi olduğunu öğrenmiş."

"Ne!"

"Yaa... Boşuna demiyorum, fenayım diye."

"Gerçekten kötüymüş Gülşah. Ama acaba doğru mu? Öylesine bir kıskançlık olmasın."

"Yok, yok. Annem şüphelenmiş çünkü kredi kartı sliplerini bulmuş, ev eşyaları alındığını görmüş. Eee, o eşyalar bizim eve gelmeyince, annem onları babamın başkası için aldığını anlamış.

Ve bir dedektif gibi araştırınca da, iş seyahati diye gittiği seyahatlere o kadınla gittiğini öğrenmiş ve böylece bugünkü olay patladı."

"Hay Allah, çok üzüldüm Gülşah."

"Şimdi söyle ben ne yapayım. O eve gitmek istemiyorum, hele de babamın yüzünü hiç görmek istemiyorum."

Selim'le Gülşah öylesine dalmış konuşuyorlardı ki, yolun karşı tarafında dans stüdyosundan gelmekte olan Hazal'ı görmediler. Hazal'sa onları görünce, hemen bir kapının kuytusuna sığınıp izlemeye başladı. Gülşah bir şeyler anlatıyor, Selim'se ona doğru eğilmiş, sürekli ona bir şeyler söylüyor, elini tutuyor, ara sıra da omzunu okşuyordu. Bu manzara karşısında Hazal'ın sinirden beyni karıncalanıyordu.

Hani Gülşah'la aralarında bir şey yoktu. Şuraya bak, diye söylendi için için, nasıl da elini tutuyor, nasıl da ona doğru eğilmiş konuşuyor. Birbirlerinin içine düşecekler nerdeyse.

Bir de bana bakışları yumuşadı diye hayaller kuruyordum. Şuraya bak. Güya beni sevdiği için bana kızgın. Hiç de öyle görünmüyor.

Gülşah'a da helâl olsun. Kız, Selim'i tavlayacağım, demişti, çoktan başarmış işte.

Ve bazen hayatta ayarlasan, uğraşsan gerçekleşemeyecek durumlar vardır ya, işte tam o sırada, o inanılmazlardan biri gerçekleşti. Cengiz'le arkadaşları Alışveriş Merkezi Forum'dan geliyorlardı. Hepsi motosikletliydi. Cengiz, Hazal'ı görünce, önünde durdu, "Ders bitti galiba."

Evet, anlamında başını salladı Hazal.

"Seni evine bırakayım mı?"

Başka zaman olsa, Hazal teşekkür eder, minibüsle gitmeyi yeğlerdi. Ama caddeye çıkabilmek için Böğürtlen Cafe'nin önünden geçmek gerekiyordu. Ve Hazal, Selim'e o kadar kızmıştı ki, "Sağ ol, çok makbule geçer," deyiverdi.

"Haydi o zaman, yengeyi hep birlikte evine bırakalım."

"Ayıp olmuyor mu?" dedi Cengiz arkadaşına, ters ters bakarak.

"Kusura bakma, şaka yapalım, dedik ama yüzümüze gözümüze bulaştırdık."

Hazal, Cengiz'in arkasında yerini aldı.

"Belimden sıkı tut ki, düşmeyesin," diye uyardı Cengiz.

Böylece Cengiz'in beline sarıldı Hazal ve motosiklet grubu, başta Cengiz'le Hazal, caddeyi baştan başa geçip Böğürtlen Cafe'nin önüne geldiler. Motorların gürültüsüne dönüp bakan Selim, Hazal'ı gördü.

Hazal, Cengiz'e daha bir sıkı sarıldı.

Selim'in yüzü allak bullak olmuştu.

Gülşah, "Aaa, bu Hazal değil mi," dedi, sonra Selim'e döndü, "Hazal'la Cengiz çıkıyorlar mı?"

Selim çok öfkelenmişti, "Nerden çıkarıyorsun böyle şeyleri, ne alâkası var."

"Tamam yaaa, bağırma. Ama baksana ne biçim sarılmıştı Cengiz'e. Eee, Cengiz de hoş çocuk doğrusu."

"Keser misin sen?" dedi Selim ve ayağa kalktı. "Hem geç oldu, sen de artık evine gitsen iyi olur."

Tesadüfler ve yanlış anlamalar sonucu, o gece hem Hazal, hem de Selim için oldukça zor bir geceydi.

Düşünüyordu Hazal. Selim'in, onu Cengiz'le gördüğü için kızmış bir hâli vardı.

Peki ya ben ne diyeyim.

Hani Gülşah'la aralarında bir şey yoktu?

Oysa kafede birbirlerinin dibinde nasıl da sohbet ediyorlardı.

Hem bir ara Gülşah'ın sırtını sıvazlıyordu.

Peki, bu ne oluyor şimdi?

Oh, ben de ona inat, Cengiz'in arkasına atladığım gibi onların önünde tur attım.

Cengiz'in de tam o sırada oraya gelmesine ne buyrulur.

Boşuna dememişler, Allah'ın sopası uzun diye.

Hazal bunları düşünüyordu da, Selim başka bir şey mi düşünüyordu.

Antakya'da her şey ne kadar güzeldi, sonunda birbirimizi bulmuştuk. Aylarca sabırla bekledikten sonra birbirimize açılabilmiştik.

Ne istediyse yaptım, ne dediyse peki, dedim. Peki, o ne yaptı?

Önce arkadaşını bana tercih etti!

Neymiş, arkadaşı sonra çok üzülürmüş!

Sanki biz üzülmeyiz, bizim duygularımız yok.

O yetmedi, bir de Cengiz çıktı başımıza.

Aklım almıyor Yaa... Benimle, aman kimse görmesin, aman kimse duymasın... Ama Cengiz'le Pozcu sokaklarında motosiklet üstünde tur atmanın bir sakıncası yok.

Bu nasıl şeydir?

Ama Selim'i asıl üzen daha başka bir şeydi. Hazal'ın hâlâ onun sevdiğini parktaki konuşmadan anlamıştı. Ve bu da onu çok mutlu etmişti.

Öte yandan, o da biraz acı çeksin, diye Hazal'a soğuk davranmaya devam etmişti.

Ama şimdi...

Acaba yanlış mı yaptım, diye düşünüyordu. Biraz daha acı çeksin derken, onu yitiriyor muyum acaba?

Ya bir başkası, meselâ Cengiz, devreye girer de ben boşu boşuna Hazal'ı kaybedersem, diye içi içini yiyordu. İşte, bu da bir başka dayanılmaz düşünceydi, Selim için.

Bir Köy Düğünü

Kapı çalındığında Yağmur yılsonu gösterisi için yapılacakların üstünden geçmekle meşguldü. *Bu saatte kim olabilir*, diye düşündü. Kapıyı açtığında yüzünü bir buket çiçekle kapatmış bir adam duruyordu orada.

Engin!

Ah, benim karabatak yine çıkıp gelmiş, diye düşünmekten alamadı kendini.

"Beni buyur etmeyecek misin?" diyerek o güzel gülüşüyle içeri girmiş, çiçekleri masanın üstüne bırakıp Yağmur'a sarılmıştı.

"Saçlarının kokusunu özlemişim," diye fısıldamıştı kulağına.

Yağmur ona bir kahve yapmış, sonra karşılıklı oturup konuşmuşlar, daha doğrusu o anlatmış, Yağmur dinlemişti.

Prag'a gitmişti, ne kadar ilginç bir kentti.

"Bir gün mutlaka seninle oraya gitmeliyiz," demişti.

Neydi şimdi bu?

Bu tür sözleri insan nişanlısına, sözlüsüne, bilemedin sevgilisine söylerdi. Böylesi planlar ancak ciddi ilişkilerde yapılırdı. Oysa bizim nerede durduğumuz belli değil! O, kendini kapalı kapılar ardına saklıyor. Sonra da dönüp böyle laflar ediyor, beni o çok ince düşünceleri ve dikkatiyle sarıp sarmalıyor.

Ne işim var benim bu adamla...

Ama...

Kopamıyorum, garip bir bekleyiş içindeyim. Hem de neyi beklediğimi bilmeden.

Sonra Engin birden, "Sana bir şey söyleyeceğim ama söz ver, kabul edeceksin," demişti.

"Bilmediğim bir şey için nasıl söz verebilirim," diye yanıtlamıştı onu Yağmur.
Şöyle bir düşünmüş sonra, "Haklısın," demişti.
"Peki, neymiş bu söyleyeceğin?"
"Seni bir yere davet etmek istiyorum, dahası senin de bu daveti kabul etmeni istiyorum."
"Bak merak ettirdin şimdi beni. Nereye davet edeceksin?"
Şöyle bir durmuş sonra, "Kardeşimin düğününe," demişti yavaşça.
Yağmur öyle şaşırmıştı ki...
"Bak gördün mü hemen derin düşüncelere daldın," demişti Engin onun bu suskunluğuna.
"Çok teşekkür ederim ama bu ailevi bir olay. Senin ailen, senin dostların. Benim orada olmam, biraz, ne alâka, değil mi?"
"Değil," diyerek Yağmur'un ellerini avuçlarının içine almış, sonra, "senin ailemle tanışmanı, daha da önemlisi, onların seni tanımalarını istiyorum," demişti.
Yağmur'sa içinden, tam da benim çocukların deyişiyle *buyurun buradan yakın* durumu.
İşte yine kafa karıştırıcı bir durumla karşı karşıyaydı.
Öyle ısrar etmişti ki, sonunda onu kırmayı göze alamayan Yağmur, "Peki," demişti. Ama Engin gittikten sonra da, hay Allah, şimdi ben orada o aileyle ne sıfatla tanışacağım, diye kuşkulara boğulmuştu.
Aman canım, arkadaşım diye tanıtacak nasıl olsa, diye kendini avutmaya çalışmışsa da, o hınzır öteki ses, ailesi, yemezler güzelim, diyecekler içlerinden, diye acımasızca gülmüştü Yağmur'a.

Sonuçta, işte Engin'le, onun arabasında köy düğününe gidiyorlardı.
Çok keyifliydi Engin, "Köydeki akrabamız en büyük amcamdır. Geleneklerine öylesine bağlıdır ki, tüm aile yıllar önce şehre taşınmış, bizim anne babalar filan ama o ben çiftliğimden adım atmam diyerek, kalmış.
Aslında bu bizim için çok iyi oldu. Çocukluğumun en güzel anıları o çiftlikte geçmiştir. Ata binerdik, güvercinlerimiz vardı, köpeklerimiz vardı, açık havada uyurduk. Daha sonra da amcamla ava giderdik."

Köy meydanında büyük bir kalabalık vardı.
"Bak şu gördüğün kalabalığın çoğu bizim akrabalardır."
"Akrabalar o kadar çok mu?" diye şaştı Yağmur, kendi küçücük ailesini düşünerek.
"Düğünü neden hem köyde, hem kentte yapıyoruz sandın. Tüm bu kalabalığı bir yerde toplamak mümkün değil. O nedenle isteyenlerle köyde, kentteki dost ve akrabalarla da şehirde olacak kardeşimin düğünü."
Sonra bir kahkaha attı, "Şu işe bak o benden küçük ama önce o evleniyor."
Hava çok güzeldi. Cıvıl cıvıl bir kalabalık vardı. Ağaçların altına masalar kurulmuştu. Çocuklar koşturuyor, genç akraba kızlar hizmet ediyor, kahveler pişiyor, her yeni gelen diğerleriyle sarılıp öpüşüyordu.
İlerlerde bir yerde dev tencereler içinde yemekler pişiyordu.
Ailenin büyükleri kocaman bir incir ağacının altına yerleştirilmiş hasır koltuklarda oturuyorlardı. Engin, Yağmur'u kolundan tutarak o taraf yönlendirdi. Masanın başında bembeyaz saçlı bir adam oturuyordu.
"Amca, sana arkadaşım Yağmur'u tanıtayım. Kendisi öğretmendir, hem de öğrencilerinin çok sevdiği bir öğretmendir."
"Memnun oldum kızım." İleri yaşına karşın hâlâ dinç ve yakışıklıydı.
"Ve işte annem," dedi, "babam kim bilir yine kiminle sohbete dalmıştır, seni onunla sonra tanıştırırım."
Annesi, "Hoş geldiniz," diyerek elini sıktı. Sıcak gülümsemesi insanı rahatlatıyordu. Nevin Hanım kızıl saçlı çok hoş bir kadındı. Havalıydı, alımlıydı, şıktı. Ama garip bir biçimde bu köy atmosferiyle de bütünleşmişti.
Nevin Hanım birilerine işaret etti ve anında Yağmur'un önüne kahve geldi.
"Sizinle kaç zamandır tanışmak istiyordum Yağmur Hanım. Yenilikçi bir öğretmen gelmiş, diye sizden övgüyle bahsediyorlar."
Gülümsedi Yağmur.
Konuşmaya devam etti, "Kaç gündür koşturmaktan canım çıktı. Bizde düğünler ister istemez böyle çifte düğün oluyor. O nedenle koş şehre orayı ayarla, koş köye burayı ayarla."

"Ama burası çok hoş."

"Değil mi ama Yağmur Hanım kızım," dedi amca, "hep söylüyorum köyümüz gibisi yok diye ama bunlar şehir sevdalısı."

Bu arada gençler oynamaya başlamışlardı. Karşılarında davullar, halay çekiyorlardı.

Derken süslenmiş gelin arabası köy meydanına ulaştı. Herkes arabanın etrafına toplandı. Geline yardım edildi, kimi eteğini tutuyordu, kimi duvağını...

Genç çifte masada yer açıldı.

Nevin Hanım, Yağmur'u tanıştırdı genç çifte. İkisi de, "Evet biliyoruz Yağmur Hanım'ı," dediler. Ve az sonra Engin'in kardeşi, "Ağabeyimden sizi o kadar dinledik ki, artık kırk yıldır tanıyor gibiyiz," deyiverdi.

Engin'e baktı Yağmur, mahcup mahcup gülümsedi Engin.

Ve yemek servisi başladı.

Tabaklarla dövme, nohut yahnisi, kuru fasulye, analıkızlı çorba, yaprak sarması ve dolmalar getirilip masalara yerleştiriliyordu. Herkes istediğinden alıyordu.

"Ne güzel âdetler," dedi Yağmur.

Nevin Hanım, "Aslında âdetleri tam da uyguluyoruz diyemeyiz. Giderek herkes kendine göre daha esnek davranıyor. Meselâ eskiden kızlar evde, erkekler dışarıda oynardı. Oysa şimdi hep birlikte oynanıyor. İşte bunun gibi bazı âdetler giderek zamana ve koşula uyuyor ama en azından düğünümüzü köyümüzde yaparak âdetlerimizi anmış oluyoruz," diye bir açıklama yaptı Yağmur'a.

Yemekten sonra, "Atkı zamanı," dendi. Nevin Hanım yine eğildi Yağmur'a doğru. "Bu âdet de yeni evli çifte destek amaçlı. Öte yandan böyle bir desteğe ihtiyacı olmayana da yapılıyor, o da daha çok sembolik amaçlı."

Gür sesli, güzel konuşan bir adam çıkmıştı yüksekçe bir yere. Önünde nakışlı örtüyle süslenmiş bir sepet duruyordu.

"Eveeet," diye söze girişti bu köy sunucusu, "atkı zamanı. Haydi, şu gençlere bir el verelim," sonra kendisine uzatılan parayı havada sallayarak.

"Damadın amcasından beş yüz lira..."
"Gelinin babasından beş yüz lira..."
"Damadın kardeşinden üç yüz lira..."
"Gelinin teyzesinden bir altın bilezik..."
Ve böylece orada bulunan herkesten gelen paralar ve takılarla sepet giderek dolup taştı.
Bu arada laf atmalar, gülüşmeler, şakalar da gırla gidiyordu. *Bayağı eğlenceli bir şeymiş bu atkı*, diye düşündü Yağmur.
O sırada küçük bir oğlan çocuğu Yağmur'un yanına geldi.
"Sen Yağmur Öğretmen'sin, değil mi?"
"Evet, tatlım. Senin adın ne?"
"Ahmet."
"Memnun oldum Ahmet."
Ahmet, Yağmur'u dikkatle süzüyordu. Sonra durdu, durdu ve "Sen, Engin'le evlenecek misin?" demez mi...
Engin kıpkırmızı olmuştu, "Hadi git oyna Ahmet."
Yağmur da, Engin de, ne diyeceklerini bilemediler bir an.
"Çocuk işte," dedi Engin, "yanımda seni gördü ya..."
"Tabii canım."
Artık akşam olup gölgeler uzarken herkesin üstüne bir yorgunluk çökmüştü. Tabaklar, sofralar toplanmış, davulcuyla zurnacı bol bahşişlerini alıp gitmişlerdi. Çocukların saçları dağılmış, çimenlerde yuvarlanmaktan giysilerinde toprak ve çimen lekeleri oluşmuştu.
Engin, Yağmur'a baktı, "Ne zaman istersen seni evine götürebilirim."
"Kalkalım o zaman."
Böylece hem Engin'in, hem de gelinin aile fertleriyle vedalaşıp bu arada geline armağanını verdikten sonra Engin'le birlikte köyden ayrıldılar.
Yolda sordu Engin, "Nasıl buldun köy düğününü?"
"Bayıldım! Ailen de ne hoş, ne sıcak insanlar."
"Öyledirler," diyerek gülümsedi Engin. "Onlar da sana bayıldılar. Büyük sükse yaptın."
"Teşekkür ederim," demekle yetindi Yağmur.
"Yarın akşam da kentteki düğüne davetlisin."

"Yok Engin, bak bugün harikaydı, sana çok çok teşekkür ederim ama yarın akşam daha küçük, yani köydekine kıyasla kesinlikle daha küçük bir grup olacak. Yakın dostlar, akrabalar... Ne bileyim bense kimseyi tanımıyorum."

"Ama artık ailemi tanıyorsun."

"Elbette! Ve inan çok mutlu oldum, bana karşı da o kadar naziktiler ki... Bunun onlarla ilgisi yok. Ama böyle, seninle, bu kadar ailevi bir olaya ikinci kez katılmak... nasıl anlatacağımı bilemiyorum, pek de doğru görünmüyor," dedi, duraladı, "beni anlayacağını umuyorum."

Engin sessizce dinliyordu Yağmur'u.

Elleri direksiyonda, gözleri uzaklardaydı.

Yağmur ise düşünüyordu. Korktuğu bir ölçüde başına gelmişti. Engin'in kardeşi, *ağabeyim sizden çok söz etti* gibilerden bir laf kaçırmıştı ağzından.

Küçük çocuk saf saf, *siz evlenecek misiniz*, diye sormuştu.

İşte bir yandan bu sözleri duymak, bir yandan da Engin'den hiçbir şey duymamak arasında bir yerlerde duruyordu Yağmur.

Ve bu da onu rahatsız ediyordu.

Şimdi bir de kentteki düğüne Engin'in kolunda giderse...

Yok, yok, diye düşündü, Engin beni anlamalı.

Sesini çıkarmada arabayı sürmekte olan Engin'e baktı. Yavaşça koluna dokundu.

"Seni kırmadım, değil mi? Sanırım beni anlıyorsun."

Ona doğru döndü Engin. Bakışlarında hüzünle karışık öyle yoğun bir sevgi vardı ki...

"Hayır hayatım," dedi, "kırmadın."

Nazire'nin Marifetleri

"Nerde o Nazire!" diye sınıfa daldı Sumru.

Sumru'yu gören Nazire'yse, "Abooo, yandık," diyerek kendini sıralardan birinin altına attı.

Tam o sırada Hazal girdi sınıfa, "Ne oluyor?"

"Var ya… O Nazire'yi yakalarsam parçalayacağım, parçalayacağım!"

"Ne yaptı ki?"

"Yapabileceği en kötü, en rezil, en beter işi yaptı."

"Ay Sumru, seni hiç böyle konuşurken duymamıştım."

"Burada oturup bekleyeceğim. O gelene dek bekleyeceğim ve onu bulmadan şurdan şuraya gitmeyeceğim," diyerek bir hışım sırasına geçip oturdu.

"Senle ben epeyce erkenciyiz anlaşılan, baksana daha kimse gelmemiş." Sumru'yu oyalamak için laf üretmeye çalışıyordu Hazal.

"Ben sinirimden bu kadar erken geldim yoksa işim ne bu saatte…"

Ve artık daha fazla saklanamayacağını gören Nazire'den cılız bir ses…

"Galiba bir de ben erkenciyim."

Sumru, avının üstüne atlayan bir atmaca gibi Nazire'nin sırasına koştu.

"Çabuk çık oradan ve hesap ver."

Nazire, yüzünde pek de inandırıcı olmayan bir ifade, "Ne yapmışım ben," diye kekeledi.

"Bak Hazal, şu yüze bak. Tam bir suçlu yüzü. İnkâr etmeye çalışıyor ama yalan söylediği yüzünden akıyor. Hem de şarıl şarıl."

"Yaa, ne kızıyorsun? Önce ne yapmışım ben, bi' onu bileyim," diye son bir çırpınışta bulundu Nazire.

"Sen," dedi Sumru, parmağını Nazire'nin göğsüne bastırarak, "Cem'e o mektubu sen yazdın," sonra bağırdı, "itiraf et!"

Hazal, hayretle iki arkadaşı izliyordu.

"Ne mektubu yaa... Kime ne yazmışım?"

Ayağını hırsla yere vurdu Sumru, "Bak hâlâ inkâr ediyor."

"Neler oluyor, lütfen biri bana söyleyebilir mi?"

Sumru, Hazal'a döndü, "Bak anlatayım da sevgili arkadaşımız ne işler çevirmiş, gör."

O kimselere laf ettirmeyen Nazire'yse süt dökmüş kedi gibi suçlu suçlu bakıyordu Sumru'ya.

"N'olursun anlat, gerçekten merak ettim."

"Dün pazardı, malum. Anneminse yine okulda işleri vardı, öğleden sonra çıkıp gitti. Az sonra kapı çalındı, gittim göz deliğinden baktım... Cem!

Gözlerime inanamadım önce, sonra toparlanıp kapıyı açtım.

Merhabalaştık ve ben susup bekledim. Öyle ya, o geldiğine göre bir söyleyeceği olmalıydı.

Sumru, annenin gittiğini gördüm, dedi. *Seninle konuşmak istediğim bir şey var, sakıncası yoksa içeri girebilir miyim?*

Ben de, tabii gel, dedim ama şaşkındım çünkü apartmanla ilgili her ne varsa, annemle konuşuluyordu.

Neyse geçip oturduk.

Sana bir çay yapayım dedim, düşünceli ev sahibesini oynayarak.

Hayır, hiçbir şey istemiyorum, sağ ol, dedi. *Bir konu hakkında konuşup gideceğim.*

İyi, dedim, içimden, konuş bakalım.

Cebinden bir zarf çıkardı, bana uzattı, *lütfen bunu okur musun,* dedi.

Aldım zarfı, içindeki kâğıdı çıkardım ve başladım okumaya.

Okudukça, aman Tanrım oldum, aman Tanrım.

Nasıl utandım Hazal, nasıl! Hayatımda hiç bu duruma düşmemiştim," dedi. Bu arada öfkeyle Nazire'ye bakıyordu.

"Peki, ne yazıyordu o mektupta?"

"Ah, ah," dedi Sumru yine kötü kötü Nazire'ye bakarak.

"*Cem Bey*, diye başlamış. *Bilmeniz gereken bir şey var*, diye devam ediyor mektup."

"Çok ilginç," diyerek sırasına oturdu Hazal, "sonra ne yazmış. Çok merak ettim."

"*Apartmanınızda oturan Sumru isimli genç kız sizi çok beğeniyor. Ama bunu size belli etmeye çekiniyor. Bilmek istersiniz diye yazıyorum. İmza – bir dost.*"

Eliyle ağzını kapattı Hazal, feryadını bastırmaya çalıştı.

"İşte böyle yazılıydı mektupta. Beni düşünebiliyor musun Hazal, orada o an ah bi ölüversem, diye düşündüm."

Sustu Sumru sonra Nazire'ye döndü. "Bunu nasıl yapabildin Nazire, hangi akla hizmet beni rezil ettin?"

"Birini sevmek ya da çok beğenmek suç mu?" deyiverdi Nazire, böylece kendini ele verdi.

"Sahi Nazire," dedi Hazal, "o mektubu sen mi yazdın?"

Nazire, doğruyu söylemekten başka çare kalmadığını görünce, "Evet ya, ben yazdım. Arkadaşıma bir iyilik olsun diye yaptım bunu. Çünkü durum ilerlemiyordu, öyleyse ben şöyle bir iteklesem, belki Cem de Sumru'yu beğeniyordur, o zaman işler yoluna girer, diye düşündüm."

Sumru kollarını iki yana açarak, "Hay yarabbim, oysa beni ne duruma düşürdün," dedi.

"Aman Sumru, sen de büyütme bunu bu kadar," dedi Nazire. "Ayrıca hiç de rezil filan olduğun yok. Beğenilmek herkesin hoşuna gider. Biri benim hakkımda böyle yazsa, kızar mıyım, yoo, tam tersine, ay ne hoş beni beğeniyormuş, derim. Sen de dersin, Hazal da... Hele de erkeklerin daha da çok hoşuna gider çünkü onlara bu gibi şeyler pek söylenmiyor."

"Peki Sumru," dedi Hazal, "şimdi bırakın tartışmayı da Cem sana ne dedi, onu anlat?"

"Tabii ya..." diye Hazal'ı destekledi Nazire.

Sumru bir an düşündü sonra olayın gerisini de anlatmaya karar vermişçesine konuştu.

"*Bu doğru mu Sumru*, diye sordu bana."

İki kız da çok heyecanlanmışlardı, "Peki sen ne cevap verdin?"
"Öyle bir batmıştım ki, artık doğruyu söyleyip kurtulayım, dedim. Hem çok dostça bakıyordu bana. Yakın bir arkadaşımmış gibi. Ondan da aldığım cesaretle, evet, yazılanlar doğru, dedim."
"İşte budur!" diye bağırdı Nazire.
"Kızım, ne diye o kadar seviniyorsun ki..."
"Lütfen tartışmayın çocuklar, az sonra birileri gelecek. Onun için şu hikâyeyi sonuna kadar dinleyelim. Sen öyle deyince Cem ne dedi?"
"*Bak Sumrucuğum*, dedi, *senin gibi güzel bir kızın beni beğenmesi beni çok mutlu eder. Onun için bu kadar utanıp sıkılmana gerek yok. Bir kere bunu bil.*"
"Bak," dedi dayanamayıp lafa atlayan Nazire, "gördünüz mü..."
"Sonra?"
"Sonra, *ama*, dedi, *ben senden çok büyüğüm, sense çok gençsin. Yıllar geçecek, olgunlaşacaksın, o zaman beğendiğin, gerçekten beğendiğin kişi olacak.*
İşte o bunları söylerken, hâlâ aklım almıyor nasıl yaptım ama ona, *ben seni sadece beğeniyor değilim, seni seviyorum, hem de çok seviyorum,* dedim."
Nazire'yle Hazal aynı anda, "Ne dedin?" diye bağrıştılar.
"*Valla, battı balık yan gider*, diye düşündüm o anda herhalde."
"Aslanımsın! İşte benim İstanbullu kız kankam. Hah, şöyle..."
"Peki, o ne yaptı?"
"Gülümsedi! Çocuğa gülümser gibi gülümsedi. *Senin deneyimin yok, onun için bazı duyguları karıştırıyor olabilirsin. Bu yaşta insan bazen sevdiği beğendiği öğretmenine, bazen de bir pop şarkıcısına yoğun hisler besleyebilir ve bunu aşk zannedebilir.*
Hepimiz geçtik bu dönemlerden Sumrucuğum, onun için seninki de böyle bir şey. Sonra da, herhalde beni teselli etmek için, *ama yaşlarımız tutsaydı, seninle aramızda güzel şeyler olabilirdi çünkü sen çok güzel ve çok akıllı bir kızsın*, dedi."
"Harika!" diye bağırdı yine Nazire.
"Sonra?"
"Sonra da kalkıp gitti."

"Gördün mü," dedi Nazire, "iyi ki yazmışım o mektubu."
"Ne faydası oldu ki…"
Düşündü Nazire sonra, "Hiçbir faydası olmasa bile, yaşın ilerleyince onu arayabilirsin mesela…"
Ve bu laf üzerine üçü de kendilerini tutamayıp kahkahalara boğuldular.
Nazire hâlâ kendini savunuyordu, "Hem fena mı oldu. Şimdi o senin ona karşı ne hissettiğini biliyor. Böylece sen onun zihninde yer ettin. Eee, Allah büyük, ileride neler olacağını kim bilebilir ki?.."
"Yaz bakalım romanını, yaz."
"Var ya ben yazsam, bestseller olur kızım, bestseller."
"Çocuklar," dedi Hazal, "gelenler var."
"Aşurecinin bahsini kapatalım," dedi Nazire, bir yandan da gözünün ucuyla Sumru'ya bakıyordu, "şimdilik…"
Sumru kalemini fırlattı ona, "Susar mısın artık sen!"
"Sustum! Sustum! Ama sadece bu konuda. Çünkü başka bir konuda söyleyeceklerim var. Hem de çok önemli."
İkisi aynı anda, "Yaa…" dediler.
"E, söylesene o zaman."
"Yok, herkes gelsin, öyle…"
Birbirlerine baktı Hazal'la Sumru, buna ne oldu, dercesine. Öte yandan Nazire, herkesin yerine geçmesini ve Yağmur Öğretmen'in de gelmesini bekledi, sonra izin alıp konuştu.
"Sizlere müthiş bir haberim var! Bunu, ailece yaşadığımız o zor süreçte hepinizin ilgi ve desteğini hep yanımda bulduğum için söylüyorum."
Hepsi susmuş, dikkatle arkadaşlarını dinliyorlardı.
"Ablam… Naz… yürüdü!"
"Ne!"
"Yaşasın!"
Sınıf bayram yerine dönmüştü.
Devam etti Nazire, heyecandan sesi titriyordu.
"O yürüyünce Caner Abi'yi aradık. Bir koşu geldi, benden beter heyecanlıydı. Nefes nefese kalmıştı. Naz'ı kucakladığı gibi havaya

kaldırdı, sonra da, *düğünümüzü yapmaya artık engel kalmadı,* diye bağırdı.

Ne düğünü... filan diye bizimkiler mızıklanınca, *Naz yürüdü, bu iş tamamdır. Hemen annemle babama haber vereceğim, hazırlıklara başlasınlar,* dedi.

Oğlum önce bir doktorla konuşalım, dedilerse de, onun kimseyi dinleyecek hâli yoktu.

Gözleri dolu doluydu, ağlamamak için kendini zor tutuyordu. *Biz yeterince bekledik, değil mi Naz'ım benim,* dedi. Sonra annemlere, *hiç merak etmeyin, onun yorulmasına izin vermem. Ben de yardım ederim, ayrıca Naz iyice güçlenene kadar ev işleri yapacak birini de buluruz."*

Durdu Nazire, bunları öyle bir hızla anlatmıştı ki, nefes nefese kalmıştı.

Devam etti, "Evin hâlini görecektiniz, arkadaşlar. Herkes ağlıyordu, annem babam, bizler... Hoş, Caner Abi'nin bizden aşağı kalır hâli yoktu. Kendini tutmaya çalışıyordu ama sonunda o da sevinç gözyaşlarına yenik düştü."

Sustu Nazire, arkadaşlarına baktı.

"İşte diyeceğim buydu," dedi ve yerine geçip oturdu.

Yaşamın Zikzakları

Arayan Engin'di. Sesinde o her zamanki neşeli tını yoktu nedense. "Yağmur, yarın yine uzun bir iş gezisine gideceğim. Oysa gitmeden seninle bir konuda konuşmak istiyorum."
"Ooo... ne kadar da ciddiyiz," diye takıldı Yağmur.
Engin'in güldüğünü duydu.
"Sesim öyle geldiğine göre demek ki iş havasından çıkamamışım henüz. Bu akşam buluşabilir miyiz, meselâ senin o çok sevdiğin Gattini'de?"
Bir an düşündü Yağmur. Hep böyle son anda... hep bir acele... Benim yapacak bir işim olabilirdi meselâ...
"Çok son dakika olduğunun farkındayım ve bunun için özür diliyorum," dedi Engin onun düşüncelerini okumuşçasına, "ama bu benim için gerçekten önemli. Gitmeden seninle konuşmalıyım."
"Tamam," dedi Yağmur, ödevini yapmamış sevgili öğrencilerine kullandığı, onaylamayan ama sabırlı olmaya çalıştığını belirten ses tonuyla, "Buluşalım. Saat kaçta olsun?"
"Ben gelir seni alırım, sekiz gibi..."
Gattini'de karşılıklı oturduklarında, Yağmur ciddi bir şeyler konuşulacağı tahmininin doğru olduğunu görebiliyordu.
Gergindi Engin, hem de şimdiye kadar görmediği kadar.
Yağmur'un da keyfi kaçmıştı.
Yemekleri ısmarladıktan sonra susup beklemeye başladı. Çünkü ne dese, Engin'in aklının başka yerde olduğu açıktı.
"Bak Yağmur," diye söze girdi sonunda Engin, "bütün bunları konuşmak benim için zor, hem de çok zor."
Yağmur'un içini giderek bir panik duygusu sarmaya başlamıştı.

"Ama sen benim için çok değerlisin ve acı verse de bunları seninle konuşmam gerek."

Yağmur'un içinden o an elleriyle kulaklarını kapatıp kaçmak geldi.

Kaçmak...

Karanlık sokaklara saklanmak.

"Önce şunu tekrar etmem gerek, sen benim için çok değerlisin, vazgeçilmezsin."

Bu sözleri, altını kalın çizgilerle çizmek istercesine söylemişti Engin.

"Ama..."

Kalbi nasıl da atıyordu Yağmur'un.

"Başka biri var."

Olamaz, diye inledi içinden Yağmur.

Yine aynı şey gelip beni bulmuş olamaz!

Bir kez yaşadım, yetmedi mi?

Yağmur'un yüzünün aldığı hâli görünce, bu kez Engin panikledi.

"Bir dakika, sakın yanlış anlama. Sonuna kadar dinle lütfen."

Uzanıp kaçacakmış gibi iskemlesinde dimdik oturan Yağmur'un elini tuttu.

"Lütfen..."

Hiçbir şey diyemedi Yağmur, boğazı kurumuştu.

"Benim bir ilişkim vardı. Üstelik oldukça da ciddi bir ilişkiydi."

Geçmiş zamandan mı söz ediyor yoksa, diye düşündü Yağmur. Bu kez daha bir dikkatle dinlemeye başladı.

"Üstelik aileler de işin içindeydi. O, Adanalı bir ailenin, annemle babamın çok sevdikleri dostlarının kızıydı.

Aşağı yukarı üç yıl önceydi, yani kesin dönüş yaptığım tarihler... Zaten birbirimizi tanıyorduk. Sonra ailece buluşmalar filan derken, biz çıkmaya başladık. Herkes çok mutluydu, bizi ideal çift olarak görüyorlardı. Hele de ailelerimiz...

Önceleri her şey iyiydi. Onların Adana'da evleri vardı ama daha çok İstanbul'da oturuyorlardı. Sık sık İstanbul'a gidiyordum, onlar Adana'dayken burada buluşuyorduk.

Derken bazı konularda teklemeler başladı. Önce bunlar ufak tefek şeyler, önemsiz konular diye üstünde durmadım. Ama giderek anlaşmazlıklarımız önemli boyutlara ulaştı. Hayata bakışımız, hayatta beklentilerimiz farklıydı ve bu fark her geçen gün daha da belirgin hâle geliyordu.

Öte yandan, aileler de şu kadar zaman oldu, artık evlenmenin zamanıdır diye baskıya başladılar. O da aynı fikirdeydi, üstelik evlenirsek tüm anlaşmazlıklar yok olup gidecek inancındaydı. Nikâhta keramet meselesi... Bense bu tür ciddi farklılıklarla bir evliliğe girilemeyeceği düşüncesindeydim. Umduğum, hayalini kurduğum evlilik bu değildi. Ve tartışmalar başladı.
Hatta kavgalar, kırıcı konuşmalar.
Baktım olmayacak..."
Sustu, başını sallayıp önüne baktı Engin.
Yağmur, nefes almaktan korkarcasına dinliyordu Engin'i.
"Ben de ona, bu evlilik olmayacak, ikimiz de mutlu olamayacağız, dedim sonunda.
Gelinliğimi diktiriyorum, diye bağırdı.
Hem âlem ne der, rezil mi olacağız.
İşte aramızdaki en büyük fark buydu. Elâlem için yaşıyordu o. Başkalarının ne düşündüğü, başkalarına nasıl göründüğü ön plandaydı. Benim içinse," yine duraladı, içini çekti, "başkaları hiçbir zaman o derece önemli olmadı. Ben, kendi hayatımı yaşamalıydım.
Sonuçta –kaçtım!
Resmen kaçtım. Yurt dışına gittim ve uzun bir süre gelmedim.
Kaçtım çünkü ne ona, ne aileme, ne onun ailesine derdimi anlatabiliyordum."
Durdu, kadehinden bir yudum aldı, "Kusura bakma seni de sıkıyorum bu eski hikâyelerle..."
"Öyle düşünme, bunları bana anlattığın için, inan, memnunum çünkü seninle birlikteyken hep bir bilinmezle karşı karşıyaymışım duyguları içindeydim."
"Gördün mü bak, oysa belirsizlikleri hiç sevmem. Neyse, bir süre sonra döndüm, her şey yoluna girmiş, olay halledilmiştir, diyerek. Ama... bu kez de başka bir sıkıntı vardı önümde. Eski nişanlım sinir krizleri geçiriyormuş ve psikoloğu benim ara sıra onu ziyaret edip

onunla olumlu biçimde konuşmamın toparlanmasına yararlı olacağını düşünüyormuş.

Haydi bakalım... yapsan bir türlü, yapmasan bir türlü. Tabii yine her yandan baskılar. Böylece ara sıra da olsa onu görmeye başladım. Teselli etmeye çalışıyordum elimden geldiğince. Yemeğe filan çıkarıyordum. Sinemaya, tiyatroya götürüyordum."

Kendini tutamadı Yağmur, Şu kızıl saçlı kadın, değil mi?"
"Hangi kızıl saçlı kadın?"
"Sizi Kültür Merkezi'nde görmüştüm de..." Bebek'tekini söylemedi artık.
"Haa, o mu... yok, o değil."
"O da bir başkası mı Engin?" diye sorarken gözleri irileşmişti Yağmur'un.

Daha kaç kadın çıkacak karşıma, diye düşünüyordu.
"O, benim ablam, yurt dışında yaşar, ara sıra gelir buraya."
Sahi, diye düşündü Yağmur, Engin'in annesi gibi kızıl saçlıydı o kadın da.
"Peki, niye düğünde yoktu?"
"Oğlu bacağını kırmış, onu bırakamadı."
"Peki, eski nişanlının durumu nasıl şimdi?"
"Atlatmak üzere... yani doktor öyle söylüyor. Kabullenme dönemine girmiş."

Sustu Engin.
Karşılıklı susuyorlardı.
Sezgilerimde haklıymışım, diye düşünüyordu Yağmur. Meğer ne büyük bir sırrı varmış.
Peki, bundan sonra ne olacaktı?
Tekrar konuşmaya başladı Engin.
"Gelelim seninle ilgili bölüme. Seni Cafe Betül'de gördüğüm an çok ama çok etkilendim. Gözlerimi alamıyordum senden. Güzelliğin, o doğal hâlin, konuşurkenki heyecanın...

Sonra kalktın, kimse de bizi tanıştırmamıştı. Ama sen beynime, ruhuma girmiştin bir kere. Dayanamayıp Cafe Betül'e döndüm, orada çalışanlara seni sordum, kimdir, adı nedir, dedim. Söylediler.

Oysa hayatıma yeni birinin girmesini o aşamada hiç istemiyordum. Yorgundum, bu üç yıllık hikâye beni öylesine tüketmişti ki, *yeni bir ilişkiyi kaldıramam,* diye düşünüyordum. Ama sen –bir türlü aklımdan çıkmıyordun. Biliyor musun neler yaptım?" Bu kez gülerek bakıyordu Yağmur'a. "Tıpkı lisedeki gençler gibi, okul çıkışında ilerlere bir yere arabamı park edip seni görmeye çalışıyordum. Sonra Çamlıbel'de oturduğunu öğrendim. Bu kez eve gelip gidişini izliyordum."

"Aman Tanrım," diye güldü Yağmur ama kendisinin de Engin'i ilk gördüğü gün nasıl etkilendiğini, hatta perdeyi aralayıp acaba oralarda bir yerlerde mi diye baktığını sonra da kendisine kızdığını, *o liseli bir delikanlı mı ki, gelip senin pencerenin altında dolaşsın,* diye düşündüğünü anlatmadı tabii ki.

Ama demek aynı anlarda, birbirlerinden etkilenmişler, aynı duygular içinde olmuşlardı.

"Öte yandan seninle tanışmaya kalkışmamak için bir süre direndim. Çünkü – sana verebileceğim net bir şey yoktu. Eski nişanlımı seyrek de olsa hâlâ görüyordum.

Tüm bu pürüzler ortadan kalksın, öyle karşısına çıkayım, diye düşünüyordum.

Ama gün geldi artık dayanamadım ve seninle tanıştık. Seni tanıdıkça sana hayran oldum," dedi sonra Yağmur'un gözlerinin içine bakarak, "sana deliler gibi âşık oldum. Kendim bile kendime şaşıyorum ama bu böyle."

"Neler söylüyorsun Engin," diye kekeledi Yağmur. Kulaklarına inanamıyordu.

"Biliyorum, bütün bu anlattıklarım sana fazla gelmiş olabilir. Ama artık senden gizli saklım olsun istemiyorum. Benim hakkımda her şeyi bil, istiyorum. Onun için de sana her şeyi bütün çıplaklığıyla anlattım. Bunlar yaşadıklarımdı.

Duygularımsa... seni seviyorum Yağmur, hem de çok. Senin duyguların nedir bilmiyorum. Sormuyorum da... Bunu daha sonra konuşuruz. Sen ne zaman istersen."

Ama şu kadarını söyleyebilirim ki, duygularıma cevap verebilirsen, seninle çok güzel, çok mutlu bir hayatımız olabilir."

Durdu, tekrar konuşmaya başladı.

"Beni sabırla dinlediğin için sana teşekkür ederim ama asıl tüm bu aylar boyunca bana karşı hep anlayışlı davrandığın için sana teşekkür ediyorum. Bütün bunları anlatamıyordum çünkü hâlâ yapmam gereken şeyler vardı.

Öte yandan, seni kaybetmekten de çok korkuyordum. Sabrın ve anlayışın da bir hududu vardır. İşte o nedenle tüm bunları artık açıklamaya karar verdim."

Yağmur o kadar şaşkındı ki, tek kelime çıkmıyordu ağzından.

Eve geldiklerinde, vedalaşırken Engin, "Bir süre burada olmayacağım, yine gidiyorum biliyorsun. Sana anlattıklarımı düşün Yağmur. Ama sen ve ben..." dedi, bakışları öylesine birbirine kenetlendi ki, kelimelere gerek kalmamıştı.

Yine de devam etti Engin, "Birlikte çok mutlu olabiliriz. Düşün Yağmur, dönüşte sana soracak bir sorum olacak."

Sonra da, eğildi Yağmur'a doğru, "Hocam, biliyorum izin yok ama ben bu kez izin istemeyeceğim," dedi ve Yağmur'u kollarının arasına alıp uzun uzun öptü.

Yılsonu Gösterisi

Büyük gün gelmiş çatmıştı. Heyecan doruktaydı. Programda epeyce değişiklik yapılmış, Ayşim'le Sumru programın ana fikrini ve akışını belirlemişlerdi. Ana fikir –Sanat Uzun Hayat Kısa olacaktı.

Yıl içinde yaptıkları sanatsal etkinlikleri de renkli bir sunumla yansıtmayı düşünmüşlerdi. Böylece kopuk kopuk gösterilerdense, tek bir tema etrafında çeşitlilik olacaktı.

Yağmur bu fikri beğenmiş ve desteklemişti. Cengiz'in tanıdığı kahve sahipleri tahta iskemleleri ödünç vermiş, Cengiz'le Suphi, Müfit ve Dilaver de getirip sinema düzeninde dizmişlerdi.

Sumru'ysa evden annesinin dizüstü bilgisayarını ve ekranını getirmiş, bunu iskemlelerin karşısına yerleştirmişlerdi. Ekranın iki yanındaysa, öğrencilerce hazırlanan dev posterler duruyordu. İkisinin de üzerinde, Sanat Uzun Hayat Kısa yazıyordu.

Davetliler; anne babalar, kardeşler, akrabalar yavaş yavaş gelip oturmaya başlamışlardı bile.

Bir kenara da uzunca bir masaya program sonrası ikramı hazırlamayı ihmal etmemişlerdi. Kuru pastalar ve içecekler hazırdı.

Geri planda hafif ve neşeli bir müzik, konuklara hoş geldiniz, der gibiydi.

Başlama vakti gelmiş, iskemleler dolmuştu.

Yağmur, Ayşim'e, başla, diye işaret etti. Ayşim öne çıktı, konukları selamladı.

"Hoş geldiniz, bizleri yalnız bırakmadığınız için çok teşekkür ederiz. Umarım hazırladığımız program size hoş vakit geçirtir," dedi sonra dönüp sözü Sumru'ya bıraktı.

Sumru, "Bu yıl Yağmur Öğretmenimizin yönlendirmesiyle bazı çalışmalar yaptık. Bunlar sanata yönelik çalışmalardı.

Ve mottomuz Sanat Uzun Hayat Kısa'ydı.

İşte bu sözcüklerle yola çıktık ve bakın neler yaptık."

Ayşim devam etti, "Önce okulumuza güzellikler katmak istedik. Ama bunun için para gerekliydi, biz de sevgili annelerimizin o güzel elleriyle pişirdiği pastaları, kurabiyeleri, kekleri ve daha birçok yiyeceği bir sokak satışı düzenleyerek sattık."

Aynı anda ekranda, o satışla ilgili fotoğraflar akmaya başladı.

"Arkadaşımız Dilaver'se en büyük destekçimizdi."

Ve ekranda elinde klarnet Dilaver belirirken, Dilaver de ekranın önüne geldi, kısacık neşeli bir parça çaldı. Alkışları eğilerek selamladı ve kenara çekildi.

Ve yine Sumru, "Kazandığımız parayla boya aldık ve okulumuzun duvarlarının hem içini hem de dışını boyadık."

O bunları söylerken ekranda duvar boyayan, elleri yüzleri boyalar içinde öğrenciler, gülen, sandviç yiyen kızlı erkekli gruplar beliriyordu.

Aynı anda Müfit, Suphi, Nazire ve Sinan ellerinde boya kutuları, üzerlerinde boyacı tulumları ekranın önüne geldiler ve – duvar boyamayı yansıtan kısacık bir dans gösterisi yaptılar.

Alkışlar, alkışlar! Onlar da alkışlara el sallayarak arka tarafa geçtiler.

"Bu kez, müzik," dedik, diyerek söze girdi Ayşim. "Operaya gittik! Neler gördük neler… Şimdiye kadar neredeymişiz…"

Bu konuşmayla eş zamanlı olarak ekranda *Şen Dul* operetinin afişi belirdi.

Ve –Lila!

Üzerinde *Şen Dul* kostümü…

Uzun eteklerini sürüyerek, yelpazesini çapkın çapkın sallayarak, ekranın önüne geldi ve operetin en canlı, en neşeli aryalarından birine play-back yaptı. Öyle de başarılıydı ki, sanki o söylüyordu.

Çılgıncasına alkışlandı, o da dönüp esaslı bir reverans yaptı ve ekranın önünden ayrılmadan saçındaki gülü çıkarıp öptü ve gayet havalı bir tavırla izleyicilere fırlattı.

Tam bir 'diva'ydı Lila.

Bir kez daha büyük alkış aldı.

Devam etti Ayşim, "Ve bir de baleye gidelim, dedik, *Çalıkuşu Balesi*'ne... Meğer ne hoş bir gösteriymiş bale, hem de ne kadar romantik."

Ekranda bu kez *Çalıkuşu Balesi*'nin afişi belirdi ve Hazal o dönemin uzun etekli giysisi içinde ekranın önünde kısa bir dans gösterisi yaptı zarif hareketlerle. Saçlarını ensesinde toplamıştı yine o dönemi yansıtırcasına.

Hazal da çok alkış aldı. O da derin bir reveransla selamladı seyredenleri.

Ayşim devam etti, "Medeniyetler Korosu'nun konserine gitme şansını yakaladık. Unutulmaz bir deneyimdi."

Ekranda Medeniyetler Korosu'nun afişi belirdi.

"Ve şimdi bu afişe çok yakışacak bir müzisyen arkadaşımız – Dilaver!"

Alkışlar eşliğinde Dilaver gelip ekranın önünde durdu. Önce selam verdi, sonra çalmaya başladı. Birkaç parçayı harmanlayarak ilginç bir dinleti sundu.

Öyle güzel çalıyordu ki, sona erdiğinde uzun uzun alkışlandı.

Sumru gelmişti Ayşim'in yerine.

"Mottomuz Sanat Uzun Hayat Kısa'yla sanatın daha başka dallarına da yelken açalım, dedik. Ve –heykel parka gittik." Ekrandan parktaki heykellerin fotoğrafları geçmeye başladı ve izleyiciler kahkahalara boğuldular çünkü Cengiz'le Müfit, heykellere benzemek için beyaz çarşaflara bürünmüş, yüzlerini de beyaza boyamış olarak gelip ekranın iki yanında, fotoğraflar sona erene dek hiç kımıldamadan durdular.

Sonra alkışlara selam verip koşarak perde arkasına geçtiler.

"Ve fotoğraf sergilerine gittik," dedi Sumru. Bu kez ekranda fotoğraf sergisi ve Monika'nın Atölyesi'nden fotoğraflar geçmeye başladı.

"Bu noktada durup içimizde fotoğrafa özel yeteneği olan Selim arkadaşımızdan bazı kareleri görelim istedik."

Ve bu kez ekranda Selim'in çektiği fotoğraflar belirdi peş peşe.

Çok güzel fotoğraflardı bunlar. Daha çok portre çalışmıştı Selim. Ekranda arkadaşlarının çeşitli pozları belirdikçe... konuşurken, gülerken, oflarken, düşünürken, şakalaşırken... İzleyicilerden kahkahalar yükseliyordu. Öyle güzel anları yakalamıştı ki Selim. Ama en güzelleri –Hazal'la ilgili olanlardı! Onun o narin hâlini, saz gibi dedirten fiziğini gölge oyunlarıyla öylesine vurgulamıştı ki... Yüzüne düşen saçları, derin bakan gözleri...

Büyük alkış aldı Selim'in fotoğrafları.

"Gezi de yaptık," dedi Ayşim, "yaşadığımız toprakları daha iyi tanımak için. Antakya gezisi bizlere çok şey kattı, gelecek yıl da Tarsus'a bir kültür gezisi planlıyoruz, şehrin tarihini incelemek için."

Bu kez ekrana gezi otobüsü içinden el sallayan öğrencilerin, Antakya sokaklarını gezerken, künefe yerken ve buna benzer daha pek çok fotoğrafaları ekrana yansıdı.

Nazire'yle Suphi'yse ekranın önünde ellerindeki broşürleri, kitapları okur gibi yapıyorlardı.

Ayşim ekledi, "Öğretmenimiz her geziden önce gideceğimiz yer hakkında bol bol okumamız gerektiğini öneriyor da..."

Gülüşmeler duyuldu.

"Veee," diye devam etti Sumru, "sınıfımızda bir başka yetenek – Hazal! O şimdi sizlere dans gösterisi sunacak. Dansın adı, *Yitirilmiş Aşkın Ardından.*"

Ve muhteşem bir müzik dalga dalga yükseldi. Ekrandaysa dere kenarında salkım söğütler belirdi. Ağva'da çekilmiş çok güzel fotoğraflardı bunlar. Ama hepsi hüznü çağrıştırıyordu. Tenha, ıssız su kenarları... dalları suya değen ağlayan söğütler... onların sudaki akisleri... gün batımı...

Ve Hazal göründü. Üzerinde eflatun rengi, şifon bir etek ve aynı renkte bluz vardı.

Etekleri uçuşuyordu dönerken...

Yalın ayaktı.

Gerçekten güzel dans ediyordu, vücudu müzikle bütünleşmişti sanki.

Eğiliyor, ağlarcasına yüzünü kapatıyor sonra bir umut belirmişçesine başını kaldırıp bir yöne doğru koşuyor. Ama düş kırıklığına uğruyor, başını iki eli arasına alıp ileri geri sallanıyor, acı çektiğini anlatıyordu.

Bir süre sonra yine, acaba dercesine bir yüz ifadesiyle neşelenerek, bir başka tarafa yöneliyor, sıçrıyor, olduğu yerde dönüyordu. Ve son, düş kırıklığıyla, başını ve kollarını öne doğru uzatarak yavaşça yere doğru kaydı. Başını eğdi ve –dans sona erdi.

Herkes çılgınca alkışlıyordu. Kimileri ıslık çalıyordu ayakta. Bir süre kalkmadı yerden Hazal. Kalktığındaysa gözlerinde yaşlar vardı.

"Ne kadar duyarak dans etti," diye mırıldananlar vardı izleyiciler arasında.

Alkışların dinmesini bekleyen Ayşim, "Arkadaşımız Hazal'ı kutluyorum, gerçekten muhteşem bir dans gösterisiydi," dedi ve Hazal çekildikten sonra mikrofonu Sumru'ya uzattı.

Sumru, "Gösterimiz sona ermiştir. Geldiğiniz, destek verdiğiniz için çok teşekkür ederiz.

Bu arada, bizlere gerek iskemleler gerekse diğer malzemeleri sağlamada yardımcı olan ağabeylerimize de buradan teşekkürü bir borç biliriz.

Ama sınıfımızın özel bir teşekkürü daha var. Bizi bir yıl boyunca sanat denizinde yolculuğa çıkaran, bizlere ufuklar açan ve sanatın hayatımızdaki önemini fark etmemizi sağlayan ve sadece bu yıl değil, bir ömür boyu bizlere keyif verecek, hayatımıza renk katacak, sanatın çeşitli kollarıyla tanıştırdığı için, sevgili Yağmur Öğretmenimize yürekten teşekkür ediyoruz."

Alkışlar sözünü kesti Sumru'nun. Biraz bekledi ve ekledi, "Ona bir de küçük armağanımız var. Hocam..."

Yağmur, Sumru'nun yanına geldi.

Sumru bir paket uzattı, "Lütfen açar mısınız?"

Yağmur, "Ah çocuklar," diye başını sallıyor, bir yandan da, paketi açmaya uğraşıyordu.

"Ah, siz insanı öldürürsünüz."

"Göster! Göster!" diye tempo tutuldu.

Bunun üzerine elinde tuttuğu tişörtü havaya kaldırdı.

Tişörtün ön tarafında kocaman harflerle, *Sanat Uzun Hayat Kısa* yazıyordu.

Sonra tişörtün arkasını çevirdi Yağmur. Arkasında da tüm sınıfın imzası vardı.

"Aldığım en güzel armağan! Sağ olun, çocuklar."

Çok duygulandığı yüzünden belli oluyordu Yağmur'un.

"Ben de sizlere teşekkür ediyorum," dedi, bir an durdu, sonra devam etti, "Buraya geldiğimde hiç kimseyi tanımıyordum. Çok yalnızdım. Üstelik üzgündüm de... Ama... öğrencilerim... onlar öyle harika, öyle duyarlı, öylesine yetenekliydiler ki...

Ben yol gösterdiysem, onlar çağlayanlar olup aktılar ve bugün burada gördüğünüz çalışmaları gerçekleştirdiler. Bir de, demek ki isteyince, azmedince, iyi şeyler de olabiliyormuş, düşüncesini kanıtladılar.

Bana gelince, ailem, arkadaşım oldular. Artık yalnız değilim, üzgün de değilim, bunu da öğrencilerime ve tabii ki okulumun öğretmen arkadaşlarıma ve yönetici büyüklerime borçluyum.

Hepinize teşekkürler...

Sanat yolunda daha nice yaşanmışlıklara..."

Alkışlar, alkışlar...

"Şimdi lütfen ikram masasına buyrun."

Yılsonu gösterisi için bir tek şey söylenebilirdi.

O da...

'Büyük başarı' idi!

Ah Gençlik! Ne Gam Var Ne Tasa

Gösteri sonrası herkes bir işle uğraşıyordu. Kimileri iskemleleri taşıyor, kimisi pankartları. Kimi ikram sofrasını topluyor, kimi ekranı kaldırıyordu.

Kimisi de kostümleri büyük karton kutulara yerleştiriyordu.

Hazal da dans giysisini çıkarmış, özenle katlayıp çantasına yerleştirirken, eli sert bir şeye dokundu.

Bu bir zarftı.

Çantasına bir zarf koyduğunu anımsamıyordu.

Evirdi çevirdi.

Ne bir isim, ne bir adres.

Bembeyaz bir zarf.

Ama… kapalı.

Ağzı sıkı sıkıya kapatılmış.

Merak içinde açtı zarfı.

İçinden bir kâğıt çıktı.

Tanıdık bir el yazısı…

Acaba… acaba… diye kalbi çarpmaya başladı.

Kısa bir şiirdi mektupta yazılı olan.

Başlık…

"Buluşmak Üzere…"

Ve şiir…

Diyelim yağmura tutuldun bir gün
Bardaktan boşanırcasına yağıyor mübarek.

Öbür yanda güneş kendi keyfinde.
Ne de olsa yaz yağmuru,
Pırıl pırıl düşüyor damlalar,
Eteklerin uça uça bir koşudur kopardın
Dar attın kendini karşı evin sundurmasına
İşte o evin kapısında bulacaksın beni.

Ve bir not...

Sen de beni bulacağın yeri biliyorsun.

Selim

Sakın bu bir şaka olmasın, diye bir düşünce geçti zihninden.
Ama yazı Selim'in el yazısıydı.
Onca zaman surat ettikten sonra nasıl bir değişimdi bu.
Öte yandan, ne olursa olsun gitmeliydi.
Gidecekti!
Bir kez daha birbirlerini yitirmelerine izin veremezdi.
Eğer kötü bir şakaysa, gülünç duruma düşerim, hepsi bu, diye düşündü.
Ama ya şaka değil, ciddiyse...
Beni gerçekten çağırıyorsa Selim.
Bu fırsatı kaçıramazdı, çok acı çekmişlerdi.
Onu sevmekten bir an bile vazgeçmedim.
Biliyorum, o da beni seviyor.
Ama bağışlayamıyor!
Şimdiyse beni çağırıyor.
Gitmem gerek.
Bütün bu düşünceler birkaç saniye içinde geçmişti zihninden Hazal'ın.
Çabuk çabuk giyindi, çantasını kaptığı gibi fırladı.
Arkadaşlarının dikkatini çekmemeye özen göstererek dışarı çıktı.
Ama çıkmadan bahçede çalışan gruba bir göz attı.
Evet, Selim yoktu aralarında.

Kesin beni parktaki o kuytu yerde bekliyor, dedi ve hızlı adımlarla caddeye yöneldi.

Selim ise çoktan oraya varmış, acaba gelecek mi, diye bir aşağı bir yukarı yürüyor, yolu gözlüyordu. Bir yandan da düşünüyordu.

Gelmezse... onu bütünüyle kaybettim demektir.

Ama gelirse... o zaman da beni seviyor, tüm hırçınlıklarıma karşın beni hâlâ seviyor anlamına gelir.

Sadece bu düşünce bile Selim'in yüzünü güldürmeye yetmişti.

Selim'i cesaretlendiren, Hazal'ın dansı olmuştu.

Ne de güzel dans ediyordu.

Ya dansın adına ne demeli.

Yitirilmiş Aşkın Ardından.

Dans ederken bizi mi düşünüyordu acaba?

Öylesine duyarak dans etti ki, alkışları kabul ederken gözleri dolu doluydu.

Evet, evet, kesin bizi düşünüyordu.

Gidip yine yola baktı.

Ya zarfı bulmadıysa...

Ya zarf bir şekilde başka birinin eline geçtiyse...

"Yok canım," dedi kendi kendine, "olur mu öyle şey."

Saatine baktı yine.

Dakikalar yürümek bilmiyordu.

Sonunda...

Uzaktan...

Koşarak gelen bir kız gördü.

Kız biraz yaklaşınca... Evet, evet Hazal'dı bu.

Yerinde duramadı.

Hep buluştukları o kuytu yerden fırladı, o da Hazal'a yöneldi.

Ama Hazal çok yaklaşmıştı.

Dünyanın en doğal davranışıymış gibi kollarını açtı.

Ve Hazal uçarak o kollara atıldı.

Bir sevinç dalgası sardı Selim'i.

Hazal'ı yakalayıp havaya kaldırdı, döndürdü, döndürdü.

Hazal kollarının arasındaydı.

Sonra durdu. Birbirlerinin yüzüne baktılar. Öpücüklere boğdular birbirlerini.
"Ne kadar özlemişim seni," diye fısıldadı Selim.
"Ben de seni," dedi Hazal, gözleri dolu dolu. Yaşadığı onca heyecan, onca gerginlikten sonra ağlamamak için zor tutuyordu kendini.
"Artık hiç ayrılmayalım, çok acı çektik," dedi Selim.
"Hem de hiç," diyerek onun sözlerini tamamladı Hazal.
"Hadi deniz kenarına gidelim, konuşacak çok şeyimiz var."
Selim öylesine mutluydu ki dayanamayıp, Hazal'ı kucağına aldığı gibi deniz kenarına koşmaya başladı.
"Ne yapıyorsun Selim, indir beni," diyor, bir yandan da gülüyordu.
Selim, "Bugün benim en mutlu günüm. Nihayet sevgilimle bir araya gelebildik, dağları aştık, dağları!" diye bağırıyordu.
İkisi de kahkahalarla gülüyordu onun bu hâline.
Parkta oturan yaşlı bir adamsa, onları işaret ederek, karısına, "Ah gençlik," diyordu, "ne gam var, ne tasa…"